Botschaften für junge Leute

Ein Aufruf an die Jugend

Ellen G. White

NewStartCenter®

Botschaften für junge Leute
Ein Aufruf an die Jugend

Original Titel:
Message to Young People

Vertrieb durch:
NewStartCenter®
Hauptstrasse 62
79348 Freiamt
Tel.: (+49) 076 45 - 916 697 0
www.newstartcenter.de
Bestellnummer: 250-228

Printed in Germany
Titelfoto: ©fotolia 7759932

ISBN: 3-933785-08-01

Inhaltsverzeichnis

Abschnitt 3

Durch Kampf zum Sieg

Abschnitt 4

Der Wandel im Licht

Abschnitt 5

Vorbereitung auf das Lebenswerk

Abschnitt 9

Lesestoff und Musik

Abschnitt 10

Das Verwalteramt

Abschnitt 11

Das Leben im Heim

Abschnitt 12

Kleidung und Schmuck

Abschnitt 13

Erholung und Vergnügen

Abschnitt 14

Gesellschaftliche Beziehungen

Abschnitt 15

Brautstand und Ehe

Vorwort

In jener längst vergangenen Zeit, als Jerusalem wiedererbaut werden sollte, hörte ein Prophet Gottes im Gesicht einen Engel einem anderen zurufen: „Lauf hin und sage diesem Jüngling ..." Sacharja 2,8. So ist auch heute den jungen Leuten der Adventbewegung im Schlussdrama der Menschheitsgeschichte eine wichtige Rolle übertragen worden.

„Der Herr hat die Jugend dazu auserkoren, ihm hilfreich zur Hand zu gehen."

„Wie schnell könnte mit einer solchen Kampfschar, wie sie unsere Jugend, gut geschult, darstellen kann, die Botschaft von dem gekreuzigten, auferstandenen und wiederkommenden Heiland durch die ganze Welt getragen werden"

Bereits von den Anfängen unserer Bewegung an sind durch den Geist der Weissagung Botschaften wie diese an die Adventjugend ergangen. Des Herrn auserwähltes Werkzeug für die Bekundung dieser geistlichen Gabe, Ellen G. White, war ein Mädchen von erst siebzehn Jahren, als sie ihr Werk begann. Sie kannte die Kämpfe der Kinder- und Jugendjahre mit den Mächten der Finsternis; sie wusste aber auch um das sieghafte Leben in Christus. Viele belehrende, mitempfindende, tadelnde und ermutigende Worte richtete sie unmittelbar an die Jugend; und da diese Botschaften das Augenmerk der Jugend stets auf Christus und sein Wort als einzige Kraftquelle für edles Mannestum und erhabene Frauenwürde lenkten, haben sie in starkem Maße jenen Geist der Hingabe genährt, durch den sich viele unserer Jugendlichen ausgezeichnet haben.

Es war in den Jahren 1892 und 1893, als wiederholt der Ruf erging, unsere Jugend zum Dienst für den Meister in Gruppen zusammenzufassen. Auf Grund dieser Anregungen bildete sich der Verband der Adventjugend, der sich in der ganzen Welt im Leben unserer Jugend als stärkende und bewahrende Macht erwies.

Während viel von dem, was Schwester White für unsere Jugend geschrieben hat, in Büchern veröffentlicht wurde, sind viele Beiträge für den „Youth's Instructor" und andere Blätter nicht in Buchform festgehalten worden. Alle diese Belehrungen sind ein kostbares Erbe und sollten in den Händen der Adventjugend von heute sein. Die Abteilung für Jugendseelsorge in der Weltarbeitsgemeinschaft hat deshalb alle Zeitschriftenveröffentlichungen Schwester Whites durchgesehen und ausgewählt, was diese über Jugendfragen geschrieben hat.

Es konnte zwar nicht immer auf eine Kürzung verzichtet werden, doch war man sorgsam darauf bedacht, durch die getroffene Auswahl die Klarheit der Gedankengänge nicht zu beeinträchtigen. Um ein gut ausgeglichenes Jugendbuch zu erhalten, ist manches, was bereits in Buchform erschienen, aber unter der Jugend nicht so weit verbreitet war, mitbenutzt worden.

Wir hoffen, dass die Beschäftigung mit diesem Buch unsere Jugend zu einer gründlichen Betrachtung aller Botschaften führt, die durch den Geist der Weissagung der Gemeinde Gottes zuteil wurden.

Es ist unser ernstes Gebet, dass dieses Buch unsere Jugend in der ganzen Welt stärke, in der Nachfolge Christi nach Vollendung zu streben, und sie zur Erfüllung unserer großen Aufgabe ansporne: Die Adventbotschaft der ganzen Welt in diesem Geschlecht!

Weltarbeitsgemeinschaft
der Siebenten-Tags-Adventisten
Abteilung Jugendseelsorge

EINFÜHRUNG

Kapitel 1: Ein Charakter für die Ewigkeit

Ich nehme starken Anteil an der Jugend, und mein größter Wunsch ist, sie möge nach einem christlichen Charakter streben und sich durch fleißiges Studium und ernstes Gebet zu höchstem Dienst in der Reichssache Gottes ertüchtigen. Ich wünsche nichts sehnlicher, als dass unsere jungen Leute einander helfen, zu einer tieferen christlichen Erfahrung zu gelangen.

Christus kam, um der Menschheit den Weg des Heils zu zeigen. Er hat uns den Weg so leicht gemacht, dass selbst ein kleines Kind ihn gehen kann. Auf ihm führt er seine Jünger zur Gotteserkenntnis; und für den, der sich täglich seiner Führung anvertraut, wird er hervorbrechen wie die schöne Morgenröte.

Beim Sonnenaufgang könnt ihr beobachten, wie nach und nach der Tag über Himmel und Erde anbricht. Allmählich weichen die Schatten der Nacht; die Sonne geht auf. Ihr Licht wird immer stärker und leuchtender bis zum vollen Glanz am Mittag. Dieser Vorgang veranschaulicht treffend, was Gott mit seinen Kindern in der Schule der Erfahrung erreichen will. Wenn wir Tag für Tag im Glaubensgehorsam in seinem Lichte wandeln, werden wir am inwendigen Menschen wachsen und zunehmen, bis wir zum vollkommenen Mannesalter in Christus Jesus heranreifen.

Die Jugend muss sich ständig vor Augen halten, welchen Weg der Herr Jesus ging. Jeder Schritt kostete Überwindung. Christus kam nicht als König auf die Erde, um über die Völker zu herrschen. Er kam als einfacher Mensch, der versucht wurde und die Versuchungen überwand, um — ein Vorbild für uns — auf diesem Wege zur Gotteserkenntnis zu gelangen. Sein Leben soll uns lehren, wie viel der Vater im Himmel durch den Sohn für uns tun will; und ferner, dass unsere Anfechtungen, wenn sie auch noch so groß sind, nicht die Leiden übertreffen, die Christus erduldete, damit wir den Weg und die Wahrheit und das Leben erkennten. Durch treue Nachfolge sollen wir unsere Dankbarkeit für das Opfer seines Lebens beweisen.

Die Jugend ist durch das Blut des Gottessohnes teuer erkauft worden. Stellt euch vor, welches Opfer der himmlische Vater mit der Dahingabe seines eingeborenen Sohnes für uns brachte! Bedenkt, was Christus aufgab, als er den Himmel und seinen Königsthron verließ und sein Leben als tägliches Opfer für die Menschen dahingab. Er ertrug Schimpf und Schande und nahm Beleidigungen und Spötteleien auf sich, die eine verderbte Menschheit auf ihn häufte. Und als sein Werk auf Erden vollendet war, erduldete er den Kreuzestod. Denkt an seine Kreuzesmarter! Denkt an die durchbohrten Hände und Füße, an die Schmähungen und den Hohn derer, die zu retten er gekommen war, und vergesst nicht, dass Gott sein Angesicht vor ihm verbarg! Nur so verschaffte der Heiland einem jeden, der da will, Zugang zu dem Leben in und aus Gott.

Ein treuer Freund

Als Jesus gen Himmel fuhr, ließ er seine Nachfolger nicht ohne Beistand. Der Heilige Geist als sein Stellvertreter und die Engel im Himmel als dienende Geister kommen denen zur Hilfe, die gegen große Übermacht den guten Kampf des Glaubens kämpfen. Denkt stets daran, dass Jesus euer Helfer ist. Kein anderer versteht wie er eure Eigenarten. Er wacht über euch; und wenn ihr euch willig seiner Führung unterstellt, wird er euch mit Einflüssen zum Guten umgeben, so dass ihr vollbringt, was er für euch ersehen.

Das Leben hier auf Erden ist eine Vorbereitung auf das zukünftige. Bald kommt die große Abrechnung, bei der jeder, der nach der Vollendung strebt, den göttlichen Gerichtsfragen standhalten muss: Hast du ein Beispiel gegeben, dem andere getrost folgen konnten? Hast du über Seelen gewacht als einer, der da Rechenschaft geben soll? Das himmlische Heer nimmt lebhaften Anteil an der Jugend; ihm liegt sehr daran, dass sie die Probe besteht und die Worte der Anerkennung vernimmt: „Ei, du frommer und getreuer Knecht gehe ein zu deines Herrn Freude!" Matthäus 25,21.

Die Jugend muss daran denken, dass es ihre Bestimmung ist, den Charakter für die Ewigkeit zu entwickeln. Gott fordert dabei ihren ganzen Einsatz. Ihr an Erfahrung Reiferen, wacht über die jungen Seelen. Und wenn Versuchungen über sie kommen, nehmt euch ihrer an und betet mit ihnen und für sie. Der Herr will, dass wir das große Opfer Christi für uns anerkennen, und zwar durch unsre Mitwirkung an der Errettung derer, die der Heiland erlösen will. Wenn die Jugend den Herrn Jesus sucht, wird er zu ihrem Wollen das Vollbringen schenken.

Abschnitt 1

GOTTES ABSICHT MIT DER JUGEND

Zur Unterstützung seines Werkes in allen Abteilungen fordert Gott die Jugend auf, ihre Kraft, ihren Eifer und Mut einzusetzen. Er hat die Jugend zur Ausbreitung seines Werkes berufen. Sie soll mit reinem Herzen planen und ihre Entschlüsse mit unverbrauchten Kräften durchführen. Junge Männer und Frauen ruft Gott als Mitarbeiter, die ihm die Kraft ihrer Jugend zur Verfügung stellen, damit durch den Einsatz ihrer Fähigkeiten, durch zielbewusstes Denken und kraftvolles Handeln sein Name gepriesen und der gefallenen Menschheit der Heilsweg offenbar werde.

Kapitel 2: Ein Ruf an die Jugend

Der Herr will die Jugend zu ernsthaften Menschen erziehen, die zur Arbeit in seinem Werk gut vorbereitet sind und Verantwortung tragen können. Junge Menschen mit unverdorbenem Herzen, stark und tapfer und entschlossen zu mannhaftem Kampf, ruft Gott zu seiner Ehre und zum Segen der Menschen. Wenn die Jugend die Bibel zur Richtschnur ihrer Erziehung machen würde, wenn sie nur ihre leidenschaftlichen Begierden besänftigte, wenn sie nur auf die Stimme ihres Schöpfers und Erlösers hörte, würde sie nicht nur Frieden mit Gott haben, sondern auch edlen und erhabenen Sinnes werden. Es ist für euch, meine lieben jungen Freunde, und für euer ewiges Heil bedeutsam, auf die Unterweisungen in dem Worte Gottes zu achten; denn sie sind für euch von unschätzbarem Wert.

Ich bitte euch ernstlich, weise zu sein und die Folgen eines ungezügelten und ungöttlichen Lebens zu bedenken. „Irret euch nicht! Gott lässt sich nicht spotten. Denn was der Mensch sät, das wird er ernten. Wer auf sein Fleisch sät, der wird von dem Fleisch das Verderben ernten." Galater 6,7.8. Um eurer Seele und um Christi willen, der sein Leben für euch dahingab, überlegt an der Schwelle eures Lebens das Ausmaß eurer Verantwortung, eurer Gelegenheiten und Möglichkeiten. Gott gab euch die Möglichkeit, einer hohen Berufung nachzukommen. Euer Einfluss kann ein gutes Zeugnis für die Wahrheit Gottes sein; ihr dürft Mitarbeiter des Herrn in dem großen Werk der Seelenrettung sein.

Zu hohem Ziel berufen

Möge doch die Jugend das hohe Ziel schätzen, zu dem sie berufen ist! Überlegt jeden eurer Schritte. Beginnt euer Werk mit geheiligten Vorsätzen und bemüht euch, durch die Kraft der Gnade Gottes keinen Schritt vom Pfad der Tugend abzuweichen. Habt ihr eine verkehrte Richtung eingeschlagen, wird euch jeder Schritt Gefahren und Unheil bringen und euch vom Weg der Wahrheit, Sicherheit und des Erfolges entfernen. Es tut euch not, durch Gottes Kraft euren Verstand zu kräftigen und eure sittlichen Fähigkeiten neu zu beleben.

Das Werk Gottes erfordert die höchsten Lebenskräfte; in vielen Feldern herrscht ein Mangel an jungen Leuten mit guter Bildung. Es werden vertrauenswürdige Mitarbeiter in den Feldern gebraucht, die jetzt reif zur Ernte sind. Junge Menschen mit durchschnittlichen Fähigkeiten, die sich völlig Gott geweiht haben und frei von Lastern sind, werden erfolgreich und fähig sein, viel für Gott zu tun. Lasst die Jugend diesen Mahnruf beachten, und erzieht sie zur Besonnenheit.

Wie viele junge Menschen haben die ihnen von Gott gegebenen Kräfte durch Torheit und liederliches Leben verschwendet! Wie viele schmerzliche Berichte aus dem Leben Jugendlicher, die durch Willensschwäche schädlichen Gewohnheiten gegenüber zu geistigen und körperlichen Ruinen wurden, sind in meinem Gedächtnis! Ihre Gesundheit ist zerstört und ihre Brauchbarkeit herabgemindert, weil sie sündigen Lüsten nicht widerstanden haben.

Ich ermahne dich, sorglose und unbekümmerte Jugend von heute, mit allem Ernst: bekehre dich und werde zum Mitarbeiter Gottes. Mach es zu deiner Lebensaufgabe, ein Segen zu sein und andere zu retten. Wenn du Hilfe von Gott erbittest, wird seine Kraft in dir mächtig sein und alle feindlichen Mächte vernichten; du wirst durch die Wahrheit Gottes geheiligt werden. Die Sünde herrscht erschreckend unter der Jugend von heute; sei darum entschlossen, alles zu tun, was du vermagst, um der Macht Satans Seelen zu entreißen.

Seid Lichtträger!

Bringt Licht, wohin ihr auch kommt; beweist eure Willenskraft, zeigt, dass ihr entschlossen seid und nicht von Meinungen übler Kameraden beherrscht werdet. Gebt den Einflüsterungen derer, die Gott missachten, keinen Raum in euren Herzen; seid aber schnell bereit zu bessern, wiederzugewinnen und Seelen vom Bösen zu befreien.

Befleißigt euch des Gebetes und sprecht bescheiden und in christlicher Demut mit denen, die sich selber entgegen sind. Die Rettung einer Seele vom Irrtum und ihre Hinführung zu Christus erweckt Freude im Himmel und schenkt euch einen Stern für eure Lebenskrone. Durch den Einfluss einer geretteten Seele kommen andere zur Erkenntnis Gottes; so wächst das Werk, dessen Umfang erst am Jüngsten Tag offenbar werden wird.

Zögert nicht in der Arbeit für Gott, weil ihr glaubt, nur wenig für ihn tun zu können. Wenn ihr das Wenige gewissenhaft tut, wird der Herr euer Bemühen durch seine Mithilfe segnen. Er wird euren Namen in das Lebensbuch schreiben und euch wertachten, einzugehen zu des Herrn Freude. Lasst uns Gott ernstlich bitten, dass er Arbeiter willig mache; denn die Felder sind weiß zur Ernte. Die Ernte ist groß, aber wenige sind der Arbeiter.

Ihr müsst aufgeschlossen sein!

Junge Menschen sollten aufgeschlossen sein und weise Pläne haben, damit sie von ihren Gelegenheiten den besten Gebrauch machen können; sie sollten die Begeisterung und den Mut haben, von denen die Apostel erfüllt waren. Johannes sagt: „Ich habe euch Jünglingen geschrieben; denn ihr seid stark, und das Wort Gottes bleibt bei euch, und ihr habt den Bösewicht überwunden." 1.Johannes 2,14. Ein erhabenes Banner ist vor der Jugend aufgepflanzt, und Gott ladet sie ein, seine Mitarbeiter zu werden. Aufrichtige junge Menschen, die freudig in der Schule Christi lernen, können viel für ihren Meister tun, wenn sie nur auf den Befehl des Feldherrn achten, der die Front entlang bis in unsre Zeit hineintönt: „Seid männlich und seid stark!" 1.Korinther 16,13.

Ihr sollt Menschen sein, die demütigen Herzens mit Gott gehen und vor ihm stehen in der euch gegebenen Männlichkeit, frei von Unreinheit und frei von der Befleckung durch jene Sinnlichkeit, die unsere Zeit verdirbt. Ihr müsst Menschen sein, die alle Falschheit und Bosheit verachten und den Mut haben, wahr und tapfer zu sein und das blutgezeichnete Banner des Fürsten Immanuel hochzuhalten. Eure Fähigkeiten werden in dem Maße wachsen, wie ihr sie für den Meister gebraucht; sie werden wertgeachtet von dem, der sie teuer erkaufte. Seid nicht müßig und unterlasst nichts zu tun, einfach, weil euch kein großes Werk zu verrichten gegeben ist; was auch immer eure Hände zu tun finden, tut es gründlich und kraftvoll.

Wer meldet sich?

Christus ruft unter sein Banner Freiwillige, die die Fahne des Kreuzes vor der Welt tragen. Seine Gemeinde verlangt nach der Hilfe junger Menschen, die ein mutiges Bekenntnis ablegen, die mit brennendem Eifer träge Gemeindeglieder beleben und die Macht der Gemeinde Gottes in der Welt stärken. Junge Menschen werden gesucht, die sich dem Strom der Weltlichkeit entgegenwerfen und ihre warnenden Stimmen gegen die ersten Schritte zur Unmoral und zum Laster erheben.

Zunächst aber muss die Jugend, die Gott dienen und sich in sein Werk begeben will, ihren Seelentempel von jeder Unreinheit säubern und Christus in ihren Herzen wohnen lassen; dann wird sie fähig sein, kraftvolle Anstrengungen im christlichen Leben zu machen, und einen leidenschaftlichen Eifer offenbaren, um Menschen mit Christus zu versöhnen. Will unsere Jugend Christi Einladung nicht annehmen und antworten: „Hier bin ich; sende mich!"? Jesaja 6,8. Drängt an die Front, ihr jungen Freunde, werdet Mitarbeiter Christi, nehmt die Arbeit auf, wo er sie abbrechen musste, und führt sie zur Vollendung.

Wichtige Charakterzüge

Gott gebietet der Jugend keineswegs, nicht strebsam zu sein. Die Charakterzüge, die einen Menschen erfolgreich und geachtet in seiner Umwelt machen — das unstillbare Verlangen nach etwas Besserem, der unbezähmbare Wille nach kühnen Taten, die unermüdliche Ausdauer —, sollen nicht unterdrückt werden.

Kapitel 3: Das Bestreben, Gott zu gefallen

Der Herr hat für jeden nach seiner Eigenart ein besonderes Werk zu tun. Wenn wir die Schlechtigkeit in der Welt ansehen, die sich täglich in den Gerichtshöfen und in den Tageszeitungen offenbart, dann lasst uns zu Gott hindrängen und uns in festem Glauben an seine herrlichen Verheißungen klammern, damit sich Jesu Gnade in uns erweisen kann. Wir können einen machtvollen Einfluss auf die Welt ausüben. Wenn die überführende Kraft Gottes mit uns ist, werden wir fähig sein, Menschen, die in der Sünde wandeln, zur Bekehrung zu führen.

Unsre Schlichtheit wird in diesem Werk viel zustande bringen. Wir sollen nicht versuchen, die höchsten Stellen zu besetzen oder Ehre bei den Menschen zu erhalten. Es sollte nicht unser Ziel sein, der Größte zu sein. Unser Blick richte sich einzig auf die Herrlichkeit Gottes. Wir sind berufen, mit allen Verstandeskräften, die uns Gott gab, dafür zu arbeiten, sein Licht weiterzuleiten, damit uns des Herrn Gnade erfüllen und nach dem göttlichen Bilde formen kann. Der Himmel ist bereit, seine reichsten Segnungen denen zu schenken, die sich für das Werk Gottes in diesen letzten Tagen der Weltgeschichte heiligen. Wir werden geprüft und erprobt; wir mögen schlaflose Nächte haben. Lasst uns dann in ernstem Gebet den Herrn suchen, damit er uns Verständnis gebe und den Verstand erleuchte zur Erkenntnis der Vorrechte, die unser sind.

Kapitel 4: Der Maßstab des Erfolges

„Der Weisheit Anfang ist des Herrn Furcht." Sprüche 9,10. Viele unsrer Jugendlichen fühlen nicht die Notwendigkeit harter Anspannung ihrer Kräfte, um zu jeder Zeit und unter allen Umständen ihr Bestes tun zu können. Sie leben nicht in der Furcht des Herrn; ihre Gedanken sind weder rein noch edel.

Dem Himmel ist jeder Gedanke und jede Tat bekannt. Eurer Umgebung mag euer Handeln verborgen sein, den Engeln aber ist es offenbar. Sie haben den Auftrag, denen zu helfen, die sich aufrichtig bemühen, jede schlechte Gewohnheit zu überwinden und Satans Nachstellungen zu entgehen.

Höchste Rechtschaffenheit

Die Macht der kleinen Sünden, etwa geringfügiger Abweichungen, den Charakter zu formen, wird nicht so beachtet, wie es sein sollte. Die Bibel offenbart uns die wichtigsten und erhabensten Grundsätze. Sie sollen uns im Bemühen um das Gute stärken, unsere Gedanken beherrschen und ausgleichen und uns zu hohem Ziel führen.

Die Geschichte Josephs, Daniels und seiner Gefährten zeigt uns, wie das goldene Band der Wahrheit die Jugend mit dem Thron Gottes verbindet. Keine Versuchung vermochte sie vom rechten Wege abzubringen. Sie schätzten das Wohlwollen Gottes höher als Fürstengunst; darum liebte sie der Herr und schirmte sie mit seinem Schilde. Wegen ihrer treuen Redlichkeit und Entschlossenheit, Gott höher zu achten als menschliche Macht, ehrte sie Gott außerordentlich vor den Menschen. Sie erfreuten sich der Gunst des Herrn der Heerscharen, dessen Macht sich über alle seine Werke im Himmel und auf Erden erstreckt. Diese jungen Menschen schämten sich nicht, ihre wahre Flagge zu zeigen. Sogar am königlichen Hof unterließen sie es weder in ihren Worten und Gewohnheiten noch in ihren Taten, ihre Treue zu Gott zu bekennen. Sie weigerten sich, einen menschlichen Befehl auszuführen, der die Ehre Gottes schmälerte. Die Kraft aus der Höhe befähigte sie, ihre Treue zu Gott zu bekennen.

Ihr solltet bereit sein, dem Beispiel dieser edlen Jugend zu folgen. Schämt euch niemals eurer Flagge; haltet sie hoch und lasst sie vor den Menschen und Engeln flattern. Lasst euch nicht durch falsche Bescheidenheit oder weltliche Klugheit auf einen Weg bringen, der dem göttlichen Rat widerspricht. Legt durch eure gewählte Sprache, durch unbeirrtes, entschiedenes

Handeln, durch euern Anstand und eure ernste Frömmigkeit ein eindrucksvolles Bekenntnis eures Glaubens ab. Mit eurem entschiedenen Entschluss, Christus in euch wohnen zu lassen, legt ihr ihm alles uneingeschränkt zu Füßen, damit er alle eure Fähigkeiten in seinem Dienst gebrauche.

Völlige Weihe

Um eures gegenwärtigen und ewigen Heils willen ist es das beste, wenn ihr euch völlig auf die Seite des Rechtes stellt, damit die Welt erkennt, zu wem ihr gehört. Viele stehen noch nicht fest im Glauben; ihre wankende Haltung ist an und für sich bereits eine Quelle der Schwäche, für andere aber ist sie zugleich ein Stein des Anstoßes. Ihre ungefestigten und ungeheiligten Grundsätze führen dazu, dass die Wogen der Versuchungen sie von dem als Recht erkannten Stand fortspülen; sie strengen sich nicht an, jedes Unrecht zu überwinden und durch die dem Gläubigen zugerechnete Gerechtigkeit Christi ein vollkommener, rechtschaffener Charakter zu werden.

Die Welt hat ein Recht darauf, zu wissen, was von jedem verständigen menschlichen Wesen erwartet werden kann. Wer in seinem Leben feste, entschiedene und rechtschaffene Grundsätze verwirklicht, ist seiner Umgebung eine lebendige Kraft; er wird andere durch sein Christentum beeinflussen. Viele erkennen und würdigen nicht, wie groß der Einfluss jedes Menschen zum Guten oder Schlechten ist. Jeder muss sich darüber klar sein, wie sehr die Grundsätze, nach denen er handelt, seinen Charakter formen und bestimmen. Wer Christus als seinen persönlichen Heiland anerkennt, wird ihn und alle, für die er starb, lieben. Christus wird in ihm „ein Brunnen des Wassers werden, das in das ewige Leben quillt". Johannes 4,14. Er wird sich ihm ohne Vorbehalt ausliefern.

Verteidige deine Freiheit

Mach es zum Gesetz deines Lebens, von dem dich keine Versuchung und keine anderen Interessen abzubringen vermögen, in allem Gott die Ehre zu geben; denn „also hat Gott die Welt geliebt, dass er seinen eingeborenen Sohn gab, auf dass alle, die an ihn glauben, nicht verloren werden, sondern das ewige Leben haben". Johannes 3,16. Als von einem erlösten, teuer erkauften und innerlich freien Menschen fordert Gott von dir die Verteidigung deiner Freiheit; gebrauche die dir von Gott gegebenen Kräfte als freier Untertan des himmlischen Königreiches. Sei nicht länger ein Sklave der Sünde, sondern halte dich wie ein treuer Diener des Königs aller Könige, und beweise Gott deine Ergebenheit.

Erweise dich durch Jesus Christus des heiligen Vertrauens würdig, mit dem der Herr dich ehrt und dein Leben segnet. Wehre dich dagegen, dass die Sünde Gewalt über dich gewinnt. Wir müssen als Streiter Jesu Christi besonnen und verständig des Herrn Heilsabsichten unter allen Umständen anerkennen, rechtschaffene Grundsätze gewinnen und nach ihnen handeln. Göttliche Weisheit sei eures Fußes Leuchte. Seid wahr euch selbst und Gott gegenüber. Alles, was noch erschüttert werden kann, wird erschüttert werden; seid ihr aber gewurzelt und gegründet in der Wahrheit, wird euch nichts mehr zu erschüttern vermögen. Gottes Gesetz ist fest und unveränderlich; denn es ist ja der Ausdruck des göttlichen Charakters. Bewahrt euch davor, dass ihr nicht durch Worte oder schlechten Einfluss sein Ansehen verletzt.

Völlige Übergabe

An Christus glauben bedeutet völlige Übergabe des ganzen Menschen an Gott und Anerkennung der Führung des Heiligen Geistes. Durch die Gabe des Heiligen Geistes wird euch innere Kraft verliehen; es stehen euch für den Dienst Gottes nicht nur die euch anvertrauten Fähigkeiten zur Verfügung, sondern ihre Wirksamkeit wird sich vervielfältigen. Die Übergabe aller unserer Kräfte an Gott vereinfacht das ganze Leben. Die tausend Kämpfe mit den Leidenschaften des natürlichen Herzens werden abgekürzt. Der Glaube ist ein goldenes Band, das junge und alte Herzen an Christus bindet. Er führt willige und gehorsame Seelen durch dunkle und verworrene Wege sicher in die Stadt Gottes.

Es gibt junge Leute, die nur über normale Fähigkeiten verfügen; sie sollten sich aber von Lehrern, die von hohen und reinen Grundsätzen erfüllt sind, erziehen und vorbereiten lassen, die Vertrauensstellungen einnehmen zu können, zu denen sie Gott berufen hat. Da sind aber junge Menschen, die scheitern, weil sie nicht entschlossen genug ihre natürlichen Neigungen zu überwinden versuchen und der Stimme Gottes in seinem Wort kein Gehör schenken. Sie haben ihr Herz gegen Versuchungen nicht verschlossen und sind nicht bereit, auf alle Fälle ihre Pflicht zu tun.

So gleichen sie einem Menschen auf gefahrvoller Reise, der jede Führung und Belehrung ablehnt, durch die er einem Unfall oder einer Katastrophe entgehen könnte, und blindlings in sein Verderben rennt.

Ihr wählt euer Schicksal selbst

Oh, dass doch jeder erkennen möge, wie sehr er der Gestalter seines Schicksals ist! Glück und Freude für dieses und für das zukünftige, ewige Leben liegen in dir beschlossen. Wenn du an einem Scheideweg stehst, sind vielleicht Kameraden um dich, durch deren Einfluss deine Gedanken, Worte und Sitten herabgewürdigt werden. Du kannst deinen Gelüsten und Leidenschaften die Zügel schießen lassen, kannst jede Autorität verachten, gemeine Worte sprechen und dich in tiefste Niederungen hineinleben. Durch deinen Einfluss können andere besudelt werden; du kannst die Ursache zum Untergang derer sein, die du hättest zum Heiland führen können. Du kannst Seelen von Christus, von der Rechtschaffenheit, Frömmigkeit und vom Himmel wegführen. Am Jüngsten Tage aber wird der Verlorene auf dich zeigen und ausrufen: „Wäre ich nicht seinem Einfluss erlegen, dann wäre ich nicht gestrauchelt und hätte den Glauben nicht zum Gespött gemacht. Er hatte Licht; er kannte den Weg zum Himmel. Ich war unwissend und lief blindlings ins Verderben." Welche Antwort werden wir auf solche Anklagen geben können? Wie wichtig ist es doch zu wissen, wohin wir Seelen führen! Wir haben die Ewigkeit vor Augen. Wie sorgfältig sollten wir daher das Ausmaß unsres Einflusses auf andere untersuchen! Wir dürfen die Ewigkeit nicht in unsrer Lebensrechnung streichen, sondern sollten uns immer wieder fragen: Wird mein Leben Gott gefallen? Welchen Einfluss übe ich auf diejenigen aus, die viel weniger Licht und Kenntnis von der Rechtschaffenheit besitzen?

Fragen, die das Herz bewegen

Wenn doch die Jugend in der Schrift forschen und das tun würde, was ihrer Meinung nach Christus unter ähnlichen Umständen auch getan hätte! Die Möglichkeit, himmlische Erkenntnis zu erlangen, hat uns Verantwortungen auferlegt, und mit leidenschaftlichem Ernst sollten wir uns fragen: Wandle ich im Licht? Führe ich andre in Übereinstimmung mit dem großen Licht, das mir gegeben wurde, auf rechter Straße, oder schlage ich so krumme Wege ein, dass die Lahmen in die falsche Richtung geraten?

Wir sollten von einem tiefen, dauerhaften Gefühl für den Wert, die Heiligkeit und Autorität der Wahrheit durchdrungen sein. Göttliches Licht überstrahlt deinen Weg, liebe Jugend, und ich bitte Gott, dass ihr die Gelegenheiten so gut wie möglich ausnutzen möget. Erfasst und pflegt jeden Strahl himmlischen Lichts, und euer Pfad wird heller und glänzender bis an den vollen Tag.

Kapitel 5: Unsre Gelegenheiten

Wir können heute viel aus der Erfahrung derer lernen, die in der Vergangenheit für Gott gewirkt haben. Wie wenig wissen wir von den inneren Kämpfen, Nöten und Mühen dieser Männer im Kampf mit dem Heer Satans! Angetan mit der vollen Waffenrüstung Gottes waren sie fähig, den Anläufen Satans zu widerstehen.

Diese gottergebenen und um sein Werk bemühten Menschen der biblischen Geschichte waren stählern in ihren Grundsätzen. Sie wurden weder schwach, noch ließen sie sich entmutigen; sie waren, wie Daniel, Menschen voll Ehrfurcht und Eifer für Gott, voll guten Strebens und von besten Vorsätzen erfüllt. Sie waren schwache und hilflose Menschen wie irgendeiner von denen, die jetzt im Werke Gottes arbeiten; sie setzten aber ihr ganzes Vertrauen auf Gott. Sie waren reich, reich an Herzens; und Gemütskultur. Diesen Seelenadel kann jeder besitzen, für den Gott Anfang und Ende und volles Genüge ist. Sind wir jetzt auch noch so arm an Weisheit, Erkenntnis, Tugend und Macht, so werden uns doch alle diese Lebensgüter zufallen, wenn wir von Christus die Aufgaben lernen, die er uns aus Gnaden lehrt.

Die Art der benötigten Arbeiter

Wir haben heute Gelegenheiten und Vorteile, die in der Vergangenheit nicht leicht zu erlangen waren. Wir besitzen größere Erkenntnis durch die Arbeit jener treuen Wächter, die auf Gott vertrauten und von ihm befähigt wurden, ihr Licht in klaren, leuchtenden Strahlen der Welt mitzuteilen. Wir haben uns heute in die Fülle dieses Lichtes zu stellen, so wie sich auch unsere Glaubensväter in das Licht stellten, das sie von Gott erhalten hatten. Sie waren stets bemüht, die ihnen in der Schule Christi gestellten Aufgaben zu lernen; ihr Eifer war nicht vergeblich. Ihre beharrlichen Anstrengungen lohnten sich. Sie waren mit der Quelle aller Kraft verbunden; dennoch verlangten sie nach einem weiteren, höheren und tieferen Verständnis der ewigen Wahrheiten, um sie der notleidenden Welt erfolgreich darstellen zu können.

Arbeiter mit solcher Gesinnung brauchen wir heute, Menschen, die Gott vor Augen haben und in den Büchern des Himmels eingeschrieben sind; Menschen, die — wie Daniel — jede Fähigkeit so gut ausbilden, dass sie das Evangelium vom Königreich Gottes einer Welt darstellen können, die in der Finsternis ihrer Gottlosigkeit lebt.

Wachstum in der Erkenntnis ist nötig; denn wenn sie für Gottes Reichssache eingesetzt wird, ist Erkenntnis eine Macht zum Guten. Die Welt braucht denkende Menschen mit guten Grundsätzen, Menschen, die beständig zunehmen an Scharfsinn und Verstand. Unser Schrifttum hat Mitarbeiter nötig, die erfolgreich sind, damit die Wahrheit schnell „allen Heiden und Geschlechtern und Sprachen und Völkern" gebracht werden kann.

Unsre Kraftquelle

Wir müssen eine Jugend ausbilden, die aufrichtig und fleißig ist und sich nicht scheut, alle Kräfte einzusetzen. Solche Jugend wird überall eine gute Stellung finden, weil sie auf ihrem Weg nicht unsicher wird und in Herz und Geist gottähnlich ist. Ihr Blick ist aufrichtig; immerfort strebt sie vorwärts und aufwärts und verkündet Sieg. Träge, furchtsame und ungläubige Seelen sind nicht gefragt; ihr Mangel an Glauben und ihre Ungeneigtheit, sich um des Werkes Jesu willen selbst zu verleugnen, würde die Botschaft am Fortschritt hindern.

Gott ruft alle, die mit ihm zusammenwirken wollen. In der Verbindung mit Christus wird die menschliche Natur rein und wahr. Der Heiland macht sie kraftvoll und zu einer Macht des Guten. Wahrhaftigkeit und Rechtschaffenheit sind Charakterzüge Gottes; wer sie besitzt, kann nicht überwunden werden.

Innere Rechtschaffenheit

Innere Rechtschaffenheit wird durch äußere Rechtlichkeit bezeugt. Wer innerlich rechtschaffen ist, kann nicht hartherzig und gefühllos sein; er wird dem Herrn täglich ähnlicher und nimmt an Kraft und Festigkeit zu. Wer sich durch die Wahrheit heiligen ließ, wird selbstbeherrscht sein und den Fußtapfen des Heilandes folgen, bis sich die Gnade in Herrlichkeit umwandelt. Die Gerechtigkeit, die uns gerecht spricht, wird uns zugerechnet, die Gerechtigkeit dagegen, die uns heiligt, wird uns verliehen. Jene gibt uns Anspruch auf den Himmel, diese macht uns tauglich für ihn.

Kapitel 6: Die Höhe, die wir erreichen sollen

Was ist der Sinn und das Ziel deines Lebens, liebe Jugend? Leitet Ehrgeiz deinen Willen, um einen Namen und eine Stellung in der Welt zu erhalten? Bewegen dich unausgesprochene Gedanken, du würdest eines Tages zu den geistigen Größen gehören? du würdest in maßgebenden und beschlussfähigen Körperschaften sitzen und über die Geschicke der Nation mitbestimmen können? Solche Gedanken sind nicht schlecht. Jeder von euch darf sich getrost ein Ziel setzen. Mittelmäßige Kenntnisse brauchen dich nicht zu befriedigen. Strebe nach oben und erspare dir keine Mühe, einen hohen Standard zu erreichen.

Frömmigkeit — die Grundlage des Lebens

Wahre Größe gründet sich in der Furcht des Herrn. Der Grundsatz unbeugsamer Rechtschaffenheit muss dich in allen Lebenslagen auszeichnen. Gehe gläubig in dein Schulleben. Offenbare deinen Glauben als Wohnnachbar und in allen Geschäften. Es ist wichtig für dich, deine Ausbildung so zu wählen und zu vervollkommnen, dass du die Festigkeit und Lauterkeit eines christlichen Charakters erhältst, der alle irdischen Belange und Interessen den Forderungen des Evangeliums Jesu Christi unterstellt. Jetzt musst du bauen, wie es deinem Wesen entspricht; es heißt jetzt Beziehung aufzunehmen zur Gesellschaft und zum Leben und damit das zu werden, wozu Gott dich ins Dasein rief. Als Jünger Christi seid ihr nicht von irdischen Geschäften ausgeschlossen, bewahrt euch aber in allen Lagen euren Glauben. Auf welches Gewerbe ihr euch auch immer vorbereitet, glaubt niemals, um eines Erfolges willen eure Grundsätze opfern zu müssen.

Große Verantwortung

Mit gefestigten Glaubensgrundsätzen könnt ihr jede gewünschte Höhe erreichen. Wir würden uns herzlich freuen, wenn ihr das erhabene Ziel, das Gott euch gesetzt hat, erreichen würdet. Der Heiland liebt die kostbare Jugend; er will sie nicht mit unausgebildeten und unentwickelten Fähigkeiten aufwachsen sehen. Sie soll zu starken Menschen mit festen Grundsätzen heranwachsen, die tauglich sind, große Verantwortungen zu übernehmen. Um solchen Aufgaben gewachsen zu sein, darf sie alle Kraft anspannen.

Es gibt kein größeres Unrecht, als die von Gott gegebenen Kräfte so zu verkehren, dass sie Böses zuwege bringen und anderen schaden. Es gibt begabte Menschen, die durch den Missbrauch ihrer Fähigkeiten moralischen Verfall und Verderben ausbreiten helfen; solche Saat wird eine Ernte zeitigen, auf deren Einbringung sie nicht stolz sein werden. Es ist furchtbar, Gottes Gaben derart zu verwenden, dass sie Verderben und Weh statt Segen in der menschlichen Gesellschaft verbreiten. Ein ebenso großes Unrecht ist es, das von Gott anvertraute Pfund in ein Tuch zu wickeln und so vor der Welt zu verbergen; das führt zum Verlust der Lebenskrone.

Gott beansprucht unsern Dienst. Er gibt jeglichem sein Werk. Wir können unsre große Lebensaufgabe nur erfüllen, wenn wir uns ohne Einschränkung zu unsrer Verantwortung bekennen und ihr treu und gewissenhaft zu entsprechen versuchen.

Vom Einfluss des Glaubens

Der weise Mann sagt: „Gedenke an deinen Schöpfer in deiner Jugend." Prediger 12,1. Glaube nicht, dass dich der Glaube freudlos und schwermütig machen und ein Hindernis auf dem Weg zum Erfolg sein will. Der Glaube an Jesus Christus wird keine deiner Fähigkeiten auslöschen oder auch nur schwächen. Er nimmt dir keineswegs die Freude an einem wahren Glück; er verringert keine deiner gesunden Lebensinteressen und macht dich auch nicht gleichgültig und unempfindlich deinen Freunden und der Gesellschaft gegenüber. Du sollst dein Leben nicht in „Sack und Asche" vertrauern; du sollst nicht seufzen und stöhnen müssen. Wirklich nicht! Wer Gott in allem zum Ersten, Letzten und Besten macht, gehört zu den glücklichsten Menschen auf Erden. Lachen und Sonnenschein sind von seinem Gesicht nicht verbannt. Der Glaube wird dich weder roh noch grob, weder unordentlich noch unhöflich machen; im Gegenteil, er erhebt und adelt den Gläubigen; er verfeinert seinen Geschmack, heiligt sein Urteil und macht ihn tauglich für die Gemeinschaft mit den Engeln Gottes und für das Heim, das ihm Jesus bereitet hat.

Vergessen wir nie, dass Jesus Christus ein Freudenquell ist. Er will die Menschen nicht unglücklich sehen, sondern will sie froh wissen. Christen verfügen über viele Glücksmöglichkeiten; sie können auch genau angeben, welche Freuden erlaubter und rechter Art sind. Sie erholen sich derart, dass sie den Geist nicht schädigen und die Seele nicht erniedrigen, dass ihnen keine Nachwirkungen bleiben, die ihre Selbstachtung zerstören oder ihnen den Weg zu nützlichem Wirken versperren. Wenn der Heiland an ihren Freuden teilnehmen kann und der Geist des Gebets nicht erlischt, sind sie durchaus sicher.

Haushalter unsrer Fähigkeiten

In der Furcht des Herrn, ihr jungen Freunde, liegt jeder Fortschritt begründet; sie ist der Weisheit Anfang. Euer Vater im Himmel hat Anspruch an euch; denn unaufgefordert und ohne euer Verdienst umgibt er euch mit seiner Fürsorge. Und mehr als das: Durch das Opfer seines Sohnes hat er euch den Himmel aufgeschlossen; als Gegengabe fordert er nun euren Gehorsam. Wie er euch durch das Blut seines Sohnes teuer erkaufte, fordert er von euch den rechten Gebrauch der Vorrechte, deren ihr euch erfreuen könnt. Eure geistigen und sittlichen Fähigkeiten sind Gottes Gaben; er hat euch Talente anvertraut, die ihr weise benutzen sollt. Ihr habt nicht das Recht, sie mangels rechter Pflege verkümmern oder sie durch Tatenlosigkeit verkrüppeln zu lassen. An euch liegt es, zu bestimmen, ob ihr den gewichtigen Verantwortungen, die auf euch liegen, getreulich nachkommt, ob eure Mühen wohl gerichtet und das Beste sind, das ihr geben könnt.

Wir leben in der Gefahrenzeit der letzten Tage. Der ganze Himmel nimmt Anteil daran, wie ihr euren Charakter bildet. Jede Vorkehrung ist für euch getroffen worden, dass ihr Teilhaber der göttlichen Natur werden und dem Verderben, das durch fleischliche Lust in die Welt gekommen ist, entrinnen könnt. Ihr steht im Kampf gegen die bösen Mächte nicht allein und seid nicht auf eure schwachen Kräfte angewiesen. Hilfe ist zur Stelle; sie wird jeder Seele zuteil, die nach ihr verlangt. Engel Gottes bewegen sich auf der Himmelsleiter, die Jakob einst im Traum sah, auf und nieder und helfen denen, die sich nach jenen Himmelshöhen sehnen. Sie führen das Volk Gottes und bewachen jeden Schritt, der getan wird. Wer den leuchtenden Weg beschreitet, wird belohnt; er wird eingehen zu seines Herrn Freude.

Ein hohes Ideal soll erreicht werden

Das Ideal Gottes für seine Kinder übertrifft den höchsten Gedankenflug des Menschen. Frömmigkeit — Gottähnlichkeit: dieses Ziel soll erreicht werden. Vor jedem Lernenden liegen die Möglichkeiten zu ständigem Fortschritt. Er soll ein Ziel erreichen, eine Entwicklungsstufe, die alles Gute, Reine und Edle in sich beschließt. Er wird auf allen Gebieten echten Wissens so schnell und so weit wie möglich vorwärtsschreiten. Dabei werden seine Bemühungen auf Dinge gerichtet sein, die von selbstsüchtigen und irdischen Interessen so weit entfernt sind wie der Himmel von der Erde.

Kanäle der Gnade Gottes

Jede Seele hat das Vorrecht, ein lebendiger Kanal zu sein, durch den Gott die Schätze seiner Gnade und den unaussprechlichen Reichtum Christi der Welt mitteilen kann. Der Heiland wünscht nichts sehnlicher als Boten, die der Welt seinen Geist und Charakter widerspiegeln. Und die Welt wiederum braucht nichts dringender als die Offenbarung der Heilands Liebe durch Menschen. Der ganze Himmel wartet auf solche Kanäle, die das heilige Öl zur Freude und zum Segen anderer Menschen weiterleiten.

Kapitel 7: Maßstäbe der Tüchtigkeit

Auf der Jugend ruhen ernste Verantwortungen. Der Herr erwartet viel von den jungen Leuten, die in dieser Zeit größeren Lichtes und zunehmender Erkenntnis leben. Sie sind berufen, dieses Licht und Wissen auszubreiten. Sie sollen Irrtum und Aberglauben zerstreuen helfen, die das Gemüt vieler verwirren und verdunkeln. Zu dieser Aufgabe sollen sie sich durch Beachtung auch der geringsten Erkenntnis und Erfahrung erziehen. Gott macht sie für alle Gelegenheiten und Vorrechte verantwortlich, die er ihnen gegeben hat. Die vor ihnen liegende Aufgabe beansprucht ihre eifrigsten Bemühungen, damit Gottes Werk sich so entwickeln kann, wie es die Zeit erfordert.

Wenn die Jugend Herz und Sinne für des Herrn Werk heiligt, wird sie tüchtig und brauchbar werden. Dieses Ziel hat Gott der Jugend vor Augen gestellt. Weniger zu tun ist gleichbedeutend mit der Ablehnung der vom Herrn gegebenen Möglichkeiten. Es wäre Verrat an Gott, das Werk zum Wohle der Menschheit würde dadurch misslingen.

Befähigung zum Dienst

Wer danach strebt, Gottes Mitarbeiter zu werden, und ernstlich bemüht ist, zu lernen, um anderen mitzuteilen, wird beständig Licht von Gott erhalten und fähig sein, Menschen mit Gott in Verbindung zu bringen. Wenn junge Leute so wie Daniel alle ihre Gewohnheiten, Begierden und Leidenschaften in Übereinstimmung mit den Forderungen Gottes bringen, werden sie große Aufgaben erfüllen können. Alles Minderwertige und Leichtfertige sollten sie aus ihrem Herzen ausschließen. Torheit und Vergnügungssucht sollten nicht mehr bei denen gefunden werden, die im Glauben an den Sohn Gottes leben, sein Fleisch essen und sein Blut trinken.

Sie sollten sich vergegenwärtigen, dass, wenngleich ihnen alle Ausbildungsmöglichkeiten zur Verfügung stehen, ihnen immer noch die Erziehung fehlen kann, die sie für die Arbeit in irgendeinem Teil von Gottes Weinberg nötig haben. In diesen Dienst für Gott können sie nicht ohne vernünftige Frömmigkeit eintreten. Wenn sie noch an weltlichen Vergnügungen teilnehmen, anstatt ihre kostbaren Verstandeskräfte durch hohe und edle Vorsätze zu stärken, schwächen sie die Fähigkeiten, die ihnen von Gott gegeben wurden, und machen sich strafbar vor ihm, weil sie es unterlassen, ihre Gaben durch weisen Gebrauch zu vervollkommnen.

Ihr verkümmertes geistliches Leben ist ein Ärgernis vor Gott. Sie vergiften und verderben die Gemüter derer, mit denen sie Umgang pflegen. Durch ihre Worte und Taten unterstützen sie die Missachtung heiliger Dinge. Sie gefährden nicht nur ihre eigene Seele, sondern schädigen alle, mit denen sie in Berührung kommen. Sie sind völlig unfähig, Christus darzustellen. Als Diener der Sünde, sorglos, leichtsinnig und töricht, trennen sie sich vom Heiland.

Auch diejenigen, die sich mit ungenügenden Kenntnissen zufriedengeben, sind unfähig, Gottes Mitarbeiter zu sein. Wer die Gedanken schweifen lässt, nähert sich der Einfluss Zone Satans, in der er dazu angehalten wird, in seiner Gefolgschaft andere Seelen zu verführen. Sie bekennen wohl ihren Glauben mit Worten und haben einen Schein von Frömmigkeit; sie lieben aber das Vergnügen mehr als Gott.

Zersetzende Wirkung der Scheinfrömmigkeit

Es gibt junge Leute, die eine gewisse Tüchtigkeit aufweisen, die von ihrer Umgebung anerkannt und bewundert wird; ihr Können ist aber nicht geheiligt. Sie sind nicht gestärkt und gefestigt durch die Gnadenerweisungen und Prüfungen im christlichen Glaubensleben; Gott kann sie nicht zum Wohle der Menschheit und zur Verherrlichung seines Namens gebrauchen. Mit ihrem Schein von Frömmigkeit nutzen sie ihre Kräfte, um falsche Maßstäbe aufzustellen, und unbekehrte Menschen sehen in ihnen eine Entschuldigung für eigne schlechte Taten. Satan verführt sie dazu, ihre Kameraden durch Unfug und sogenannten Witz zu unterhalten. Alles, was sie tun, ist unwürdig; sie sind ja unter der Leitung des Bösen, der ihren Charakter formt und gestaltet, so dass sie seine Werke tun.

Sie verfügen über eine gewisse Befähigung, diese ist aber unerzogen; sie haben Charakterfähigkeiten, die nicht veredelt sind. Ihnen wurden Gaben gegeben, die sie missbrauchten und in Torheit erniedrigten; sie ziehen andere mit in die Tiefe. Der Heiland zahlte das Lösegeld für ihre Seelen durch Selbstverleugnung, durch sein Opfer, durch Erniedrigung und durch die Schmach und Schande, die er erduldete. Er tat es zu ihrer Erlösung aus den Banden der Sünde und zu ihrer Befreiung aus der Sklaverei eines Tyrannen, der sie nur dazu benutzt, andere Seelen zu verderben. Sie aber nehmen die Liebe des Erlösers nicht für sich in Anspruch, und er schaut voll Trauer auf ihre Werke.

Solche Jugend geht auf ewig verloren. Wie werden sie mit ihren losen Scherzen und Streichen dastehen an jenem Tage, an dem jeder von dem Richter der Welt erhalten wird nach seinen Taten? Sie haben Holz, Heu und Stoppeln zum Baugrund genommen; ihr Lebenswerk wird zunichtewerden. Welch ein Verlust!

Wieviel besser ist die Lage derer, die ihr Teil im Werke Gottes getan haben, das Wohlgefallen ihres Herrn suchten und sich täglich Rechenschaft gaben über ihre Vergehen, Irrtümer, Sorgen und über die Siege, die sie über Versuchungen erringen konnten, und über ihre Freude und ihren Frieden in Jesus Christus! Solche Jugend wird sich ihres Lebensberichtes nicht zu schämen brauchen.

Ausgewählte Helfer

Gott will durch unsre Bezeugung seiner Treue Christus der Welt offenbaren. Die Verkündigung dessen, was wir selber erfahren haben, ist wirksamer als alles, was wir auf Grund der Zeugnisse heiliger Männer und Frauen Gottes vor alters zu sagen wissen. Wir sind Zeugen für Gott, je nachdem sich seine Macht durch uns offenbart. Das wird, da keine zwei Menschen die gleiche Erfahrung machen, sich bei einem jeden von uns auf andere Weise auswirken. Gott will, dass jeder ihm auf seine Weise Dank darbringe.

Kapitel 8: Empor!

Zur Bildung eines christlichen Charakters ist das Verharren in guten Taten wichtig. Ich möchte unsrer Jugend die Bedeutung der Ausdauer und Energie im Streben nach Charaktergröße ans Herz legen. Von früher Kindheit an ist es wichtig, dem Charakter Grundsätze strenger Rechtlichkeit einzuprägen, damit sich die Jugend zum höchsten Lebensstand von Mannestum und Frauenwürde entwickeln kann. Sie sollte sich immer die Tatsache vor Augen halten, welch hoher Preis für sie bezahlt wurde; sie sollte Gott an ihrem Körper und in ihrem Geist verherrlichen und immer dessen eingedenk sein, dass sie sein Eigentum sind.

Täglicher Fortschritt

Es muss die Aufgabe der Jugend sein, tägliche Fortschritte zu machen. Petrus sagt: „Reichet dar in eurem Glauben Tugend und in der Tugend Erkenntnis und in der Erkenntnis Mäßigkeit und in der Mäßigkeit Geduld und in der Geduld Gottseligkeit und in der Gottseligkeit brüderliche Liebe und in der brüderlichen Liebe allgemeine Liebe. Denn wo solches reichlich bei euch ist, wird's euch nicht faul noch unfruchtbar sein lassen in der Erkenntnis unsers Herrn Jesu Christi." 2.Petrus 1,5-8.

Alle diese aufeinanderfolgenden Stufen brauchen nicht sofort mit einem Male ins Auge gefasst zu werden; aber der Blick muss unverwandt auf den Heiland gerichtet sein — der Ruhm Gottes muss euer Anliegen sein, dann werdet ihr Fortschritte machen. Ihr könnt nicht an einem Tage die Vollreife Jesu Christi erreichen; ihr würdet in Hoffnungslosigkeit versinken, könntet ihr alle Schwierigkeiten sehen, die kommen werden und zu überwinden sind. Ihr müsst gegen Satan kämpfen; er wird durch jede mögliche List versuchen, euch vom Heiland zu trennen.

Viele Hindernisse

Wir müssen allen Schwierigkeiten auf unserm Wege zu begegnen wissen und sie nacheinander zu überwinden trachten. Wenn wir die erste Prüfung hinter uns gebracht haben, werden wir stärker zur Überwindung der nächsten; jede weitere Anstrengung wird uns zu wachsendem Fortschritt befähigen. Wer auf den Heiland blickt, wird Überwinder. Wenn wir nur die Schwierigkeiten sehen und dem Kampf um Recht und Gerechtigkeit feige ausweichen, werden wir schwach und treulos.

Machen wir einen Schritt nach dem andern, dann werden wir jede Steigung meistern und schließlich den Gipfel des Berges erreichen. Lasst euch von der Größe der Aufgabe, die ihr zu erfüllen habt, nicht überwältigen; ihr müsst ja nicht alles auf einmal machen. Geht mit der ganzen Kraft, die in euch ist, an das Werk jedes Tages; nutzt jede gute Gelegenheit; bedient euch der Hilfe, die euch Gott gibt, und macht Stufe um Stufe Fortschritte auf der Leiter des Erfolges. Denkt daran, dass ihr immer nur einen Tag zu leben habt, dass Gott euch nur diesen einen Tag gegeben hat. Die Bücher des Himmels werden dann schon ausweisen, wie ihr die euch gegebenen Vorrechte und Gelegenheiten eingeschätzt habt. Möget ihr jungen Freunde jeden euch von Gott geschenkten Tag so ausnutzen, dass auch ihr am Ende der Zeit den Meister zu euch sprechen hört: „Du hast recht getan, du guter und getreuer Knecht. Gehe ein zu deines Herrn Freude."

Kapitel 9: Seite an Seite mit Gott

Dir stehen unbegrenzte Möglichkeiten zur Verfügung. Gott nennt die Menschen seine Kinder. „Wir sind nun", sagt die Bibel, „Gottes Kinder; und es ist noch nicht erschienen, was wir sein werden. Wir wissen aber, wenn es erscheinen wird, dass wir ihm gleich sein werden; denn wir werden ihn sehen, wie er ist. Und ein jeglicher, der solche Hoffnung hat zu ihm, der reinigt sich, gleichwie er auch rein ist." 1.Johannes 3,2.3. Es ist eure Aufgabe, euch von allem, was gemein und niedrig ist, abzuwenden und euch zu einem hohen Lebensstand zu erheben.

Das heilige Werk, das der Herr Jungen und Älteren anvertraut, beweist seine Wertschätzung ihnen als seinen Kindern gegenüber. Er gibt ihnen den Auftrag zur Selbstbeherrschung. Er beruft sie zu Teilhabern am Werk der Erlösung und Erhebung. Wie ein Vater seinen Sohn zum Teilhaber seines Geschäftes macht, so lässt der Herr seine Kinder an seinem Werk teilnehmen. Wir sind zu Mitarbeitern Gottes berufen. Der Heiland sagt: „Gleichwie du mich gesandt hast in die Welt, so sende ich sie auch in die Welt." Johannes 17,18. Möchtest du, liebe Seele, nicht lieber ein Kind Gottes als ein Diener Satans und der Sünde sein, der als Feind Jesu Christi betrachtet wird?

Junge Männer und Frauen brauchen mehr Gnade von Gott, um ihr tägliches Leben nach christlichen Grundsätzen gestalten zu können. Die Vorbereitung auf die Wiederkunft Christi besteht in der Heiligung durch Christus zum Gebrauch unsrer besten Eigenschaften. Jeder junge Mensch hat das Vorrecht, sich zu einem edlen Charakter zu entwickeln. Dazu aber muss er sich eng an seinen Heiland anschließen. Er ist ja unsre Kraft, Stärke und Macht.

Immer höher und höher

Ob eure Gaben groß oder nur klein sind: ihr dürft niemals vergessen, dass alles, was ihr besitzt, euch nur anvertraut ist. Darum prüft euch Gott und gibt euch auch Gelegenheit, euch als redlich zu erweisen. Ihm schuldet ihr alle eure Fähigkeiten. Die Kräfte des Körpers, des Geistes und der Seele gehören ihm; nur für ihn sollt ihr sie gebrauchen. Für eure Zeit, euren Einfluss, eure Fähigkeiten und Geschicklichkeiten müsst ihr dem Rechenschaft ablegen, der sie euch gegeben hat. Der nutzt seine Talente am besten, der sich ernstlich bemüht, den großen Plan des Herrn auszuführen, der die Menschheit zu sich emporziehen will.

Beharrt in dem Werk, das ihr begonnen habt, bis ihr Sieg auf Sieg erringt. Erzieht euch selbst zu einem bestimmten Ziel. Haltet euch stets das höchste Ziel vor Augen, damit ihr immer mehr Gutes tun und so die Herrlichkeit Gottes in eurem Leben widerspiegeln könnt.

Abschnitt 2

DER KAMPF MIT DER SÜNDE

Das Beispiel des Heilandes lehrt uns, dass unsre einzige Hoffnung auf Sieg im beharrlichen Widerstand gegen die Anläufe Satans liegt. Jesus Christus, der im Kampf gegen die Versuchungen über den Feind der Seelen triumphierte, kennt Satans Macht über die Menschen und besiegte ihn um unsrer Seligkeit willen. Als Überwinder überlässt er die Früchte seines Sieges uns, damit wir in unsren Bemühungen zum Widerstand gegen Satans Angriffe unsre Schwachheit mit seiner Kraft und unsre Unwürdigkeit mit seinem Verdienst verbinden können. Und getragen von seiner immerwährenden Macht, vermögen wir in seinem allmächtigen Namen der Gewalt teuflischer Versuchungen zu widerstehen und zu überwinden, wie Christus überwunden hat.

Kapitel 10: Satan — ein mächtiger Feind

Der gefallene Mensch ist Satans rechtmäßiger Gefangener. Jesu Mission war es, ihn aus den Händen dieser Macht zu befreien. Die menschliche Natur neigt dazu, den Einflüsterungen Satans Gehör zu schenken; aus sich heraus vermag er einem so furchtbaren Feind nicht erfolgreich zu widerstehen, es sei denn, Christus, der machtvolle Sieger, wohnt in ihm, lenkt seine Wünsche und verleiht ihm Kraft. Gott allein kann die Macht Satans beschränken. Der Teufel geht hin und her auf der Erde und wandert auf und ab. Unablässig lauert er wachsam, aus Furcht, eine Gelegenheit zur Vernichtung von Seelen zu verpassen. Jeder Gläubige muss das wissen, um dem heimtückischen Fallensteller entgehen zu können.

Der Teufel verstellt sich

Satan bereitet viele Täuschungen vor, um im letzten großen Kampf gegen das Volk Gottes von diesem nicht erkannt zu werden. „Das ist auch kein Wunder; denn er selbst, der Satan, verstellt sich zum Engel des Lichtes." 2.Korinther 11,14. Während sich einige Seelen irreführen lassen und behaupten, der Teufel existiere gar nicht, nimmt er sie gefangen und verrichtet ein großes Werk durch sie. Satan kennt besser als das Volk Gottes die Macht, welche die Gläubigen über ihn hätten, wenn sie sich der Kraft Christi bewusst wären.

Wenn die schwächsten Anhänger der Wahrheit den mächtigen Überwinder demütig um Hilfe anflehen, wenn sie sich fest auf ihren Heiland verlassen, vermögen sie Satan und sein ganzes Heer erfolgreich zurückzuschlagen. Der Teufel ist viel zu schlau, um sich offen und dreist zu nähern und seine Verführungskünste zu offenbaren; denn die schlafenden Energien des Christen könnten geweckt werden und der Gläubige könnte sich auf den starken und mächtigen Befreier stützen. So kommt er unbemerkt und arbeitet im Verborgenen durch die Kinder des Unglaubens, die sich zur Frömmigkeit bekannt haben. Mit seiner ganzen, umfassenden Macht ist er dabei, das Volk des Herrn zu quälen, zu versuchen und irrezuführen.

Er, der sich erkühnte, unsern Heiland von Angesicht zu Angesicht zu versuchen und zu verhöhnen — er, der Macht hatte, Jesus auf seinen Armen auf die Zinne des Tempels zu tragen und wiederum auf einen hohen Berg zu führen, wird diese Macht auch in einem erstaunlichen Maße auf unser Geschlecht ausüben, das an Weisheit dem Menschensohn weit nachsteht und Satans Spitzfindigkeit und Kraft nicht kennt.

Mit unvorstellbarer Geschicklichkeit wird Satan die Menschen beeinflussen, deren fleischliche Gesinnung ihm entgegenkommt. Er frohlockt darüber, dass man ihn für eine Fabelgestalt hält. Wenn man ihn nicht ernst nimmt, ihn nur durch kindische Bilder oder als irgendein Tier darstellt, so ist ihm das gerade recht. Er gilt als so unwesentlich, dass Seelen, die seine kunstvoll geschmiedeten Pläne nicht durchschauen, ihm fast immer ins Garn gehen. Würden seine Macht und Schlauheit besser erkannt, könnten die besser vorbereiteten Seelen ihm erfolgreicher widerstehen.

Um jede Seele wird gekämpft

Ich sah böse Engel um Seelen kämpfen, und Engel Gottes widerstanden ihnen. Der Kampf war schwer. Die bösen Engel bedrängten die Seelen, vergifteten mit ihrem schlechten Einfluss die Atmosphäre und stumpften ihre Sinne ab. Die heiligen Engel wachten besorgt über die angefochtenen Seelen und warteten darauf, Satans Heerschar zurückzuschlagen. Es liegt aber nicht im Vermögen der guten Engel, Macht über die Seelen gegen deren Willen zu gewinnen. Wenn die Menschen dem Feind nachgeben und keine Anstrengungen machen, ihm Widerstand zu leisten, dann können die Engel Gottes nicht viel mehr tun als Satans Heer in Schach halten und die Seelen vor ihrer Vernichtung bewahren, bis den Gefährdeten mehr Licht gegeben wird und sie dadurch aufgerüttelt werden und die Hilfe von oben suchen. Der Heiland nötigt seine Engel nicht zur Hilfe für diejenigen, die von sich aus keine Anstrengungen zur Rettung machen.

Sobald Satan die Gefahr wittert, eine Seele zu verlieren, strengt er sich besonders an, um sie zu halten. Wird sich die gefährdete Seele der Gefahr bewusst und bittet in ihrer inneren Not den Heiland um Kraft, dann fürchtet Satan ihren Verlust; er lässt dann durch ein verstärktes Aufgebot seiner Helfer die arme Seele umzingeln und legt einen dichten Wall um sie, damit kein Himmelslicht hindurchdringen und die Seele erreichen kann. Wer in solcher Gefahr ausharrt und in Hilflosigkeit und Schwäche sich auf das Verdienst des Blutes Jesu beruft, dessen ernstes Glaubensgebet wird vom Heiland erhört, der dann ein Aufgebot starker Engel zu seiner Befreiung sendet. Satan kann es nicht ertragen, wenn sich jemand auf seinen machtvollen Rivalen beruft; denn er fürchtet sich und zittert vor des Heilandes Kraft und Majestät. Und Satans Heer bebt vor jedem inbrünstigen Gebet. Wenn allmächtige Engel, angetan mit der Waffenrüstung des Himmels, einer hilflosen und verfolgten Seele zur Hilfe kommen, weichen Satan und seine Scharen zurück; sie wissen genau, dass sie den Kampf verloren haben.

Kapitel 11: Die Art des Kampfes

Der Wille des Menschen ist angriffslustig und stets darauf bedacht, alle Dinge seinen Zwecken anzupassen. Stellt er sich auf die Seite Gottes und der Gerechtigkeit, werden die Früchte des Geistes in seinem Leben offenbar; Gott hat bestimmt „Preis und Ehre und Friede allen denen, die da Gutes tun". Römer 2,10. Wenn es Satan erlaubt wird, den Willen zu formen, so wird er alles tun, zu seinem Ziel zu gelangen. Er regt zu Theorien des Unglaubens an und bewegt das Herz des Menschen zum Kampf gegen das Wort Gottes. Mit beharrlichem und unablässigem Bemühen sucht er den Seelen die ihm eigene Kraft des Hasses und der Feindschaft gegen Gott einzuflößen und sie in einer Schlachtlinie gegen die Einrichtungen und Verordnungen des Himmels und das Wirken des Heiligen Geistes aufzubieten. Unter seinem Banner versammelt er alle bösen Mächte und bringt sie unter seiner Führung auf dem Schlachtfeld gegen das Gute zum Einsatz.

Aufruf zum Widerstand gegen die bösen Mächte

Es ist Satans Bemühen, Gott im Herzen des Menschen zu entthronen und die menschliche Natur in sein eignes, entstelltes Bild umzuformen. Er stachelt alle bösen Neigungen auf, erweckt unheilige Leidenschaften und Begierden und verheißt: solche Macht und Ehre, solchen Reichtum, dazu sündliche Vergnügungen will ich dir geben unter der Bedingung, dass du deine Unberührtheit aufgibst und dein Gewissen abstumpfst. Auf diese Weise wertet er die menschlichen Fähigkeiten herab und macht sie der Sünde untertan.

Gott ruft die Menschen zum Widerstand gegen die Mächte des Bösen auf. Er sagt: „So lasset nun die Sünde nicht herrschen in eurem sterblichen Leibe, ihr Gehorsam zu leisten in seinen Lüsten ..., sondern begebet euch selbst Gott, als die da aus den Toten lebendig sind, und eure Glieder Gott zu Waffen der Gerechtigkeit." Römer 6,12.13.

Das Leben des Christen ist Kampf. „Denn wir haben nicht mit Fleisch und Blut zu kämpfen, sondern mit Fürsten und Gewaltigen, nämlich mit den Herren der Welt, die in der Finsternis dieser Welt herrschen, mit den bösen Geistern unter dem Himmel." Epheser 6,12. In diesem Kampf der Gerechtigkeit gegen die Ungerechtigkeit können wir nur durch göttliche

Hilfe erfolgreich sein. Unser beschränkter Wille muss unter die Führung des göttlichen Willens gebracht werden; der menschliche Wille muss sich in den Willen Gottes einfügen. Dadurch wird uns die Hilfe des Heiligen Geistes zuteil. Jeder Sieg wird zur Wiederherstellung von Gottes erkauftem Eigentum und seines Bildes in der Seele beitragen.

Die Hilfe des Heiligen Geistes

Der Herr Jesus wirkt durch den Heiligen Geist; er ist sein Stellvertreter. Durch ihn flößt er der Seele geistliches Leben ein, belebt die Kräfte für das Gute, reinigt von jeder sittlichen Befleckung und macht tauglich für das Reich Gottes. Jesus hat reiche Segnungen und kostbare Gaben unter den Menschen zu verteilen. Er ist der wunderbare Ratgeber, voll unendlicher Weisheit und Kraft; und wenn wir die Macht seines Geistes anerkennen und uns durch ihn bilden lassen, dann werden wir vollkommen in ihm. Welch köstlicher Gedanke! In Christus „wohnt die ganze Fülle der Gottheit leibhaftig, und ihr seid vollkommen in ihm". Kolosser 2,9.10. Niemals wird sich das menschliche Herz glücklich fühlen, als bis es sich der Wirkung des Heiligen Geistes unterstellt. Er bildet die erneuerte Seele nach dem Vorbild Jesu Christi. Durch den Geisteseinfluss wandelt sich die Feindschaft gegen Gott in Liebe und Glaube, Stolz in Demut. Die Seele erkennt die Schönheit der Wahrheit, und Christus wird durch die Erhabenheit und Vollkommenheit des Charakters geehrt. Wenn solche Wandlungen vor sich gehen, stimmen die Engel hinreißende Gesänge an, und Gott und Christus freuen sich über die Seelen, die in das göttliche Ebenbild umgewandelt wurden.

Der Siegespreis

Der Kampf zwischen Gut und Böse ist nicht gelinder geworden, als er in den Tagen des Heilandes gewesen ist. Auch ist der Weg zum Himmel jetzt nicht glatter als damals. Alle unsre Sünden müssen abgelegt werden. Jede besonders gehegte Leidenschaft, die uns am geistlichen Fortschritt hindert, muss aufgegeben werden. Das rechte Auge oder die rechte Hand müssen geopfert werden, wenn sie zur Sünde verleiten. Sind wir willig, unsre eigne Klugheit aufzugeben, um das Himmelreich zu erlangen wie ein Kind? Wollen wir uns von unsrer Selbstgerechtigkeit trennen? Sind wir gewillt, auf den Beifall der Menschen zu verzichten? Der Preis des ewigen Lebens ist von unaussprechlichem Wert. Wollen wir des Heiligen Geistes

Hilfe mit Freuden annehmen und durch sie wirken und uns vorwärtsbemühen und Opfer bringen, die dem Wert dessen entsprechen, was wir empfangen haben?

Kapitel 12: Satans besondere Anstrengung

Mir wurde gezeigt, wie sehr wir uns in achtnehmen und den Schmeicheleien und Einflüsterungen Satans beharrlich Widerstand leisten müssen. Er hat sich in einen Engel des Lichtes verwandelt und täuscht und nimmt Tausende gefangen. Die Vorteile, die er aus der Kenntnis der menschlichen Natur zieht, sind ungeheuerlich. Er schleicht sich wie eine Schlange unbemerkt überall ein, um das Werk Gottes zu zerstören. Die Wunder und Taten Christi stellt er als Menschenwerk hin.

Würde Satan offen und dreist gegen das Christentum kämpfen, würde er den Christen in seiner Not und Todesangst seinem Erlöser näherbringen, und der starke und machtvolle Erretter würde den frechen Widersacher in die Flucht schlagen. Aber in seiner Verkleidung als Engel des Lichtes lockt und verführt Satan den Verstand, um die Seele von der einzigen Sicherheit und vom rechten Weg abzubringen. Schädellehre, Seelenkunde und Magnetismus benutzt er als Kanal, um mit den Menschen unsrer Zeit unmittelbar in Berührung zu kommen und mit der Macht zu wirken, die sein Werk vor dem Ablauf der Prüfungszeit kennzeichnen wird.

Je mehr wir uns dem Ende der Zeit nähern, desto stärker lässt sich der menschliche Geist von den Täuschungen Satans beeindrucken. Er verleitet die Sterblichen dazu, die Taten und Wunder Christi auf allgemeine Naturgesetze zurückzuführen. Sein Ehrgeiz war es immer, das Werk Jesu Christi nachzuahmen und seine eigenen Taten und Rechte zu festigen. Das tut er aber nicht öffentlich und frei. Dazu ist er zu schlau; er weiß, dass es seinen Absichten am besten dient, wenn er sich den armen, gefallenen Seelen als ein Engel des Lichtes nähert.

Satan erschien dem Heiland in der Wüste in der Gestalt eines schönen Jünglings, — er ähnelte eher einem König als einem gefallenen Engel. Mit Worten aus der Heiligen Schrift näherte er sich dem Herrn und sagte; „Es steht geschrieben." Matthäus 4,10. Der göttliche Dulder antwortete ebenfalls mit dem Schriftwort; „Es steht geschrieben." Satan nutzte die Notlage Christi zu seinem Vorteil aus. Der Heiland nahm auf sich unsre Schwachheiten.

Vertraue nicht der eigenen Kraft

Wenn Satan den menschlichen Geist so umnebelt und täuscht und die Sterblichen zu der Annahme verführt, es gäbe eine dem Menschen innewohnende Kraft zum Vollbringen großer und guter Werke, verlassen sie sich nicht mehr auf Gott und meinen, alles selbst tun zu können. Sie anerkennen nicht mehr eine höhere Macht. Sie geben nicht mehr Gott die Ehre, die er von uns erwartet und die seiner Größe und erhabenen Majestät entspricht. Satans Absicht hat sich dann erfüllt. Er triumphiert darüber, dass der gefallene Mensch sich selbst erhöht, wie er selbst sich im Himmel erhob und verstoßen wurde. Er weiß, dass des Menschen Untergang genauso sicher ist, wenn er sich selbst erhöht, wie seine Verstoßung gewiss war.

Die Zerstörung des Vertrauens

Die Versuchung Jesu in der Wüste ist dem Satan misslungen. Der Erlösungsplan ist durchgeführt worden. Der hohe Preis für die Rettung der Menschen ist bezahlt worden. Jetzt sucht Satan die Grundlagen der christlichen Hoffnung zu erschüttern und führt die Gedanken der Menschen auf Abwege, damit sie durch das große Opfer des Heilandes keinen Vorteil erlangen oder gar errettet werden. Er verleitet die gefallenen Menschen „mit allerlei Verführung zur Ungerechtigkeit“ (2.Thessalonicher 2,10) zu der Annahme, er könne auch ohne Sühne recht gut auskommen, er hätte die Abhängigkeit von dem gekreuzigten und auferstandenen Heiland nicht nötig und könnte durch eigene Verdienste die Gunst Gottes erlangen. So zerstört er des Menschen Vertrauen auf die Bibel, wohl wissend, dass er sicher ist, wenn er die Schrift, die ihn in seinem Wesen kennzeichnet und entlarvt, zerstört.

Er festigt beim Menschen den Eindruck, dass es gar keinen persönlichen Teufel gibt. Wer das glaubt, wird keine Anstrengungen mehr machen, ihm zu widerstehen und gegen etwas zu kämpfen, das gar nicht da ist. Schließlich bekennen sich die armen, blinden Sterblichen zu dem Grundsatz; „Was besteht, ist recht.“ Sie lassen keine Vorschrift für ihren Lebenswandel mehr gelten. Satan erweckt in vielen die Meinung, das Gebet zu Gott sei nutzlos und nur eine Formsache. In Wirklichkeit weiß er genau, wie bedeutsam Andacht und Gebet sind, um die Gläubigen im Widerstand gegen teuflische List und Betrügerei wachzuhalten. Satans Ränke wollen von diesen wichtigen Glaubensübungen ablenken, damit sich die Seele nicht so innig an den mächtigen Heiland anlehne und von ihm Kraft zur Abwehr seiner Angriffe erhalte.

Es passt Satan gut in seinen Plan, wenn wir im Gebet nachlässig werden; dadurch werden seine erlogenen Wunderwerke bereitwilliger aufgenommen. Mit List und Betrug sucht er sein Ziel zu erreichen, was ihm bei der Versuchung Christi nicht gelang. Dann und wann erscheint er in Gestalt eines liebenswürdigen Jünglings oder als ein schönes Phantom. Er heilt Kranke und wird von den getäuschten Menschen als Wohltäter der Menschheit verehrt.

Die Herrschaft über den Verstand

Mir wurde gezeigt, dass Satan die Verstandeskräfte nicht beherrschen kann, wenn sie ihm nicht ausgeliefert werden. Wer den rechten Weg verlassen hat, lebt jetzt in großer Gefahr. Diese Menschen trennen sich von Gott und von der Fürsorge seiner Engel. Satan, der stets auf der Lauer liegt, um Seelen zu verderben, beginnt bei ihnen sein betrügerisches Werk und bringt sie in äußerste Gefahr. Werden sie sich dann ihrer Lage bewusst und versuchen, den Mächten der Finsternis zu trotzen und sich aus den Fallstricken Satans zu befreien, wird es ihnen sehr schwer fallen. Sie haben sich auf den Grund und Boden Satans gewagt, und nun beansprucht er sie als sein eigen. Er bietet dazu alle ihm dienenden Kräfte auf und ruft die Scharen böser Geister zusammen, um eine Seele der Hand Christi zu entreißen.

Alle, die den Teufel veranlassten, sie zu versuchen, werden verzweifelte Anstrengungen machen müssen, um wieder frei zu werden. Sobald ihre Bemühungen einsetzen werden Engel Gottes, die sie durch ihr Verhalten betrübten, zu ihrer Rettung herbeieilen. Satan und seine Diener wollen ihre Beute nicht fahren lassen. Sie ringen erbittert mit den heiligen Engeln; der Kampf ist schwer. Wenn aber die Seelen, die sich verirrt hatten, anhalten am Gebet und in tiefer Demut ihr Unrecht bekennen, werden die starken Engel Gottes den Sieg erringen und sie aus der Gewalt der bösen Geister befreien.

Der Vorhang öffnet sich

Als sich der Vorhang öffnete und ich im Gesicht die Verderbnis dieser Zeit sah, bekümmerte sich mein Herz, und ich war einer Ohnmacht nahe. Ich sah die Bewohner der Erde den Becher bis an den Rand mit ihrer Ungerechtigkeit anfüllen. Gottes Zorn ist entbrannt und will sich nicht legen, ehe nicht die Sünder von der Erde vertilgt sind. {RJ97 41.3; MYP.60.3}

Satan ist der persönliche Feind Jesu Christi. Er ist der Erreger und Anführer jeder Auflehnung im Himmel und auf der Erde. Seine Wut steigert sich. Wir ermessen kaum den Umfang seiner Macht. Wären unsre Augen geöffnet, und könnten wir die Scharen böser Geister sehen, die ihr Werk an denen verrichten, welche sorglos und im Vertrauen auf sich dahinleben, wir würden nicht so gleichgültig sein. Satans Helfer sind ständig auf unserer Spur. Wir sehen oft nur, wie bereitwillig schlechte Menschen auf Satans Geheiß handeln. Wenn wir uns aber nicht gegen die unsichtbaren bösen Geister zu schützen wissen, werden sie die Oberhand über uns gewinnen und Wunder über Wunder vor unseren Augen verrichten. Sind wir so vorbereitet, ihnen dann durch das Wort Gottes, durch die einzige Waffe, die uns erfolgreich machen kann, widerstehen zu können?

Einige werden annehmen, diese Wunder stammten von Gott. Vor unseren Augen wird ein Kranker gesund. Andere Wunder ereignen sich vor uns. Sind wir gegen diese Prüfungen gewappnet, wenn Satan sein zauberhaftes Blendwerk immer mehr steigern wird? Werden nicht viele Seelen verwirrt und gefangengenommen? Vielerlei Irrtümer, Abkehr von den klaren Anweisungen Gottes und Hinneigung zu losen Fabeln machen den Geist für diese Täuschungswunder Satans empfänglich. Wir müssen uns jetzt alle für den Kampf, der uns bevorsteht, gut ausrüsten. Glauben an Gottes Wort, das wir unter Gebet betrachten und ausleben müssen, wird uns vor der Macht Satans schützen und uns durch das Blut Jesu Christi zu Überwindern werden lassen.

Kapitel 13: Versuchungen entschuldigen keine Sünde

Keine natürliche Regung, keine Fähigkeit des Geistes oder Neigung des Herzens darf auch nur einen Augenblick der Kontrolle durch den Geist Gottes entzogen werden. Es gibt keinen Segen, den Gott uns verleiht, keine Prüfung, die er zulässt, die Satan nicht ergreifen kann und wird, um uns zu versuchen, um uns zu quälen und um schließlich die Seele zu vernichten, wenn wir ihm die geringste Handhabe bieten. Wie sehr auch jemand erleuchtet sein mag, wie viel von der Gnade und dem Segen Gottes er auch besitzen mag, er sollte stets in Demut vor dem Herrn wandeln und im Glauben Gott bitten, dass er jeden seiner Gedanken überwachen und jede Regung beherrschen möge.

Alle, die sich zu Gott bekennen, haben die heilige Pflicht, ihr Herz zu bewahren und auch bei größter Herausforderung Selbstbeherrschung zu üben. Die Last, die einst Mose auferlegt wurde, war sehr groß. Nur wenige werden so stark versucht wie er; und dennoch rechtfertigte nichts seine Sünde. Gott hat umfassende Vorkehrungen für sein Volk getroffen; und wenn sie sich auf seine Kraft verlassen, werden sie niemals zum Spielball irgendwelcher Umstände. Die stärkste Versuchung kann die Sünde nicht entschuldigen. Wie groß auch der Druck sein mag, dem eine Seele ausgesetzt ist: jede Übertretung ist ihre eigene Sache. Es liegt weder in der Macht der Erde noch der Hölle, jemand zur Sünde zu zwingen. Satan greift uns an unsern schwachen Stellen an; wir brauchen uns aber nicht überwinden zu lassen. Wie schwer und unerwartet ein Angriff auch ist; Gott hat Hilfe vorgesehen; in seiner Kraft können wir überwinden.

Kapitel 14: Seelenstärke

Selbst diejenigen, die ihr Leben siegreich beschließen werden, haben Zeiten schrecklicher innerer Not und Glaubensprüfungen zu bestehen. Sie dürfen ihr Vertrauen nicht wegwerfen; denn solche Zeiten gehören zu den Prüfungsaufgaben in der Schule Christi. Sie sind nötig, um alle Schlacken und Unreinigkeiten zu entfernen. Der Diener Gottes muss die Angriffe des Feindes, seine aufreizenden Sticheleien, mit Seelenstärke ertragen und die Hindernisse überwinden, die Satan ihm in den Weg legt.

Satan wird die Nachfolger Christi zu entmutigen und vom Gebet und Schriftstudium abzuhalten versuchen; er wird seinen hässlichen Schatten über den Weg des Lebens fallen lassen, um den Heiland und die Offenbarung seiner Liebe und die Herrlichkeit des himmlischen Erbes unseren Blicken zu entziehen. Mit teuflischem Vergnügen sieht er Kinder Gottes erschreckt, zitternd, mühselig und von Zweifeln geplagt ihres Weges gehen. Er versucht, ihr Leben so sorgenvoll wie nur möglich zu machen. Wenn du aber zur Höhe aufschaust und deinen Blick von deinen Schwierigkeiten abwendest, dann wirst du auf deinem Weg nicht ermatten, du wirst dem Heiland begegnen, der dir seine hilfreiche Hand entgegenstreckt; du brauchst ihm dann nur im schlichten Vertrauen deine Hand zu geben und dich von ihm führen zu lassen. Wie dein Vertrauen, so wird auch deine Hoffnung sein.

In der Kraft des Herrn

Jesus ist das Licht der Welt. Nach seinem Vorbild sollt ihr euer Leben gestalten. Ihr werdet in dem Heiland einen Helfer finden, um euch zu einem gefestigten, gleichmäßigen und schönen Charakter zu entwickeln. Satan vermag den hellen Schein solchen Charakters nicht auszulöschen. Der Herr hat für jeden von uns eine Aufgabe. Er will nicht, dass wir unsre Kraft aus menschlichem Lob und aus menschlicher Schmeichelei erhalten. Er wünscht dagegen, dass jede Seele in der Kraft des Herrn dastehe. Der Herr hat uns sein Bestes, seinen eingeborenen Sohn, gegeben, um uns zu erheben, zu veredeln und tauglich zu machen, einen Platz in seinem Reich einzunehmen, indem er uns seine eigene Charaktervollkommenheit verlieh. Der Heiland kam in die Welt und lebte, wie er es von seinen Nachfolgern erwartet. Sind wir zu nachsichtig mit uns selbst und zu träge, uns durch ernsthafte Anstrengungen mit dem herrlichen Werk Gottes zu verbinden, werden wir Verluste in diesem und in dem zukünftigen, ewigen Leben erleiden.

Nach dem Willen Gottes sollen wir wirken und schaffen, nicht in einem Zustand innerer Hoffnungslosigkeit, sondern glaubensstark und hoffnungsvoll. Wenn wir in der Heiligen Schrift forschen und zur Erkenntnis der gnadenvollen Herablassung des Vaters in der Dahingabe seines Sohnes an die Welt kommen und erfahren, dass alle, die an ihn glauben, nicht verloren werden, sondern das ewige Leben haben, werden wir mit unaussprechlicher Freude erfüllt und voll Rühmens sein. Alles, was wir durch Erziehung gewinnen, sollen wir nach des Herrn Willen zur Ausbreitung seiner Botschaft gebrauchen. Wahre, lebendige Frömmigkeit müssen das Leben und der Charakter widerspiegeln, damit das Kreuz Christi vor der Welt aufgerichtet und der Wert der Seele im Lichte dieses Kreuzes offenbart werde. Unser Geist muss zum Verständnis der Heiligen Schrift aufgeschlossen sein, damit wir durch das Brot des Himmels geistliche Macht gewinnen.

Kapitel 15: Ein Tempel des Heiligen Geistes

Treuer Gehorsam gegenüber den Forderungen Gottes wird einen erstaunlichen Einfluss auf die Veredelung, Entwicklung und Kräftigung aller menschlichen Fähigkeiten ausüben. Diejenigen, die schon in ihrer Jugend ihre Kräfte dem Dienste Gottes weihten, werden sich als Menschen mit gesundem Urteilsvermögen und großem Scharfsinn erweisen. Warum sollte das auch nicht so sein? Die Verbindung mit dem besten Lehrer, den die Welt je gekannt hat, schärft den Verstand, erleuchtet den Geist und reinigt das Herz, erhebt, verfeinert und adelt den ganzen Menschen. „Wenn dein Wort offenbar wird, so erfreut es und macht klug die Einfältigen." Psalm 119,130.

Nach dem Bilde Gottes

Unter den Jugendlichen, die sich zum Herrn bekennen, gibt es viele, welche diesem Schriftwort nicht entsprechen. Sie machen keine Fortschritte in der Erkenntnis und im geistlichen Leben. Ihre Kräfte verkümmern eher, als dass sie sich entwickeln. Des Psalmisten Worte treffen jedoch auf das wahre Gotteskind zu. Nicht der Buchstabe des Wortes Gottes gibt Licht und Verständnis; erst durch den Heiligen Geist wird uns das Geheimnis des Wortes enthüllt und das Herz erreicht. Wenn ein Mensch wahrhaft bekehrt ist, wird er ein Kind Gottes und der göttlichen Natur teilhaftig. Dann wird nicht nur sein Herz erneuert, sondern auch der Verstand wird gefestigt und belebt. Es gibt viele Beispiele von Menschen, die vor ihrer Bekehrung nur durchschnittliche oder gar geringe Fähigkeiten besaßen; nach ihrer Bekehrung waren sie ganz verändert. Sie bewiesen die Wahrheit des göttlichen Wortes und konnten sie auch anderen vermitteln. Geistig hochstehende Menschen empfanden es als Vorzug, mit diesen Menschen zu verkehren. Die Sonne der Gerechtigkeit brachte helles Licht in ihr Gemüt und befähigte sie zu immer größeren Taten.

Gott wird ein großes Werk für die Jugend tun, wenn sie durch die Hilfe des Heiligen Geistes sein Wort in ihre Herzen aufnimmt und ihm im Leben gehorsam ist. Er sucht sie beständig an sich zu ziehen, zur Quelle aller Weisheit, zum Born der Güte, Reinheit und Wahrheit. Wessen Geist sich mit erhabenen Themen beschäftigt, adelt sich selbst.

Entweihte Altäre

Wer vorgibt, Gott zu dienen, und keine Fortschritte in der Erkenntnis und Frömmigkeit macht, ist nur ein Namenschrist.

Der Seelentempel ist mit entweihten Altären besetzt. Seichte Lektüre, oberflächliche Unterhaltungen und weltliches Vergnügen füllen den Geist so vollständig aus, dass kein Raum für die Aufnahme des Wortes Gottes bleibt. Weltliebe, Leichtsinn und Stolz nehmen den Platz ein, den Christus im Herzen innehaben sollte.

Erniedrigung durch des Fleisches Lust

Alle diejenigen, die in der Befriedigung ihrer Lüste und Leidenschaften das höchste Gut sehen, sind niemals gute und wahrhaft große Menschen. Wie hoch sie auch immer in der Gunst und Meinung der Welt stehen; in Gottes Augen sind sie wertlos, schlecht und verdorben. Der Himmel hat angeordnet, dass das Merkmal ihrer Verderbtheit sogar auf ihrem Gesicht geschrieben steht. Ihre Gedanken sind dem Diesseits verhaftet, sind irdisch. Ihre Worte offenbaren die Niedrigkeit ihres Denkens. Ihr Herz ist voller Niedertracht und hat das Ebenbild Gottes fast ganz ausgelöscht. Die Stimme der Vernunft wurde erstickt; die Urteilskraft ist entartet. Wie sehr verdirbt doch des Fleisches Lust den ganzen Menschen! In welche Tiefen von Torheit und Laster fällt doch der Mensch, wenn er seinen Willen dem Teufel ausliefert! Vergebens mahnt die Wahrheit den Verstand; denn das Herz widerspricht ihren erhabenen Grundsätzen.

Hilfe in Versuchung

Mit Glauben und Gebet können alle Menschen den Forderungen des Evangeliums nachkommen. Niemand kann zur Übertretung gezwungen werden. Zuerst muss die innere Zustimmung dazu vorhanden sein; die Seele muss in die Sünde willigen, bevor die Leidenschaft über die Vernunft oder die Ungerechtigkeit über das Gewissen triumphieren kann. Eine Versuchung mag noch so groß sein, sie ist niemals eine Entschuldigung für die Sünde. „Die Augen des Herrn merken auf die Gerechten, und seine Ohren auf ihr Schreien." Psalm 34,16. Rufe zum Herrn, angefochtene Seele! Wirf dich dem Heiland in die Arme, hilflos und unwürdig, wie du bist, und beanspruche seine Verheißung auch für dich. Der Herr wird hören. Er weiß, wie stark die Neigungen des natürlichen Herzens sind. Er wird dir in jeder Versuchung helfen. Bist du in Sünde gefallen? Dann bitte Gott unverzüglich um Gnade und Verzeihung. Die Gnade Gottes steht dem Sünder immer noch liebreich offen. Der Herr ruft uns auf allen unseren Wegen zu; „So kehret nun wieder, ihr abtrünnigen Kinder, so will ich euch heilen von eurem Ungehorsam." Jeremia 3,22.

Kapitel 16: Ihr seid nicht euer selbst

Wir hören bisweilen die Fragen; Kann ich niemals tun, was ich will? Darf ich niemals meinen eigenen Weg gehen? Muss ich mich immer einschränken lassen? Kann ich niemals nach meinen Neigungen handeln? Je weniger ihr euren natürlichen Lüsten folgt, desto besser für euch und andere. Sie sind verkehrt, und die natürlichen Kräfte sind missbraucht. Satan hat den Menschen in Widerstreit mit Gott gebracht. Unablässig arbeitet er daran, das göttliche Bild im Menschen zu zerstören. Darum müssen wir uns in Wort und Tat zügeln.

Das Ergebnis völliger Weihe

Wenn Gottes Gnade Besitz von unserm Herzen ergriffen hat, wird uns bewusst werden, dass wir alle ererbten und erworbenen bösen Eigenschaften kreuzigen müssen. Ein neues Leben unter neuer Führung muss in uns beginnen. Alles, was getan wird, muss zur Ehre Gottes geschehen. Das betrifft sowohl den äußeren als auch den inneren Menschen. Das ganze Sein, Körper, Seele und Geist, muss unter die Herrschaft Gottes gebracht werden, damit er es als Werkzeug der Gerechtigkeit gebrauchen kann.

Der natürliche Mensch ist dem Gesetz Gottes nicht untertan und vermag es aus sich heraus auch nicht. Durch den Glauben aber, der ihn so gänzlich umgewandelt hat, wird er Tag für Tag das Leben Christi führen. Er wird täglich beweisen, dass er sich darüber im klaren ist, Gottes Eigentum zu sein.

Leib und Seele gehören dem Herrn. Er gab seinen Sohn für die Erlösung der Welt, auf dass wir eine neue Gnadenfrist gewinnen und eine Bewährungszeit erhalten, in der wir uns zu Charakteren völliger Treue entwickeln sollen. Gott hat uns aus der Sklaverei der Sünde befreit und es uns möglich gemacht, als Wiedergeborene zu leben, bereit, ihm zu dienen.

Alle unsere Kräfte gehören dem Herrn

Wir tragen den Stempel Gottes an uns. Er hat uns erkauft und will, dass wir immer daran denken, dass unsere körperlichen, geistigen und moralischen Kräfte sein Eigentum sind. Unsre Zeit, unser Einfluss, Verstand, Gefühl und Gewissen, alles gehört dem Herrn; wir sollen seine Gaben nur so verwenden, wie er es haben will. Wir sollen nicht darüber verfügen, wie es in der Welt üblich ist; denn sie steht unter dem Einfluss dessen, der ein Feind Gottes ist.

Das Fleisch als Wohnung der Seele gehört dem Herrn. Jede Sehne und jeder Muskel sind sein Eigentum. In keinem Fall dürfen wir ein Glied unseres Körpers durch Vernachlässigung oder Missbrauch schwächen. Durch beste Pflege und Gesunderhaltung des Körpers beweisen wir unsere Verbundenheit mit dem Schöpfer; der Leib soll ja ein Tempel des Heiligen Geistes sein, in dem er wohnen und jede körperliche und geistige Kraft nach dem Willen Gottes gestalten will.

Der Geist muss von reinen Grundsätzen erfüllt sein. Die Wahrheit muss der Seele tief eingeprägt sein. Das Gedächtnis soll eine Fülle der köstlichen Heilswahrheiten umfassen. Dann werden sie wie herrliche Edelsteine in unserm Leben leuchten.

Der Preis einer Seele

Der Wert, den Gott dem Werk seiner Hände gab, und die Liebe, die er seinen Kindern zuteilwerden lässt, offenbarten sich durch seine Gabe zur Erlösung der Menschen. Adam fiel unter die Herrschaft des Teufels. Durch ihn kam die Sünde in die Welt; der Sünde Sold aber war der Tod. Gott gab seinen eingeborenen Sohn, um den Menschen zu retten. Er tat dies, damit der Gerechtigkeit Genüge getan würde und er doch all jene rechtfertigte, die Christus gläubig annehmen. Der Mensch verkaufte sich an Satan; der Heiland aber erwarb ihn wieder zurück.

Ihr seid nicht euer selbst. Jesus hat euch mit seinem Blut erkauft. Vergrabt eure Pfunde nicht. Benutzt sie für ihn. Was euch auch beschäftigt, tut es mit dem Herrn. Wenn ihr feststellt, dass euer Beruf in euch die Liebe zum Heiland erstickt, dann gebt ihn auf und sagt; „Hier bin ich, mein Heiland; was willst du, dass ich tun soll?“ Er wird euch in Gnaden aufnehmen und mit seiner Liebe umgeben. Er wird euch alles verzeihen; denn er ist barmherzig und von großer Güte; er will nicht, dass jemand verloren werde.

Wir gehören mit allem, was wir haben, dem Herrn. Wir dürfen es nicht als ein Opfer betrachten, wenn wir unser Herz darbringen. Das Herz selbst bringt sich ihm als willige Gabe.

Notwendige Entscheidung

Wir gefährden uns, wenn wir immer wieder die Vorteile bedenken, die uns ein Eingehen auf die Einflüsterungen Satans gewähren könnte. Sünde bedeutet Unehre und Unglück jedem Menschen, der ihr nachgibt, obgleich sie in schillerndem Gewande betörend und schmeichlerisch auftritt. Wenn wir uns auf das Gebiet Satans wagen, sind wir nicht des Schutzes vor seiner Gewalt sicher. Soweit es an uns liegt, müssen wir alle Straßen sperren, über die der Versucher bei uns Eingang finden könnte.

Kapitel 17: Wahre Bekehrung

Ich „will reines Wasser über euch sprengen, dass ihr rein werdet; von all eurer Unreinigkeit und von allen euren Götzen will ich euch reinigen. Und ich will euch ein neues Herz und einen neuen Geist in euch geben und will das steinerne Herz aus eurem Fleisch wegnehmen und euch ein fleischernes Herz geben." Hesekiel 36,25.26.

Viele, die zu anderen von der Notwendigkeit eines erneuerten Herzens sprechen, wissen nicht, was damit gemeint ist. Besonders die Jugend nimmt Anstoß an dem Ausdruck „ein neues Herz". Sie kennt seine Bedeutung nicht. Sie erwartet eine auffällige Veränderung in ihren Gefühlen. Das nennt sie dann Bekehrung. Über diesen Irrtum sind schon viele ins Verderben gestrauchelt; sie verstanden nicht, was es bedeutet; „Ihr müsset von neuem geboren werden."

Nicht Gefühl, sondern ein verändertes Leben

Satan verführt die Menschen zu der Annahme, sie seien bekehrt, wenn sie in Gefühlen schwelgen. In ihrem Lebenswandel aber zeigt sich keine Änderung. Ihre Taten sind die gleichen wie früher. Ihr Leben bleibt ohne gute Frucht. Sie beten oft und lange und berichten ständig von ihren Gefühlen, die sie dann und dann hatten. Ihr Leben ist aber nicht erneuert. Sie haben sich getäuscht. Ihr Glaubensleben beschränkt sich auf ihr Gefühl. Sie bauen auf Sand; und sobald sich ein widriger Wind aufmacht, wird ihr Haus weggeweht.

Viele Seelen tasten im Dunkeln umher und schauen nach den Gefühlen aus, die andere erfahren haben wollen. Sie übersehen dabei die Tatsache, dass der an Christus Gläubige sein eigenes Heil mit Furcht und Zittern schaffen muss. Der bekehrte Sünder hat mancherlei Aufgaben. Er muss bereuen und wahren Glauben aufweisen.

Wenn Jesus von einem neuen Herzen spricht, dann meint er damit den Geist, das Leben, das ganze Sein. Ein verändertes Herz haben heißt die Neigungen von der Welt abwenden und sie auf den Herrn richten. Ein neues Herz zu haben, bedeutet einen neuen Geist, neue Ziele und neue Absichten zu haben. Und das Merkmal eines neuen Herzens ist ein verändertes Leben, ein tägliches, ja stündliches Absterben der Selbstsucht und des Hochmuts.

Religion der Tat

Einige begehen den großen Fehler anzunehmen, dass ein lautes Bekenntnis wirklichen Dienst ersetzt. Ein Glaube aber ohne Werke ist nicht echt. Wahre Bekehrung lässt uns im Verkehr mit der Umwelt grundanständig sein. Sie macht uns treu in allem, was wir tun. Jeder aufrichtige Nachfolger Christi wird beweisen, dass ihn der Bibelglaube befähigt, seine Gaben im Dienst des Meisters zu gebrauchen.

„Seid nicht träge in dem, was ihr tun sollt." Römer 12,11. Diese Worte werden im Leben jedes wahren Christen Erfüllung finden. Wenn euch eure Arbeit auch als Plackerei erscheinen mag, so werdet ihr sie doch durch die Art, wie ihr sie tut, adeln. Tut sie als dem Herrn. Seid fröhlich dabei und verrichtet sie mit himmlischer Würde. Es kommt auf die edlen Beweggründe unsers Handelns an, die es angenehm vor Gott machen. Wahrer Dienst verbindet die geringsten Boten Gottes auf der Erde mit den himmlischen Würdenträgern.

Als Söhne und Töchter Gottes sollen die Christen danach streben, das hohe Vorbild, das ihnen im Evangelium vor Augen geführt wird, zu erreichen. Ihr Ziel muss die Vollkommenheit sein, nichts weniger; denn Christus sagt: „Darum sollt ihr vollkommen sein, gleichwie euer Vater im Himmel ist." Matthäus 5,48.

Ein Leben der Heiligung

Dem heiligen Wort Gottes soll unser Studium gelten, damit seine heiligen Grundsätze in unserm Leben Eingang finden. Lasst uns in Bescheidenheit und Demut vor Gott wandeln und täglich unsre Fehler zu verbessern suchen. Wir wollen uns nicht durch falschen Stolz von Gott trennen. Lasst nicht das hochmütige Gefühl in euch hochkommen, dass ihr besser seid als andere. „Wer sich lässt dünken, er stehe, mag wohl zusehen, dass er nicht falle." 1.Korinther 10,12. Ruhe und Friede werden über euch kommen, wenn ihr euren Willen unter den Willen Christi beugt. Die Liebe Jesu wird das Herz regieren und die verborgenen Triebfedern des Handelns in den Dienst des Meisters stellen. Das hastige, leicht erregbare Empfinden wird besänftigt und durch das Öl der Gnade Christi beruhigt. Das Bewusstsein der Sündenvergebung wird jenen Frieden schenken, der höher ist als alle Vernunft. Dann wird ein ernstes Bemühen in uns sein, alles zu überwinden, was der Vollkommenheit des Christen widersteht. Uneinigkeit wird verschwinden. Wer einst Fehler bei seinem Nächsten sah, wird die größeren Fehler in seinem eigenen Charakter erkennen.

Da gibt es Menschen, die der Wahrheit folgten und sich überzeugen ließen, dass sie sich im Widerspruch zu Christus befunden hatten. Sie wurden verurteilt und bereuen nun ihre Übertretungen. Unter Berufung auf die Verdienste des Heilandes, durch Bekundung ihres Glaubens erhalten sie Vergebung ihrer Sünden. Indem sie aufhören, Böses zu tun, und das Gute lernen, wachsen sie in der Gnade und Erkenntnis Gottes. Sie erkennen, dass sie sich heiligen und sich nach dem Willen Gottes von der Welt trennen müssen; und wenn sie recht vergleichen, sehen sie trotz allem, was sie aufgegeben haben, den Gewinn, den sie in Christus erhalten haben. Sie sind Streiter Christi geworden. Ein Kampf steht ihnen bevor; sie nehmen ihn tapfer und treu auf, bekämpfen ihre natürlichen Neigungen und selbstsüchtigen.

Wünsche und bringen den Willen unter die Wirkung des Willens Jesu. Täglich bitten sie den Herrn um Gnade, ihm gehorsam zu sein; sie erhalten Kraft und Hilfe. Das ist wahre Bekehrung. In demütiger, dankbarer Abhängigkeit ihm gegenüber, der ihnen ein neues Herz schenkte, vertrauen sie auf die Hilfe des Heilandes. Der bekehrte Christ offenbart nun in seinem Leben die Frucht der Gerechtigkeit. Einst liebte er sich selbst. Weltliches Vergnügen war sein höchstes Gut. Jetzt ist das Götzenbild entthront; Gott herrscht in ihm. Die Sünden, die er früher liebte, hasst er jetzt. Standhaft und entschlossen wandelt er auf dem Weg der Gerechtigkeit.

Die Stricke Satans

Die mühsam erscheinende Pflicht und die Lust an der Sünde sind die Stricke, mit denen Satan die Menschen an sich fesselt. Diejenigen, die eher sterben, als ein Unrecht begehen, sind die einzigen, die als treu erfunden werden.

Kapitel 18: Ratschlag an eine verwöhnte Tochter

Der Majestät im Himmel und den Myriaden reiner, sündloser Engel liegt ein sehr ungünstiger Bericht über dein Leben im letzten Jahr vor. Deine Gedanken und Taten, deine verwerflichen und unheiligen Gefühle mögen deiner Umgebung verborgen geblieben sein; denke aber daran, dass selbst die kleinsten Taten deines Lebens Gott offenbar sind. Die Bücher des Himmels zeugen gegen dich. Alle deine Sünden sind dort verzeichnet.

Gott ist mit dir unzufrieden; dennoch bist du gänzlich gefühllos. Du ermisst noch nicht das Ausmaß deiner hoffnungslosen Lage. Ab und zu meldet sich zwar dein Gewissen, aber dein hochmütiger, eigenwilliger Geist betäubt es, und du erstickst die Stimme besserer Einsicht.

Glücklich bist du nicht; du bildest dir ein, dass du es sein könntest, wenn du deinen Weg ungehindert gehen würdest. Armes Kind! Du bist in ähnlicher Lage wie einst Eva im Paradies. Sie glaubte, dass sie hoch erhoben sein würde, wenn sie nur von der Frucht des Baumes essen könnte, von dem zu essen Gott verboten hatte, damit sie nicht sterbe. Eva aß dennoch davon und verlor alle Herrlichkeit des Gartens Eden.

Achte auf deine Phantasie

Du solltest deine Gedanken beaufsichtigen. Das ist keine leichte Aufgabe; du kannst sie ohne anhaltendes, ernstes Bemühen nicht erfüllen. Dennoch fordert es Gott von dir; jedem verantwortlichen Wesen ist diese Pflicht auferlegt. Du bist dem Herrn für deine Gedanken verantwortlich. Folgst du weiter deinen eitlen Phantastereien und erlaubst deinen Gedanken das Verweilen bei unreinen Dingen, dann bist du vor Gott ebenso schuldig, als wenn du deine schlechten Gedanken zur Tat werden ließest. Was vielleicht an der Ausführung fehlte, war nur die günstige Gelegenheit.

Tag und Nacht träumen und Luftschlösser bauen, das ist vom Übel und entwickelt sehr gefährliche Gewohnheiten. Was sich einmal eingenistet hat, lässt sich kaum wieder verdrängen und in reine, heilige und erhabene Gedanken umwandeln. Wenn du deinen Geist beherrschen willst und wenn du eitle und verderbte Gedanken daran hindern möchtest, deine Seele zu beflecken, so musst du getreulich über Augen, Ohren und alle Sinne wachen. Darin kannst du aber nur durch die Kraft der Gnade erfolgreich sein. Du selbst bist zu schwach dazu.

Wie man Leidenschaften und Neigungen überwindet

Du bist launisch, keck und anmaßend geworden. Gottes Gnade findet keinen Raum in deinem Herzen. Und doch kannst du nur durch die Kraft Gottes ein Gefäß seiner Gnade, ein Werkzeug der Gerechtigkeit werden. Gott fordert von dir nicht nur die Kontrolle deiner Gedanken, sondern auch die Beherrschung deiner Leidenschaften und Neigungen. Deine Seligkeit hängt von dieser Selbstbeherrschung ab. Leidenschaft und Neigung üben große Macht aus. Werden sie missbraucht oder haben sie unrechte Beweggründe und werden sie an verkehrter Stelle angewandt, dann können sie deinen Untergang herbeiführen und dich zu einem unglücklichen Wrack ohne Gott und ohne Hoffnung machen.

Die Einbildungskraft muss unbedingt und ständig überwacht werden, wenn Leidenschaften und Gefühle der Vernunft, dem Gewissen und dem Charakter unterworfen werden sollen. Du bist in Gefahr; denn du befindest dich auf dem Wege, deine Seligkeit auf dem Altar der Leidenschaft zu opfern. Begierden drohen dein ganzes Leben zu bestimmen — Begierden von welcher Beschaffenheit? doch nur von niedriger, zerstörender Art! Gibst du ihnen nach, dann wirst du das Leben deiner Eltern verbittern, Kummer und Schande deinen Schwestern bereiten, deinen Ruf zerstören, des Himmelreichs verlustig gehen und ein unsterbliches, herrliches Leben verlieren. Willst du das tun? Ich beschwöre dich, halt ein auf diesem Wege. Keinen Schritt weiter auf diesem eigensinnigen, liederlichen Pfad; er führt dich in Not und Tod. Wenn du hinsichtlich deiner Leidenschaften und Neigungen keinerlei Selbstbeherrschung übst, bringst du dich und die Deinen in Verruf und erntest Unehre, solange du lebst. {RJ97 54.1; MYP.76.3}

Du bist deinen Eltern ungehorsam, bist vorlaut, undankbar und gottlos. Das sind die schlechten Früchte eines verdorbenen Baumes. Du bist zuchtlos. Du liebst junge Männer und sprichst gern von ihnen. „Wes das Herz voll ist, des geht der Mund über." Matthäus 12,34. Deine Gewohnheiten werden immer mächtiger in dir; sie beherrschen dich; du hast betrügen gelernt, um deinen Willen durchzusetzen und deine Wünsche zu befriedigen.

Kapitel 19: Erkämpfte Charakterstärke

Die ersten dreißig Jahre seines Lebens verbrachte Jesus in dem unbedeutenden Ort Nazareth. Die Einwohner dieses Dorfes waren wegen ihrer Gottlosigkeit sprichwörtlich bekannt; das erklärt auch den Ausspruch Nathanaels: „Was kann von Nazareth Gutes kommen?“ Johannes 1,46. Die Evangelisten berichten nur wenig aus der Jugendzeit Christi. Mit Ausnahme einer kurzen Darstellung der Osterreise Jesu mit seinen Eltern nach Jerusalem haben wir lediglich die Feststellung: „Das Kind wuchs und ward stark im Geist, voller Weisheit, und Gottes Gnade war bei ihm.“ Lukas 2,40.

Christus ist unser Vorbild in allen Dingen. Seine Kindheit verbrachte er nach der Vorsehung Gottes in Nazareth, dessen Einwohner von solcher Gemütsart und Eigenschaft waren, dass er ständig Versuchungen ausgesetzt war; er musste sehr auf der Hut sein, um inmitten von so viel Sünde und Gottlosigkeit rein und fleckenlos zu bleiben. Der Heiland hat sich diesen Aufenthaltsort nicht selbst erwählt. Sein himmlischer Vater bestimmte diesen Platz, damit sich Jesu Charakter in vielerlei Weise erproben und bewähren sollte. So war Jesus in seiner Jugendzeit heftigen Prüfungen, Beschwerden und Kämpfen unterworfen, damit er sich zu dem vollkommenen Charakter entwickeln sollte, der ihn zu einem Vorbild für Kinder, Jugendliche und Erwachsene machen konnte.

Kinder und junge Menschen sind häufig in einer Umgebung, die für ein christliches Leben recht ungünstig ist; Versuchungen nahen sich ihnen, die dann gern als Entschuldigung für das Betreten sündiger Wege angeführt werden. Jesus lebte zurückgezogen. Durch Fleiß und Regsamkeit seiner Hände widerstand er der Versuchung. Er hielt sich auch von denen fern, deren Einfluss schlecht und verdorben war. Der Weg, den er gehen musste, war beschwerlicher als der, den Kinder und junge Menschen je zu gehen haben. Ihm war kein Leben in Überfluss und Müßiggang beschieden. Seine Eltern waren arm und vom Tagesverdienst abhängig; so war Jesu Leben ein Wandel in Armut, Selbstverleugnung und Entbehrung. Er teilte mit seinen Eltern ihr Leben fleißiger Arbeit.

Reinheit ist nicht von Umständen abhängig

Niemand wird jemals wieder unter so schwierigen Umständen einen vollkommenen christlichen Charakter entwickeln müssen wie unser Heiland. Die Tatsache, dass er dreißig Jahre in Nazareth lebte, aus dem nichts Gutes erwartet wurde, ist ein Vorwurf für die Jugend, die sich in Bezug auf ihre

Glaubenshaltung auf die Lebensumstände beruft. Wenn sie in unangenehmer und wirklich schlechter Umgebung lebt, führen viele das als Entschuldigung dafür an, dass sie keinen christlichen Charakter entfalten. Das Beispiel, das Jesus gab, entkräftet die Meinung, dass seine Nachfolger von der Gunst des Ortes, des Geschickes oder vom Wohlstand abhängig sind, um ein christliches Leben führen zu können. Der Heiland würde sie belehren, dass ihre Treue jeden Ort und jede Lage, wohin Gottes Vorsehung sie berufen hat, ehrenvoll machen kann, und wenn sie noch so gering sind.

Das Leben Christi sollte beweisen, dass Reinheit, Standhaftigkeit und Grundsatztreue nicht von einem von Mühsal, Armut und Ungunst befreiten Leben abhängig sind. Die Prüfungen und Entbehrungen, über die sich so viele Jugendliche beklagen, ertrug der Heiland ohne Murren. Diese Selbstzucht ist die Erfahrung, die die Jugend benötigt; sie gibt ihrem Charakter die nötige Festigkeit, macht sie Christus ähnlich und macht sie stark im Geist zum Widerstand gegen jede Versuchung. Wenn sie sich von denen fernhalten, die einen schlechten Einfluss auf ihre Sitten ausüben, werden sie von den Anschlägen Satans nicht überwunden. Durch tägliches Gebet zu Gott werden sie Weisheit und Gnade erhalten und den Kampf und die harte Wirklichkeit des Lebens ertragen können; sie werden als Sieger daraus hervorgehen. Wahrhaftigkeit und seelische Ruhe bleiben nur durch Wachsamkeit und Gebet erhalten. Jesu Leben war ein Beispiel für beharrliche Tatkraft, die sich nicht durch Vorwürfe, Spott, Entbehrung oder Mühsal erschüttern lässt.

So sollte es um die Jugend bestellt sein. Wenn Prüfungen über sie kommen, soll sie wissen, dass der Herr sie prüfen und ihre Wahrhaftigkeit erproben will. In dem Maß, in dem sie die Rechtschaffenheit ihres Charakters auch unter Schwierigkeiten behauptet, wachsen ihre Seelenstärke, ihre Standhaftigkeit und ihre Geduld. Sie wird zunehmen in der Kraft des Geistes.

Lieber tot als ehrlos

Bevorzugt eher Armut, Schmach, Trennung von Freunden oder irgendeine Mühsal, als die Seele durch Sünde zu beflecken. Lieber Tod als Unehre oder Übertretung des göttlichen Gesetzes sollte der Wahlspruch jedes Christen sein.

Kapitel 20: Widersteht der Versuchung

Wer Teilhaber der göttlichen Natur ist, wird der Versuchung keinen Raum in seinem Herzen geben. Der Feind arbeitet mit seiner ganzen Macht an der Überwindung der Seelen, die nach einem christlichen Leben streben. Er naht sich ihnen als Versucher und hofft auf ihre Nachgiebigkeit. Er glaubt, sie entmutigen zu können. Wer sich aber auf den Felsen Jesus Christus gründete, wird Satans Täuschungen nicht erliegen. Die Gläubigen wissen, dass Gott ihr Vater und Christus ihr Helfer ist. Der Heiland ist auf die Welt gekommen, um jeder Seele in Not und Anfechtung Kraft zum Überwinden zu geben, wie auch er zum Überwinder wurde. Ich kenne die Macht der Versuchung; mir sind die Gefahren bekannt, die auf dem Wege auf uns lauern. Ich weiß aber auch, dass zu jeder Zeit denen Kraft genug gegeben wird, die eine Versuchung ehrlich bekämpfen.

Meidet unnötige Versuchungen

„Gott ist getreu, der euch nicht lässt versuchen über euer Vermögen, sondern macht, dass die Versuchung so ein Ende gewinne, dass ihr's könnet ertragen." 1.Korinther 10,13. Wir haben aber auch einen Teil zu tun. Wir sollen uns nicht unnötig Versuchungen aussetzen. Gott sagt; „Gehet aus von ihnen und sondert euch ab, rühret kein Unreines an, so will ich euch annehmen und euer Vater sein, und ihr sollt meine Söhne und Töchter sein." 2.Korinther 6,17.18. Gesellen wir uns zu unserm Vergnügen Weltmenschen zu, passen wir uns ihren weltlichen Bräuchen an und verbinden unsere Interessen mit denen der Ungläubigen, dann begeben wir uns auf den Weg der Versuchung und Sünde; wie können wir dann noch von Gott erwarten, dass er uns vor einer Niederlage bewahrt?

Haltet euch fern von dem verderblichen Einfluss der Welt! Geht nicht unaufgefordert an Orte, an denen der Feind seine stärksten Kräfte eingesetzt hat!

Meidet die Wege, auf denen ihr in Versuchung geraten und euch verirren könnt! Habt ihr aber eine Botschaft an die Ungläubigen und lebt ihr in so enger Verbundenheit mit Gott, dass ihr ein Wort zu rechter Zeit mit ihnen sprechen könnt, dann vermögt ihr ein Werk zu tun, das ihnen hilft und Gott Ehre macht. „Ich bitte nicht", sagte der Heiland, „dass du sie von der Welt nehmest, sondern dass du sie bewahrest vor dem Übel." Johannes 17,15.

Vor allem die Pflicht

Wenn sich die Jugend von der Herrschaft Satans befreien will, wird er seine Verführungskünste verdoppeln. Er benutzt ihre Unwissenheit und Unerfahrenheit zu seinem Vorteil und versucht, ihr Unterscheidungsvermögen für Recht und Unrecht zu trüben. Er verwandelt sich in einen Engel des Lichts und lockt durch Verheißungen vieler Freuden auf einen verbotenen Weg. Folgt nun die Jugend ihren Neigungen eher als ihrem Pflichtgefühl, so wird sie es schwer haben, den Versuchungen zu widerstehen. Sie erkennt nicht die Gefahr, in die sie durch Beteiligung an verbotenen Vergnügen gerät. Die Einflüsterungen Satans werden jedes Gefühl der Unlauterkeit, das im Herzen schlummert, aufwecken.

Kapitel 21: Der Betrug der Sünde

Nichts ist trügerischer als der Betrug der Sünde. Der Gott dieser Welt betrügt, blendet und führt schließlich zur Vernichtung. Satan tritt nicht mit vielerlei Versuchungen auf einmal auf den Plan. Er umgibt sie mit einem Schein des Guten. Er vermischt sie mit Kurzweil und kleinen liebenswürdigen Leichtfertigkeiten, und getäuschte Seelen entschuldigen sich damit, dass es sein Gutes hat, wenn sie sich mit dergleichen abgeben. Darin liegt Satans Betrug. So maskiert der Teufel seine höllischen Künste. Die verführten Seelen machen einen Schritt und sind schon für den nächsten vorbereitet. Es ist ja auch viel amüsanter, den eignen Neigungen zu folgen, als auf Verteidigungsposten zu stehen und der ersten schmeichlerischen Annäherung des schlauen Feindes zu widerstehen und sein Eindringen zu verhindern.

Wie eifrig lauert Satan darauf, dass sein Köder bereitwillig angenommen wird und die Seelen auf dem Weg weitergehen, den er ihnen geebnet hat! Er wünscht gar nicht, dass sie das Gebet oder die Wahrnehmung der üblichen Glaubensformen aufgeben; denn er kann sie dadurch noch nützlicher für seinen Dienst machen. Er verbindet seine Trugweisheit und schlaue Fallenstellerei mit ihren Erfahrungen und Bekenntnissen. Das sichert ihm gewaltige Erfolge.

Selbstprüfung

Genaue Selbstprüfung ist notwendig. Jeder hat sich im Lichte des Wortes Gottes zu erforschen und zu fragen; Bin ich innerlich gesund oder angekränkelt? Bin ich in Christus erneuert oder noch fleischlich gesinnt und nur äußerlich bekehrt? Halt dich im Zaum und prüfe dich genau vor dem Richterstuhl und im Lichte Gottes, ob nicht irgendeine heimliche Sünde, irgendeine Ungerechtigkeit oder irgendein Abgott in dir ist, den du noch nicht geopfert hast. Bete, ja bete, wie du nie zuvor gebetet hast, damit dich Satans List nicht täuschen und betrügen kann; damit du nicht als unbesonnener, sorgloser und eitler Mensch verlorengehst, wenn du deine Glaubenspflichten nur erfüllst, um dein Gewissen zu beruhigen!

Eine der Sünden, die als Zeichen der letzten Tage bezeichnet werden, besteht darin, dass Bekenntnischristen Vergnügungen mehr lieben als Gott. Seid aufrichtig euch selbst gegenüber. Prüft sorgfältig. Wie wenige können nach genauer Selbstprüfung zum Himmel aufschauen und bekennen; „Ich gehöre nicht zu denen, die so geschildert werden. Ich liebe die Welt nicht mehr als Gott." Wie wenige vermögen zu sagen; „Ich bin der Welt abgestorben;

das Leben, das ich jetzt führe, lebe ich im Glauben an den Sohn Gottes. Mein Leben ist verborgen mit Christus in Gott. Wenn aber Christus, mein Leben, sich offenbaren wird, dann werde ich auch offenbar werden mit ihm in Herrlichkeit." O der Liebe und Gnade Gottes! O köstliche Gnade! wertvoller als das beste Gold. Sie erhebt und adelt den Geist über alle Dinge. Sie macht das Herz und alle Gefühle himmlisch. Während die Menschen um uns nach eitlem und närrischem Vergnügen jagen, weilen unsre Gedanken im Himmel, und wir schauen nach dem Heiland aus. Die Seele verlangt nach Gott, nach seiner Gnade, nach Frieden und Gerechtigkeit und wahrer Heiligung. Sprecht mit Gott und beschäftigt euch mit den himmlischen Dingen, die eure Seele in das Bild Jesu Christi umwandeln.

Alle, die für den Meister arbeiten wollen, müssen als treue Wächter stehen können. Es müssen Männer und Frauen sein, die die Pläne Gottes ausführen und die Seelen derer, die unter ihren Einfluss geraten, in kluger Weise beeinflussen.

Kapitel 22: Warnung vor dem Zweifelgeist

Ich bin von größter Sorge um unsre Jugend erfüllt. Lasst euch warnen, ihr jungen Freunde. Ich kenne die Gefahr, in die euch Satan durch das kleine Maß des Wissens, das ihr euch aneignen konntet, verstricken kann. Es ist besser, ein reines und demütiges Herz zu haben, als alle Weisheit, die ihr ohne die Furcht des Herrn gewinnen könnt.

Die heutige Jugend wird, wohin sie auch gehen mag, mit Zweiflern und Ungläubigen zusammentreffen. Wie nötig ist es darum, dass sie gut ausgerüstet ist, um fähig zu sein „zur Verantwortung jedermann, der Grund fordert der Hoffnung, die in euch ist, und das mit Sanftmütigkeit und Furcht". 1.Petrus 3,15.16. Thomas Paine lebt nicht mehr; seine Werke aber sind noch lebendig und sind ein Fluch für die Welt. Und alle diejenigen, die die Wahrheit des Wortes Gottes bezweifeln, geben diese Erzeugnisse des Unglaubens jungen, unerfahrenen Menschen in die Hand und füllen so ihre Herzen mit der giftigen Atmosphäre des Zweifels. Satans Geist wirkt durch gottlose Menschen, die seine Pläne zum Untergang der Seelen ausführen.

Gefährlicher Umgang mit Zweiflern

Wir leben in einer Zeit der Ausschweifung. Die Sünde herrscht frei über alt und jung. Wenn sich unsre Jugend nicht in geistlichen Schutz begibt und sich nicht mit festen Grundsätzen wappnet, wenn sie nicht größere Sorgfalt bei der Auswahl ihrer Kameraden und ihres Lesestoffes, mit dem sie ihren Geist unterhält, trifft, dann gibt sie sich der Gesellschaft preis, deren Moral ebenso verdorben ist wie die der Bewohner von Sodom. Das Auftreten der Weltmenschen mag sehr anziehend sein; wenn diese aber beständig gegen die Bibel arbeiten, sind sie gefährliche Kameraden. Sie werden unentwegt die Grundlagen eures Glaubens zu erschüttern versuchen, um die Gewissenshaltung „altmodischer" Evangeliums Frömmigkeit zu vernichten.

Die Jugend kommt oft mit Menschen in Berührung, die diesen Hang zum Zweifeln haben. Die Eltern erfahren in vielen Fällen erst dann von dieser Tatsache, wenn sich das schreckliche Werk des Bösen vollendet hat und die jungen Seelen verdorben sind. Die Jugend sollte über den wahren Charakter jener Menschen sorgfältig aufgeklärt werden, damit sie nicht Freundschaft mit ihnen schließt und dem Einfluss ihrer spöttischen und spitzfindigen Worte unterliegt. Wenn unsre jungen Leute nicht den sittlichen

Mut aufbringen, die Verbindung mit diesen Menschen, die sie durchschaut haben, abzubrechen, gehen sie in die Falle, denken und sprechen wie die ungläubigen Gefährten und verlästern die Religion und den Glauben der Heiligen Schrift.

Selbstvertrauen und Blindheit

Könnte die betrogene Jugend schärfer sehen, würde sie Satans hämisches Frohlocken über seinen Erfolg an den zugrunde gerichteten Seelen erkennen. Auf jede erdenkliche Weise sucht er sich den verschiedenen Verhältnissen und Umständen derer anzupassen, die er zu umgarnen wünscht. Jeder Täuschung wird er sich bedienen; und wenn die in Versuchung geführten Seelen nicht Gott suchen, werden sie Satans Betrügereien nicht mehr zu unterscheiden vermögen. Sie werden mehr auf sich selbst vertrauen, an sich Genüge finden und über das Gefährliche ihrer Lage keine Kenntnis erlangen. Bald werden sie den Glauben verachten, der einst den Heiligen anvertraut war.

Ich wende mich an die Jugend als ein wirklich Wissender, als ein Christ, dem der Herr die Gefahren vor Augen geführt hat, die den Weg der Jugend umgeben. Selbstvertrauen wird euch in die Schlinge des Feindes führen. Die Jugend erbittet nicht den Rat Gottes und macht ihn nicht zu ihrer Zuflucht und Stärke. Sie geht selbstsicher ins Leben hinein und glaubt, durchaus fähig zu sein, dass Rechte zu wählen und die göttlichen Geheimnisse mit ihren Verstandeskräften zu verstehen, als ob sie die Wahrheit für sich entdecken könnte.

Für diese Selbstsicheren fürchten wir mehr als für andere; sie werden sicherlich dem großen Gegner Gottes und des Menschen ins Netz gehen, das er für sie ausgelegt hat. Mancher Kamerad, den man sich zum intimen Freund erwählte, der sich aber anstecken ließ von der Verderbnis des Zweifels, wird den Sauerteig des Unglaubens geschickt seiner Umgebung einflößen. Durch süßliche Schmeichelei über ihre Begabung, ihre geistige Überlegenheit und durch Wecken ihres Strebens nach hoher Stellung gewinnt er die Aufmerksamkeit der jugendlichen Freunde und lässt seinen Gifthauch auf ihre Seelen fallen. Alle, die sich selbst erhöhen, werden das Blut des Sühneopfers verachten und den Geist der Gnade verschmähen.

Kinder sabbathaltender Eltern, die große Erkenntnis hatten und Gegenstand liebevollster Fürsorge waren, können zu denen gehören, die eine beschämende Erbschaft hinterlassen; die Wind säen und Sturm ernten werden. Am Tage des Gerichts werden die Namen derer, die das Licht der Wahrheit verwerfen, gleich denen geachtet, die verdammt sind, von der Gegenwart des Herrn und von der Herrlichkeit seiner Macht ausgeschlossen zu werden. Sie gehören dann zu den Verlorenen und werden den Verächtern der Gnade Christi zugesellt. Ich würde meine Kinder lieber im Grab als auf dem Weg wissen, der zur Verdammnis führt. Die schreckliche Tatsache, dass ich Kinder aufgezogen hätte, die gegen den Gott des Himmels streiten, die Reihen der Abtrünnigen in den letzten Tagen vermehren und unter dem Banner Satans marschieren, würde mich aufs tiefste erschüttern.

Sittlicher Mut ist vonnöten

Unsrer Jugend werden Versuchungen aller Art begegnen. Sie muss so erzogen werden, dass sie sich auf eine höhere Macht und auf eine reinere Lehre verlässt, als sie von Sterblichen mitgeteilt werden kann. Verächter unsres Herrn, die das Christentum gewohnheitsmäßig missachten, sind überall zu finden. Die christliche Lehre nennt man ein Spielzeug für Kinder, berechnet für die Leichtgläubigkeit Unwissender.

Wer keine sittliche Kraft besitzt, kann in der Verteidigung der Wahrheit nicht standhalten; er hat nicht den Mut zu dem Bekenntnis: „Wenn solche Gespräche nicht aufhören, kann ich nicht länger in eurer Gesellschaft bleiben. Jesus, der Erlöser der Welt, ist mein Heiland; in ihm ruht meine Hoffnung auf ein ewiges Leben." So allein könnt ihr sie zum Schweigen bringen. Lasst ihr euch aber auf Wortgefechte ein, dann werden sie Gründe anführen, mit denen sie euch entgegentreten können; nichts, was ihr dagegen anführt, wird sie berühren. Doch wenn ihr für Christus eintretet, wenn ihr fest bleibt in eurer Treue dem Gott des Himmels gegenüber, dann werdet ihr sie — ob auch kein Beweisgrund bei ihnen durchschlägt — durch die Macht der Frömmigkeit von der Falschheit ihrer Lehrsätze überzeugen.

Es gibt kein beschämenderes Schauspiel als das, welches diejenigen bieten, die durch das Blut Jesu Christi erkauft und mit Gaben ausgestattet wurden, um Gott zu verherrlichen, nun aber die Gnadenbotschaften des Evangeliums bespötteln, die Göttlichkeit Jesu verleugnen, sich auf ihr eignes Urteilsvermögen verlassen und mit Argumenten arbeiten, die keinen Grund haben. Werden sie in Trübsalen erprobt, werden sie dem Tod gegenübergestellt, dann werden diese sorgsam gepflegten Trugschlüsse dahinschmelzen wie Reif vor der Sonne.

Wie furchtbar ist es, am Sarge eines Menschen zu stehen, der die göttliche Barmherzigkeit zurückgewiesen hat! Wie entsetzlich, sagen zu müssen: Hier liegt ein verlorenes Leben! Hier liegt jemand, der zu Großem berufen war und das ewige Leben hätte gewinnen können. Er überantwortete sein Leben aber dem Bösen, ließ sich durch eitle Weltweisheit betören und wurde ein Spielball in der Hand Satans. Des Christen Hoffnung ist ein Anker für die Seele — sicher und fest. Sie dringt in das Allerheiligste, in das der Heiland für uns vorangegangen ist. Wir haben ein persönliches Werk zu tun, indem wir uns vorbereiten müssen auf die Dinge, die vor uns liegen.

Der Sturm naht

Die Jugend sollte Gott ernstlicher suchen. Der Sturm naht heran. Wir müssen uns gegen seine Gewalt durch Umkehr zu Gott und durch den Glauben an unsern Herrn Jesus Christus zu schützen suchen. Der Herr macht sich auf, um die Erde furchtbar zu erschüttern. Überall werden wir große Not sehen. Tausende von Schiffen werden in die Tiefe des Meeres geschleudert werden. Ganze Flotten werden untergehen, und Millionen von Menschenleben werden geopfert. Ganz unerwartet wird Feuer ausbrechen, das niemand löschen kann. Die Paläste auf Erden werden durch die Gewalt der Flammen vernichtet. Eisenbahnkatastrophen werden sich häufen; Staus, Zusammenstöße und tödliche Unglücksfälle werden sich ohne vorherige Warnung auf den großen Verkehrsstraßen ereignen. Das Ende ist nahe; die Gnadenzeit läuft ab. O lasst uns Gott suchen, solange er sich noch finden lässt! Rufen wir ihn, solange er uns noch nahe ist! Der Prophet beschwört uns; „Suchet den Herrn, alle ihr Elenden im Lande, die ihr seine Rechte haltet; suchet Gerechtigkeit, suchet Demut, auf dass ihr am Tage des Zorns des Herrn möget verborgen werden." Zephanja 2,3.

Tägliche Verbindung mit Gott

Fühlt ihr am Morgen, wenn ihr erwacht seid, eure Hilflosigkeit und ein Bedürfnis nach göttlicher Kraft? Bringt ihr demütig und herzlich euer Anliegen vor euren himmlischen Vater? Wenn ihr so lebt, dann achten Engel auf eure Bitten. Und wenn diese Gebete nicht aus einem heuchlerischen Herzen kommen, dann wird, wenn ihr in Gefahr seid, unwissentlich Böses zu tun und durch euren Einfluss andere zum Bösen zu verleiten, euer Schutzengel an eurer Seite sein und euch bald wieder auf bessere Wege bringen, eure Worte für euch wählen und eure Taten beeinflussen.

Fühlt ihr euch in keinerlei Gefahr und betet nicht um Hilfe und Kraft, um den Versuchungen widerstehen zu können, dann werdet ihr ganz sicher vom rechten Weg abirren. Die vernachlässigte Pflicht wird im himmlischen Buch Gottes vermerkt, und ihr werdet am Gerichtstag als zu leicht erfunden werden.

Kapitel 23: Eine schwache Stelle

Wir mögen uns einbilden, frei zu sein von den vielerlei Dingen, mit denen andere belastet sind. Wenn wir aber auch große Charakterstärke besitzen und nur eine schwache Stelle haben, dann besteht immer noch eine Verbindung zwischen der Seele und der Sünde. Das Herz ist in seinem Dienst geteilt und sagt: „Etwas von mir und etwas von dir." Das Kind Gottes muss die Sünde ausfindig machen, die es immer noch hegt und pflegt, und muss Gott erlauben, sie aus seinem Herzen zu entfernen. Der Gläubige muss diese eine Sünde überwinden; denn sie ist in Gottes Augen keine Kleinigkeit.

Der eine sagt: „Ich bin durchaus nicht missgünstig. Nur wenn ich gereizt werde, sage ich hässliche Dinge, die ich später wieder bereue." Ein anderer bekennt: „Ich habe noch diesen oder jenen Fehler; aber solche Gemeinheit, wie ich sie bei einem Bekannten sehe, verachte ich." Der Herr hat uns kein Verzeichnis der verschiedenen Sündenstufen gegeben, mittels dessen wir einige als harmlos und geringfügig und andere als bedeutender und schwerwiegender bezeichnen könnten.

Eine Kette ist nicht stärker als ihr schwächstes Glied. Wir halten eine Kette als Ganzes wohl für gut; wenn aber nur ein Glied in ihr schwach ist, können wir uns nicht mehr auf sie verlassen. Die Überwindung der Sünde sollte für jede Seele, die in das Reich Gottes eintreten will, Gegenstand eindringlicher Betrachtung sein. Das ungeduldige Wort, das dir auf den Lippen bebt, sollte ungesprochen bleiben. Der Gedanke, du würdest nicht richtig eingeschätzt, muss ausgelöscht werden. Er schwächt deinen Einfluss und erweckt einen Eindruck, der dich in der Meinung anderer herabsetzt. Du solltest auch die Meinung überwinden, ein Märtyrer zu sein, und solltest dich an Jesu Verheißung halten: „Lass dir an meiner Gnade genügen." 2.Korinther 12,9.

Die Herrschaft über unsere Gedanken

Haltet euch fern von dem Zaubergarten Satans und erlaubt euren Gedanken keinen Treubruch Gott gegenüber. Durch Christus können und sollen wir glücklich sein und uns Selbstbeherrschung angewöhnen. Sogar eure Gedanken müssen unter die Herrschaft des Willens Gottes gebracht werden, und eure Gefühle müssen unter die Herrschaft von Vernunft und Glauben kommen. Eure Phantasie wurde euch nicht gegeben, damit sie ungezügelt wuchert und ihr auf eignen Wegen wandelt, ohne euch um Zurückhaltung und Beherrschung zu bemühen. Sind die Gedanken schlecht, werden auch die Gefühle schlecht sein; Gedanken und Gefühle zusammen aber bilden den sittlichen Charakter. Wenn ihr euch dazu versteht, dass ihr als Christen eure Gedanken und Gefühle nicht beaufsichtigen müsst, dann kommt ihr in die Einflusszone böser Engel und ermöglicht ihnen den Eingang zu euch und die Herrschaft über euch. Überlasst ihr euch euren Eindrücken und erlaubt euren Gedanken, die Bahn des Argwohns, Zweifels und Murrens einzuschlagen, dann werdet ihr euch bald in der Masse der unglücklichsten Menschen befinden; euer Leben wird ein Fehlschlag sein.

Abschnitt 3

DURCH KAMPF ZUM SIEG

Nichts ist scheinbar hilfloser und doch zugleich unbesiegbarer als eine Seele, die sich ihrer Nichtigkeit bewusst ist und sich völlig auf die Verdienste des Heilandes verlässt. Gott wird solcher Seele jeden Engel im Himmel zur Hilfe senden, ehe er duldet, dass sie überwältigt wird.

Kapitel 24: Vorwärts und aufwärts!

Ich wünschte, ich könnte die Schönheit des christlichen Lebens malen. Vom Lebensmorgen an bewegt sich unter der Wirkung der Natur; und Gottesgesetze der Christ ständig vorwärts und aufwärts; täglich kommt er seiner himmlischen Heimat näher, wo eine Krone des Lebens auf ihn wartet und ein neuer Name, „welchen niemand kennt, denn der ihn empfängt". Offenbarung 2,17. Er wächst unaufhörlich in der Glückseligkeit, in Heiligkeit und Brauchbarkeit. Der Fortschritt jedes Jahres übertrifft den des vergangenen.

Gott hat der Jugend eine Leiter hingestellt, die von der Erde bis in den Himmel reicht. Oberhalb dieser Leiter thront Gott. Auf jede Sprosse fallen die hellen Strahlen seiner Herrlichkeit. Er beobachtet diejenigen, welche diese Leiter erklimmen, bereit, Hilfe zu senden, wenn die Griffe erlahmen und die Tritte schwankend werden. Erzählt es voller Freude, dass niemand, der beharrlich die Leiter erklimmt, den Eingang in die himmlische Stadt verfehlen wird.

Satan hält der Jugend viele Versuchungen vor Augen. Er spielt das Spiel des Lebens um ihre Seelen und lässt kein Mittel unversucht, sie zu verführen und zu vernichten. Aber Gott lässt sie nicht auf sich gestellt gegen den Versucher kämpfen. Sie hat einen allmächtigen Helfer.

Weit stärker als ihr Feind ist der Heiland, der in diese Welt kam und Mensch wurde und Satan besiegte und jeder Versuchung widerstand, die sich heute der Jugend nähert. Er ist ihr älterer Bruder. Ihn erfüllt ein tiefes und zärtliches Mitgefühl für sie. Er wacht über sie in treuer Fürsorge, und er freut sich herzlich, wenn sie versuchen, ihm zu gefallen. Ihre Gebete mischt er mit dem Weihrauch seiner Gerechtigkeit und bietet sie dem Herrn dar als wohlriechendes Opfer. In seiner Kraft kann der junge Mensch als guter Streiter des Kreuzes in Schwierigkeiten ausharren. In seiner Macht erstarkt, ist er fähig, die hohen Vorbilder zu erreichen, die ihm vorangestellt sind. Das Opfer von Golgatha ist das Unterpfand seines Sieges.

Gott verlangt nicht zuviel

Die Gemeinde Gottes besteht aus großen und kleinen Gefäßen. Gott verlangt nichts Unbilliges. Er erwartet von den kleinen Gefäßen nicht die gleiche Leistung wie von den großen. Jeder soll ihm nur zurückgeben, was er hat. Tut nur euer Bestes, und Gott wird eure Bemühungen anerkennen. Erfüllt die Pflicht, die euch am nächsten liegt. Verrichtet sie gewissenhaft und treu, und eure Arbeit wird dem Meister angenehm sein. Überseht in eurem Verlangen nach großen Taten nicht die kleinen Dinge, die auf euch warten.

Hütet euch davor, das Gebet im Kämmerlein zu vernachlässigen, und lasst nicht nach im Studium des Wortes Gottes. Das sind eure Waffen gegen den, der bestrebt ist, euren Fortschritt himmelwärts zu verhindern. Die erste Vernachlässigung des Gebets und Bibelstudiums macht die zweite Vernachlässigung leichter. Wenn ihr dem Flehen des Geistes widersteht, bereitet ihr weiterem Widerstreben den Weg. Dadurch wird das Herz verhärtet und das Gewissen abgestumpft.

Anderseits macht jeder Widerstand gegen Versuchungen den Kampf leichter. Jede Selbstverleugnung erleichtert die nächste. Und jeder errungene Sieg bereitet den Weg für einen weiteren Sieg vor. Wer der Versuchung widersteht, sich selbst verleugnet und siegreich eine Sünde überwindet, streut Samen aus zum ewigen Leben. Jede selbstlose Tat gibt dem geistlichen Leben neue Kraft. Niemand kann Christus ähnlich zu werden versuchen und nicht edler und wahrhaftiger werden.

Habt Vertrauen!

Der Herr beachtet jede Anstrengung, die ihr macht, um das göttliche Vorbild zu erreichen. Und unterläuft euch ein Fehler, erliegt ihr dem Betrug der Sünde, dann hört nicht auf zu beten und haltet euch nicht für unwürdig, vor dem Herrn zu erscheinen. „Meine Kindlein, solches schreibe ich euch, auf dass ihr nicht sündiget. Und ob jemand sündigt, so haben wir einen Fürsprecher bei dem Vater, Jesum Christum, der gerecht ist.“ 1.Johannes 2,1. Mit ausgestreckten Armen wartet er auf den verlorenen Sohn. Geht zu Gott und bekennt ihm eure Fehltritte und Vergehen. Erbittet seine Kraft zu neuen Anstrengungen. Er wird euch niemals enttäuschen und euer Vertrauen nicht zuschanden werden lassen.

Du wirst erprobt werden, mein junger Freund. Der Herr will dadurch deinen Charakter abschleifen. Murre nicht! Du machst die Prüfungszeit durch Unzufriedenheit nur härter. Ehre Gott durch freudige Unterwerfung. Ertrage geduldig jeden Druck. Wenn dir auch Unrecht getan wird, behalte die Liebe Gottes im Herzen. „Behüte deine Zunge vor Bösem und deine Lippen, dass sie nicht Trug reden. Lasse vom Bösen und tue Gutes; suche Frieden und jage ihm nach. Die Augen des Herrn merken auf die Gerechten, und seine Ohren auf ihr Schreien.“ Psalm 34,14-16.

„Lasse dein verzweiflungsvolles Sorgen!
Du hast des Lebens dunkle Stunden
Vielleicht schon morgen überwunden!“

„Durch Stillesein und Hoffen würdet ihr stark sein.“ Jesaja 30,15. Der Heiland kennt die Macht eurer Versuchungen und weiß auch um die Kraft, die ihr zum Überwinden habt. Seine Hand ist immer ausgestreckt über jedem leidenden Kind. Der angefochtenen, entmutigten Seele ruft er zu: Mein Kind, ich litt und starb für dich, kannst du mir nicht vertrauen? Wie deine Tage, so wird auch deine Kraft sein.

„Befiehl dem Herrn deine Wege und hoffe auf ihn; er wird's wohl machen.“ Psalm 37,5. Er wird sein wie der Schatten eines großen Felsens in einem wüsten Land. Er sagt: „Kommet her zu mir ich will euch erquicken“ (Matthäus 11,28) und Ruhe geben — Ruhe, die von der Welt nicht gegeben und nicht genommen werden kann.

Worte können den Frieden und die Freude nicht beschreiben, die der besitzt, der Gott beim Wort nimmt. Prüfungen werden ihn nicht erschüttern, und Geringschätzung wird ihn nicht kränken. Das Ich ist gekreuzigt. Tag für Tag werden seine Pflichten lastender, seine Versuchungen stärker und seine Prüfungen strenger. Er wird aber nicht straucheln; denn die Kraft, die er erhält, wächst mit seinem Bedürfnis.

Was der Sieg kostet

Christus opferte alles für den Menschen, um es ihm möglich zu machen, das Himmelreich zu erlangen. Es liegt nun an dem gefallenen Menschen, zu beweisen, was er um seiner selbst und um Christi willen zu opfern bereit ist, um das ewige Leben zu gewinnen. Wer ein Gefühl für die Größe und den Preis der Erlösungstat besitzt, wird niemals darüber murren, dass er mit Tränen säen muss und dass Kampf und Selbstverleugnung des Christen Teil in diesem Leben sind.

Kapitel 25: Die Vervollkommnung des Charakters

Der Heiland hat uns nicht die Zusicherung gegeben, dass es leicht sei, einen vollkommenen Charakter zu entwickeln. Ein edler und vielseitiger Charakter kann nicht ererbt werden. Auch erhalten wir ihn nicht zufällig. Nur unter persönlicher Anstrengung entwickelt sich durch die Verdienste und die Gnade Christi ein edler Charakter. Gott gibt die Gaben und Geisteskräfte; wir aber bilden den Charakter. Er gestaltet sich durch zähe und ernste Kämpfe mit dem eigenen Ich. Kampf um Kampf muss gegen die angeborenen Neigungen ausgefochten werden. Wir werden uns genau beurteilen müssen und dürfen nicht einen einzigen Charakterfehler unberichtigt lassen.

Möge niemand sagen; ich kann meine Charakterfehler nicht abstellen. Wenn du zu dieser Entscheidung kommst, wirst du bestimmt des ewigen Lebens verlustig gehen. Alles liegt nur an deinem eigenen Willen. Wenn du nicht willst, dann kannst du auch nicht überwinden. Die wirkliche Schwierigkeit kommt aus der Verderbtheit eines ungeheiligten Herzens und daher, dass man sich nicht von Gott beherrschen lassen will.

Setzt euch ein hohes Ziel

Viele von denen, die Gott für ein hohes Amt befähigt hat, vollbringen nur wenig, weil sie wenig wagen. Tausende gehen durchs Leben, als hätten sie kein bestimmtes, lebenswertes Ziel und Ideal zu erreichen. Sie werden nach ihren Werken entlohnt.

Denke daran, dass du kein höheres Ziel erreichen wirst als das, welches du dir selbst setzt. Darum setze dein Ziel hoch und erklimme Schritt für Schritt die Erfolgsleiter in ihrer ganzen Länge, auch wenn es mühselig und anstrengend ist und Selbstverleugnung und Opfer kostet. Lasse dich nichts daran hindern. Die Vorsehung hat kein so enges Netz um alles Menschliche gewoben, dass wir hilflos und in Ungewissheit darin verbleiben müssen. Widrige Umstände sollten uns entschlossen machen, sie zu überwinden. Das Niederreißen einer Hürde gibt größere Befähigung und größeren Mut zum Vorwärtsgehen. Dränge dich entschlossen in die rechte Wegrichtung; dann werden die Umstände dir Helfer und keine Hindernisse sein.

Pflege jede gute Anlage

Strebe ehrgeizig danach, jede gute charakterliche Anlage zu des Meisters Ehre auszubilden. Auf jeder Stufe der Entwicklung deines Charakters suche

Gott zu gefallen. Dies vermagst du zu tun; denn auch Henoch tat es, obwohl er inmitten eines verderbten Geschlechtes lebte. Es gibt noch Henochs in unseren Tagen.

Sei standhaft wie Daniel, jener treue Staatsmann und Mensch, den keine Versuchung verderben konnte! Enttäusche den Heiland nicht, der dich so liebte, dass er sein eigenes Leben dahingab, um deine Sündenschuld zu tilgen. Er sagt: „Ohne mich könnt ihr nichts tun." Johannes 15,5. Denke daran! Hast du Fehler gemacht, bist du dennoch des Sieges sicher, wenn du sie als Fehler erkennst und in ihnen Warnungszeichen siehst. So kannst du Niederlagen in Siege verwandeln, vermagst den Feind zu enttäuschen und deinen Erlöser zu ehren. Ein Charakter, den wir nach göttlichem Vorbild gestalten, ist der einzige Schatz, den wir aus dieser Welt mit in die andere nehmen können. Wer in dieser Welt unter der Leitung Christi lebt, wird jede geistliche Frucht mit in die himmlischen Wohnungen hinübernehmen können. Und dort werden wir uns ständig vervollkommnen. Wie wichtig ist darum die Entwicklung des Charakters in diesem Leben!

Wo Gott gebietet, befähigt er auch

Himmlische Kräfte werden in dem wirksam sein, der mit festem Glauben jenen vollkommenen Charakter zu erreichen sucht, der nach Vollkommenheit im Tun strebt. Zu jedem, der so an sich arbeitet, sagt Christus: Ich bin deine rechte Hand; ich helfe dir.

Wenn sich der menschliche Wille mit dem Willen Gottes verbindet, wird er unüberwindlich. Was auch immer auf Gottes Geheiß unternommen wird, kann in seiner Kraft vollbracht werden. Wo Gott gebietet, befähigt er auch.

Wir sind immer von Gott abhängig

Wer seine dauernde Abhängigkeit von Gott nicht erkennt, wird in der Versuchung unterliegen, auch wenn er glaubt, sicher zu stehen und nicht fallen zu können. Wir mögen vertrauensvoll sagen: Ich weiß, an wen ich glaube; nichts kann meinen Glauben an Gott und sein Wort erschüttern! Aber Satan will sich unsere ererbten und erworbenen Wesenszüge zunutze machen, er will unsre Augen blind machen für die eigenen Bedürfnisse und Fehler. Nur durch wahrhafte Erkenntnis unserer Schwächen, nur durch den unverwandten Blick auf Jesus können wir sicher wandeln.

Kapitel 26: Der Kampf des Glaubens

Viele jungen Leute haben nicht den festen Grundsatz, Gott zu dienen. Jede Wolke bringt ihren Mut zum Sinken; sie haben keine Ausdauer. Sie wachsen nicht in der Gnade. Scheinbar halten sie die Gebote Gottes; sie sind dem Gesetz Gottes aber nicht untertan, sie können's auch nicht. Ihre fleischlichen Herzen müssen umgewandelt werden. Sie müssen in der Heiligkeit etwas Schönes und Erhabenes sehen, dann werden sie sich danach sehnen, wie der Hirsch nach frischem Wasser dürstet, dann werden sie Gott und sein Gesetz liebhaben. Das Joch Christi wird ihnen dann sanft und seine Last leicht sein.

Wenn eure Schritte, ihr lieben jungen Freunde, von Gott gelenkt werden, dann dürft ihr nicht erwarten, dass euer Weg immer mit sichtbarem Frieden und Wohlstand nach außen hin gesegnet ist. Der Weg, der zum Leben führt, ist nicht der gangbarste; er erscheint manchmal dunkel und voller Dornen. Ihr habt aber die Zusicherung, dass Gottes nimmermüde Arme euch umfassen, um euch vor dem Bösen zu bewahren. Der Herr wünscht, dass ihr euch im Glauben an ihn übt und ihm vertrauen lernt — in trüben Tagen und bei hellem Sonnenschein.

Lebendiger Glaube

Der Glaube muss im Herzen jedes Nachfolgers Christi eine dauernde Wohnstätte haben. Ohne ihn ist es unmöglich, Gott zu gefallen. Der Glaube ist die Hand, welche die unendliche Hilfe ergreift; er ist das Mittel, durch welches sich das Herz erneuert und im Gleichtakt mit dem Herzen Jesu schlägt.

In seinem Bemühen, den sicheren Horst zu erreichen, wird der Adler oft durch den Sturmwind im dunklen Engpass der Berge niedergezwungen. Dichte Wolkenbänke liegen zwischen ihm und den sonnigen Höhen, auf denen er sein Nest hat. Eine Zeitlang scheint er verwirrt, stößt hierhin und dorthin und schlägt mit seinen starken Flügeln so, als versuchte er die schweren Wolken wegzufegen. Mit seinem wilden Geschrei weckt er die Wildtauben der Berge, während er sich vergeblich abmüht, einen Weg aus seinem Gefängnis zu finden. Plötzlich stößt er aufwärts in das dunkle Wolkengebilde, durchbricht es mit einem gellenden Triumphgeschrei und ist einen Augenblick später über den Wolken im ruhigen Sonnenschein.

Dunkelheit und Sturm liegen unter ihm. Nun umgibt ihn das Licht des Himmels. Er erreicht seinen Horst auf stolzer Felsenspitze und ist zufrieden. Sein Weg führte ihn durch das Dunkel zum Licht. Es war mühevoll; aber er ist dadurch belohnt worden, dass er gefunden, was er gesucht hat.

Nur auf diese Weise können wir dem Herrn nachfolgen. Wir müssen lebendigen Glauben üben; durch ihn werden wir die dichte Wolkendecke, die uns von dem himmlischen Licht trennt, durchbrechen. Wir haben Glaubenshöhen zu erreichen, wo Friede und Freude im Heiligen Geist herrschen.

Lebenslänglicher Kampf

Hast du jemals einen Habicht beobachtet, der eine ängstliche Taube verfolgt? Die Taube weiß instinktiv, dass der Habicht höher fliegen muss als sie, um sein Opfer zu erjagen. So steigt sie höher und immer höher in den blauen Himmelsdom, stets verfolgt von dem Habicht, der ihrer Herr zu werden versucht. Aber vergebens. Die Taube ist in Sicherheit, solange sie in ihrem Höhenflug nicht ermattet und erdwärts fliegt. Würde sie nachlassen und niedriger fliegen, so würde ihr wachsamer Feind sich blitzschnell auf sein Opfer stürzen. Wieder und wieder haben wir diesen Vorgang atemlos und besorgt beobachtet. Unsre ganze Anteilnahme galt der kleinen Taube. Wie traurig hätte es uns gemacht, wäre sie eine Beute des grausamen Feindes geworden.

Wir haben auch einen Kampf zu bestehen — einen lebenslänglichen Kampf mit Satan gegen seine unaufhörlichen Versuchungen. Der Feind wird jedes Argument und jede Täuschung benutzen, um die Seele zu umgarnen. Um die Krone des Lebens zu gewinnen, müssen wir ernste, beharrliche Anstrengungen machen. Wir dürfen unsre Waffenrüstung nicht ablegen und dürfen den Kampfplatz nicht eher verlassen, als bis wir den Sieg errungen haben und mit dem Erlöser triumphieren können. Solange wir unsern Blick fest auf den Anfänger und Vollender unsres Glaubens gerichtet halten, werden wir sicher sein. Unsre Neigungen müssen aber geistlicher Art und dürfen nicht irdisch gebunden sein. Durch den Glauben müssen wir uns höher und immer höher entwickeln, um der Gnade Jesu Christi teilhaftig zu werden. Durch tägliches Betrachten seiner unvergleichlichen Schönheit müssen wir mehr und mehr in sein herrliches Bild hineinwachsen. Wenn wir in solcher Verbindung mit dem Himmel leben, wird Satan seine Netze vergeblich nach uns auswerfen.

Kapitel 27: Der Sieg zuerkannt

Wir haben nur eine geringe Vorstellung von der Kraft, die uns zuteilwürde, wenn wir uns mit der Quelle aller Kraft verbinden würden. Wir fallen immer wieder in Sünde und denken, es müsse so sein. Wir halten uns an unseren Schwächen so fest, als ob wir darauf stolz sein könnten. Der Heiland ermahnt uns, dass wir unser Angesicht darbieten „wie einen Kieselstein" (Jesaja 50,7), wenn wir überwinden möchten. Er hat unsre Sünden „an seinem Leibe auf das Holz" (1.Petrus 2,24) getragen. Durch die Macht, die er uns gab, vermögen wir der Welt, dem Fleisch und dem Bösen zu widerstehen. Lasst uns darum nicht so viel von unsrer Schwachheit und Unzulänglichkeit, sondern mehr von Christus und seiner Stärke sprechen. Wenn wir uns viel über Satans Macht unterhalten, dann wird seine Gewalt über uns größer. Reden wir aber von der Kraft des Allmächtigen, so treiben wir den Feind zurück. Je enger wir uns Gott anschließen, desto näher zieht er uns an sich.

Viele unter uns sind in der Ausbildung ihrer Vorrechte nachlässig. Wir machen nur ein paar schwache Anstrengungen, dass Rechte zu tun, und fallen dann wieder in unser altes, sündiges Leben zurück. Wenn wir in das Reich Gottes eintreten wollen, kann es nur mit vollkommenem Charakter, ohne Flecken und Runzeln oder andere Fehler, möglich sein. Satan arbeitet mit zunehmender Emsigkeit, je näher wir dem Ende der Zeit kommen. Er legt seine Schlingen, ohne dass wir es merken, um von uns Besitz zu ergreifen. Auf jede Weise versucht er, die Herrlichkeit Gottes vor der Seele zu verdunkeln. Es liegt an uns, zu entscheiden, ob er unsere Herzen und Sinne beherrschen soll, oder ob wir dereinst einen Platz auf der neuen Erde, ein Anrecht auf Abrahams Erbe haben werden.

Gottes Macht in Verbindung mit unseren Bemühungen hat uns einen herrlichen Sieg errungen. Sollten wir das nicht zu schätzen wissen? Der ganze Reichtum des Himmels wird uns in Christus geschenkt. Gott wollte sich durch Satan mitsamt seinen Geistern nicht sagen lassen, er hätte mehr tun können, als er getan hat. Die Welten, die er geschaffen hat, und die

Engel im Himmel können bezeugen, dass er nicht mehr tun konnte. Er hat Quellen der Kraft, von denen wir bis jetzt noch nichts wissen; aus ihnen wird er uns in den Zeiten der Not schöpfen lassen. Unser Bemühen muss sich aber immer mit dem göttlichen verbinden. Unser Verstand, Wahrnehmungsvermögen und alle unsre Kraft müssen von uns eingesetzt werden. Wenn wir den Notruf vernehmen, wenn wir uns wappnen wie Menschen, die auf ihren Herrn warten, wenn wir uns bemühen, jeden Charakterfehler zu überwinden, dann wird der Herr uns mehr Licht, Kraft und Hilfe zuteilwerden lassen.

Glaube und Pflicht

Der Glaube ist kein Gefühl. Er ist das Wesen der Dinge, auf die wir hoffen, und das Wissen um Dinge, die wir nicht sehen. Es gibt eine Glaubensform, die krasseste Selbstsucht ist. Sie freut sich der Dinge dieser Welt. Sie begnügt sich mit einer bloßen Betrachtung der Religion Christi und weiß nichts von ihrer errettenden Kraft. Wer sich zu solcher Glaubensform bekennt, nimmt die Sünde nicht ernst, weil er Jesus Christus nicht kennt.

Solche Gläubigen nehmen ihre Pflichten leicht. Treue Pflichterfüllung aber geht Hand in Hand mit der richtigen Einschätzung des göttlichen Charakters.

Kapitel 28: Wie werde ich stark?

Der Heiland hat alle Vorkehrungen für uns getroffen, stark zu sein. Er hat uns seinen Heiligen Geist gegeben, dessen Aufgabe es ist, uns alle Verheißungen des Herrn in Erinnerung zu bringen, auf dass wir Frieden und das beglückende Bewusstsein der Sündenvergebung haben. Wenn wir unsern Blick auf den Heiland gerichtet halten und seiner Macht vertrauen, werden wir mit Zuversicht erfüllt sein; denn die Gerechtigkeit Christi wird uns zur Gerechtigkeit.

Wir verunehren den Heiland mit unserem Reden über unser Unvermögen. Lasst uns nicht auf uns sehen, sondern lasst uns ständig auf Jesus schauen, um ihm täglich ähnlicher zu werden, mehr und mehr von ihm berichten zu können, besservorbereitet zu sein, uns seiner Güte und Hilfsbereitschaft zu bedienen und die Segnungen zu empfangen, die er uns anbietet.

Wenn wir in solcher Verbindung mit Gott leben, werden wir in seiner Kraft wachsen und denen eine Hilfe und ein Segen sein, die um uns sind. Würden wir nur das tun, was der Herr von uns wünscht, dann würden unsre Herzen gleich heiligen Harfen; jeder Akkord würde den Erlöser preisen und loben, den Gott gesandt hat, um die Sünde von der Welt hinweg zunehmen.

Erkennet seine Herrlichkeit

Wenn dich Versuchungen überfallen, die gewiss kommen werden, wenn Sorge und Ratlosigkeit dich umgeben, wenn du unglücklich und entmutigt bist und fast verzweifeln willst, schau, o schau dorthin mit dem Glaubensauge, wo du zuletzt das Licht gesehen hast. Das Dunkel, das dich umgibt, wird dem hellen Schein seiner Herrlichkeit weichen müssen. Will die Sünde um die Herrschaft in deiner Seele ringen, plagt dich dein Gewissen und verdunkelt dein Gemüt, dann, mein Freund, geh zum Heiland. Seine Gnade ist stark genug, um die Sünde zu bezwingen. Er wird uns verzeihen und uns fröhlich in Gott machen.

Lasst uns nicht länger von unsrer Unfähigkeit und von unserm Mangel an Kraft sprechen! Vergessen wir die Dinge, die hinter uns liegen; lasst uns vorwärtsstreben auf dem Weg zum Himmel! Versäumen wir keine Gelegenheit, die uns brauchbarer zum Dienst des Herrn machen kann. Dann wird die Heiligkeit unser Leben wie Goldfäden durchziehen. Die Engel aber werden im Hinblick auf unsre Weihe die Worte der Verheißung ausrufen, „dass ein Mann teurer sein soll denn feines Gold und ein Mensch werter denn Goldes Stücke aus Ophir". Jesaja 13,12. Der ganze Himmel frohlockt darüber, wenn sich schwache, fehlerhafte Menschen dem Heiland übergeben und in ihm leben wollen.

Freude durch Buße

Die Bedingungen für die Erlösung des Menschen hat Gott selbst festgesetzt. Selbsterniedrigung und Kreuztragen sind die Voraussetzungen für den reuigen Sünder, Ruhe und Frieden zu erlangen. Die Tatsache, dass sich der Heiland erniedrigte und opferte, damit der Mensch nicht ewiglich leide, sollte jedes Murren verstummen lassen. Beglückende Freude überkommt den Menschen durch aufrichtige Reue über die Übertretungen der Gesetze Gottes und durch den Glauben an Jesus Christus als seinen Erlöser und Fürsprecher.

Kapitel 29: Siegreiches Leben

Vertrauen auf Gottes Macht schafft Frieden. So schnell sich die Seele entschließt, in Übereinstimmung mit dem erhaltenen Licht zu handeln, vermittelt der Heilige Geist mehr Erkenntnis und Kraft. Die Gnade des Geistes wirkt bei der Entscheidung des Menschen mit, ist aber kein Ersatz für den persönlichen Einsatz des Glaubens. Der Erfolg eines christlichen Lebens hängt von der Benutzung des Lichtes ab, das Gott gegeben hat. Es ist gewiss nicht die Fülle des Lichts und der Beweise, die eine Seele frei macht in Christus; es ist vielmehr der Gebrauch der Kraft, des Willens und der seelischen Fähigkeiten, der zu dem aufrichtigen Bekenntnis führt; „Ich glaube, lieber Herr; hilf meinem Unglauben!" Markus 9,24.

Ich freue mich herzlich über die Herrlichkeit, die uns in Aussicht gestellt ist; tue es auch. Sei fröhlich und preise den Herrn für seine Güte. Was du nicht verstehen kannst, überlass dem Herrn. Er liebt dich ja und hat Mitleid mit jeder deiner Schwachheiten. Er hat uns gesegnet „mit allerlei geistlichem Segen in himmlischen Gütern durch Christum". Epheser 1,3. Es würde das Herz des großen Gottes nicht befriedigen, denen, die seinen Sohn liebhaben, einen geringeren Segen mitzuteilen, als er dem Sohn gab.

Satan versucht, unser Denken von dem machtvollen Helfer abzulenken; er verführt uns, über die Entartung unserer Seele zu grübeln. Der Heiland aber, der wohl die Schuld der Vergangenheit kennt, verzeiht uns. Wir dürfen ihn durch keinen Zweifel an seiner Liebe kränken. Das Schuldbewusstsein muss am Fuße des Kreuzes niedergelegt werden, sonst wird es die Quelle des Lebens vergiften. Wenn Satan Drohungen gegen euch ausstößt, beachtet sie nicht, und stärkt eure Seele an den Verheißungen Gottes. Die Wolke ist wohl dunkel in sich selbst; wenn aber das Licht des Himmels sie durchleuchtet, erstrahlt sie in goldenem Schein; denn die Herrlichkeit Gottes ruht auf ihr.

Die Kinder Gottes sollen nicht von Gefühlen und Erregungen bewegt werden. Wenn sie zwischen Hoffen und Bangen schwanken, betrüben sie Jesu Herz. Er hat ihnen ja den unverkennbaren Beweis seiner Liebe gegeben. Sie sollen frohgemut das Werk ausrichten, zu dem er sie berufen hat; dann werden ihre Herzen in seiner Hand wie heilige Harfen sein.

Jesu Liebe für seine Kinder ist ebenso zärtlich wie kraftvoll. Sie ist stärker als der Tod; denn er starb um unsrer Errettung willen und um uns eins zu machen mit ihm — geheimnisvoll und ewiglich. Seine Liebe ist so mächtig, dass sie alle seine Kräfte beherrscht und alle unerschöpflichen Quellen des Himmels in Anspruch nimmt, um seinem Volk Gutes zu tun. Sie ist unveränderlich und ohne Wandel — dieselbe gestern, heute und ewiglich. Wenn auch die Sünde seit Ewigkeit herrschte und diese Liebe zu vereiteln und ihre Ausbreitung auf der Erde zu hemmen versuchte, so fließt sie dennoch wie ein wasserreicher Strom jenen zu, für die Christus gestorben ist.

Beherrschender Einfluss

Bedenkt, dass der Glaube in eurem Leben nicht nur ein Einfluss von vielen ist; er soll der Einfluss sein, der alle anderen beherrscht.

Kapitel 30: Wahrer Glaube

Es gibt viele, die sich aufrichtig um Heiligung des Herzens und um Reinheit des Lebens bemühen und dennoch bedrückt und entmutigt erscheinen. Sie sehen ständig auf sich selbst und beklagen ihren Mangel an Glauben. Weil sie keinen Glauben haben, fühlen sie, dass Gott sie nicht segnen kann. Sie verwechseln Gefühl und Glaube. Sie schauen auf die Einfalt des wahren Glaubens herab, und das verfinstert sie. Sie sollten ihr Augenmerk von sich selbst abwenden und mehr bei der Gnade und Güte Gottes verweilen, mehr von seinen Verheißungen berichten und einfach glauben, dass der Herr sein Wort wahrmachen wird.

Wir sollen unser Vertrauen nicht auf unsern Glauben, sondern auf die Verheißungen Gottes setzen. Wenn wir unsre Gesetzesübertretungen in der Vergangenheit aufrichtig bereuen und von nun an dem Gesetz gehorsam sein wollen, dann können wir glauben, dass uns der Herr um Jesu Christi willen annimmt und unsre Sünden vergibt.

Dunkelheit und Entmutigung werden öfter über uns kommen und uns zu überwältigen versuchen; wir sollen dann aber unser Vertrauen nicht „wegwerfen". Unser Blick muss fest auf den Heiland gerichtet bleiben, unabhängig von unserer Gefühlswelt. Jede erkannte Pflicht sollte treu erfüllt werden; dann können wir uns mit ruhiger Sicherheit auf die Verheißungen Gottes verlassen.

Verlasst euch nicht auf eure Gefühle

Bisweilen überkommt uns ein tiefes Gefühl unsrer Unwürdigkeit und jagt Schauer des Erschreckens durch die Seele. Das ist aber kein Beweis dafür, dass sich Gott uns oder wir uns ihm gegenüber geändert haben. Wir sollten keinerlei Anstrengung machen, um uns auf eine bestimmte Gefühlsstärke einzustellen. Es ist möglich, dass wir heute nicht jenen Frieden und die Freude in uns feststellen, die uns gestern bewegten; auf jeden Fall sollten wir im Glauben Jesu Hand ergreifen und ihm in dunklen und lichtvollen Tagen gleichermaßen vertrauen. Satan wird uns einreden wollen: „Du bist ein viel zu großer Sünder, als dass Christus dich retten könnte." Wenn du auch zugibst, dass du wirklich voller Sünde und unwürdig bist, kannst du dem Versucher mit den Worten begegnen: „Durch sein Sühneopfer wurde Christus mein Erlöser. Ich vertraue nicht auf eigene Verdienste, aber auf das kostbare Blut Jesu, das mich reingemacht hat. Mein hilfloses Herz klammert sich an den Heiland." Ja, des Christen Leben muss ein ständiges, lebendiges Glauben sein. Es muss ein unzerstörbares Vertrauen und eine feste Zuversicht auf Christus sein. Dann werden Frieden und Sicherheit die Seele erfüllen.

Auf den Heiland lasst uns schauen!

Sei nicht entmutigt, weil dein Herz unbußfertig zu sein scheint. Jedes Hindernis und jede innere Gegnerschaft führen dich näher zum Herrn. Er „will das steinerne Herz wegnehmen aus eurem Leibe und ein fleischernes Herz geben". Hesekiel 11,19. Bitte ihn um die besondere Gnade, deinen Lieblingsfehler überwinden zu können. Wirst du in Versuchung geführt, dann widerstehe standhaft den Einflüsterungen des Bösen. Halt deinem Herzen vor: „Wie könnte ich meinen Heiland betrüben! Ich habe mich ihm übergeben; ich will nicht Satans Werke tun." Rufe zum Heiland um Hilfe, damit du jeden Götzen in dir opfern und jede Lieblingssünde aufgeben kannst. Sieh mit dem Glaubensauge den Heiland vor des Vaters Thron stehen, wie er seine Hände mit den Wundmalen erhebt und für dich bittet. Und glaube zuversichtlich, dass du neue Kraft erhalten wirst durch Jesus Christus, deinen teuren Heiland.

Erblicke im Glauben die Kronen, die den Überwindern gegeben werden; höre den Triumphgesang der Erlösten; Würdig, würdig ist das Lamm, das erwürgt ist und uns erlöst hat zu Gott! Versuch einmal, dir diese Szenen als Tatsachen vorzustellen. Stephanus, der erste christliche Märtyrer, rief in seinem heftigen Kampf mit Fürstentümern und Gewalten und hohen, gottlosen geistlichen Würdenträgern aus: „Siehe, ich sehe den Himmel offen und des Menschen Sohn zur Rechten Gottes stehen." Apostelgeschichte 7,56. Er sah den Heiland der Welt, der mit inniger Anteilnahme vom Himmel herab auf ihn schaute. Das herrliche Licht des Antlitzes Christi um leuchtete Stephanus in solchem Glanz, dass sein Angesicht sogar seinen Feinden erschien wie das Gesicht eines Engels.

Würden unsre Gedanken mehr bei Christus und der himmlischen Welt verweilen, dann würden wir einen machtvollen Antrieb und starke Hilfe in unserm Glaubenskampf erhalten. Hochmut und Weltliebe werden ihre Macht über uns verlieren, wenn wir der Herrlichkeiten des besseren Landes gedenken, in dem wir bald zu Hause sein werden. Neben dem Liebreiz Christi werden alle irdischen Lockmittel ihre Anziehungskraft verlieren.

Ein neues Denken

Niemand darf glauben, dass ohne eigene Bemühungen die Gewissheit der Liebe Gottes erlangt werden kann. Ist der Geist nur dem Irdischen verhaftet, dann wird ein verändertes, ein neues Denken sehr schwerfallen. Was das Auge sieht und das Ohr hört, erweckt zu oft die Aufmerksamkeit und fesselt das Interesse.

Wenn wir aber in die Stadt Gottes eintreten und Jesus in seiner Herrlichkeit sehen wollen, dann müssen wir uns daran gewöhnen, ihn schon hier im Glauben zu schauen. Worte und Wesen Jesu Christi müssen häufiger Gegenstand unsrer Gedanken und Unterhaltung sein. Jeden Tag sollten wir unter Gebet über diese heiligen Dinge nachdenken.

Tägliche Weihe

Heiligung ist eine Aufgabe für jeden Tag. Lasse sich niemand durch die Annahme täuschen, Gott könne ihm gnädig sein und ihn segnen, solange er noch eins seiner Gebote verletzt. Das hartnäckige Festhalten einer erkannten Sünde bringt die bezeugende Stimme des Geistes zum Schweigen und trennt die Seele von Gott. Wie begeistert wir in unseren Glaubensgefühlen auch immer sein mögen; der Heiland kann nicht in einem Herzen wohnen, welches das göttliche Gesetz geringschätzt. Der Herr wird nur diejenigen ehren, die ihn ehren.

„Welchen ihr euch begebet zu Knechten in Gehorsam, des Knechte seid ihr." Römer 6,16. Geben wir irgendeinem Ärger, der Gier, der Habsucht, dem Hass, der Selbstsucht oder einer anderen Sünde nach, dann werden wir Knechte der Sünde. „Niemand kann zwei Herren dienen." Matthäus 6,24. Dienen wir der Sünde, dann können wir nicht Christus dienen. Ein Christ wird die Verlockungen zur Sünde wahrnehmen; denn das Fleisch streitet gegen den Geist; der Geist aber streitet wider das Fleisch; es ist ein dauernder Kampf. Hier ist Jesu Hilfe erforderlich. Die menschliche Schwachheit wird sich mit der göttlichen Kraft verbinden, und der Glaube wird bekunden: „Gott aber sei Dank, der uns den Sieg gegeben hat durch unsern Herrn Jesus Christus!" 1.Korinther 15,57.

Wollen wir einen Charakter entwickeln, den Gott annehmen kann, dann muss sich unser Glaubensleben durch einwandfreie Gewohnheiten auszeichnen. Tägliches Gebet ist für die Erlangung größer werdenden Glaubens und geistlichen Lebens ebenso wichtig wie das tägliche Brot für das Gedeihen des Körpers. Wir können unsre Gedanken nicht oft genug im Gebet zu

Gott erheben. Und schweift der Geist ab, dann müssen wir ihn wieder zurückholen; durch andauerndes Üben werden wir uns schließlich besser sammeln können. Nicht einen Augenblick vermögen wir uns ohne Gefahr von Christus zu trennen. Seine Gegenwart brauchen wir zu jedem Schritt, den wir machen. Wir werden uns ihrer aber nur dann erfreuen, wenn wir den Bedingungen, die er selbst gegeben hat, nachkommen.

Der Glaube sei euer Hauptanliegen

Der Glaube muss unser höchster Lebenszweck werden. Alles andere muss ihm untergeordnet sein. Alle unsre Kräfte der Seele, des Leibes und des Geistes müssen im Glaubenskampf eingesetzt werden. Bitten wir den Heiland um Kraft und Gnade, dann wird uns der Sieg ebenso gewiss sein, wie der Heiland für uns gestorben ist.

Ach, dass wir uns enger an das Kreuz Christi klammerten! Buße am Kreuzesstamm ist die erste Friedenslektion, die wir zu lernen haben. Wer kann Jesu Liebe völlig verstehen? Sie ist unendlich größer und selbstloser als einer Mutter Liebe. Wollen wir den Wert einer Menschenseele kennenlernen, dann müssen wir in lebendigem Glauben auf das Kreuz schauen; dort erkennen wir das Motiv, das uns als Forschungsziel und als Gesang der Erlösten durch alle Ewigkeit begleitet. Der Wert unsrer Zeit und unsrer Gaben kann nur an der Höhe des Lösegeldes gemessen werden, das für unsre Erlösung gezahlt wurde. Wie undankbar wären wir, wenn wir Gott um sein Eigentum betrügen und ihm unsre Neigungen und unsern Dienst vorenthalten würden! Ist es zu viel, uns selbst ihm zu weihen, der alles für uns geopfert hat? Kann es eine Wahl geben zwischen der Freundschaft der Welt und den unsterblichen Ehren, die der Heiland anbietet, mit ihm auf seinem Stuhl zu sitzen, zu überwinden, wie er überwunden hat und sich gesetzt mit seinem Vater auf seinen Stuhl? Offenbarung 3,21.

Heiligung eine fortschreitende Glaubenserfahrung

Heiligung ist ein fortschreitendes Werk. Über die einander folgenden Schritte schreibt uns der Apostel Petrus: „Wendet allen euren Fleiß daran und reichet dar in eurem Glauben Tugend und in der Tugend Erkenntnis und in der Erkenntnis Mäßigkeit und in der Mäßigkeit Geduld und in der Geduld Gottseligkeit und in der Gottseligkeit brüderliche Liebe und in der brüderlichen Liebe allgemeine Liebe. Denn wo solches reichlich bei euch ist, wird's euch nicht faul noch unfruchtbar sein lassen in der Erkenntnis unsers Herrn Jesu Christi." 2.Petrus 1,5-8. „Darum, liebe Brüder, tut desto mehr Fleiß, eure Berufung und Erwählung festzumachen; denn wo ihr solches tut, werdet ihr nicht straucheln, und also wird euch reichlich dargereicht werden der Eingang zu dem ewigen Reich unsers Herrn und Heilandes Jesu Christi." 2.Petrus 1,10.11. Hier ist ein Pfad, auf dem wir sicher wandeln und niemals straucheln werden. Diejenigen, welche sich um die Erlangung der christlichen Tugenden eifrig bemühen, haben die Zusicherung, dass Gott ihnen die Gaben seines Geistes vielfältig geben wird.

Petrus wendet sich an alle, die sich des gleichen köstlichen Glaubens erfreuen; „Gott gebe euch viel Gnade und Frieden durch die Erkenntnis Gottes und Jesu Christi, unsers Herrn!" 2.Petrus 1,2. Durch die göttliche Gnade können alle, die auf den leuchtenden Stufen von der Erde zum Himmel vorwärtsschreiten, schließlich „mit Gesang und unaufhörlicher Freude" durch das goldene Tor in die Stadt Gottes einziehen.

Wertvolle Prüfungen

Die Prüfungen des Lebens sind Gottes Werkleute, die alle Unreinheiten und Rauheiten unsers Wesens entfernen sollen.

Ihr Behauen und Meißeln, Glätten und Polieren ist freilich schmerzhaft. Es ist hart, in die Schleifmühle gebracht zu werden; aber der Baustein geht daraus wohlzubereitet hervor, um seinen Platz im göttlichen Tempel einzunehmen. Auf nutzlosen Werkstoff verwendet der Herr keine so sorgsame, gründliche Arbeit. Nur kostbare Steine werden geschliffen, wie man sie zu einem prächtigen Bauwerk verwendet.

Verborgene Kraftquellen

Zu dem verborgenen Platz des Allerhöchsten, unter dem Schatten des Allmächtigen, begeben sich die Menschen von Zeit zu Zeit. Sie verweilen ein wenig und schöpfen Kraft zu vortrefflichen Handlungen. Dann lässt ihr Glaube wieder nach, die Verbindung ist unterbrochen, das Lebenswerk vernichtet. Jesu Leben aber war ein beständiges Glauben, das sich durch die Verbindung zum Vater kraftvoll erhielt. Sein Werk für Himmel und Erde war ohne Fehlschlag und ohne Straucheln.

Als Mensch nahte er sich dem Throne Gottes, bis seine menschliche Natur in die himmlische umgewandelt und das Menschliche mit dem Göttlichen verbunden war. Er empfing Leben von Gott und teilte es den Menschen mit.

Kapitel 31: Vereinigung mit Christus

Durch einen lebendigen Glauben kommen wir mit Christus in dauernde Verbindung; jede andere Vereinigung ist vergänglich. Der Heiland erwählte uns zuerst und bezahlte einen unendlich hohen Preis für unsre Erlösung. So wird der wahrhaft Gläubige seinen Erlöser als den Ersten und Letzten und Besten in allen Dingen erwählen. Diese Vereinigung ist aber mit Opfern verbunden, denn ein stolzer Mensch muss ein Verhältnis äußerster Abhängigkeit eingehen. Alle, die diese Verbindung eingehen, müssen ein starkes Bedürfnis nach dem sühnenden Blut Christi fühlen. Sie müssen eine Veränderung des Herzens durchmachen. Ihr eigner Wille muss sich dem Willen Gottes unterstellen. Es wird ein Ringen mit äußeren und inneren Hindernissen sein. Es muss ebenso ein Werk schmerzlichen Loslösens wie ein solches des Bindens sein. Hochmut, Selbstsucht, Eitelkeit und Weltliebe — Sünden aller Art — müssen überwunden werden, wenn wir eine Vereinigung mit Christus vornehmen. Der Grund, warum so viele das christliche Leben so beklagenswert hart finden, warum sie so wankelmütig, so unbeständig sind, liegt in der Tatsache, dass sie zum Herrn kommen wollen, ohne sich von ihren Lieblingsgötzen zu trennen.

Ist die Verbindung mit Christus aufgenommen worden, kann sie nur durch ernstes Gebet und unermüdliche Anstrengung aufrechterhalten werden. Wir müssen Widerstand leisten, uns selbst verleugnen und uns selbst besiegen. Durch die Gnade Christi, durch Mut, Glauben und Wachsamkeit werden wir schließlich den Sieg erringen.

Es gehören unerschrockene Leute dazu, die nicht immer erst darauf warten, bis der Weg geebnet und alle Hindernisse beseitigt sind, sondern sogar mit Feuereifer die erlahmenden Kräfte entmutigter Mitarbeiter aufs neue beleben; Menschen, deren Herzen von der Liebe Christi brennen und die entschlossen die Arbeit ihres Meisters angreifen.

Dennoch erweisen sich so manche, die in den Dienst des Herrn eintreten, als schwach, zaghaft, unentschlossen und unzuverlässig. Es fehlt ihnen der rechte Trieb, und weil sie nicht die nötige Begeisterungsfähigkeit und Unternehmungslust aufweisen, sind sie auch nicht imstande, etwas zu schaffen. Wer Erfolg haben will, muss beherzt und zuversichtlich sein, nicht nur leiden wollen, sondern auch etwas leisten können.

Manche haben kein festes Ziel. Sie wissen nicht recht, was sie wollen, und bleiben nicht bei dem, was sie sich vornehmen. Ihre Brauchbarkeit im Leben ist daher nur gering. Solche müssen ihre Schwäche, Unentschlossenheit und Lässigkeit überwinden. Der wahre Christ lässt sich nicht durch Widerwärtigkeiten beeinflussen oder überwältigen. Er hat Rückgrat genug, sich weder durch Schmeicheleien noch durch Bestechung und auch nicht durch Drohungen zu rechtswidrigem Handeln verleiten zu lassen.

Die Anschläge Satans zu bekämpfen

Die Zukunft der menschlichen Gesellschaft wird durch die Jugend von heute entschieden. Satan macht ernsthafte und beharrliche Anstrengungen, den Geist eines jeden jungen Menschen zu verwirren und seinen Charakter zu schwächen; sollen dann wir, die wir mehr Erfahrung haben, nur als Zuschauer dabeistehen und zusehen, wie er ungehindert sein Werk vollendet? Lasst uns auf unserem Posten stehen und jede Minute bereit sein, für diese Jugend zu wirken und, mit Gottes Hilfe sie vor der Grube der Vernichtung zurückzuhalten. Im Gleichnis heißt es: Da die Leute schliefen, kam der Feind und säte Unkraut; und während ihr, seine Brüder und Schwestern, euch seines Wirkens nicht bewusst seid, sammelt er eine Armee junger Leute unter sein Banner; und er frohlockt, denn durch sie führt er seinen Kampf gegen Gott.

Abschnitt 4

DER WANDEL IM LICHT

Der Heiland, der uns mit seinem Blut erkauft hat, beugt sich gleichsam auch über uns und spricht unsagbar zärtlich und mitleidsvoll: „Willst du gesundwerden?“ Johannes 5,6. Dann gebietet er, dass wir uns in seiner Kraft und seinem Frieden erheben. Wir dürfen aber nicht erst fühlen wollen, dass wir gesund geworden sind. Wir müssen dem Heiland aufs Wort glauben. Sein Wille muss unser Wille sein. Wollen wir ihm dienen und seinem Wort gehorchen, dann werden wir die Stärke dazu erhalten. Christus kann und will uns erretten, wie hässlich auch unsre Sünde gewesen sein, wie sehr und wie lange uns auch die Leidenschaft an Leib und Seele geknechtet haben mag. Er will denen, die tot waren in Übertretungen, Leben mitteilen, und solche, die durch Schwäche oder Ungunst der Verhältnisse oder durch Sünde gefangen gehalten wurden, freimachen.

Kapitel 32: Wachstum in der Gnade

„Wachset aber in der Gnade und Erkenntnis unsers Herrn und Heilandes Jesu Christi." 2.Petrus 3,18. Es ist ein Gnadengeschenk an die Jugend, in Christus zu wachsen und durch ihn auch in der geistlichen Gnade und Erkenntnis. Durch eifriges Forschen in der Schrift und einen Wandel in dem geoffenbarten Weg der Wahrheit und Gerechtigkeit können wir den Heiland immer besser kennenlernen. Wer ständig in der Gnade wächst, wird standhaft im Glauben voranschreiten.

Unsere Standhaftigkeit muss wachsen

Im Herzen jedes jungen Menschen, der sich vorgenommen hat, ein Jünger Jesu Christi zu sein, sollte ein heißes Verlangen brennen, die höchste Stufe im christlichen Leben zu erklimmen und ein Mitarbeiter des Herrn zu sein. Wenn es seine Absicht ist, zur Schar derer zu gehören, die einst fehlerlos vor dem Thron des Ewigen stehen, wird er ständig Fortschritte machen. Der einzige Weg, standhaft zu bleiben, ist täglicher Fortschritt im geistlichen Leben. Wenn er mit Zweifeln und Hindernissen zu kämpfen hat und sie überwindet, wird der Glaube in ihm wachsen. Heiligung ist ein allmählicher Vorgang. Wächst du in der Gnade und Erkenntnis Jesu Christi, dann wirst du jedes Vorrecht und jede Gelegenheit ausnutzen, um noch mehr Erkenntnis des Lebens und Charakters Jesu zu erlangen.

Der Glaube an Jesus Christus wird größer, je besser du dich mit dem Heiland durch Betrachten seines fleckenlosen Lebens und seiner unendlichen Liebe bekannt machst. Du kannst den Herrn nicht mehr verunehren, als wenn du vorgibst, sein Jünger zu sein, und dich dennoch fern von ihm hältst und dich von dem Heiligen Geist weder erhalten noch beleben lässt. Wenn du aber in der Gnade wächst, dann wirst du gerne die religiösen Versammlungen besuchen und vor der Gemeinde freudig Zeugnis ablegen von der Liebe Jesu. Durch seine Gnade kann Gott den jungen Menschen klug machen und den Kindern Erkenntnis und Erfahrung vermitteln. Sie können täglich in der Gnade wachsen. Du solltest dich in deinem Glauben nicht nach dem Gefühl richten.

Prüfung des Herzens

Prüfe dein Herz und deine Hinneigung zu Gott mit aller Sorgfalt. Frage dich: Habe ich heute meine kostbare Zeit zu meinem Vergnügen und zu meiner eigenen Unterhaltung benutzt? Habe ich andere glücklich gemacht?

Habe ich meiner Umgebung zu größerer Frömmigkeit verholfen und ihr die ewigen Dinge wertvoller gemacht? War mein Glaube in meinem Heim lebendig, und habe ich durch Wort und Tat meinen Hausgenossen die Gnade Christi offenbart? Habe ich durch ehrfurchtsvollen Gehorsam meine Eltern geehrt und dadurch das fünfte Gebot erfüllt? Habe ich freudig meine kleinen täglichen Pflichten auf mich genommen und sie treu erfüllt und getan, was ich konnte, um die Lasten der andern zu erleichtern? Habe ich meine Lippen reingehalten und meine Zunge vor schlechten Reden bewahrt? Habe ich Christus, meinen Erlöser, geehrt, der sein kostbares Leben opferte, damit ich das ewige Leben erlangen kann?

Wache und bete!

Vernachlässige am Morgen nicht das ernste Gebet zum Heiland, lieber junger Freund, dass er dir Kraft und Gnade gebe, den Versuchungen des Feindes widerstehen zu können, in welcher Form sie dir auch begegnen mögen. Und wenn du mit Inbrunst betest, im Glauben und mit reuigem Herzen, dann wird der Herr dein Gebet erhören. Dabei musst du aber auch wachsam sein. Jesus hat gesagt: „Bittet, so wird euch gegeben; suchet, so werdet ihr finden; klopfet an, so wird euch aufgetan. Denn wer da bittet, der empfängt; und wer da sucht, der findet; und wer da anklopfet, dem wird aufgetan. Welcher ist unter euch Menschen, so ihn sein Sohn bittet ums Brot, der ihm einen Stein biete? oder, so er ihn bittet um einen Fisch, der ihm eine Schlange biete? So denn ihr, die ihr doch arg seid, könnt dennoch euren Kindern gute Gaben geben, wie viel mehr wird euer Vater im Himmel Gutes geben denen, die ihn bitten." Matthäus 7,7-11.

Kinder und Jugendliche können mit ihren Nöten und Verlegenheiten zum Heiland kommen und wissen, dass er ihre Anliegen beachten und ihnen geben wird, was sie bedürfen. Sei ernst und entschlossen, mein Freund! Halte dir die Verheißung Gottes vor Augen und glaube ihr ohne Zweifel! Warte nicht auf besondere innere Regungen, wenn du Antwort vom Herrn erheischest. Mache dem Herrn keine Vorschriften, wie er dir helfen soll; vertraue seinem Wort und lege dein Anliegen ganz in seine Hand im völligen Glauben, dass dein Gebet erhört und die Antwort kommen wird zu der Zeit und in der Weise, wie es der himmlische Vater für gut hält. Lebe dein Gebet aus! Wandle in Demut und schreite ständig voran.

„Gott der Herr ist Sonne und Schild; der Herr gibt Gnade und Ehre; er wird kein Gutes mangeln lassen den Frommen." Psalm 84,12.

„Fürchtet den Herrn, ihr seine Heiligen! denn die ihn fürchten, haben keinen Mangel. Reiche müssen darben und hungern; aber die den Herrn suchen, haben keinen Mangel an irgendeinem Gut." Psalm 34,10.11.

„Behüte deine Zunge vor Bösem und deine Lippen, dass sie nicht Trug reden. Lasse vom Bösen und tue Gutes; suche Frieden und jage ihm nach. Die Augen des Herrn merken auf die Gerechten und seine Ohren auf ihr Schreien; das Antlitz aber des Herrn steht wider die, so Böses tun, dass er ihr Gedächtnis ausrotte von der Erde. Wenn die Gerechten schreien, so hört der Herr und errettet sie aus all ihrer Not. Der Herr ist nahe bei denen, die zerbrochnes Herzens sind, und hilft denen, die ein zerschlagen Gemüt haben." Psalm 34,14-19.

Hier sind Verheißungen, unermesslich reich, unter der Bedingung, dass du ablässt vom Bösen und das Gute tust. Dann setze dein Lebensziel hoch, wie es Joseph und Daniel und Mose taten; berechne sorgfältig die Anforderungen für deine charakterliche Ausbildung, und dann baue für Zeit und Ewigkeit.

Wir sind schwach und ohne Weisheit, aber Gott hat verheißen: „So aber jemand unter euch Weisheit mangelt, der bitte Gott, der da gibt einfältig jedermann und rücket's niemand auf, so wird sie ihm gegeben werden." Jakobus 1,5. Strebe nach der Vollkommenheit, gib deinen Halt an Gott niemals auf, und bleibe in seinem Dienst, dann wirst du ein Überwinder durch das Blut des Lammes.

Unbegrenzte Möglichkeiten zum Wohltun

Durch solches Streben übst du auf viele aus deiner Umgebung einen Einfluss aus. Wie wohltuend sind zu rechter Zeit gesprochene Worte! Wieviel Kraft kann ein Wort der Hoffnung, der Ermutigung und Entschlossenheit dem geben, der in Gefahr ist zu straucheln! Die feste Absicht, gute Grundsätze durchzusetzen, kann unsichere Seelen wieder auf die rechte Bahn bringen.

Du kannst unendlich viel Gutes tun. Wenn das Wort Gottes die Richtschnur deines Lebens ist und deine Taten durch seine Vorschriften gelenkt werden, wenn deine Vorsätze und Anstrengungen zur Erfüllung deiner Pflichten dem Nächsten zum Segen und nicht zum Fluch dienen, wird dein Bemühen mit Erfolg gekrönt werden. Du hast dich mit Gott verbunden; du bist zum Lichtträger für andre geworden. Der Heiland erweist dir die Ehre, sein Mitarbeiter zu sein; und keine höhere Ehre kann dir zuteilwerden als der beglückende Segensspruch von den Lippen des Heilandes: „Ei, du frommer und getreuer Knecht gehe ein zu deines Herrn Freude!" Matthäus 25,21.

Selbstübergabe

Der Heiland wünscht keine Halbheiten in seinem Dienst. Der Mitarbeiter Gottes muss die Bedeutung der täglichen Selbstübergabe erkennen. Er muss das Wort Gottes erforschen, seinen Sinn erfassen und den biblischen Vorschriften entsprechen. So wird er das Maß christlicher Vortrefflichkeit erreichen. Gott wirkt Tag für Tag an seinem Herzen und vervollkommnet seinen Charakter, damit er die Prüfungszeit überstehen kann. Täglich wird auch der Gläubige vor den Menschen und Engeln an seiner erhabenen Aufgabe arbeiten, um zu beweisen, was das Evangelium aus einem gefallenen Menschen machen kann.

Kapitel 33: Anpassung an die Welt

Die Wanderer auf dem schmalen Wege sprechen von der Freude und Glückseligkeit, die am Ende ihrer Pilgerreise auf sie warten. Wohl ist ihr Gesicht oft ernst; es liegt aber trotzdem der Ausdruck heiliger, geweihter Freude auf ihm. Sie sind nicht wie die Welt gekleidet; sie sprechen und handeln auch nicht wie sie. Ein Vorbild ist ihnen gegeben. Der Mann der Schmerzen, der Kummer kennt, bahnte den Weg für sie und ging ihn selbst. Seine Nachfolger sehen seine Fußtapfen und sind getröstet und ermuntert. Er erreichte sicher sein Ziel; das können sie auch, wenn sie seinen Fußtapfen folgen.

Der breite Weg

Auf dem breiten Weg sind alle mit sich selbst beschäftigt; ihre Kleider und Vergnügungen nehmen ihr Interesse in Anspruch. Sie sind ausgelassen und übermütig und denken nicht an das Ende ihrer Lebensreise — an den sicheren Untergang am Ende des Weges. Jeder Tag bringt sie ihrem Unglück näher; dennoch tollen sie immer schneller und rasender dahin. O wie furchtbar war mir dieser Anblick!

Ich sah viele Wanderer auf diesem breiten Weg, auf deren Kleidung geschrieben war: „Tot für die Welt. Das Ende aller Dinge ist nahe. Seid auch ihr bereit." Sie sahen genauso aus wie die anderen eitlen Menschen in ihrer Umgebung mit Ausnahme eines Anflugs von Trauer, den ich in ihren Gesichtern bemerkte. Ihre Unterhaltung glich jener lustigen, gedankenlosen ihrer Umgebung. Ab und zu aber zeigten sie mit Genugtuung auf die Schrift an ihrer Kleidung und forderten die andern auf, ebenfalls solche Beschriftung zu tragen. Sie waren auf dem breiten Weg, wenn sie auch vorgaben, zu denen zu gehören, die den schmalen Pfad gingen. Die Menschen um sie herum antworteten: „Es gibt ja keinen Unterschied zwischen uns. Wir sind alle gleich; wir kleiden uns, erzählen und handeln alle gleich."

Mir wurde die Anpassung einiger bekenntlicher Sabbathalter an die Welt gezeigt. Ich sah die Schande, die sie ihrem Bekenntnis und der Sache Gottes machten. Sie strafen ihr Bekenntnis Lügen. Sie glauben wohl, der Welt nicht gleich zu sein; sie ähneln ihr aber in der Kleidung, in der Unterhaltung und in ihren Taten so sehr, dass fast kein Unterschied festzustellen ist. Ich sah, wie sie ihre armseligen, sterblichen Leiber, die jeden Augenblick von dem Finger des Schöpfers angerührt und auf ein Leidenslager gelegt werden können, schmücken. Dann aber, wenn sie ihr letztes Stündlein nahen fühlen, durchzittert sie Todesangst und die bange Frage: „Bin ich bereit zum Sterben, vorbereitet, vor Gott im Gericht zu erscheinen und die große Prüfung zu bestehen?" Wenn ihr sie dann fragt, was sie sich bei ihrem Kleiderluxus dachten, und sie haben noch ein klein wenig Gefühl von dem, was es bedeutet, vorbereitet vor Gott zu erscheinen, dann werden sie euch sagen: könnten wir noch einmal zurück und von vorne anfangen, dann würden wir unser Leben besser gestalten. Sie würden die Torheiten der Welt meiden, Eitelkeit und Hochmut ablegen, sich ehrbar schmücken und ihrer Umgebung ein gutes Beispiel geben. Sie würden zur Ehre Gottes leben.

Warum ist es denn so schwer, ein uneigennütziges, bescheidenes Leben zu führen? Weil Scheinchristen der Welt nicht abgestorben sind. Wer in diesem Sinne gestorben ist, lebt leicht. Aber viele sehnen sich nach den Fleischtöpfen Ägyptens. Sie wollen sich so viel wie möglich in Kleidung und Gewohnheit der Welt anpassen und dennoch in den Himmel kommen. Sie wollen es auf andere Weise versuchen. Sie gehen nicht durch die enge Pforte und auf dem schmalen Weg. Sie werden keine Entschuldigung haben. Viele kleiden sich wie die Welt, um Einfluss zu gewinnen. Sie begehen hier einen schweren und verhängnisvollen Fehler. Falls sie einen wahrhaften, beglückenden Einfluss ausüben möchten, lasst sie ihr Bekenntnis ausleben, lasst sie ihren Glauben durch rechtschaffene Werke beweisen und den großen Unterschied zwischen einem Christen und der Welt bekunden. Mir wurde gezeigt, dass Kleidung, Worte und Werke für Gott Zeugnis ablegen sollten. Dann wird ein heiliger Einfluss alles erfüllen und davon Kenntnis geben, dass sie mit Christus gelebt haben. Die Ungläubigen werden sehen, dass die Wahrheit, die wir bekennen, einen heiligenden Einfluss besitzt, und dass der Glaube an die Wiederkunft Christi den Charakter der Männer und Frauen bestimmt. Wer einen Einfluss zum Besten der Wahrheit haben will, muss sie ausleben und Jesu demütigem Vorbild nacheifern.

Vorbereitung auf Jesu Wiederkunft

Ich sah, dass Gott Hochmut verachtet und dass alle Stolzen und alle, die Böses tun, wie Stoppeln sein werden, die an dem Tage, der kommen wird, verbrannt werden. Ich sah, dass die dritte Engelsbotschaft jetzt noch an vielen Herzen, die vorgeben, an sie zu glauben, wirken und Stolz, Selbstsucht, Geiz und Weltliebe wegwaschen muss.

Wird Jesus bei seiner Wiederkunft ein Volk vorfinden, das sich der Welt angepasst hat? Und wird er es als sein Volk anerkennen, dass er sich zubereitet hat? O nein! Nur den, der rein und heilig ist, wird er annehmen. Diejenigen, die durch Leiden geklärt und geläutert wurden, die sich von der Welt getrennt und sich von ihr unbefleckt erhalten haben, wird der Heiland als sein Eigentum zu sich nehmen.

Als ich die erschreckende Wirklichkeit sah, dass sich Gottes Volk der Welt anpasste und dass sich viele bekenntliche Jünger des demütigen und sanften Heilands nicht mehr von den Ungläubigen unterschieden, erzitterte mein Herz in tiefer Qual. Ich sah, wie der Heiland verwundet und öffentlich geschändet wurde. Als der Engel mit tiefer Betrübnis auf das bekenntliche Volk Gottes schaute, wie es die Welt liebgewann, ihres Geistes wurde und ihre Gewohnheiten annahm, rief er aus: „Macht euch los! Macht euch los! damit ihr euren Lohn nicht mit den Heuchlern und Ungläubigen außerhalb der Stadt empfanget. Euer Bekenntnis wird eure Qual und Strafe nur vergrößern, weil ihr des Herrn Willen kanntet und nicht danach gehandelt habt."

Dem Werke Gottes wird von denen, die sich zur dritten Engelsbotschaft bekennen, durch Leichtsinn, Scherz und Tändelei oft Schaden zugefügt. Mir wurde gezeigt, dass sich dieses Übel in unsern Reihen sehr ausbreitet. Ich sah, dass wir uns vor Gott demütigen sollten. Das Israel Gottes sollte die Herzen, aber nicht die Gewänder zerreißen. Kindliche Einfalt ist nur selten wahrzunehmen; der Beifall der Menschen gilt mehr als das Missvergnügen Gottes.

Der Engel sagte: „Bewahre dein Herz, damit dich Gott nicht ins Gericht nehme und deinen mürben Lebensfaden durchschneide und du ohne Schutz und unvorbereitet auf sein Gericht im Grabe liegst. Aber auch, wenn ihr nicht ins Grab gelegt werdet, macht Frieden mit Gott; reißt euch los von der Welt, damit sich euer Herz nicht verhärtet und ihr euch auf falsche Stützen verlasst, von falschen Voraussetzungen ausgeht und euren Irrtum zu spät erkennt, um euch noch eine wohlgegründete Hoffnung zu sichern."

Was hülfe es den Menschen ...?

Der Heiland fordert sorgfältige Selbstprüfung. Nimm sie aufrichtig vor. Auf die eine Seite deiner Berechnung setze Christus ein; das bedeutet; ewigen Reichtum — Leben — Wahrheit — Himmelreich — die Freude Christi an den Erlösten; auf die andere Seite setze alles, was die Welt bieten kann. Auf diese Seite setze den Verlust deiner eignen Seele und der Seelen derer, die du hättest retten können; auf die andere Seite wiederum für dich und für sie ein Leben, das bei Gott gilt. Wäge genau ab für Zeit und Ewigkeit. Während du solches tust, höre Jesu Worte: „Was hülfe es dem Menschen, so er die ganze Welt gewönne und nähme doch Schaden an seiner Seele?" Matthäus 16,26.

Der Herr möchte, dass wir das Himmlische statt des Irdischen wählen. Er gibt uns die Möglichkeit, uns einen Schatz im Himmel anzulegen. Er ermutigt uns zu höchsten Ansprüchen und sichert uns die erlesensten Schätze. „Dass ein Mann teurer sein soll denn feines Gold", sagt der Herr, „und ein Mensch werter denn Goldes Stücke aus Ophir." Jesaja 13,12. Während die Reichtümer, welche die Motten und der Rost fressen, vernichtet werden, können sich Christi Nachfolger ihres himmlischen Schatzes erfreuen, der Reichtümer, die unzerstörbar sind.

Kapitel 34: Wahre christliche Erfahrung

Mir wurde gezeigt, dass, wenn sich die Jugend nicht völlig ändert, wenn sie sich nicht wahrhaft bekehrt, sie daran verzweifeln muss, ins Himmelreich einzugehen. Nach dem, was mir offenbart wurde, ist nicht mehr als die Hälfte unsrer Jugend, die sich zur Wahrheit bekennt, wirklich bekehrt. Hätte sie sich bekehrt, dann trüge sie Frucht zur Ehre Gottes. Viele stützen sich auf ungewisse Hoffnungen, die keinen wahren Grund haben. Die Quelle ist nicht gereinigt, darum ist auch das, was aus ihr hervorkommt, nicht rein. Reinigt die Quelle, dann wird auch ihr Wasser klar sein.

Ist das Herz in Ordnung, dann werden auch deine Worte, deine Kleider und deine Taten einwandfrei sein. Es mangelt an wahrer Frömmigkeit. Ich würde meinen Herrn nicht dadurch betrüben, dass ich einen oberflächlichen, wertlosen und ohne Gebet lebenden Menschen einen Christen nenne. Nein, ein Christ muss seine Lieblingssünden und Leidenschaften überwinden. Es gibt ja ein Heilmittel für die sündenkranke Seele. Wir haben es in Christus. O herrlicher Heiland! Seine Gnade reicht aus für den Schwächsten; aber auch der Stärkste bedarf seiner Gnade, wenn er sich nicht gefährden will.

Erlösende Gnade

Ich habe gesehen, wie diese Gnade erlangt werden kann. Geh in dein Kämmerchen und bitte Gott: „Schaffe in mir, Gott, ein reines Herz und gib mir einen neuen, gewissen Geist." Psalm 51,12. Bete ernst und aufrichtig. Inbrünstiges Gebet vermag viel. Ringe im Gebet wie einst Jakob. Seufze und flehe. Der Heiland schwitzte Blutstropfen in Gethsemane; du musst dich auch anstrengen. Verlasse deinen Gebetsort nicht eher, als bis du dich stark in Gott fühlst, und sei wachsam. Solange du wachst und betest, kannst du die bösen Anfechtungen bezwingen, und die Gnade Gottes kann und wird in dir lebendig sein.

Gott behüte, dass ich aufhörte, euch zu warnen! Sucht den Herrn von ganzem Herzen, ihr jungen Freunde! Kommt mit Eifer, und wenn ihr wirklich fühlt, ohne Gottes Hilfe verlorenzugehen, wenn ihr nach Gott dürstet wie der Hirsch nach frischem Wasser, dann wird der Herr euch ohne Verzug stärken und kräftigen. Dann wird euer Friede höher sein als alle Vernunft. Wollt ihr gerettet werden, dann betet! Nehmt euch Zeit dazu! Seid in euren Gebeten nicht übereilt und achtlos! Bittet um eine völlige Erneuerung, damit die Früchte seines Geistes an euch gefunden werden und ihr als Lichter in der Welt scheinen möget. Seid für das Werk Gottes weder ein

Hindernis noch ein Fluch; ihr könnt eine Hilfe und ein Segen sein. Flüstert euch Satan ein, ihr könntet euch nicht völliger und freier Erlösung erfreuen? Glaubt ihm nicht!

Die ersten Schritte

Jeder Christ genießt den Vorzug, von dem durchdringenden Wirken des Geistes Gottes beglückt zu werden. Süßer, himmlischer Friede wird das Herz erfüllen, und du wirst liebend gern über Gott und den Himmel nachsinnen. Du wirst dich an den herrlichen Verheißungen seines Wortes ergötzen. Vergewissere dich aber zuvor, dass du die Laufbahn eines Christen begonnen und die ersten Schritte auf dem Weg zum ewigen Leben wirklich getan hast. Lasse dich nicht täuschen! Ich fürchte, ja, ich weiß sogar, dass viele von euch gar nicht wissen, was rechtes Glauben bedeutet. Ihr habt eine gewisse Erregung und Rührung wahrgenommen, habt die Sünde in ihrer Ungeheuerlichkeit aber noch nicht erkannt. Eurer Verlorenheit seid ihr euch niemals bewusst geworden und habt euch noch nicht mit tiefem Kummer von dem Weg des Bösen getrennt. Ihr seid der Welt noch nicht abgestorben. Ihr liebt noch ihre Vergnügungen, und ihr unterhaltet euch gerne über weltliche Dinge. Sobald aber die Rede auf geistliche Dinge kommt, dann schweigt ihr. Warum nur? Warum so beredt bei weltlichen Dingen und so schweigsam, wenn es sich um Belange handelt, die euch am meisten angehen und euch ganz erfüllen sollten? Weil die Wahrheit Gottes nicht in euch wohnt.

Seid zum Empfang des Segens Gottes bereit!

Satan fürchtet nichts so sehr, als dass Gottes Volk seinen Weg durch Entfernung jedes Hindernisses ebnet und der Herr seinen Geist auf eine dahinsiechende und unbußfertige Gemeinde ausgießen kann. Ginge es nach Satan, dann würde es am Ende der Tage keinerlei religiöse Erweckung geben. Wir kennen aber seine Schliche. Es ist durchaus möglich, seiner Macht zu widerstehen. Wenn dem Geist Gottes der Weg bereitet wird, dann wird der Segen nicht ausbleiben. Satan kann ebenso wenig die Fülle des Segens, der sich auf das Volk des Herrn ergießen will, verhindern, wie er in der Lage ist, des Himmels Fenster zu verschließen, damit kein Regen die Erde feuchten kann. Gottlose Menschen und böse Geister vermögen das Werk Gottes nicht aufzuhalten oder des Herrn Gegenwart von den Versammlungen seines Volkes auszuschließen; die Gläubigen müssen nur das Wollen haben und mit zerschlagenen und zerknirschten Herzen ihre Sünden bekennen und ablegen und sich im Glauben an die Verheißungen Gottes anklammern.

Kapitel 35: Selbstzucht

„Ein Geduldiger ist besser denn ein Starker, und der seines Mutes Herr ist, denn der Städte gewinnt." Sprüche 16,32. Er hat sich selbst bezwungen, den stärksten Feind, dem der Mensch entgegentreten muss.

Das beste Zeugnis für den Seelenadel eines Christen ist Selbstbeherrschung. Wer unerschütterlich einer Flut von Schmähungen standhält, gehört zu den Helden Gottes.

Selbstbeherrschung heißt, sich Zügel anzulegen und dem Bösen zu widerstehen. Worte und Taten müssen nach dem Maßstab der Gerechtigkeit Gottes abgestimmt werden. Wer sich selbst beherrscht, erhebt sich über die Geringschätzung, die Zurücksetzungen und Verdrießlichkeiten, denen er täglich ausgesetzt ist; sie werden ihn nicht mehr betrüben können.

Es ist der Wille Gottes, dass die königliche Macht eines geheiligten Verstandes unter der Herrschaft göttlicher Gnade das Leben der Menschen bestimmt. Wer sich selbst beherrscht, besitzt diese Macht.

Die Kraft der Selbstbeherrschung

In der Kindheit und Jugend ist der Charakter am eindrucksfähigsten. Dann sollte man sich zu beherrschen lernen. Im häuslichen Kreise und am Familientisch gibt es Einflüsse, deren Ergebnisse bis in die Ewigkeit reichen. Mehr als jede natürliche Begabung entscheiden die in frühen Jahren angenommenen Gewohnheiten darüber, ob ein Mensch im Lebenskampf siegreich sein wird oder unterliegt.

Beim Sprechen gehen jung und alt über keinen Fehler leichtfertiger hinweg als darüber, eine hitzige und ungeduldige Sprache zu führen. Sie glauben, es genügt, wenn sie erklären: „Ich war nicht auf der Hut und meinte es nicht so, wie ich es sagte." Gottes Wort nimmt es nicht so leicht damit. Die Heilige Schrift sagt: „Siehst du einen, der schnell ist, zu reden, da ist am Narren mehr Hoffnung denn an ihm." Sprüche 29,20. „Ein Mann, der seinen Geist nicht halten kann, ist wie eine offene Stadt ohne Mauern." Sprüche 25,28.

Die meisten Verdrießlichkeiten des Lebens, Herzeleid und Aufregungen, entstehen durch mangelnde Selbstzucht. Durch unbedachte, erregt und leichtfertig gesprochene Worte kann in einem Augenblick Böses geschaffen werden, dass durch lebenslange Reue nicht mehr ungeschehen gemacht werden kann.

Herzen werden gebrochen, Freunde voneinander getrennt und manches Leben durch unfreundliche und übereilt gesprochene Worte zerstört von denen, die eigentlich Hilfe und Beistand bringen sollten.

Überarbeitung ist oft die Ursache mangelnder Selbstbeherrschung. Der Herr aber nötigt niemals zu übereilten, unüberlegten Schritten. Viele bürden sich Lasten auf, die der gnädige himmlische Vater niemals auf sie legte. Pflichten, die Gott niemals aufgetragen hat, hetzen einander. Wir sollten bedenken, dass wir seinem Namen keine Ehre machen können, wenn wir uns derart überlasten, dass wir herzkrank und nervenschwach werden, dass wir uns aufregen, erzürnen und herumzanken. Wir sollen ja nur das Maß der Verantwortung auf uns nehmen, dass uns der Herr gegeben hat; wir sollen ihm vertrauen und dadurch unsre Herzen rein und sanft und teilnahmsvoll erhalten.

Beherrsche dich!

Im Schweigen liegt eine wunderbare Macht. Wenn dich jemand erregt anspricht, dann vergilt es nicht mit Gleichem. Eine heftige Erwiderung einem zornigen Menschen gegenüber wirkt gewöhnlich wie eine Peitsche, die den andern in immer größere Wut hineintreibt. Wenn man dem Zorn mit Schweigen begegnet, so erstirbt er bald. Der Christ soll seine Zunge zügeln und entschlossen sein, keine unfreundlichen und ungeduldigen Worte zu sprechen. Wer seine Zunge im Zaum halten kann, wird jede Geduldsprobe, auf die er gestellt wird, bestehen.

Aus eigner Kraft kann sich der Mensch nicht beherrschen. Durch Christus aber wird er Gewalt über sich gewinnen. In seiner Kraft wird er seine Gedanken und Worte unter die Herrschaft des göttlichen Willens bringen. Die Religion Christi bringt alle Gemütsbewegungen unter die Herrschaft der Vernunft und zügelt die Zunge. Unter ihrem Einfluss beruhigt sich das heftigste Temperament, und das Herz wird mit Geduld und Sanftmut erfüllt.

Halt dich fest an den Einen, der alle Gewalt hat im Himmel und auf der Erde. Und wenn du auch noch so oft in der Beweisung von Geduld und Gemütsruhe zu kurz gekommen bist, gib den Kampf nicht auf! Fass immer wieder den Entschluss, fester denn je, trotz allen Herausforderungen nicht die Geduld zu verlieren. Halte deinen Blick unbeirrt auf dein göttliches Vorbild gerichtet.

Keine Entschuldigung für Sünde

Der mächtige Einfluss des Versuchers soll nicht als Entschuldigung für eine einzige böse Handlung gerechnet werden. Satan freut sich, wenn er hört, dass vorgebliche Nachfolger Christi Entschuldigungen für ihre Charakterfehler vorbringen. Solche Entschuldigungen führen zur Sünde. Es gibt keine Entschuldigung für die Sünde. Das bußfertige, gläubige Gotteskind kann ein geheiligtes, Christus ähnliches Leben erlangen.

Kapitel 36: Eine lebendige Erfahrung

Der Herr des Lebens und der Herrlichkeit überkleidete seine göttliche Natur mit der menschlichen, um dem Menschen darzutun, dass Gott dadurch, dass er Christus hingab, uns mit sich verbinden will. Ohne solche Verbindung ist es niemand möglich, glücklich zu sein. Der gefallene Mensch soll lernen, dass unser himmlischer Vater erst dann zufrieden ist, wenn seine Liebe den reuigen, durch das Verdienst des unbefleckten Lammes Gottes umgewandelten Sünder umfassen kann.

Alle himmlischen Wesen verfolgen dieses Ziel. Unter der Führung ihres Meisters wirken sie für die Wiedergewinnung derer, die sich durch Ungehorsam von ihrem himmlischen Vater getrennt haben. Nach dem Plan Gottes soll die wundersame Gnade und Liebe Jesu der Welt offenbart werden. In dem ungeheuren Preis, den der Sohn Gottes als Lösegeld für den Menschen bezahlte, offenbart sich diese Liebe des Schöpfers. Der herrliche Erlösungsplan ist umfassend genug, um die ganze Welt zu retten. Der sündige und gefallene Mensch kann durch Vergebung der Sünde und durch Anrechnung der Gerechtigkeit Christi vollkommen werden.

Die Macht des Kreuzes

Jesus Christus wurde Mensch, damit er in seiner Menschlichkeit das Menschengeschlecht und in seiner Göttlichkeit den Thron des Unendlichen umfassen konnte. Er stellte sein Kreuz mitten zwischen Himmel und Erde und sagte: „Wenn ich erhöht werde von der Erde, so will ich sie alle zu mir ziehen." Johannes 12,32. Das Kreuz wurde der Anziehungsmittelpunkt.

Es sollte alle Menschen ansprechen und sie über den Abgrund ziehen, den die Sünde verursacht hat, und den vergänglichen Menschen mit dem ewigen Gott verbinden. Allein durch die Macht des Kreuzes kann der Mensch aus der Bundesgenossenschaft mit der Sünde befreit werden. Der Heiland opferte sich für die Rettung des Sünders. Diejenigen, denen die Sünde vergeben ist, und die Jesus liebhaben, werden mit ihm vereint. Sie werden das Joch Christi tragen. Dieses Joch hemmt sie nicht und macht ihr Leben auch nicht zu einer lästigen Bürde. Nein, Christi Joch ist wirklich das Mittel, durch welches das christliche Leben froh und glücklich wird. Der Christ denkt mit Freude daran, was der Herr durch die Dahingabe seines Eingeborenen für die Welt getan hat, „auf dass alle, die an ihn glauben, nicht verloren werden, sondern das ewige Leben haben". Johannes 3,16.

Treue zum Herrn

Alle, die unter dem blutgezeichneten Banner des Fürsten Immanuel stehen, sollten treue Streiter im Heere Christi sein. Sie sollten niemals treulos und niemals unwahr sein. Viele Jugendliche bekennen sich freiwillig zu Christus, dem Lebensfürsten. Wollen sie aber bei ihm ausharren, müssen sie ständig auf ihn schauen und auf seine, ihres Führers, Befehle achten. Sie können nicht zugleich Streiter Christi und Diener des Bösen sein und diesem helfen; dadurch würden sie zu Feinden Christi. Sie würden das heilige Vertrauen täuschen. Zwischen Satan und den wahren Streitern Christi würden sie eine Verbindung schaffen, durch welche der Feind mit Hilfe solcher Mittelsmänner ständig versuchen wird, die Herzen der Glaubensstreiter abwendig zu machen.

Ich frage dich, liebe Jugend, die du dich zu den Streitern Jesu Christi bekannt hast: An welchen Kämpfen hast du bisher teilgenommen? Welches waren eure Gefechte? Habt ihr euch geweigert, eure Aufgabe, die euch Gottes Wort klar offenbarte, zu erfüllen, weil sie nicht euren Neigungen entsprach? Hat euch der Reiz der Welt vom Dienst des Herrn fortgelockt? Satan wendet ja die durchtriebensten Verführungskünste an. Durch geringfügig anmutende Vergehen zieht er euch von Christus fort. Nach und nach werden seine Lockmittel immer stärker, um euch völlig von Gott zu trennen.

Eure Namen mögen im Gemeindebuch stehen, und ihr erhebt Anspruch darauf, Kinder Gottes zu sein; doch euer Beispiel und euer Einfluss stellen den Charakter Christi falsch dar und führen euren Nächsten von Gott fort. In einem vorgeblichen Gläubigen, dessen Herz nicht gewonnen ist für die Aufgabe, die ihm Gott aufgetragen hat, ist weder Glückseligkeit noch Friede und Freude. Er bringt ständig den Atem der Welt in die Gemeinde. Weder Reue noch Bekenntnis noch Übergabe an Gott zeichnet ihn aus. Er liefert sich mehr und mehr der Welt aus und steht im Lebenskampf eher auf Satans als auf Gottes Seite.

Erfahrungen sind nötig

Ich rufe die Jugend auf, selbst die geringste Verbindung mit der Welt, die sie noch praktisch und geistig mit ihr unterhält, aufzugeben. „Gehet aus von ihnen und sondert euch ab, spricht der Herr, und rühret kein Unreines an, so will ich euch annehmen und euer Vater sein, und ihr sollt meine Söhne und Töchter sein, spricht der allmächtige Herr." 2.Korinther 6,17.18.

Wird die Jugend diese einladende Stimme hören? Wie wenig vergegenwärtigt sich unsere Jugend die Notwendigkeit, ihren Kameraden ein Vorbild in der Lebensführung und im Charakter zu sein! Viele unsrer jungen Leute kennen die Wahrheit dem Buchstaben nach; wie wenige aber haben ein auf Erfahrung gegründetes Wissen um die praktische Auswirkung der Wahrheit auf alle ihre Handlungen! Wo sind die jungen Missionare, die in dem großen und reifen Erntefeld jedes sich ihnen bietende Werk ausführen? Wo sind jene, die täglich von dem großen Lehrer Jesus Christus lernen? Lasst sie nicht in dem Glauben, sie hätten ihr Studium abgeschlossen. Sie sollen in den Vorhöfen des Herrn verweilen, damit sie angeleitet werden, wie sie in Gemeinschaft mit himmlischen Wesen ihre Aufgaben zu erfüllen haben. Ich möchte zu euch, ihr jungen Freunde, eindringlich sprechen und euch überzeugen können, weil ich von ganzem Herzen wünsche, dass ihr gerettet werden möget. Verliert keine Zeit mehr. Ihr könnt ja nicht Gott dienen und dem Mammon. Ihr seid Christen; wenn aber Versuchungen über euch kommen, wenn ihr schwer geprüft werdet, gebt ihr dann nicht gewöhnlich nach?

Christliche Kameradschaft

Der Kampf, an welchem ihr tätigen Anteil habt, entsteht in eurem täglichen Leben. Wollt ihr in schwerer Prüfungszeit nicht eure Wünsche an Hand der Heiligen Schrift prüfen und den Heiland in ernstem Gebet um Hilfe bitten? Viele behaupten, es sei nicht von Schaden, ein Konzert zu besuchen und eine Gebetsversammlung zu versäumen oder nicht an Predigten teilzunehmen, in denen Diener Gottes die Botschaften des Himmels verkündigen. In Sicherheit seid ihr nur dort, wo der Heiland nach seinem Wort auch weilt.

Wer Jesu Worte zu schätzen weiß, wird nicht die Gebetsstunden oder die Versammlungen meiden, in denen Botschafter Gottes über die ewigen Dinge sprechen. Der Heiland hat verheißen; „Wo zwei oder drei versammelt sind in meinem Namen, da bin ich mitten unter ihnen." Matthäus 18,20. Könnt ihr es euch leisten, Vergnügen zu suchen und euch des Segens zu berauben? Ein Aufgehen in solchen Dingen beeindruckt nicht nur nachhaltig euer eigenes Leben und euren Charakter, sondern wirkt sich ebenso verhängnisvoll auf Leben und Charakter eurer Freunde aus.

Wenn alle vorgeblichen Nachfolger Christi in der Tat und Wahrheit seine Jünger wären, so hätten sie auch den Geist Christi und würden die Werke

Gottes tun. Sie leisteten der Versuchung, sich auszuleben, Widerstand und bewiesen, dass sie nicht mehr an den zweifelhaften Vergnügungen der Welt teilnehmen, sondern sich lieber des Vorrechts einer Begegnung mit dem Heiland in seinen Versammlungen erfreuen. Dann werden sie auch einen entscheidenden Einfluss auf andere haben und sie veranlassen, ihrem Beispiel zu folgen.

Taten sprechen lauter als Worte. Wer irdische Freuden liebt, schätzt nicht die reichen Segnungen in den Versammlungen des Volkes Gottes. Sie erkennen auch nicht das Vorrecht, ihre Freunde in das Haus des Herrn zu führen, wo auch deren Herzen von dem Geist Gottes bewegt würden. Wer ist mit ihnen in den weltlichen Veranstaltungen zugegen? Der Heiland ist dort nicht mit seinem Segen. Satan aber umgibt dort die Herzen mit vielen Dingen, die das geistliche Leben verdrängen. Er benutzt die günstige Gelegenheit und verwirrt die Gemüter, indem er Recht und Unrecht miteinander vermischt.

Durch den Besuch weltlicher Veranstaltungen wird der Appetit nach sinnbetörenden Vergnügungen erregt, wodurch die moralische Widerstandskraft geschwächt wird. Die solches Vergnügen lieben, mögen einen Schein von Frömmigkeit haben, aber eine lebendige Verbindung zu Gott besitzen sie nicht. Ihr Glaube ist tot, und ihr Eifer ist gewichen. Sie fühlen nicht mehr die Verantwortung, ein Wort zur rechten Zeit zu Seelen zu sprechen, die ohne Christus leben, und sie zu drängen, ihre Herzen dem Herrn zu weihen.

Religion ist kein Gefühl

Reiner und makelloser Glaube ist kein Gefühl, sondern das Hervorbringen von Taten der Liebe und Barmherzigkeit. Solche Religion ist notwendig, um gesund und glücklich zu sein. Sie dringt in den beschmutzten Seelentempel ein und peitscht die Eindringlinge der Sünde hinaus. Sie übernimmt die Herrschaft und weiht alles durch ihre Gegenwart; sie erleuchtet das Herz mit den hellen Strahlen der Sonne der Gerechtigkeit. Sie öffnet die Fenster der Seele himmelwärts und lässt den Sonnenschein der Liebe Gottes hinein. Mit ihr kommen Ruhe und Ausgeglichenheit. Die körperliche, geistige und sittliche Kraft wächst, weil Himmelsluft wie ein lebendiges und starkes Ozon die Seele erfüllt. Christus, die Hoffnung der Herrlichkeit, wohnt im Herzen.

Kapitel 37: Treue im Geringsten

„Wer im Geringsten treu ist, der ist auch im Großen treu." Lukas 16,10. Die sorgfältige Beachtung dessen, was die Welt „kleine Dinge" nennt, sichert den Erfolg im Leben. Die kleinen Taten der Barmherzigkeit, kleine Werke der Selbstverleugnung, schlichte Worte der Hilfsbereitschaft und Wachsamkeit gegen kleine Sünden; das ist Christentum. Ein dankbares Anerkennen der täglichen Segnungen, weislicher Gebrauch der Gelegenheiten des Tages und fleißige Ausbildung anvertrauter Fähigkeiten; das ist es, was der Meister von uns erwartet.

Wer in der Erfüllung seiner kleinen Pflichten treu ist, wird auch vorbereitet sein, größere Verantwortungen zu übernehmen. Der Mensch, der im Alltag freundlich und zuvorkommend ist, der großmütig und geduldig in seiner Familie ist, dessen ständige Absicht es ist, das häusliche Leben glücklich zu gestalten, wird auch der erste sein, der sich selbst verleugnet und Opfer bringt, wenn der Meister ruft.

Ein gut ausgeglichener Charakter

Wir mögen willig sein, unser Eigentum dem Werke Gottes zur Verfügung zu stellen; das wird aber nur dann bewertet, wenn wir ihm gleichzeitig unser Herz voll Liebe und Dankbarkeit schenken. Wer ein guter Missionar in fremden Feldern sein will, muss sich zuerst als solcher in seinem Heim bewähren. Alle diejenigen, die im Weinberg des Herrn arbeiten wollen, müssen sich zunächst in dem kleinen Arbeitsfeld, das der Herr ihnen anvertraut hat, darauf vorbereiten.

„Wie ein Mensch in seinem Herzen denkt, so ist er." Viele Gedanken bilden die ungeschriebene Geschichte des Tages; und diese Gedanken haben viel mit der Charakterbildung zu tun. Wir müssen unsre Gedanken streng bewachen, denn jeder unreine Gedanke übt einen tiefen Eindruck auf die Seele aus. Jeder böse Gedanke hinterlässt einen bösen Eindruck auf den Geist. Sind die Gedanken rein und heilig, dann wird der Mensch dadurch besser, dass er sie hegte. Sie beleben das geistliche Empfinden, und die Kraft, Gutes zu tun, wird größer. Ebenso wie ein Regentropfen dem nächsten den Weg bahnt, um die Erde zu befeuchten, so folgt einem guten Gedanken der andere.

Die längste Reise erfordert jeweils einen Schritt. Eine Folge von Schritten bringt uns an das Ziel. Auch die längste Kette besteht aus einzelnen Gliedern. Ist nur eins mangelhaft, dann ist die ganze Kette wertlos. So verhält es sich auch mit dem Charakter. Ein gut ausgeglichener Charakter bildet sich aus einzelnen guten Taten. Ein Fehler, den wir hingehen ließen, anstatt ihn zu überwinden, macht den Menschen unvollkommen und verschließt ihm den Eingang zur heiligen Stadt. Wer in den Himmel eingehen will, muss einen Charakter entwickelt haben, der ohne Flecken und Runzeln oder irgendwelche Fehler ist. Nichts Unreines kann dort eingehen. An den Erlösten wird kein Fehler zu finden sein.

Treue im täglichen Leben

Gottes Werk ist ein vollkommenes Ganzes, vollkommen in jedem Teil, wie gering er auch sei. Er gestaltet den winzigen Grashalm genau so sorgfältig, wie er eine Welt schuf. Wollen wir vollkommen sein, wie unser Vater im Himmel vollkommen ist, dann müssen wir auch in der Erfüllung der kleinen Dinge treu sein. Bedenke, was wert ist, überhaupt getan zu werden, ist auch wert, gut getan zu werden. Welche Aufgabe euch auch immer beschäftigt, erfüllt sie sorgfältig und treu. Sprecht die Wahrheit auch in den kleinsten Dingen. Vollbringt jeden Tag Werke der Liebe und redet frohe Worte! Hab ein Lächeln für deine Mitpilger auf dem Lebenspfad! Wenn du in dieser Weise wirkst, mein Freund, dann kann der Herr deinen Wandel billigen, und der Heiland wird dir eines Tages sagen: „Ei, du frommer und getreuer Knecht." Matthäus 25,21.

Am Tage des Gerichts werden alle, die in ihrem täglichen Leben treu gewesen sind, die ihre Aufgaben schnell erkannt und erfüllt haben, ohne an Lob und Gewinn zu denken, die Worte hören: „Kommt her, ihr Gesegneten meines Vaters, ererbet das Reich, das euch bereitet ist von Anbeginn der Welt." Matthäus 25,34. Der Heiland wird sie dann nicht wegen ihrer prachtvollen Reden, die sie gehalten und auch nicht wegen ihrer geistigen Fähigkeiten, mit denen sie geglänzt haben, oder wegen ihrer freigebigen Spenden rühmen. Er belohnt sie aber wegen ihrer Treue in den kleinen Dingen, die man gewöhnlich übersieht. „Ich bin hungrig gewesen", sagt er, „und ihr habt mich gespeist. Was ihr getan habt einem unter diesen meinen geringsten Brüdern, das habt ihr mir getan." Matthäus 25,35.40.

Kapitel 38: Verantwortlich für das empfangene Licht

Ihr jungen Freunde, ihr seid dem Herrn gegenüber verantwortlich für das Licht, das er euch gegeben hat. Wenn ihr dieses Licht und diese Warnungen nicht sorgfältig beachtet, werden sie im Gericht gegen euch aufstehen. Die Gefahren sind euch deutlich gezeigt worden; ihr seid ausreichend gewarnt und beschützt worden, umhegt von guten Ermahnungen. Ihr hörtet im Hause Gottes die feierlichsten und ergreifendsten Wahrheiten, die euch des Herrn Boten in der Kraft des Geistes verkündigten. Welche Wichtigkeit hat euer Herz diesen ernsten Mahnrufen beigelegt? Welchen Einfluss üben sie auf euren Charakter aus? Ihr werdet für jede dieser Ermahnungen und Warnungen verantwortlich gemacht. Sie werden am Gerichtstage sich erheben und diejenigen verdammen, die ein Leben der Eitelkeit, Leichtfertigkeit und des Hochmuts führten.

Was ihr säet, meine jungen Freunde, das werdet ihr ernten. Jetzt habt ihr Saatzeit. Was werdet ihr einmal ernten? Was sät ihr jetzt? Jedes Wort, das ihr aussprecht, und jede Tat, die ihr vollbringt, ist eine Saat, die entweder gute oder schlechte Frucht bringen und dem Sämann schließlich Freude oder Kummer bereiten wird. Wie die Saat, so die Ernte. Gott hat euch großes Licht und viele Vorrechte gegeben. Nachdem ihr all dies Licht und all diese deutlichen Warnungen empfangen habt, liegt die Verantwortung völlig bei euch. Die Art, wie ihr euch zu dem von Gott gegebenen Licht verhaltet, wird euch glücklich machen oder Leid über euch bringen. Ihr seid eures Schicksals Schmied.

Kapitel 39: Ernste Vorsätze

Als die vier jungen Hebräer am babylonischen Königshof erzogen wurden, ahnten sie noch nicht, dass der Segen des Herrn ein Ausgleich für die große Mühe werden sollte, die sie auf sich nehmen mussten. Sie lernten fleißig; denn sie erkannten, dass die Gnade Gottes ihr Schicksal von ihrem eigenen Willen und von ihren Taten abhängig machte. Sie mussten alle Fähigkeiten für ihre Aufgabe aufbieten; durch ganzen, gründlichen Einsatz ihrer Kräfte sollten sie das Beste aus den sich bietenden Gelegenheiten zum Studium und zur Arbeit machen.

Zusammenarbeit mit Gott

Während diese Jünglinge alles zu ihrem eignen Heil taten, wirkte Gott in ihnen „beides, das Wollen und das Vollbringen, nach seinem Wohlgefallen". Philipper 2,13. Hier offenbarte Gott die Bedingungen für den Erfolg. Um uns Gottes Gnade zu eigen machen zu können, müssen wir unseren Teil dazu tun. Der Herr beabsichtigt nicht, uns Wollen oder Vollbringen abzunehmen. Seine Gnade will Wollen und Vollbringen in uns bewirken; sie will niemals ein Ersatz für unsre eigenen Anstrengungen sein. Unsre Seelen müssen zur Mitarbeit geweckt werden. Der Heilige Geist wirkt in uns, dass wir unsre Errettung zustande bringen. Diese praktische Lehre will uns der Heilige Geist geben. „Gott ist's, der in euch wirkt beides, das Wollen und das Vollbringen, nach seinem Wohlgefallen." Philipper 2,13.

Der Herr wird allen helfen, die sich ernstlich bemühen, in seinem Dienst treu zu sein, so wie er einst Daniel und seinen Gefährten geholfen hat. Geistige Eignung und ein hervorragender Charakter sind keine Zufallsergebnisse. Gott gibt die Gelegenheiten; der Erfolg hängt von ihrem Gebrauch ab. Jeder Fingerzeig der Vorsehung muss schnell erkannt und eifrig wahrgenommen werden. Es gibt so viele, die einflussreich und mächtig werden könnten, wenn sie wie Daniel durch Gottes Gnade überwänden. Dann würden sie Kraft und Stärke erhalten, um ihre Aufgabe erfüllen zu können.

Ungeteilter Dienst

Ich wende mich an euch, junge Männer: Seid treu! Seid mit dem Herzen bei der Arbeit! Richtet euch nicht nach denen, die lässig und mit geteiltem Interesse ihren Dienst tun! Oft wiederholte Taten bilden sich zu Gewohnheiten aus, und Gewohnheiten bilden den Charakter. Verrichtet die kleinen Pflichten des Tages geduldig! Solange ihr den Wert der Treue den kleinen Dingen gegenüber unterschätzt, wird eure Charakterbildung ungenügend bleiben. Vor Gott ist jede Pflicht wertvoll. Er hat gesagt: „Wer im Geringsten treu ist, der ist auch im Großen treu." Lukas 16,10. Im Leben eines Christen gibt es keine unwesentlichen Dinge.

Viele vorgebliche Christen arbeiten den Plänen Gottes entgegen. Viele warten auf die große Aufgabe, die ihnen übertragen werden soll. Sie lassen Tag für Tag die Gelegenheiten vorübergehen, ihre Treue Gott gegenüber zu erweisen; täglich versäumen sie es, die kleinen Pflichten des Lebens mit herzlicher Anteilnahme zu erfüllen; sie erscheinen ihnen zu geringfügig. Und während sie so auf ein großes Werk warten, das ihre angeblich großen Fähigkeiten beweisen und ihren Ehrgeiz befriedigen könnte, verläuft ihr Leben nutzlos.

Erfüllt die Aufgaben, meine lieben jungen Freunde, die euch am nächsten zur Hand sind. Wendet eure Aufmerksamkeit den bescheidenen Dingen zu, die in eurer Reichweite sind. Setzt Kopf und Herz ein bei der Verrichtung dieser Arbeit. Richtet eure Gedanken mit Fleiß auf die Dinge, die ihr zu Hause tun könnt. Ihr werdet dadurch für größere Aufgaben brauchbarer. Denkt immer daran, was von König Hiskia geschrieben wurde: „In allem Tun, das er anfing handelte er von ganzem Herzen; darum hatte er auch Glück." 2.Chronik 31,21.

Der Wert der Konzentration

Die Fähigkeit, die Gedanken auf die gerade vorliegende Arbeit zu richten, ist ein großer Segen. Die gottesfürchtige Jugend sollte danach streben, ihre Pflichten umsichtig und überlegt zu erfüllen, die Gedanken bei der Sache zu behalten und stets ihr Bestes zu tun. Sie sollte ihre Tagespflicht erkennen und sie erfüllen, ohne den Gedanken ein Abweichen zu gestatten. Diese Art geistiger Disziplin wird ihr in ihrem ganzen Leben helfen und wohltun. Diejenigen, die über alles, was sie unternehmen, nachdenken, werden der Welt von Nutzen sein, wie klein ihnen ihre Aufgabe auch zu sein scheint.

Sei eifrig und beharrlich, liebe Jugend! „Begürtet die Lenden eures Gemütes." 1.Petrus 1,13. Sei standhaft wie Daniel, der treue Hebräer, der sich in seinem Herzen vornahm, immer und überall Gott treu zu sein. Enttäuscht eure Eltern und Freunde nicht. Und gedenkt immerdar des Einen. Enttäuscht ihn nicht, der euch so liebte, dass er sein Leben dahingab, um es euch zu ermöglichen, Gottes Mitarbeiter zu sein.

Der erhabenste Beweggrund

Der Wunsch, Gott zu ehren, sollte der stärkste Antrieb zu allen Handlungen sein. Er sollte uns veranlassen, alle Vorrechte und Gelegenheiten, die uns erschlossen werden, so gut wie möglich auszunutzen und des Herrn Gaben weise anzuwenden. Körper und Geist sollten wir in der besten gesundheitlichen Verfassung zu erhalten suchen, um durch körperliche Kraft und geistige Klarheit treue Haushalter sein zu können. Handeln wir aber aus selbstsüchtigen Interessen, dann verkrüppeln wir den Geist und verhärten unser Herz; lassen wir den Eigennutz herrschen, so zersetzt er die moralische Kraft. Bittere Enttäuschungen sind im Gefolge.

Wahren Erfolg erlangen wir nur durch den, der einst Daniel erfolgreich machte, durch ihn, der im Herzen Daniels mit inniger Freude die edlen Absichten seines Dieners erkannte und um dessen Entschlossenheit, den Herrn zu ehren, wusste. Wer in seinem Leben Gottes Willen erfüllen will, muss unverdrossen Anstrengungen machen und mit aufrichtigem Ernst das zu vollenden suchen, was ihm aufgetragen wurde.

Bleibende Freude

Am Rande des steilen Pfades, der zum ewigen Leben führt, finden sich überall Brunnen der Freude, den Müden zur Erquickung. Wer immer auf diesem Wege der Weisheit wandelt, wird selbst in Leiden seine große Freude bewahren; wandelt doch der, den seine Seele liebt, wenn auch unsichtbar, neben ihm. Bei jedem Schritt nach oben spürt er deutlicher die helfende Hand, und helle Strahlen aus der Herrlichkeit des Unsichtbaren erleuchten seinen Weg. Sein Lobgesang schwingt sich immer höher hinauf, bis zum Throne Gottes, wo er sich mit den Liedern der Engel vereint.

Kapitel 40: Einsatz des Willens

Wahrer Glaube hat mit dem Wollen zu tun. Der Wille ist die oberste Kraft in der menschlichen Natur und bringt alle anderen Fähigkeiten unter seine Herrschaft. Der Wille ist nicht etwa Geschmack oder Neigung, sondern er ist die entscheidende Macht, die in den Menschenkindern Gehorsam oder Ungehorsam gegen Gott bewirkt.

Unbeständigkeit und Zweifel

Du bist ein junger Mensch mit Fähigkeiten; du willst dein Leben so gestalten, dass du schließlich für den Himmel bereit bist. Oft bist du entmutigt und fühlst dich schwach und von Zweifeln geplagt und von Gewohnheiten und Sitten beherrscht, die noch aus deinem früheren, sündigen Leben herrühren. Dein Gefühlsleben entspricht nicht deinem eigentlichen Selbst, deinen besten Entschlüssen und deinen feierlichsten Gelübden. Nichts erscheint dir wahrhaft echt. Deine Unbeständigkeit lässt dich an der Aufrichtigkeit derer zweifeln, die dir Gutes tun wollen. Je mehr dich solche Zweifel plagen, desto unwirklicher scheint alles zu werden, bis du überhaupt keinen festen Grund mehr unter den Füßen spürst. Deine Versprechungen sind gleichsam auf Sand gebaut; so siehst du auch Worte und Werke derer, denen du vertrauen solltest, nur noch in einem ungewissen und zweifelhaften Licht.

Kraft durch Willenshingabe

Solange du nicht die Kraft des Willens erkannt hast, wirst du in dauernder Gefahr sein. Du magst alles glauben und versprechen; deine Versprechungen und dein Glaube werden aber erst dann wertvoll, wenn zu Glauben und Tat der Wille hinzukommt. Erst wenn du den Glaubenskampf mit ganzer Willenskraft führst, wirst du siegreich sein. Du kannst deinen Gefühlen, Eindrücken und Gemütsbewegungen nicht trauen; denn sie sind nicht zuverlässig, besonders wenn sie von verkehrten Gedanken geleitet werden; das Bewusstsein deiner nicht gehaltenen Versprechungen und deiner Vertrauensbrüche schwächt dein Selbstvertrauen und den Glauben der andern an dich.

Du brauchst aber nicht zu verzweifeln. Du musst zum Glauben entschlossen sein, auch wenn dir nichts mehr wahr und echt erscheint. Ich brauche dich nicht erst darauf hinzuweisen, dass du dich ja selbst in diese nicht beneidenswerte Lage gebracht hast. Du musst dein Vertrauen zu Gott und deinen Brüdern zurückgewinnen. Dein Wille muss sich in den Willen Jesu ergeben. Wenn du dies tust, wird der Herr alsbald von dir Besitz ergreifen und in dir das Wollen und Vollbringen schaffen nach seinem Wohlgefallen. Dein ganzes Wesen wird dann unter die Herrschaft des Geistes Jesu Christi gebracht; ja, auch dein Denken wird ihm untertan.

Du kannst deinen Gefühlen und Regungen nicht gebieten, wie du es möchtest; du kannst aber dein Wollen beherrschen und eine völlige Änderung deines Lebens erreichen. Dadurch, dass du den Willen dem Heiland hingibst, ist dein Leben „verborgen mit Christo in Gott" (Kolosser 3,3) und mit der Kraft verbunden, die über alle Fürstentümer und Gewalten erhaben ist. Du wirst Kraft von Gott erhalten, die dich an seine Stärke bindet; und ein neues Licht, wie das Licht eines lebendigen Glaubens, wird in dir leuchten. Doch dein Wille muss sich mit dem Willen des Herrn verbinden und darf nicht dem Willen derer nachgeben, durch die dich Satan beständig zu fangen und zu vernichten sucht.

Willst du dich nicht ohne Zögern in das richtige Verhältnis zu Gott bringen? Willst du nicht sagen: „Ich will mein ganzes Wollen dem Heiland unterstellen, und zwar gleich"? Willst du nicht von nun an ganz auf der Seite Gottes bleiben? Gib doch deine Gewohnheiten, Begierden und Leidenschaften auf! Lasse Satan keine Möglichkeit, auszurufen: „Du bist ein elender Heuchler!" Verschließ ihm die Tür, damit er dich dieserhalb nicht anklagen und entmutigen kann. Sprich: „Ich will glauben und darauf vertrauen, dass Gott mein Helfer ist." Dann wirst du in Gott triumphieren können. Bleib mit deinem Willen auf Gottes Seite; so bringst du jede Regung unter die Herrschaft des Willens Jesu. Du wirst dann auf festem Grund stehen. Es wird bisweilen alle Willenskraft, die du besitzt, erfordern; aber Gott ist es ja, der für dich wirkt, und du wirst aus seiner Hand als ein „Gefäß zu Ehren" (Römer 9,21) hervorgehen.

Gottes und des Menschen Wille miteinander verbunden

Erzähle vom Glauben! Bleib auf Gottes Seite! Betritt nicht feindlichen Boden! Dann wird Gott dein Helfer sein. Er wird für dich alles tun, was du nicht zu tun vermagst. Und schließlich wirst du sein wie eine „Zeder auf dem Libanon". Psalm 92,13. Dein Leben wird edel und deine Werke werden in Gott getan sein. In dir wird so viel Kraft, Ernst und Schlichtheit sein, dass du ein auserwähltes Rüstzeug in den Händen Gottes wirst.

Du musst täglich aus der Quelle der Wahrheit trinken, damit du die in Gott verborgene Lust und Freude schmecken kannst. Denk aber auch daran, dass alle deine Taten aus dem Willen entspringen. Dieser Wille, der für die Charakterentwicklung des Menschen so wichtig ist, geriet durch den Sündenfall unter die Herrschaft Satans; der hat stets darauf hingewirkt, dass sich der menschliche Wille auf die Befriedigung eigener Wünsche beschränkte, und hat dadurch Elend und Untergang über den Menschen gebracht.

Das unendliche Opfer aber, das Gott durch die Dahingabe Jesu, seines geliebten Sohnes, für die Sünde brachte, erlaubte ihm, ohne einen Grundsatz seines allweisen Waltens zu verletzen, dem Menschen zu sagen: „Gib dich mir hin; übergib mir den Willen; entziehe ihn dem Bösen, und ich werde ihn übernehmen; dann kann ich in dir wirken beides, das Wollen und Vollbringen nach meinem Wohlgefallen." Philipper 2,13. Wenn Gott dir den Geist Christi schenkt, dann wird dein Wille werden wie der des Heilandes und dein Charakter wird in sein Wesen umgebildet. Ist es dein fester Vorsatz, den Willen Gottes zu tun? Wünschst du, der Heiligen Schrift gehorsam zu sein? „Will mir jemand nachfolgen, der verleugne sich selbst und nehme sein Kreuz auf sich und folge mir." Matthäus 16,24.

Du kannst dem Heiland nur nachfolgen, wenn du deinen Neigungen entsagst und Gott gehorsam wirst. Nicht deine Gefühle oder Regungen machen dich zu einem Kind Gottes, sondern das Tun des Willens Gottes. Ein gesegnetes und brauchbares Leben liegt vor dir, wenn dein Wille der Wille Gottes wird. Dann kannst du in der von Gott gegebenen Männlichkeit feststehen und ein Vorbild werden in guten Taten. Du wirst dann helfen, die Zuchtregeln Gottes aufrechtzuerhalten, anstatt sie niederzubrechen. Du wirst dazu beitragen, göttliche Ordnung zu wahren, anstatt sie zu verachten und durch selbstherrliche Taten zu unordentlichem Wesen zu ermuntern.

Ich sage dir in der Furcht Gottes: Ich weiß, was du sein kannst, wenn du dich mit deinem Willen an die Seite Gottes stellst. „Wir sind Gottes Mitarbeiter." 1.Korinther 3,9. Mögest du für Zeit und Ewigkeit so leben und handeln, dass dein Werk die Prüfung im Gericht übersteht. Willst du es versuchen? Willst du nicht jetzt entschlossen umkehren? Du bist doch Gegenstand der Liebe und Fürbitte Jesu Christi. Willst du dich nicht jetzt dem Herrn übergeben und denen helfen, die gesetzt sind als Wächter über die Interessen seines Werkes, anstatt ihnen Kummer und Enttäuschung zu bereiten?

Ganz besondere Anstrengungen sind nötig

Der Herr hat Mittel für uns bereit; wenn wir sie fleißig und unter Gebet benutzen, dann werden wir nicht Schiffbruch erleiden, sondern den Stürmen trotzen und schließlich im Hafen der Ewigkeit ankern. Wenn wir aber diese Mittel und Vorrechte missachten und vernachlässigen, dann wird Gott kein Wunder zu unserer Errettung geschehen lassen; wir werden verlorengehen wie Judas und Satan. Denke nicht, dass Gott zur Rettung derer, die mit der Sünde liebäugeln und Unrecht tun, Wunder wirken wird; keine übernatürliche Macht wird sich in ihrem Leben wirksam erzeigen und sie vom Ich fort auf eine höhere Ebene bringen, wo es leicht und bequem ist, wo ohne besondere Mühe, ohne Kampf und Selbstverleugnung gelebt werden kann; alle, die auf Satans Boden mit dem Bösen tändeln, werden mit den Übeltätern umkommen. Sie werden unerwartet und ohne Rettung vernichtet.

Kapitel 41: Göttliche Führung

Auf dreierlei Art offenbart uns der Herr seinen Willen, um uns zu führen. Da ist zunächst sein Wort, die Heilige Schrift, die uns seinen Willen bekundet.

Seine Stimme offenbart sich dann auch im Wirken der Vorsehung. Wenn wir uns nicht dadurch von Gott trennen, dass wir eigene Wege gehen und den Eingebungen eines ungeheiligten Herzens folgen, werden wir diese Stimme erkennen; sonst werden wir schließlich so abgestumpft, dass wir die ewigen Dinge nicht mehr zu erkennen vermögen und in der verstellten Stimme Satans des Herrn Stimme zu vernehmen glauben.

Ein dritter Weg, uns Gottes Stimme nahezubringen, besteht in den Mahnungen des Heiligen Geistes, die das Gemüt beeindrucken und so den Charakter formen.

Bist du über irgendetwas im Zweifel, dann musst du zunächst die Heilige Schrift befragen. Hast du aufrichtig ein Glaubensleben begonnen und dich völlig dem Herrn übergeben, um ganz sein eigen zu sein, dann wird er dich nach seinem Willen formen und bilden und aus dir ein Gefäß zu seiner Ehre machen. Du solltest den heißen Wunsch in dir haben, in seiner Hand biegsam und geschmeidig zu sein und ihm zu folgen, wohin auch immer er dich führen mag. Dann wirst du ihm vertrauen, dass er seine Pläne ausführt; gleichzeitig wirkst du mit ihm zusammen, indem du deiner Seelen Seligkeit mit Furcht und Zittern schaffst.

Es ist dem irdischen Geist nicht möglich, das Werk der Erlösung zu verstehen. Dies Geheimnis übersteigt jedes menschliche Begreifen; wer aber vom Tod zum Leben durchdringt, verspürt dies als göttliche Tatsache. Die ersten Ergebnisse unsrer Erlösung zeigen sich bereits in unsrer persönlichen Erfahrung hier auf Erden. Die endlichen Auswirkungen erstrecken sich durch alle Ewigkeit.

Kapitel 42: Stilles Wirken des Heiligen Geistes

Das Christenleben ist keine Verbesserung oder Veränderung der alten Natur, sondern ihre völlige Umgestaltung. Das Ich und die Sünde müssen sterben; ein neues Leben muss beginnen. Dieser Wandel kann nur durch das kräftige Wirken des Heiligen Geistes geschehen.

Nikodemus konnte es noch nicht begreifen, was der Herr ihm sagen wollte. Darum benutzte Jesus das Bild vom Wind, um verständlicher zu werden: „Der Wind bläst, wo er will, und du hörst sein Sausen wohl; aber du weißt nicht, woher er kommt und wohin er fährt. Also ist ein jeglicher, der aus dem Geist geboren ist." Johannes 3,8.

Man hört den Wind in den Zweigen der Bäume, in dem Rascheln der Blätter und Blüten. Und doch ist er unsichtbar. Niemand weiß, woher er kommt und wohin er geht. So ist das Wirken des Heiligen Geistes an den Herzen der Menschen. Dieser Vorgang kann ebensowenig erklärt werden wie das Wehen des Windes. Es mag jemand außerstande sein, genau Zeit, Ort und einzelne Umstände seiner Bekehrung anzugeben, und doch ist er bekehrt. So unsichtbar wie durch den Wind wirkt Christus ständig auf das Herz ein. Nach und nach, dem einzelnen vielleicht unbewusst, gehen Einwirkungen vor sich, welche die Seele zu Christus ziehen. Das mag geschehen durch Nachdenken über ihn, durch Lesen der Heiligen Schrift oder durch das Hören des Wortes Gottes. Dann plötzlich, indem der göttliche Einfluss immer stärker und unmittelbarer geworden ist, gibt sich die Seele freudig zum Eigentum Gottes. Viele nennen dies eine plötzliche Bekehrung, und doch war es nur die Folge des geduldigen, langen Werbens des Geistes Gottes.

Während der Wind selbst unsichtbar ist, erzeugt er Wirkungen, die gesehen und gefühlt werden. So offenbart sich das Wirken des Heiligen Geistes in jeder Handlung der bekehrten Seele. Sobald der Geist Gottes vom Herzen Besitz ergreift, verändert er das Leben. Sündhafte Gedanken werden gebannt, böse Taten vermieden; Liebe, Demut und Frieden nehmen die Stelle von Ärger, Neid und Zank ein. Traurigkeit wird in Freude verwandelt, und das Angesicht widerstrahlt das Licht des Himmels. Niemand sieht die Hand, welche die Lasten aufhebt, oder erblickt das Licht, das uns hilft. Der Segen kommt immer, wenn sich die Seele im Glauben dem Herrn ergibt.

Es ist dem irdischen Geist nicht möglich, das Werk der Erlösung zu verstehen. Dies Geheimnis übersteigt jedes menschliche Begreifen; wer aber vom Tod zum Leben durchdringt, verspürt dies als göttliche Tatsache. Die ersten Ergebnisse unsrer Erlösung zeigen sich bereits in unsrer persönlichen Erfahrung hier auf Erden. Die endlichen Auswirkungen erstrecken sich durch alle Ewigkeit.

Das Zeugnis göttlicher Hilfe

Das Gefühl des Mangels in deiner Seele, das Hungern und Dürsten nach Gerechtigkeit ist ein Beweis dafür, dass Christus in deinem Herzen gewirkt hat, damit du ihn suchen mögest und er durch die Gabe des Heiligen Geistes das für dich tue, was du allein nicht zu vollbringen vermagst.

Kapitel 43: Christus in uns

Wenn wir in der Liebe gewurzelt und gegründet sind, werden wir fähig, mit allen Heiligen zu begreifen, „welches da sei die Breite und die Länge und die Tiefe und die Höhe; auch erkennen die Liebe Christi, die doch alle Erkenntnis übertrifft". Epheser 3,18.19. Welche herrlichen Möglichkeiten, welche Ermutigung! Der teure Heiland wohnt in einem von aller Unreinigkeit befreiten Herzen, er veredelt und heiligt die menschliche Natur und macht den Menschen zu einem Tempel des Heiligen Geistes.

Jesu Antwort auf unsern Glauben

Wir bleiben in Christus durch einen lebendigen Glauben. Christus wohnt in unsern Herzen durch unsere persönliche Aneignung des Glaubens. Wir leben in der Gegenwart Gottes; wenn wir uns dieser Gegenwart bewusstwerden, kommen unsre Gedanken unter den Gehorsam Jesu Christi. Je stärker das Bewusstsein dieser Gottverbundenheit in uns ist, um so inniger ist unser Glaubensleben. So war es bei Henoch. Der Heiland wohnt in unsern Herzen durch den Glauben, wenn wir uns vor Augen halten, was er uns bedeutet und welche Aufgabe er uns in dem großen Erlösungsplan zugedacht hat. Wie glücklich können wir bei dem Gedanken an diese große Gabe Gottes für die Welt und für uns sein!

Diese Gedanken üben einen bezwingenden Einfluss über den ganzen Charakter aus. Ich möchte euch so recht klarmachen, dass ihr Gott ständig zum Gefährten haben könnt, wenn ihr nur wollt. „Was hat der Tempel Gottes für Gleichheit mit den Götzen? Ihr aber seid der Tempel des lebendigen

Gottes; wie denn Gott spricht; Ich will unter ihnen wohnen und unter ihnen wandeln und will ihr Gott sein, und sie sollen mein Volk sein." 2.Korinther 6,16.

Geformt durch seine Liebe

Wenn wir uns ständig mit Christus beschäftigen, bildet sich unser Wesen nach dem göttlichen Vorbild. Die Gedanken werden von seiner Güte und Liebe durchdrungen. Wir vertiefen uns in sein Wesen, und so lebt er in all unsern Gedanken. Seine Liebe umschließt uns. Schauen wir auch nur einen Augenblick in den herrlichen Glanz der Mittagssonne und wenden den Blick wieder von ihr ab, so wird ihr Bild in allem sein, was wir sehen.

So ist es, wenn wir auf Jesus schauen; alles, was wir sehen, spiegelt sein Bild wider — das der Sonne der Gerechtigkeit. Wir können nichts anderes sehen, nichts anderes erzählen. Sein Bild ist tief in unsre Seele eingebrannt, bestimmt unser ganzes tägliches Leben und macht unser Wesen sanft und demütig. Durch solches Anschauen werden wir in das Ebenbild Gottes umgewandelt und Christus ähnlich. Die mit uns in Berührung kommen, gewahren einen Abglanz der herrlichen, beglückenden Strahlen seiner Gerechtigkeit. Unser ganzes Wesen ist umgestaltet; denn Herz, Seele und Geist wurden erleuchtet von dem Widerschein dessen, der uns geliebt hat und sich für uns opferte. Hier verwirklicht sich aufs neue ein persönlicher, lebendiger Einfluss, der durch Glauben in unserm Herzen wohnt.

Wenn Jesu belehrende Worte uns erreicht und Wurzel in uns gefasst haben, wird uns der Heiland gegenwärtig sein und Gedanken, Absichten und Taten beherrschen. Wir sind dann von den Lehren des größten Lehrers durchtränkt, den die Welt je gehabt hat. Ein Gefühl von menschlicher Verantwortlichkeit und menschlichem Einfluss kennzeichnet unsern Lebensstandpunkt und die täglichen Pflichten.

Jesus Christus ist uns alles geworden — der Erste, der Letzte und der Beste in allem. Jesus Christus, sein Geist und sein Wesen erhellen alles; er ist, um ein Bild des Webers zu gebrauchen, Kette und Schuss im Gewebe unsres ganzen Daseins. Die Worte des Heilandes sind Geist und Leben. Darum können wir unsre Gedanken nicht auf uns beschränken. Wir leben nicht mehr, sondern Christus lebt in uns. Er ist die Hoffnung der Herrlichkeit. Das Ich ist tot, aber Christus ist der lebende Heiland. Wenn wir ständig auf ihn schauen, spiegeln wir sein Bild in unsrer Umgebung wider. Wir wollen nicht länger bei unsren Enttäuschungen verweilen oder von ihnen erzählen, ein schöneres Bild lockt unsern Blick — die köstliche Liebe Jesu. Der Heiland wohnt in uns durch das Wort der Wahrheit.

Die köstliche Perle

Wir sollen uns dem Herrn übergeben und ein Leben willigen Gehorsams gegenüber allen seinen Forderungen führen. Alles, was wir sind, alle Gaben und Fähigkeiten, die wir besitzen, sind des Herrn und seinem Dienst geweiht. Wenn wir uns ihm völlig ausliefern, schenkt sich uns Christus mit allen Schätzen des Himmels. Wir nennen die köstliche Perle unser Eigen.

Kapitel 44: Selbstverleugnung

Jesus entäußerte sich selbst. In all seinem Tun trat sein eigenes Ich nicht hervor. Alles unterwarf er dem Willen seines Vaters. Als sein Werk auf Erden fast vollendet war, konnte er sagen: „Ich habe dich verklärt auf Erden und vollendet das Werk, das du mir gegeben hast." Johannes 17,4. Er gebietet uns: „Lernet von mir; denn ich bin sanftmütig und von Herzen demütig." Matthäus 11,29. „Will mir jemand nachfolgen, der verleugne sich selbst." Matthäus 16,24. Entthront das eigene Ich, damit es nicht länger die Herrschaft über die Seele habe!

Wer sich in den Christus der Selbstverleugnung, Sanftmut und Demut versenkt, wird mit Daniel sagen müssen, als er einen sah gleich eines Menschen Sohn: „Es blieb aber keine Kraft in mir, und ich ward sehr entstellt." Daniel 10,8. Die menschliche Natur will stets zur Geltung kommen; sie ist immer bereit, sich durchzusetzen. Wer aber von Christus gelernt hat, ist frei von Selbstsucht, Stolz und Herrschsucht. In seiner Seele ist Ruhe; denn das Ich wird vom Heiligen Geist bewegt. Uns geht es nicht mehr um die Erlangung der höchsten Stellung, wir streben nicht mit aller Macht, die Aufmerksamkeit auf uns zu lenken, sondern wissen, dass unser vornehmster Platz zu Füßen unsres Heilandes ist. Wir sehen auf Jesus und warten, dass seine Hand uns leite, und lauschen auf seine Stimme, dass sie uns berate. Der Apostel Paulus hat dies in seinem Leben erfahren, denn er bekennt: „Ich bin mit Christo gekreuzigt. Ich lebe aber; doch nun nicht ich, sondern Christus lebt in mir. Denn was ich jetzt lebe im Fleisch, das lebe ich in dem Glauben des Sohnes Gottes, der mich geliebt hat und sich selbst für mich dar gegeben." Galater 2,20.

Kapitel 45: Ein Charakter nach Gottes Wohlgefallen

Die Jugend bedarf einer sorgfältigen Erziehung unter Gebet, damit sie ihren Charakter auf eine dauerhafte Grundlage stellen kann. Die Ursache so vieler Missgriffe liegt darin, dass sie zu wenig auf die Stimme der Erfahrung hört. Die Ratschläge der Eltern und Lehrer werden missachtet, und die Versuchungen des Feindes finden nur wenig Widerstand. Gott liebt die Jugend. Er sieht in ihr große Möglichkeiten, Gutes zu tun, wenn sie ihre Abhängigkeit von Christus erkennt und nach festen Grundlagen strebt. Gott kennt auch ihre Prüfungen. Er weiß, wie sehr sie gegen die Mächte der Finsternis kämpfen muss, die um die Herrschaft über den Geist streiten; darum hat er einen Weg gebahnt, auf dem Jugend Teilhaber der göttlichen Natur zu werden vermag.

Unermüdliche Anstrengungen

Ein Charakter bildet sich nicht von ungefähr. Nicht der eine Gemütsausbruch, der eine Schritt in der falschen Richtung bestimmt ihn. Durch wiederholte Taten bilden sich Gewohnheiten heraus, die einen Charakter entweder zum Guten oder zum Schlechten formen. Nur durch beharrliche, unermüdliche Anstrengungen gestaltet sich ein Charakter und durch Nutzung jeder anvertrauten Gabe und Fertigkeit zum Ruhme Gottes. Aber anstatt so zu handeln, lassen sich viele einfach treiben, wohin auch immer ihre Neigung sie führt. Das geschieht nicht etwa, weil ihnen gute Anlagen fehlen, sondern weil sie Gottes Forderung außer acht lassen, in der Jugend ihr Bestes herzugeben.

Wenn die heutige Jugend so gefestigt dastehen will wie Daniel, muss sie ihre ganzen geistlichen Kräfte einsetzen. Der Herr will nicht, dass sie immer Anfänger bleibt. Er wünscht vielmehr, sie möge den höchsten Stand an Vortrefflichkeit erreichen. Die höchste Stufe auf der Lebensleiter soll sie erklimmen, um von dort aus in das Reich Gottes gelangen zu können.

Einfluss der Umgebung

Die jungen Menschen, die das Heim verlassen und sich nicht mehr der unmittelbaren Fürsorge ihrer Eltern erfreuen können, sind bei der Wahl ihrer Gefährten im wesentlichen auf sich selber angewiesen. Sie sollten daran denken, dass das Auge ihres himmlischen Vaters über sie wacht und er alle ihre Bedürfnisse und Versuchungen wahrnimmt. In den Schulen werden immer Jugendliche zu finden sein, die durch ihr ganzes Verhalten eine niedrige Gesinnung offenbaren. Durch mangelhafte Erziehung in der Kindheit haben sie sich einseitig entwickelt; in den späteren Jahren haben diese Mängel ihre Entwicklung behindert. Durch ihr schlechtes Beispiel werden solche, die selbst moralisch nicht fest sind, gefährdet.

Zeit ist Gold, liebe Jugend. Ihr dürft euer Seelenheil nicht durch ein Leben der Zügellosigkeit gefährden. Übt darum größte Vorsicht bei der Auswahl eurer Kameraden. Achtet auf das Edle im Charakter der andern; es wird eure Widerstandskraft gegen das Böse stärken und euch die Hinneigung zum Guten erleichtern. Setzt euer Ziel hoch. Eure Eltern und Lehrer, die Gott lieben und fürchten, werden euch mit ihren Gebeten Tag und Nacht umgeben, euch umsorgen und warnen; das alles wird aber vergeblich sein, wenn ihr euch leichtfertige Begleiter erwählt. Wenn ihr die Gefahr nicht sehen wollt und meint, ihr könntet sehr wohl zwischen gut und böse wählen, werdet ihr nicht erkennen, wie der Sauerteig der Bosheit unmerklich euer Herz befleckt und verderbt.

Christus — unsere einzige Hoffnung

Der Heiland wurde verhöhnt, beschimpft und gequält; er wurde versucht „allenthalben" (Hebräer 4,15); aber er sündigte nicht, sondern brachte Gott einen völligen Gehorsam entgegen, der gänzlich genügte. Dadurch beseitigte er für alle Zeiten jeden Scheingrund einer Entschuldigung für Ungehorsam. Er kam, um dem Menschen den Weg zum Gehorsam und zum Halten aller Gebote zu zeigen. Er ergriff die göttliche Macht, die auch des Sünders einzige Hoffnung ist. Sein Leben opferte er, damit der Mensch wieder ein Teilhaber der göttlichen Natur werden konnte, nachdem er dem Verderben entronnen ist, das durch die Lust in der Welt herrscht.

Gott hat der Jugend Gaben anvertraut, die sie zu seines Namens Ehre entwickeln soll; viele aber gebrauchen sie zu unheiligen und ungeheiligten Zwecken. Viele verfügen über Fähigkeiten, die beim rechten Gebrauch eine reiche Ernte an geistigen, seelischen und körperlichen Errungenschaften einbringen könnten. Das wird aber zu wenig bedacht. Sie erwägen nicht den Preis, den ihre Handlungsweise kostet. Sie ermutigen eher zu einer Sorglosigkeit und Torheit, die jeden Rat oder Tadel in den Wind schlagen. Das ist ein schrecklicher Missgriff. Die jungen Menschen würden besonnener sein, wenn sie sich der Gegenwart Gottes bewusst wären und daran dächten, dass seine Engel über ihre charakterliche Entwicklung wachen und ihren sittlichen Wert abwägen.

Kapitel 46: In der ständigen Gegenwart Jesu

Die Religion Jesu Christi umfasst mehr als Sündenvergebung; sie bezweckt die Fortnahme unsrer Sünden, an deren Stelle dann die Gnadengaben des Heiligen Geistes treten sollen. Sie bedeutet göttliche Erleuchtung und Freude im Herrn. Sie will das Herz vom eigenen Wesen befreien und mit der dauernden Gegenwart des Heilandes auszeichnen. Wenn Jesus in der Seele herrscht, dann ist dort auch Reinheit und Freiheit von Sünde. Die Herrlichkeit, der Reichtum und die ganze Fülle der Heilsabsicht Gottes werden im Leben sichtbar werden. Die Annahme des Heilandes verleiht vollkommenen Frieden, ungeteilte Liebe und feste Zuversicht. Die Schönheit und der liebliche Geruch des göttlichen Wesens werden im Leben offenbar und geben Zeugnis davon, dass Gott in der Tat seinen Sohn als Heiland in die Welt gesandt hat.

Seinen treuen Nachfolgern ist Christus ein täglicher Begleiter und vertrauter Freund geworden. Durch ihn leben sie in enger Verbundenheit und steter Gemeinschaft mit Gott. Die Herrlichkeit des Herrn ging auf über ihnen. Das helle Licht der Klarheit Gottes im Angesicht des Heilandes spiegelt sich in ihnen wider. Sie erfreuen sich jetzt der unverdunkelten Strahlen des Glanzes und der Herrlichkeit der himmlischen Majestät. Sie sind vorbereitet auf die Vereinigung mit dem Himmel; denn sie haben ja den Himmel in ihren Herzen.

Abschnitt 5

VORBEREITUNG AUF DAS LEBENSWERK

Wahre Erziehung bedeutet mehr als ein bestimmtes Studium. Sie ist umfassender. Sie umschließt die harmonische Entwicklung aller körperlichen Kräfte und geistigen Fähigkeiten. Sie lehrt die Liebe und Furcht Gottes und ist eine Vorbereitung auf die gewissenhafte Erfüllung der Lebensaufgaben.

Wahre Erziehung bezweckt die Vorbereitung aller Kräfte des Körpers und des Geistes zur Verrichtung jeder Pflicht; sie umschließt die Ausbildung von Körper, Geist und Seele zum göttlichen Dienst. Solche Erziehung überdauert Zeit und Ewigkeit.

Kapitel 47: Christliche Erziehung

Der menschliche Geist ist im höchsten Grade bildungsfähig. Ein gottgeweihtes Leben soll kein Leben in Unwissenheit sein. Viele sprechen gegen die Erziehung, weil der Heiland ungebildete Fischer zur Verkündigung seines Evangeliums berufen hat. Sie wollen darin eine Vorliebe Jesu für die ungebildeten Menschen erkennen. Viele Gelehrte und Würdenträger glaubten aber den Lehren Jesu. Hätten diese Männer mutig ihrer inneren Einsicht nachgegeben, so wären sie dem Herrn gefolgt. Er hätte ihre Fähigkeiten gerne in Anspruch genommen und in seinen Dienst gestellt, wenn sie ihm dies angeboten hätten. Es fehlte ihnen aber die sittliche Kraft, sich angesichts der stirnrunzelnden Priester und eifernden Volksführer zu Christus zu bekennen und ihren guten Ruf um des schlichten Galiläers willen aufs Spiel zu setzen.

Der Heiland, der die Herzen aller kannte, verstand dies. Wenn Gebildete und Vornehme das Werk, zu dem sie befähigt waren, nicht ausführen wollten, würde der Herr Menschen erwählen, die im Tun seines Willens treu und gehorsam sind. Er erwählte einfache, geringe Menschen und verband sich mit ihnen, um sie darauf vorzubereiten, das große Werk auf Erden vorwärtszutragen, wenn er es verlassen würde.

Christus — der große Erzieher

Christus war das Licht der Welt. Er war die Quelle aller Weisheit. Er war in der Lage, auch die ungelehrten Fischer so auszubilden, dass sie den ihnen erteilten Auftrag erfüllen konnten. Die Botschaft der Wahrheit, die diesen einfachen Menschen überkommen war, bedeutete unendlich viel. Sie sollten eine Welt bewegen. Es schien für den Heiland zwar einfach zu sein, diese geringen Menschen mit sich zu verbinden; es war aber ein Vorgang, der außerordentliche Ergebnisse zeitigte. Ihre Worte und Taten sollten die Welt umformen.

Der Heiland verachtete die Erziehung nicht. Die höchste Geistesbildung fand bei ihm, wenn sie durch die Liebe und Furcht Gottes geheiligt war, vollste Zustimmung. Die vom Heiland erwählten einfachen Männer waren drei Jahre mit ihm zusammen und dem veredelnden Einfluss der himmlischen Majestät ausgesetzt. Christus war der größte Erzieher, den die Welt jemals kannte.

Der Herr nimmt die Jugend mit ihren Gaben und ihrem Reichtum an Gefühlswerten an, wenn sie sich ihm weiht. Sie kann die höchste Stufe geistiger Entwicklung erreichen. Wenn sie sich nach ihren Glaubensgrundsätzen ausrichtet, vermag sie das Werk zu fördern, zu dessen Ausführung der Heiland vom Himmel kam, und durch solches Tun seine Mitarbeiter zu werden.

Die Schüler unsrer Lehranstalten genießen große Vorrechte, nicht nur durch Erlangung wissenschaftlicher Kenntnisse, sondern vor allem dadurch, dass sie lernen, die Tugenden zu vervollkommnen und auszuüben, die ihnen zu einem ausgeglichenen Charakter verhelfen sollen. Auf sittlichem Gebiet sind sie Gott als Mitarbeiter verantwortlich. Wohlstand, Stellung und Verstand sind ihnen von Gott anvertraut worden, damit sie sie weislich weiterentwickeln. Diese mannigfaltigen Gaben hat der Herr nach Maßgabe der Kräfte und Fähigkeiten seiner Diener zugeteilt. Er gab einem jeglichen sein Werk.

Kapitel 48: Wahre Erziehung

Wahre Erziehung ist die Vermittlung solcher Gedanken, die Geist und Herz mit der Erkenntnis Gottes, des Schöpfers, und Christi, des Erlösers, erfüllen. Solche Erziehung wird den Geist erneuern und den Charakter umwandeln. Sie wird den Verstand stärken und kräftigen gegen die betrügerischen Einflüsterungen des Seelenfeindes und uns befähigen, Gottes Stimme zu verstehen. Der so Erzogene wird ein Mitarbeiter Jesu Christi.

Erlangt unsre Jugend diese Erkenntnis, wird sie sich alles Weitere, was noch wesentlich ist, mühelos aneignen. Erlangt sie sie nicht, dann wird sie mit allem Wissenswerten, dass ihr die Welt vermitteln mag, keinen Platz in den Reihen Christi finden. Sie mag alle Buchweisheit in sich aufgenommen haben und dennoch gegenüber den Anfangsgrundsätzen jener Gerechtigkeit, die allein einen Gott wohlgefälligen Charakter entwickelt, unwissend bleiben.

Alle diejenigen, die auf weltlichen Schulen Kenntnisse sammeln, sollten daran denken, dass eine andere Schule — die Schule Jesu Christi — sie als Schüler beruft. Hier lernen sie niemals aus. Unter den Schülern sind alte und junge. Wer auf die Unterweisungen des göttlichen Lehrers achtgibt, wird ständig zunehmen an Weisheit und Seelenadel und so vorbereitet zum Eintritt in jene höhere Schule in der Ewigkeit, wo die Fortentwicklung kein Ende hat.

Die göttliche Weisheit stellt uns die großen Lehren des Lebens — die der Pflicht und des Glücks — vor Augen. Sie sind oft schwer zu lernen; ohne sie können wir aber keine Fortschritte machen. Sie kosten uns wohl Mühe, Tränen und sogar Seelenangst. Wir dürfen aber nicht wanken oder schwach werden. Wir müssen uns in dieser Welt, inmitten von Prüfungen und Versuchungen, tauglich machen für den Umgang mit den reinen und heiligen Engeln. Wer sich von weniger wichtigen Dingen so in Anspruch nehmen lässt, dass er in der Schule Christi nicht mehr lernt, erleidet unwiederbringliche Verluste.

Jede Fähigkeit und jede Eigenschaft, mit denen der Schöpfer die Menschenkinder ausgestattet hat, sollen zur Ehre des Herrn verwendet werden; in dieser Verwendung liegt die reinste, erhabenste und glücklichste Lebensaufgabe. Die Grundsätze des Himmels sollten alles andere im Leben überlagern. Jeder erfolgreiche Schritt auf dem Wege zur Erlangung von Kenntnissen und Bildung sollte ein Schritt vorwärts zur Angleichung der menschlichen an die göttliche Natur sein.

Das Wesentliche in der Erziehung

Die wichtigste Erziehung, die unsre Jugend heute bekommen kann und die sie auf eine höhere Stufe der himmlischen Schule zu bringen vermag, ist eine Erziehung, die sie lehrt, wie sie den Willen Gottes der Welt offenbaren kann.

Die vollkommenste Erziehung

Diejenigen, die nach Erkenntnis über den Weg und Willen Gottes streben, erhalten die beste Erziehung, die Sterblichen zuteilwerden kann. Sie gründen ihre Erfahrungen nicht auf weltliche Trugweisheit, sondern auf Grundsätze, die Ewigkeitswert besitzen.

Kapitel 49: Die Notwendigkeit christlicher Erziehung

Gott fordert die Ausbildung der geistigen Fähigkeiten. Er will, dass seine Diener größere Intelligenz und ein besseres Unterscheidungsvermögen besitzen als Weltmenschen. Ihm missfallen alle, die zu leichtfertig oder zu träge sind, um sich zu brauchbaren und gut unterrichteten Arbeitern heranzubilden. Wir sollen Gott lieben „von ganzem Herzen, von ganzer Seele und von ganzem Gemüte". Matthäus 22,37. Das auferlegt uns die Verpflichtung, den Verstand zu höchster Tüchtigkeit auszubilden, damit wir „von ganzem Gemüte" unsern Schöpfer zu erkennen und zu lieben vermögen.

Wer unter der Leitung des Heiligen Geistes steht, kann desto wirksamer im Dienste des Herrn eingesetzt werden, je gründlicher sein Verstand gebildet wurde. Auch ein ungebildeter, aber gottgeweihter Mensch, der ein Verlangen danach hat, andern zum Segen zu werden, kann und wird dem Herrn dienen. Diejenigen aber, die den gleichen Geist der Hingabe an Gott aufweisen und sich des Vorzugs einer gründlichen Ausbildung erfreuen, sind zu größerem Dienst für Christus fähig. Sie haben den andern vieles voraus.

Vorbereitung zu hohem Dienst

Gott will, dass wir uns der besten Erziehung befleißigen, damit wir die erlangten Kenntnisse auch andern mitteilen können. Niemand kann wissen, wo oder wie er Gelegenheit haben wird, für den Herrn zu arbeiten oder von ihm zu zeugen. Unser himmlischer Vater allein kennt diese Möglichkeiten. Es gibt viele Gelegenheiten, die unser schwacher Glaube nicht erkennt. Wir sollten so geschult sein, dass wir unsre Botschaft, wenn es sein muss, auch vor den höchsten Würdenträgern der Erde in einer Weise verkündigen können, die dem Namen des Herrn Ehre macht. Wir sollten uns keine Gelegenheit entgehen lassen, unsern Geist zu einem besseren Dienst für den Herrn zu schulen.

Umfassende Erziehung

Ach dass doch die Jugend, die so nötig eine Erziehung braucht, sich entschlossen an die Arbeit machte, sie zu erlangen. Wartet nicht, ihr jungen Freunde, auf die „große Gelegenheit"; schafft sie euch selbst. Ergreift jede auch noch so kleine Gelegenheit, die sich euch bietet und seid gute Haushalter. Opfert eure Mittel nicht dem Gaumenkitzel oder einem flüchtigen

Vergnügen. Seid fest entschlossen, so brauchbar und nützlich zu werden, wie es Gott von euch wünscht. Seid gründlich und treu in allem, was ihr unternehmt. Lasst keine Möglichkeit unbenutzt, die euren Verstand schärfen und kräftigen kann. Verbindet Studium und Handarbeit und erstrebt durch treue Beharrlichkeit, Wachsamkeit und Gebet die Weisheit, die vom Himmel stammt. Das wird euch eine umfassende Ausbildung verleihen. Ihr werdet so innerlich zunehmen und einen Einfluss auf andre gewinnen. Auf diese Weise könnt ihr sie auf den Weg der Rechtschaffenheit und Heiligkeit führen.

Wir würden im Werk der Selbsterziehung größere Fortschritte erzielen, wenn wir wachen Auges die uns naheliegenden Gelegenheiten und Vorrechte sähen. Wahre Erziehung bedeutet ja mehr, als die Schule vermitteln kann. Wohl sollen wir die wissenschaftliche Ausbildung nicht vernachlässigen, doch höher steht jenes Bemühen, in lebendiger Verbindung mit Gott zu bleiben. Verweist jeden Schüler auf seine Bibel und bringt ihn in Verbindung mit dem göttlichen Lehrer. Erzieht seinen Geist dazu, beim Erforschen der göttlichen Wahrheit auch mit schweren Problemen fertig zu werden.

Kenntnisse und Selbstzucht

Wen nach Kenntnissen verlangt, um seinen Mitmenschen zum Segen zu werden, den wird Gott selbst segnen. Durch das Studium des Gotteswortes wird seine Geisteskraft zu ernsthafter Betätigung angeregt. Daraus folgt eine Ausweitung und Entwicklung aller Fähigkeiten und für den Geist ein hohes Maß an Kraft und Wirksamkeit.

Selbsterziehung ist unerlässlich für jeden Mitarbeiter Gottes. Sie wird mehr zustande bringen als Beredsamkeit oder die glänzendsten Gaben.

Elterliche Erwartungen

Es ist immer das Beste und Sicherste, richtig zu handeln, weil es recht ist. Willst du jetzt nicht einmal ernsthaft darüber nachdenken?

Rechtes Denken liegt jeder rechten Tat zu Grunde. Fasse den festen Vorsatz, die Erwartungen deiner Eltern zu erfüllen; mache ernsthafte Anstrengungen, dich auszuzeichnen, und achte darauf, dass die für dich angewandten Mittel nicht verkehrt und unnütz ausgegeben werden. Sei fest entschlossen, mit den Bemühungen deiner Eltern und Erzieher zusammenzuwirken, und versuche, eine hohe Entwicklungsstufe an Weisheit und

Charakter zu erlangen. Enttäusche sie nicht, die dich liebhaben und dir vertrauen. Es ist männlich, dass Rechte zu tun; der Heiland wird dir dabei helfen, wenn du dich bemühst, recht zu handeln, weil es eben recht ist.

Kapitel 50: Erziehung für die Ewigkeit

Der Apostel Johannes schreibt: „Ich habe euch Jünglingen geschrieben; denn ihr seid stark, und das Wort Gottes bleibt bei euch, und ihr habt den Bösewicht überwunden." 1.Johannes 2,14. Und Paulus ermahnt Titus, den jungen Männern vorzuhalten, „dass sie züchtig seien". Titus 2,6. Ermuntere deine Seele, dass du ein pflichttreuer, standhafter Diener des Herrn der Heerscharen wirst wie Daniel. Überlege jeden deiner Schritte; denn du stehst auf heiligem Boden, und die Engel Gottes umgeben dich.

Du kannst mit allem Recht bestrebt sein, die höchste Stufe auf der Leiter der Ausbildung zu erklimmen. Philosophie und Geschichte sind wohl wichtige Unterrichtsfächer; der Aufwand an Zeit und Geld aber wäre vergeblich, wenn du deine Kenntnisse nicht zur Ehre Gottes und zum Segen der Menschheit benutzen würdest. Und wird die Weisheit dieser Welt dir nicht zum Sprungbrett für die Erreichung des höchsten Zieles, dann ist sie wertlos.

Eine Erziehung, die keine Ewigkeitswerte vermittelt, ist sinnlos. Führen deine Kenntnisse dich nicht himmelwärts ins zukünftige, unsterbliche Leben, dann haben sie keinen bleibenden Wert. Ist aber Jesus Christus dein Lehrer, und das nicht nur einmal in der Woche, sondern täglich, stündlich, dann wird er auch mit Wohlgefallen deine gelehrten Studien verfolgen.

Kapitel 51: Praktische Ausbildung

Nützliche Handarbeit ist ein Teil des Erlösungsplanes. Der große Lehrer gab dem Volke Israel in einer Wolkensäule Anweisungen, jeden Jugendlichen zu nützlicher Arbeit anzuhalten. Darum war es sowohl bei den reichen als auch bei den armen Juden Sitte, ihre Söhne und Töchter etwas Praktisches lernen zu lassen, so dass sie in widrigen Lebenslagen von anderen unabhängig und stets bereit und fähig wären, für ihren Unterhalt zu sorgen. Sie konnten in den Wissenschaften unterrichtet, mussten aber auf alle Fälle in Handwerk und Gewerbe ausgebildet werden. Das war ein unerlässlicher Bestandteil ihrer Erziehung.

Ausgeglichene Erziehung

Wie in den Tagen Israels, so sollte auch heute jeder Jugendliche in den Dingen des praktischen Lebens unterwiesen werden. Jeder sollte sich in gewissen Arten handwerklicher Arbeiten Kenntnisse erwerben, die ihn in die Lage versetzen, in Notzeiten seinen Lebensunterhalt zu verdienen. Das ist wichtig nicht nur als Schutz gegen missliche Verhältnisse, sondern auch als Hilfe in seiner körperlichen, geistigen und moralischen Entwicklung. Wenn es auch mit einiger Sicherheit feststeht, dass jemand auf körperliche Arbeit nicht angewiesen sein wird, so sollte er dennoch praktisch arbeiten. Ohne körperliche Betätigung kann niemand eine kraftvolle Konstitution oder eine robuste Gesundheit erlangen; die Zucht regelmäßiger Arbeit ist für die Sicherung eines starken, rührigen Geistes und eines guten Charakters von größter Wichtigkeit. Schüler mit guten Buchkenntnissen ohne genügende Befähigung zu praktischer Arbeit verfügen nicht über eine ausgeglichene Erziehung. Kräfte, die den verschiedensten Gebieten des Berufslebens hätten dienen sollen, wurden vernachlässigt. Die Erziehung soll sich nicht auf Kopfarbeit beschränken. Körperliche Tätigkeit sollte ein wichtiger Teil in der Ausbildung jedes jungen Menschen sein. Ein bedeutsamer Abschnitt der Erziehung ist übersehen worden, wenn der Schüler nicht angelernt wurde, wie er sich in praktischer Arbeit einsetzen kann.

Eine vielseitige und umfassende Erziehung wird durch gesunde Arbeit gegeben. Jeder Schüler sollte darum täglich eine gewisse Zeit praktisch arbeiten. So gewöhnt er sich an ein fleißiges Leben und stärkt sein Selbstvertrauen; gleichzeitig wird er vor vielen sündigen und erniedrigenden

Gewohnheiten bewahrt, die so oft eine Folge von Müßiggang sind. Das alles verträgt sich sehr wohl mit dem obersten Erziehungsziel; denn wer zu Regsamkeit, Fleiß und Sauberkeit angehalten wird, kommt in Harmonie mit dem Schöpfer.

Der Nutzen praktischer Arbeit

Wer Körperübungen nur als Spiel oder als bloße Übung betreibt, der hat davon keinen entsprechenden Nutzen. Wohl sind Bewegungen in frischer Luft von Nutzen, ebenso sportliche Übungen; wenn aber mit dem gleichen Eifer eine nützliche Arbeit verrichtet wird, wird der Nutzen im ganzen um vieles größer sein. Ein Gefühl der Befriedigung wird sich einstellen, denn solch eine Betätigung ist offensichtlich sinnvoll, weil sie andern hilft und vermittelt das beruhigende Bewusstsein einer treu erfüllten Pflicht.

Gut ausgebildete Schüler sollten von unseren Schulen ausgehen, die, auf sich selbst gestellt, über genügende und nützliche Kenntnisse verfügen, die für einen Erfolg im Leben so nötig sind. Fleißiges Studium ist ebenso wichtig wie mühsame, emsige Arbeit. Spiel dagegen ist nicht unbedingt nötig. Der Verbrauch körperlicher Kräfte zum Vergnügen begünstigt keineswegs eine gute, geistige Ausbildung. Wenn man die Zeit, die man sonst sportlichen Übungen widmet — die oft schrittweise zur Ausartung führen — für Missionsaufgaben im Sinne Christi verwendet, wird des Herrn Segen nach seiner Verheißung auf seinem Diener ruhen.

Die Erziehung zum praktischen Leben durch körperliche Arbeit in Verbindung mit geistiger Betätigung wird reizvoll durch die Überlegung, dass so Körper und Geist zu dem Werk befähigt werden, das Gott dem Menschen aufgetragen hat. Je besser sich die Jugend auf die Durchführung der praktischen Pflichten versteht, desto größer wird auch ihre Befriedigung im Dienst der Nächstenliebe. Durch Erziehung zur Freude an nützlicher Arbeit wächst das geistige Vermögen; und durch Zucht und Übung wird der Geist zum Dienst ertüchtigt, denn er hat ja gelernt, ein Segensträger für andre zu werden.

Ich finde im Leben Jesu kein Beispiel dafür, dass er seine Zeit mit Spiel und Vergnügungen zugebracht hat. Er war der große Erzieher für das gegenwärtige und zukünftige Leben. Ich habe jedoch keinen Hinweis darauf gefunden, dass er seine Jünger gelehrt hat, zum Zwecke von Leibesübungen sich in Vergnügungen zu ergehen.

Lerne kochen!

Junge Männer wie junge Mädchen sollten wirtschaftlich kochen lernen und dabei auf die Verwendung von Fleisch gänzlich verzichten. Die Zubereitung von Gerichten, die Fleisch mit enthalten, sollte nicht empfohlen werden; das bedeutete nämlich eher einen Rückfall in die Dunkelheit und Torheit Ägyptens und hätte nichts mit einer reinen Lebensweise zu tun.

Unsre Frauen insbesondere sollten richtig kochen lernen. Was könnte in ihrer Ausbildung für ein junges Mädchen wohl wichtiger sein? Wie auch immer ihre Lebensumstände sein mögen; hier sind Kenntnisse zu erwerben, die sie stets praktisch verwerten kann.

Im Missionsfeld

Der Jugendliche, der auf allen Gebieten des praktischen Lebens gut ausgebildet ist, wird nach seiner Schulentlassung in fernen Ländern von großem Nutzen sein. Er hängt weder von der Koch; Näh; noch Baukunst der Menschen ab, die er in seinem Missionsfeld aufsucht. Und er wird viel mehr an Einfluss gewinnen, wenn er den unwissenden Leuten zeigen kann, mit welchen Methoden die besten Ergebnisse erzielt werden. Ein kleinerer Betrag wird solchen Missionaren genügen, die gelernt haben, ihre Körperkräfte in Verbindung mit erworbenen Kenntnissen auf die bestmögliche Art zu gebrauchen. Das wird besonders dort geschätzt werden, wo sich Mittel nur schwer beschaffen lassen. Sie werden beweisen, dass Missionare gute Erzieher in der Kunst nutzvollster Arbeit sind. Wohin sie auch immer kommen mögen: diese ihre Fähigkeit wird ihnen Anerkennung verschaffen.

Kapitel 52: Der pflichttreue Schüler

Diejenigen Schüler, die öffentlich bekennen, Gott zu lieben und der Wahrheit gehorsam zu sein, sollten jenes Maß von Selbstzucht und grundsatzgemäßer Glaubenskraft besitzen, dass sie befähigt, inmitten von Versuchungen standhaft zu bleiben und für ihren Heiland in der Schule, in ihren Heimen, oder wo sie sich sonst befinden mögen, Zeugnis abzulegen. Der Glaube soll nicht nur ein Mäntelchen sein, das man im Gotteshause anlegt, vielmehr sollten die Glaubensgrundsätze das ganze Leben kennzeichnen.

Charakter und Betragen

Wer aus der Quelle des Lebens trinkt, wird nicht wie die Welt einen brennenden Durst nach Abwechslung und Vergnügen empfinden. In Haltung und Charakter werden die Gläubigen von jener Ruhe, jenem Frieden und jener Glückseligkeit erfüllt sein, die sie dadurch gefunden haben, dass sie täglich all ihre Lasten und Verlegenheiten dem Heiland zu Füßen legten. Sie werden ein Beweis dafür sein, dass auf dem Wege des Gehorsams und der Pflicht Zufriedenheit und eitel Freude zu finden sind. Sie werden auf ihre Mitschüler einen Einfluss ausüben, der sich auf die ganze Schule erstrecken wird.

Ein ernsthafter, gewissenhafter und treuer junger Mensch auf einer Schule ist von unschätzbarem Wert. Engel vom Himmel schauen liebevoll auf ihn, und im Buch des Lebens wird jede Tat der Gerechtigkeit, jeder Widerstand in einer Versuchung und jede Überwindung des Bösen eingetragen. Er hat sich für die kommende Zeit der Bewährung eine gute Grundlage geschaffen, um das ewige Leben nie aus dem Auge zu verlieren. Auf der christlichen Jugend ruht zum großen Teil der Fortbestand und die Erhaltung der Einrichtungen, die Gott zur Förderung seines Werkes geschaffen hat. Es hat niemals eine Zeit gegeben, die eine so große Verantwortung auf die Menschen gelegt hat. Wie bedeutsam ist es darum, dass sich die Jugend für dieses große Werk zubereitet, damit Gott sie als sein Werkzeug gebrauchen kann! Ihr Schöpfer hat einen größeren Anspruch an sie als alles andre in dieser Welt.

Vom Wert der Schulordnung

Das wilde und rücksichtslose Wesen vieler Jugendlicher in der heutigen Welt ist überaus betrübend. Die jungen Leute sollten erkennen, dass sie mit ihrer Unterordnung unter die Vorschriften und Regeln unsrer Anstalten nur das tun, was ihren gesellschaftlichen Stand verbessern, ihren Charakter veredeln, den Geist erheben und ihr Glück vergrößern kann; dann würden sie nicht widerspenstig sein gegenüber gerechten Regeln und vernünftigen Forderungen, noch würden sie gegen unsre Anstalten Argwohn und Vorurteile erregen.

Unsre Jugend sollte die ihnen auferlegten Pflichten fleißig und treu erfüllen; das wird sie erfolgreich machen. Die jungen Menschen, die sich nicht durch Erfüllung ihrer zeitlichen Pflichten auszeichnen, sind für einen Einsatz zu höheren Aufgaben ungeeignet. Glaubenserfahrung kann nur durch Kampf, durch Enttäuschung, durch strenge Selbstzucht und ernstes Gebet gewonnen werden. Dem Himmel geht es nur Schritt für Schritt entgegen; jeder Schritt vorwärts gibt Kraft für den nächsten. Der ist ein Christ, der nach höchsten Kenntnissen strebt mit der Absicht, anderen von Nutzen zu sein. Wissen in harmonischer Verbindung mit einem Christus ähnlichen Charakter wird einen Menschen in der Tat zu einem Licht für die Welt machen.

Kapitel 53: Des Schülers günstige Gelegenheiten

Ihr Schüler, arbeitet mit euren Lehrern Hand in Hand. Ihr gebt ihnen dadurch Hoffnung und Mut. Ihr helft ihnen und gleichzeitig zu eurem Nutzen auch euch selbst. Denkt daran, dass es zum großen Teil an euch liegt, ob eure Lehrer euch etwas beibringen können und ob ihre Arbeit ein anerkannter Erfolg wird. Im höchsten Sinne sollt ihr Gott hinter eurem Lehrer sehen und seine Verbundenheit mit ihm erkennen.

Eure guten Gelegenheiten zum Schaffen gehen schnell vorüber. Euch bleibt keine Zeit, eignen Dingen nachzugehen. Nur wenn ihr mit ganzer Hingabe vorwärtsstrebt, werdet ihr wahres Glück erringen. In der Schulzeit bieten sich euch kostbare Gelegenheiten. Nutzt sie so gut wie nur möglich aus! Ihr erlebt diese Zeit nur einmal. Und es liegt an euch, ob eure Arbeit ein Erfolg oder ein Fehlschlag sein wird. Wenn ihr nach biblischer Erkenntnis strebt, sammelt ihr Schätze zum Weitergeben.

Helft andern

Falls du einen etwas schwerfälligen Schulkameraden hast, erkläre ihm die Aufgaben, die er nicht versteht. Das wird gleichzeitig dein Verständnis erweitern. Gebrauche einfache Worte; erkläre deine Gedanken in einer deutlichen Redeweise, die leicht verstanden wird.

Durch die Hilfe, die du deinem Kameraden zuteilwerden lässt, hilfst du auch deinen Lehrern. Oft erfasst ein Schüler mit scheinbar geringer Begabung die Erklärung eines Mitschülers eher als die des Lehrers. Das ist Zusammenarbeit, wie Christus sie wünscht. Der große Lehrer steht dir bei und unterstützt dich in deiner Hilfe an einem zurückgebliebenen Kameraden.

In deiner Schulzeit wirst du Gelegenheit haben, die köstlichen Wahrheiten des Wortes Gottes armen und unwissenden Seelen mitzuteilen. Benutze alle solche Gelegenheiten. Der Herr wird jeden Augenblick segnen, der so verwendet wurde.

Beherrscht die Grundwahrheiten

Niemals begnüge dich mit geringem Wissen. Behalte während der Schulzeit stets ein erhabenes, heiliges Ziel im Auge, und zwar dieses; dass du dich in irgendeinem Teil des göttlichen Weinbergs zum vollkommenen Dienst vorbereiten willst. Tu alles, was in deinen Kräften steht, um dieses hohe Ziel zu erreichen. Du selbst kannst mehr für dich tun, als es irgendeinem andern möglich ist. Und wenn du alles, was du kannst, für dich tust, dann nimmst du dem Leiter und den Lehrern eine große Last ab.

Vor der Aufnahme des Studiums wissenschaftlicher Fächer müssen dir zunächst die einfachen Regeln deiner Muttersprache vertraut sein; du musst erst richtig lesen, schreiben und buchstabieren können.

Verwende keine Zeit für die Erlernung von Dingen, die für dein späteres Leben von wenig Nutzen sind. Ehe du dir gute Kenntnisse über Klassiker erwirbst, erstrebe zuerst die Beherrschung deiner Muttersprache. Lerne Buchführung. Suche Kenntnisse über Gegenstände zu erlangen, die du überall dort gebrauchen kannst, wohin du kommen magst.

Kapitel 54: Erziehung zum Dienst

Im Hinblick auf das Licht, das Gott gegeben hat, ist es verwunderlich, dass so wenig junge Menschen fragen: „Herr, was willst du, dass ich tun soll?“ Apostelgeschichte 9,6. Es ist ein gefährliches Missverständnis, anzunehmen, dass sich ein junger Mensch, der sich nicht für den geistlichen Dienst entschieden hat, nicht noch besonders für das Werk Gottes vorbereiten muss. Auf welchen Beruf du dich immer vorbereiten magst, es ist durchaus notwendig, dass du deine Fähigkeiten durch fleißiges Studium verbesserst.

Jungen Männern und Frauen sollte man besonders ans Herz legen, die von Gott verliehenen Segnungen günstiger Gelegenheiten, wohlerzogen und klug zu werden, zu schätzen. Sie sollten zu ihrem Vorteil die Schulen besuchen, die eingerichtet wurden, um ihnen die besten Kenntnisse zu vermitteln. Es ist ein großes Unrecht, in Bezug auf den Erhalt guter Erziehung träge und nachlässig zu sein. Die Zeit ist kurz; darum, und weil der Herr bald erscheinen und der Vorhang über dem Weltgeschehen in Kürze fallen wird, ist es noch dringlicher, die gegenwärtigen Gelegenheiten und Vorrechte auszunutzen.

Weiht eure Fähigkeiten dem Herrn

Die Jugend sollte sich auf unseren Schulen einfinden, dort wo ihr Wissen und Zucht vermittelt wird. Weiht eure Fähigkeiten dem Herrn, ihr jungen Freunde, werdet strebsame Forscher der Heiligen Schrift, damit sie euch ausrüste gegen jede falsche Lehre und ihr nicht dem Betrug der Sünde zum Opfer fallet. Durch fleißiges Studium der Bibel erlangen wir die Erkenntnis der Wahrheit. Und durch das Ausleben der uns schon bekannten Wahrheit wird uns immer helleres Licht aus der Heiligen Schrift zuteil. Wer sich aufrichtig dem Herrn weiht, wird in das Werk Gottes nicht aus einem Grunde eintreten, der sonst Menschen zu einem weltlichen Beruf veranlasst und ihren Lebensunterhalt sichert; die Gläubigen entschließen sich zum Dienst Gottes nicht aus irdischen Überlegungen, sondern weil die Sache Gottes etwas Geheiligtes ist.

Bereit für kommende Möglichkeiten

Die Welt muss gewarnt werden, und niemand sollte sich mit einer nur oberflächlichen Kenntnis der Wahrheit begnügen. Du weißt nicht, mein Freund, zu welcher Verantwortung du noch berufen wirst. Du weißt auch nicht, wohin du gesandt wirst, um Zeugnis für die Wahrheit abzulegen. Viele werden vor gesetzgebenden Körperschaften stehen; andere werden vor Königen und vor den Gelehrten dieser Welt ihren Glauben verantworten müssen.

Diejenigen nun, die nur über ein mangelhaftes Verständnis der Wahrheit verfügen, werden nicht in der Lage sein, die Schrift zu erklären und ihren Glauben ausreichend zu begründen. Sie werden verwirrt und unsicher sein und sich nicht als Evangeliums Diener bewähren, die nicht vor Scham erröten müssen. Niemand darf sich einbilden, er habe ein sorgfältiges Studium nicht nötig, weil er nicht öffentlich predigen wird. Er weiß ja nicht, was der Herr mit ihm noch vorhat.

Es ist eine betrübliche Tatsache, dass der Fortschritt des Werkes aufgehalten wird durch einen Mangel an gut ausgebildeten Arbeitern, die sich für Vertrauensstellungen vorbereitet haben. Der Herr gebraucht Tausende, die in seinem großen Erntefeld arbeiten könnten; aber viele haben es versäumt, sich auf die Arbeit vorzubereiten. Jeder einzelne aber, dem die Sache Jesu am Herzen liegt und der sich als Streiter im Heere Gottes angeboten hat, muss den Ort aufzusuchen trachten, an dem er richtig ausgebildet wird. Der Glaube hat den Nachfolgern Christi eben noch zu wenig bedeutet; denn es ist nicht Gottes Absicht, dass auch nur einer unwissend bleibe, wenn Weisheit und Erkenntnis jedermann zugänglich sind.

Im Gleichgewicht durch gute Grundsätze

Es ist nicht so, dass die begabtesten jungen Menschen auch die erfolgreichsten sind. Wie oft schon erlitten Menschen mit Gaben und guter Erziehung, die Vertrauensstellungen innehatten, Schiffbruch! Sie glänzten wie Gold; wenn sie aber erprobt wurden, erwiesen sie sich als Flitter und Abfall. Ihr Werk zerbrach an ihrer Untreue. Sie waren weder arbeitsam noch ausdauernd und gingen den Dingen nicht auf den Grund. Sie weigerten sich, von unten auf anzufangen und mit Geduld Sprosse für Sprosse auf der Lebensleiter aufzusteigen, bis sie die Spitze erreichten. Sie wandelten im eigenen Licht, nämlich im Licht ihrer funkelnden Gedankenblitze. Sie verließen sich nicht auf die Weisheit, die nur Gott allein geben kann. Ihr Misserfolg war nicht die Folge geringer Entwicklungsmöglichkeiten, sondern das Ergebnis ihrer Unbesonnenheit. Sie schätzten ihre Bildungsvorteile nicht genügend und machten nicht die Fortschritte, die sie auf dem Gebiet des religiösen Lebens und auf dem der Wissenschaft hätten machen können. Geist und Charakter waren bei ihnen nicht durch die hohen Grundsätze der Gerechtigkeit ins Gleichgewicht gekommen.

Kapitel 55: Auf Wachstum bedacht

Wäre sich jeder einzelne seiner Verantwortung Gott gegenüber für seinen persönlichen Einfluss bewusst, so würde er niemals zum Müßiggänger, sondern würde seine Fähigkeit vervollkommnen und seine Kräfte ausbilden, um dem zu dienen, der ihn mit seinem Blut erkauft hat.

Besonders die Jugend sollte dessen eingedenk sein, dass sie ihre geistigen Kräfte ausbilden und jede Gelegenheit zur Verbesserung ihrer Verstandeskräfte wahrnehmen sollte, um sich durch treuen Dienst dem Heiland dankbar zu erweisen, der sein kostbares Leben für sie geopfert hat. Niemand darf sich dem Irrtum hingeben, er sei so trefflich ausgebildet, dass er aus Büchern oder aus dem Leben nicht mehr zu lernen brauche. Vielmehr sollte sich jeder bemühen, die günstige Gelegenheit, die ihm der Herr bietet, auszunutzen, um das Höchstmögliche auf den Gebieten des Glaubenslebens, aber auch der Wissenschaft zu erwerben.

Wir sollten die uns verliehenen Kräfte einzuschätzen lernen. Muss jemand seinen Lebensweg von ganz unten auf beginnen, dann braucht er nicht entmutigt zu sein, sondern sollte mit aller Entschiedenheit höher und höher streben, bis er Jesu Stimme die Worte sagen hört: „Mein Kind, rücke höher herauf!" „Ei, du frommer und getreuer Knecht, du bist über wenigem getreu gewesen; ich will dich über viel setzen; gehe ein zu deines Herrn Freude!" Matthäus 25,21.

Kapitel 56: Wahre Weisheit

Junge Männer und Frauen mögen die beste weltliche Erziehung genossen haben und dennoch den wichtigen Grundsätzen gegenüber unwissend geblieben sein, die sie zu Bürgern des Reiches Gottes machen. Menschliche Weisheit kann nicht geschickt machen zum Himmelreich. Niemand kommt durch Formen und Gebräuche oder durch langes Bücherstudium in das Reich Christi. „Das ist aber das ewige Leben, dass sie dich, der du allein wahrer Gott bist, und den du gesandt hast, Jesum Christum, erkennen.“ Johannes 17,3.

Bibel und Wissenschaft

Beide Testamente der Heiligen Schrift müssen täglich erforscht werden. Die Erkenntnis und Weisheit Gottes erlangt nur der Schüler, der beständig des Herrn Wege und Werke zu erfahren sucht. Die Bibel soll unser Licht und unser Erzieher sein. Wenn der junge Mensch den Glauben in sich aufnimmt, dass der Herr Regen und Tau sendet, dass er seine Sonne vom Himmel scheinen lässt, um die Blumen und Pflanzen, Bäume, Sträucher und Gräser gedeihen zu lassen; wenn er einsieht, dass aller Segen von oben kommt und Gott Dank und Ehre gebührt — dann wird er sich auf allen seinen Wegen zum himmlischen Vater bekennen und seine Tagespflichten mit gewissenhafter Treue erfüllen; Gott wird in allen seinen Gedanken sein.

Viele Jugendliche sprechen gerne über die Wissenschaft und dünken sich erhaben über die Weisheit der Heiligen Schrift; sie suchen Gottes Wege und Werke in ihre begrenzten Vorstellungen einzuordnen; ihr Unterfangen aber bleibt ein kümmerliches Machwerk. Wahres Wissen und göttliche Eingebung stimmen völlig überein. Unechtes Wissen aber ist von Gott unabhängig. Es ist stets selbstherrliche Unwissenheit.

Zu den größten Missständen, die sich auf der Suche nach Erkenntnis und im Forschen nach Wissen einschleichen, gehört es, dass Wissenschaftler allzuoft den Blick für das göttliche Wesen einer reinen, unverfälschten Glaubensüberzeugung verlieren. Der Weltweise versucht den Einfluss des Geistes Gottes auf das Herz auf wissenschaftlicher Grundlage zu erklären. Jeder Schritt auf diesem Wege führt in den Irrgarten des Zweifels. Der Bibelglaube wird das Geheimnis der Gottseligkeit genannt; kein menschlicher Geist vermag es völlig zu verstehen; für das unbekehrte Herz nun gar ist es gänzlich unverständlich.

Von Gott unterwiesen

Die Jugend wird durch ihre Weihe zum Dienst Gottes weder weichlich noch kraftlos. Viele verstehen unter Erziehung nur Bücherweisheit; aber „der Weisheit Anfang ist des Herrn Furcht". Sprüche 9,10. Das kleinste Kind, das Gott liebt und fürchtet, ist vor Gott größer als der begabteste und gelehrteste Mensch, der sich um sein Seelenheil keine Gedanken macht. Die Jugend aber, die Herz und Leben Gott weiht, verbindet sich dadurch mit der Quelle aller Weisheit und Vortrefflichkeit. Wenn der junge Mensch nur, wie es Daniel tat, von dem himmlischen Lehrer lernen wollte, dann wüsste er auch, dass die Furcht des Herrn in Wahrheit der Weisheit Anfang ist. Auf solcher sicheren Grundlage kann er — wie Daniel — jedes Vorrecht und jede günstige Gelegenheit zu seinem Besten ausnutzen und jeden Gipfel des Geisteslebens erklimmen. Wer sich, dem Herrn geweiht, der bewahrenden Macht seiner Gnade und des belebenden Einflusses des Heiligen Geistes erfreut, wird ein tieferes und umfassenderes Geistesvermögen erlangen als ein Weltmensch.

Wer Wissenschaft nur in ihrer menschlichen Ausdeutung kennenlernt, erhält eine falsche Erziehung. Weisheit aber von Gott und Jesus Christus, den er gesandt hat, erschließt die Heilige Schrift. Wer reines Herzens ist, erkennt Gott in jedem Akt der Vorsehung, er nimmt ihn auf jeder Entwicklungsstufe echter Erziehung wahr. Die Gläubigen vermögen das erste Aufbrechen des Lichtes wahrzunehmen, das vom Throne Gottes ausstrahlt. Himmlische Kunde wird allen zuteil, die den ersten Schimmer geistlicher Erkenntnis auffangen.

Die Schüler unsrer Anstalten sollten die Erkenntnis Gottes über alles andere stellen. Sie kann nur durch das Studium der Heiligen Schrift erlangt werden. „Das Wort vom Kreuz ist eine Torheit denen, die verloren werden; uns aber, die wir selig werden, ist's eine Gotteskraft. Denn es steht geschrieben: ‚Ich will zunichtemachen die Weisheit der Weisen, und den Verstand der Verständigen will ich verwerfen.' ... Die göttliche Torheit ist weiser, als die Menschen sind; und die göttliche Schwachheit ist stärker, als die Menschen sind ... Von ihm kommt auch ihr her in Christo Jesu, welcher uns gemacht ist von Gott zur Weisheit und zur Gerechtigkeit und zur Heiligung und zur Erlösung, auf dass [wie geschrieben steht], ‚wer sich rühmt, der rühme sich des Herrn!'" 1.Korinther 1,18-31.

Kapitel 57: Strebe nach hohem Ziel!

Gott will, dass wir jede Gelegenheit wahrnehmen, uns Kenntnisse für unseren Beitrag zu seinem Werke anzueignen. Er erwartet, dass wir alle Kraft daransetzen, es auszuführen, und uns dabei den Sinn für seine Heiligkeit und seine hehre Verbindlichkeit bewahren.

Viele, die Großes leisten könnten, vollbringen gar nichts, weil sie keinen Versuch wagen. Tausende gehen durchs Leben, ohne einen würdigen Zweck zu verfolgen oder nach einem wertvollen Ziel zu streben, nur weil sie zu wenig von sich halten. Christus aber hat uns für einen unermesslich hohen Preis erkauft, damit wir uns auch diesem Preise entsprechend einschätzen.

Wir sollten uns unser Ziel nicht zu niedrig stecken, zumal wir längst nicht sind, was wir sein könnten oder nach Gottes Willen sein sollten. Nicht dazu haben wir unsre Verstandeskräfte von Gott erhalten, dass wir keinen Gebrauch davon machen oder damit Missbrauch treiben, indem wir nur irdische, gleichgültige Zwecke verfolgen, sondern dass wir sie nach Möglichkeit vermehren, entwickeln, vertiefen und veredeln und zur Förderung des Reiches Gottes verwenden.

Behaupte dich!

Niemand sollte sich dazu hergeben, wie eine Maschine lediglich die Gedanken anderer auszuführen. Gott hat uns befähigt, selbständig zu denken und zu handeln. Nur wenn wir sorgsam unsre Fähigkeiten anwenden und uns dabei von ihm unterweisen lassen, werden wir die Eignung zur Übernahme von Verantwortung erlangen. Statt auf unsre Selbständigkeit zu verzichten und zum bloßen Schatten anderer herabzusinken, sollten wir erwarten, dass der Herr in und durch uns wirkt.

Niemals darf man meinen, dass man genug gelernt habe und nun in seinen Bemühungen nachlassen dürfe. Nach seiner Geistesbildung wird der Mensch beurteilt. Wir dürfen sie nicht vernachlässigen, solange wir leben. Täglich müssen wir lernen und von den erworbenen Kenntnissen Gebrauch zu machen suchen. Vergessen wir nicht, dass wir überall, wo wir auch tätig sein mögen, unsre Gesinnung offenbaren und unser Wesen gestalten. Hüten wir uns darum, unsre Arbeit träge oder nachlässig zu verrichten und den Wunsch nach einer leichteren Aufgabe zu nähren.

Arbeite mit ungeteiltem Herzen

In demselben Geist und nach denselben Grundsätzen, nach denen man seine tägliche Arbeit verrichtet, wird man im ganzen Leben handeln. Gott kann niemand gebrauchen, der auf ein genau umrissenes Arbeitspensum und einen bestimmten Lohn besteht und eine Arbeit wünscht, die ihm die Mühe erspart, sich anzupassen und sich weiterzubilden. Er kann niemand segnen, wie er möchte, der sich an Leib, Seele und Geist immer nur möglichst zu schonen sucht. Das Beispiel eines solchen vom Eigennutz beherrschten Menschen wirkt verderblich. Wer immer beaufsichtigt werden muss und nur gerade so viel tut, wie ihm zu tun befohlen ist, wird dereinst nicht als „frommer und getreuer Knecht" bezeichnet. Gott braucht Mitarbeiter, die Tatkraft, Redlichkeit und Fleiß an den Tag legen, die alles zu tun bereit sind, was getan werden muss.

Viele leisten nichts, weil sie aus Furcht vor Misserfolgen jegliche Verantwortung scheuen. So bleibt ihnen die Ausbildung vorenthalten, die man nur durch Erfahrung erlangt und die weder durch Bücher noch durch Unterricht noch durch irgendwelche Gelegenheit zu ersetzen ist.

Der Mensch kann die Verhältnisse meistern. Anstatt sich von ihnen beherrschen zu lassen, sollte er sie seiner Arbeit dienstbar machen. Menschen der Kraft sind jene, die mit Widerständen, Gefahren und Feindseligkeiten zu kämpfen hatten. Für den, der sich mit aller Gewalt der Hindernisse erwehrt, die ihm begegnen, werden sie zu großen Segnungen. Durch Kämpfe und Schwierigkeiten gewinnen wir Vertrauen zu Gott, Selbstbewusstsein und Standhaftigkeit, so dass wir uns durchsetzen können.

Mache das Beste aus deinem Leben

Während eine gute Erziehung in Verbindung mit der Hingabe an Gott einen großen Segen darstellt, sollten diejenigen, die sich der Ausbildung in höheren Wissenschaften nicht erfreuen können, niemals denken, sie könnten im geistigen und geistlichen Leben keine Fortschritte machen. Wenn sie das Wissen, über das sie verfügen, so gut wie möglich ausnutzen, wenn sie täglich ihren Bestand zu vergrößern suchen und durch bewusste Pflege christlicher Tugenden alle Charakterfehler überwinden, wird der Herr auch ihnen die nötige Weisheit nicht versagen. Auch ihnen wird das Wort gelten, das einst von den Kindern Israel sagte: Gott gab ihnen Weisheit und Verstand.

Abschnitt 6

DIENST

Wie schnell könnte mit einer solchen Kampfschar, wie sie unsere Jugend, gut geschult, darstellen kann, die Botschaft von dem gekreuzigten, auferstandenen und wiederkommenden Heiland durch die ganze Welt getragen werden! Wie schnell könnte das Ende kommen — das Ende von Leiden, Sorgen und Sünden! Wie bald könnten unsre Kinder an Stelle von irdischem Besitz mit seinem Gifthauch von Sünde und Pein ihr himmlisches Erbe erhalten, wie es geschrieben steht: „Die Gerechten erben das Land und bleiben ewiglich darin“ (Psalm 37,29) — „kein Einwohner wird sagen: Ich bin schwach“ (Jesaja 33,24) — und nicht mehr gehört wird „die Stimme des Weinens noch die Stimme des Klagens“! Jesaja 65,19.

Kapitel 58: Gott wünscht die Mitarbeit der Jugend

Viele junge Christen könnten ein gutes Werk tun, wenn sie sich in der Schule Christi von ihm, dem großen Lehrer, darauf vorbereiten ließen. Selbst wenn Prediger, Evangelisten und Lehrer ihr Werk der Seelenrettung nur mangelhaft verrichteten, sollten Kinder und Jugendliche dennoch bestrebt sein, Täter des Wortes zu sein.

Lasst die jungen Männer, Mädchen und Kinder im Namen Jesu ans Werk gehen. Sie können sich zusammenschließen und nach einem bestimmten Plan arbeiten. Könnt ihr nicht eine Gruppe von Arbeitern bilden und zu festgesetzten Zeiten miteinander beten und den Herrn um seine Gnade anflehen und dann vereint arbeiten? Ihr solltet euch mit Menschen beraten, die den Herrn lieben und fürchten und Erfahrung im Werk haben, damit ihr unter dem Einfluss des Geistes Gottes Pläne fassen und eine Arbeitsordnung entwickeln könnt, durch welche ihr ernsthaft und erfolgreich tätig sein könnt. Gott wird denen helfen, die ihre von ihm anvertrauten Fähigkeiten zu seines Namens Ehre anwenden. Wollen unsre jungen Männer und Mädchen, die doch an die Botschaft glauben, nicht lebendige Missionare werden?

Arbeite im Glauben

Wenn du für andre arbeitest, wird die göttliche Kraft an deren Seelen mitarbeiten; sie sind ja durch das Blut des eingeborenen Sohnes Gottes erkauft. Wir können als Gewinner von Seelen, für die Christus gestorben ist, nur dann erfolgreich sein, wenn wir uns auf die Gnade und Kraft Gottes, der allein menschliche Herzen von der Sünde überführt und bekehrt, verlassen. Während du dem Menschen Gottes Wahrheit darstellst, werden Unglaube und Zweifel um die Herrschaft über die Seele kämpfen; vertreibe nur durch das verbürgte Wort Gottes jeden Zweifel aus deinem Herzen.

Nimm Gott bei seinem Wort und arbeite im Glauben. Satan wird durch seine Einflüsterungen versuchen, das Wort des himmlischen Vaters zu entkräften. Bedenke: „Was aber nicht aus dem Glauben geht, das ist Sünde." Römer 14,23. Dringe mit deinem Glauben durch das Dunkel, in das dich Satan einhüllen will, verankere ihn auf dem Gnadenstuhl und wehre jedem Zweifel. Nur so kannst du Glaubenserfahrungen machen und die Beweisgründe, die für Frieden und Vertrauen so nötig sind, finden.

Wenn du an Erfahrung zunimmst, dann wirst du auch das Feuer der Begeisterung und die warme Liebe zum Dienst Gottes in dir mehren; denn du bist eins geworden mit Christus Jesus. Deine Neigungen werden vom Heiligen Geist erzeugt. Du hast das Joch Christi auf dich genommen, und du bist Mitarbeiter Gottes geworden.

Der Ruf nach Freiwilligen

Der Herr ruft nach Freiwilligen, die sich mit aller Festigkeit auf seine Seite stellen und die sich verpflichten, gemeinsam mit ihm das Werk zu tun, das jetzt, gerade jetzt, so wichtig ist.

Kapitel 59: Wir müssen Seelen gewinnen

Der Herr hat der Jugend große Verantwortung auferlegt. Er erwartet viel von ihr in dieser Zeit zunehmender Erleuchtung und Erkenntnis. Die Jugend ist berufen, Irrtum und Aberglauben, die so viele Gemüter verdunkeln, zerstreuen zu helfen. Sie sollte zu diesem Zweck danach streben, an Erkenntnis und Erfahrung zu wachsen. Gott macht sie für die Gelegenheiten, die er ihr bietet, verantwortlich. Sein Werk erwartet ihren vollen Einsatz und ungeteilte Hingabe, damit es sich ausbreite auf der Erde, wie es die Zeit erfordert.

Wenn die Jugend Verstand und Herz dem Dienste Gottes weiht, wird sie einen hohen Grad von Kraft und Nützlichkeit erreichen. Diese Lebenshöhe sollte ihr Ziel sein. Weniger erreichen zu wollen, bedeutet ein Verschmähen der von Gott gegebenen Möglichkeiten. Das wäre Verrat am Herrn — ein Versagen in der Nächstenliebe.

Was tut ihr, meine jungen Freunde, um eurer Umgebung die Notwendigkeit ans Herz zu legen, sich vom Wort Gottes führen zu lassen und seine Gebote zu halten? Beweist ihr durch ein vorbildliches Leben, dass der Mensch nur durch Gehorsam dem Worte Gottes gegenüber gerettet werden kann? Wenn ihr alles tut, was in euren Kräften steht, werdet ihr den andern zum Segen werden. Wenn ihr allen Fleiß anwendet und alle Fähigkeiten und Gelegenheiten benutzt, dann werden sich euch immer mehr Türen öffnen.

Kapitel 60: Zeugen Jesu Christi

Wer auf der Seite Gottes steht, muss den Heiland bekennen. „Ihr aber seid meine Zeugen, spricht der Herr." Jesaja 43,10. Der Glaube aller Aufrichtigen wird sich in der Reinheit und Heiligkeit des Charakters erweisen. Der Glaube ist durch die Liebe tätig und reinigt das Herz, und mit dem Glauben kommt Gehorsam, das ist ein treuliches Ausleben der Worte Christi. Christentum ist lebendige Tat und passt sich allen Umständen des Lebens an. „Ihr aber seid meine Zeugen." Jesaja 43,10. Für wen? — Für die Welt; denn von euch soll ein heiligender Einfluss ausstrahlen. Christus will in euren Herzen wohnen, und ihr sollt von ihm zeugen und die Schönheit seines Charakters offenbaren.

Unsre Gespräche

Die modische Religion der Gegenwart hat den Charakter der christlichen Jugend so beeinflusst, dass sie im Kreise ihrer Kameraden den Namen Jesu kaum nennt. Es wird über so vieles gesprochen; der köstliche Erlösungsplan aber wird nicht erwähnt. Wenn wir lebendige Christen sein wollen, müssen wir hierin einen Wandel vollziehen und verkündigen „die Tugenden des, der euch berufen hat von der Finsternis zu seinem wunderbaren Licht". 1.Petrus 2,9. Wohnt der Heiland durch den Glauben im Herzen, werdet ihr treue Missionare sein.

Habt ihr Christus gefunden, dann werdet ihr treue Missionare sein. Sein Werk muss euch begeistern, und euer Verlangen muss es sein, denen, die den Heiland noch nicht kennen, von ihm, der euch so köstlich geworden ist, zu erzählen; er hat euch ja ein neues Lied in euren Mund gegeben, den Lobpreis des Höchsten.

Wollt ihr, meine jungen Freunde, nicht anfangen, als Christen zu leben, als solche, deren Herzen von des Heilandes Liebe erwärmt wurden? Ihr könnt gar nicht ermessen, wieviel Gutes ihr dadurch wirken könnt, dass ihr eindringlich und warmherzig von ihrer Seelenrettung zu denen sprecht, die sich noch nicht in der Schar der Kinder Gottes befinden. Andrerseits werdet ihr erst am Gerichtstag Gottes erkennen, wie viele Gelegenheiten, Zeugen für den Herrn zu sein, ihr unbenutzt gelassen habt. Ihr wisst sicher nicht, welches Unheil ihr durch leichtfertige Handlungen, oberflächliche Gespräche und Unachtsamkeit, die in keinem Verhältnis zu eurem heiligen Glauben stehen, bei anderen Seelen anrichtet.

Die Gewinnung der Angehörigen

Euch erfüllt wohl eine Sorge um das Heil derer, die ihr liebt. Ihr versucht ihnen die Schätze der Wahrheit mitzuteilen, ihr weint sogar allen Ernstes, um sie nur zu retten. Wenn aber eure Worte nur wenig Eindruck zu machen scheinen und ihr keine Erhörung eurer Gebete wahrnehmt, macht ihr beinahe Gott dafür verantwortlich, dass eure Arbeit keine Früchte trägt. Oder ihr meint, eure Lieben haben zu harte Herzen und würdigen eure Bemühungen zu wenig. Habt ihr aber ernstlich darüber nachgedacht, ob der Fehler nicht doch bei euch selbst liegt? Ist euch nie der Gedanke gekommen, dass ihr mit einer Hand niederreißt, was ihr mit der andern aufbauen wolltet?

Zu gewissen Zeiten habt ihr dem Heiligen Geist einen Einfluss auf euch eingeräumt. Anderseits habt ihr aber euren Glauben durch euer Leben verleugnet und euer Bemühen um eure Lieben selbst zunichte gemacht: denn eure Anstrengungen ihretwegen wurden durch euer Verhalten nicht unterstützt. Eure Stimmungen, das unterlassene Wort zur rechten Zeit, eure ganze Art und Weise, eure innere Verdrießlichkeit, euer Mangel an christlicher Liebenswürdigkeit und Geistlichkeit, ja, sogar euer Gesichtsausdruck zeugen gegen euch.

Unterschätzt niemals die Bedeutung kleiner Dinge. Sie machen das tägliche Leben aus. Durch sie kann die Seele in das Bild Jesu Christi hineinwachsen oder sich dem Bösen nähern. Möge Gott uns helfen, unsre Gedanken, Worte, Blicke und Taten so zu gestalten, dass sie andern beweisen, dass wir mit dem Heiland wandelten und von ihm lernten!

Mit allem Eifer

Ein Leben im Dienste Gottes ist ein gesegnetes. Die Menge derer, die ihre Zeit mit müßigen Spielereien, fruchtlosem Kummer und unnützem Klagen verbringen, könnte eine ganz andere Erfahrung machen, wenn sie das von Gott geschenkte Licht besser schätzen und auch andern mitteilen würde. Viele bereiten sich durch ihre eigne Selbstsucht und Neigung zur Trägheit ein unglückliches Leben. Durch fleißige Tätigkeit könnten sie ihr Leben erhellen und mit ihrem leuchtenden Schein alle diejenigen, die in der Finsternis auf der breiten Straße zur Verdammnis wandeln, auf den Weg zum Himmel führen. Wer so lebt, wird sein Herz mit Frieden und Freude in Jesus Christus erfüllen.

Kapitel 61: Persönliche Arbeit

Jesu Tätigkeit setzte sich weitgehend aus persönlichen Unterredungen zusammen. Er schätzte es sehr, wenn ihm auch nur eine Seele zuhörte; diese eine Seele brachte dann die empfangene Belehrung tausend anderen.

Die erfolgreichsten Werkzeuge sind diejenigen, die ihrem Gott fröhlich in den kleinen Dingen dienen. Jeder soll den ihm eignen Faden in die Struktur des Gewebes einfügen und so das Muster vollenden.

Erzieht die Jugend, dass sie der Jugend helfe. Bei solchem Bemühen wird jeder die Erfahrung machen, die ihn befähigt, ein segensreicher Arbeiter mit ausgedehntem Wirkungskreis zu werden. Tausende von Herzen können auf die einfachste Weise erreicht werden.

Schon oft wurden die geistreichsten und von der Welt als groß und begabt geachteten Männer und Frauen durch ganz bescheidene und schlichte Worte aufgerichtet, wenn diese von jemand gesprochen wurden, der Gott liebt und von dieser Liebe ebenso natürlich erzählen kann, wie Weltmenschen über Dinge sprechen, die ihren Geist beschäftigen und erfüllen. Worte, wenn auch gut vorbereitet und einstudiert, haben nur selten größeren Einfluss; aber das wahrhaftige, rechtschaffene Werk eines Gotteskindes durch Wort und Dienst in kleinen Dingen, mit natürlicher Schlichtheit dargeboten, vermag die Herzen vieler Seelen, die sich lange verschlossen hielten, aufzubrechen.

Kapitel 62: Die Jugend als Seelengewinner

Satan ist ein wachsamer Gegner, der mit äußerster Zielstrebigkeit die Jugend auf einen Weg zu locken versucht, der dem entgegengesetzt ist, den Gott beschritten haben will. Er weiß genau, dass niemand anders so viel Gutes tun kann wie die Jugend, die sich dem Herrn geweiht hat. Die gläubige Jugend vermag einen bedeutenden Einfluss auszuüben. Ältere Prediger oder Gemeindeglieder haben nicht die Hälfte des Einflusses bei der Jugend, den junge, gottgeweihte Menschen bei ihren Altersgenossen entwickeln können. Die Jugend sollte sich darum ihrer Verantwortung, die auf sie gelegt wurde, bewusst sein, und alles ihr Mögliche tun, um ihre sterblichen Kameraden zu retten, wenn auch unter Verzicht auf eigenes Vergnügen und unter Aufopferung berechtigter Wünsche. Ihre Zeit und ihre Mittel sollten, wenn erforderlich, dem Herrn geweiht sein.

Jeder, der vorgibt fromm zu sein, muss die Gefahr erkennen, in der sich alle, die ohne Christus leben, befinden. Bald wird ihre Bewährungsfrist zu Ende sein. Alle, die sich an der von Gott verordneten Rettung von Seelen beteiligen könnten und aus Selbstsucht, Unduldsamkeit, oder weil sie sich des Kreuzes Christi schämen, ihre Pflicht versäumen, verlieren nicht nur ihr eigenes Seelenheil, sondern beladen sich mit dem Blut der armen Sünder. Sie werden Rechenschaft geben müssen für das Gute, das sie hätten tun können, hätten sie sich Gott geweiht, und für das, was sie nicht vollbrachten, weil sie treulos waren.

Wer in Wahrheit die süße Frucht der Erlösung geschmeckt hat, kann und wird nicht ruhen, bis alle, mit denen er zusammenkommt, den Erlösungsplan kennengelernt haben. Der junge Mensch sollte fragen: „Mein Heiland, was willst du, dass ich tun soll? Wie kann ich deinen Namen auf Erden ehren und rühmen?" Seelen um uns kommen um. Welchen Anteil nimmt die Jugend daran, Seelen für Christus zu gewinnen?

Sorge um andere

Unsre Schüler könnten einen guten Einfluss für den Heiland ausüben. Wer aber nennt den Namen Christi? und wo sind sie, die mit gütigem Ernst und eindringlichen Vorstellungen ihre Kameraden von unrechten Wegen abzubringen versuchen und sie auf den Pfad der Gerechtigkeit bringen?

So sollte der junge Mensch handeln, aber die Jugend tut es nicht; sie vereinigt sich lieber mit den Sündern in Spielen und Vergnügungen. Die jungen Menschen haben ein weites Feld zur Betätigung; aber sie sehen das nicht ein. Wenn sie doch jetzt ihre geistigen Fähigkeiten dazu verwenden möchten, den gefährdeten Sünder zu erreichen und mit dem Pfad der Heiligkeit bekanntzumachen; wenn sie mit Gebet und Flehen auch nur eine Seele dem Herrn Jesus zuführen würden!

Welch ein gesegnetes Beginnen wäre das! Eine Seele gewinnen, die den Herrn preist in alle Ewigkeit! Eine Seele, die sich eines glückseligen, ewigen Lebens erfreuen kann! Einen Edelstein der Lebenskrone einfügen, der leuchten wird wie ein Stern immer und ewiglich! Aber noch viel mehr als nur eine Seele kann vom Irrtum zur Wahrheit bekehrt werden und aus der Sünde zur Heiligkeit kommen. Der Herr sagt durch den Propheten: „Die Lehrer aber werden leuchten wie des Himmels Glanz, und die, so viele zur Gerechtigkeit weisen, wie die Sterne immer und ewiglich." Daniel 12,3. Also werden alle, die sich mit dem Heiland und den Engeln im Werk der Rettung gefährdeter Seelen vereinigt haben, im himmlischen Reich fürstlich belohnt werden.

Mir wurde gezeigt, dass viele Seelen gerettet werden könnten, wenn die Jugend den Platz einnehmen würde, auf den sie Gott berufen hat, wenn sie sich ihm und der Wahrheit weihen wollte; sie nimmt aber im allgemeinen eine Haltung ein, die derart ist, dass sie selbst ständige Arbeit für sich erfordert, damit sie nicht in die Welt geht. So wird sie zu einer Quelle von Besorgnis und Herzweh. Tränen fließen ihretwegen, und schmerzbewegte Bitten und Gebete steigen ihretwegen aus den Herzen der Eltern zu Gott. Unbekümmert um die Schmerzen, die sie verursachen, gehen diese jungen Menschen ihres Weges weiter. Sie stoßen denen Dornen ins Herz, die um ihrer Errettung willen sterben würden, um so zu dem zu werden, was sie durch das Verdienst des Blutes Jesu nach dem Plane Gottes sein sollten.

Es gibt viel zu tun!

Ich sah, ihr jungen Männer und Frauen, dass der Herr ein Werk für euch zu tun hat. Nehmt euer Kreuz auf euch und folgt dem Heiland, sonst seid ihr seiner nicht würdig. Verbleibt ihr in achtloser Gleichgültigkeit, wie kann euch dann offenbar werden, was da sei des Herrn Wille mit euch? Wie könnt ihr erwarten, gerettet zu werden, wenn ihr nicht als treue Diener eures Herrn Willen erfüllt? Wer das ewige Leben ererbt, wird alles treulich getan haben. Der König der Herrlichkeit wird ihn an seine rechte Seite stellen und zu ihm sagen: „Du hast recht getan, du frommer und getreuer

Knecht." Kannst du aufzählen, wie viele Seelen du vor dem Untergang bewahrt hättest, wenn du, anstatt deinem eigenen Vergnügen nachzuhängen, versucht hättest, in deines Meisters Weinberg zu wirken? Wie viele Seelen sind durch Unterhaltungsabende und musikalische Veranstaltungen gerettet worden? Wenn du nicht eine einzige Seele aufzuzählen vermagst, dann kehre um! Kehre um und handle anders. Fange an, für Seelen zu beten. Komm näher zum Heiland, komm dicht an seine blutende Seite. Schmücke dein Leben mit einem sanften, friedvollen Geist und sende ernsthafte und demütige Bitten zum Herrn um Weisheit, damit du Erfolg haben mögest im Werk der Rettung deiner Seele sowohl als auch der Rettung anderer Seelen.

Bete mehr als du singst. Ist dir das Gebet nicht nötiger als das Singen? Gott ruft euch zur Arbeit. Arbeitet für ihn, ihr jungen Männer und Frauen. Macht eine entschiedene Kehrtwendung in euren Gewohnheiten. Ihr könnt Aufgaben erfüllen, die ein Diener des Wortes und der Lehre nicht zu tun vermag. Ihr könnt die Jugend erreichen, die ein Prediger nicht so gut beeindrucken kann.

Wo beginnen?

Wer ein Werk für Gott tun will, beginnt am besten in seinem Heim, im eignen Haushalt, in seiner Nachbarschaft und unter seinen Freunden. Hier erschließt sich ihm ein gutes Missionsfeld. Die Heimatmission ist ein Prüfstein für die Fähigkeit oder für das Unvermögen, in einem größeren Wirkungskreis zu arbeiten.

Der erfolgreichste Weg

In unserm Werk richtet die persönliche Arbeit mehr aus, als angenommen wird. Wenn sie fehlt, kommen Seelen um. Jede Seele ist von unendlichem Wert, der Hügel von Golgatha bezeugt es. Eine gewonnene Seele ist wieder ein Werkzeug zur Gewinnung anderer Seelen. So entsteht ein ständig wachsender Strom an Heil und Segen.

Kapitel 63: Vielseitige Arbeit

Gott ruft Prediger, Bibelarbeiter und Buchevangelisten in seinen Dienst. Unsre jungen Männer und Mädchen sollten sich als Buchevangelisten, Evangelisten und Bibelarbeiter an Brüder, die schon größere Erfahrung haben, anschließen und sich unterweisen lassen, wie sie ihre Arbeit am besten ausführen können. Die Buchevangelisten sollten unsre Schriften von Haus zu Haus tragen. Und wenn sich Gelegenheit bietet, dann sollten sie mit denen, die sie antreffen, über die gegenwärtige Wahrheit sprechen und mit ihnen singen und beten. Wenn wir in unsrer Arbeit für den Herrn tatkräftig die richtigen Methoden befolgen, dann werden Seelen für den Herrn gewonnen werden.

Für alle, die uneigennützigen Sinnes sind, ist Platz im Werk des Herrn. Gott beruft Männer und Frauen, die um ihres Nächsten willen Selbstverleugnung üben und bereit sind, alles, was sie sind und haben, dem Herrn zu weihen. Menschen werden sehr benötigt, die auch in Schwierigkeiten ausharren und entschlossen sind, weder schwach zu werden noch sich entmutigen zu lassen. Der Herr wünscht Mitarbeiter, die das Werk stärken und aufbauen, das andere neben ihnen verrichten.

Der Weg zur Tüchtigkeit

In dieser wie in jeder anderen Arbeit entwickelt sich die Gewandtheit von selbst. Durch Übung in täglicher Pflichterfüllung und durch Dienst an den Bedürftigen und Leidenden sichert man sich die entsprechende Leistungsfähigkeit.

Kapitel 64: Selbstloser Dienst

Wer, soweit es ihm möglich ist, andern Gutes tut, wer ihnen durch Taten seine Anteilnahme bezeigt, macht nicht nur die Übel dieser Welt leichter, hilft nicht nur seinen Mitmenschen Lasten tragen, sondern fördert weitgehend die eigne seelische und körperliche Gesundheit. Die gute Tat ist ein Werk, das Geber und Empfänger zugleich nützt. Wenn du dich in der Arbeit für andre selbst vergisst, dann wirst du deine eigene Schwäche besiegen. Die Befriedigung, die du spürst, wenn du Gutes tust, wird dir sehr helfen, wieder eine gesunde Vorstellungswelt zu entwickeln.

Die Freude in der Ausübung guter Werke belebt den Geist und durchdringt den ganzen Körper. Während Klarheit und Heiterkeit die Gesichter der Wohltäter erleuchtet und ihre Mienen Seelenadel ausdrücken, sind eigennützige und geizige Menschen mehr niedergeschlagen, schwermütig und finster. Ihr sittlicher Mangel haftet ihren Gesichtern an. Selbstsucht und Eigenliebe bestimmen schon das äußere Bild des Menschen.

Wessen Wesen von uneigennützigem Wohlwollen beherrscht wird, ist Teilhaber der göttlichen Natur und bleibt unberührt von der Verderbnis, die durch die Lust über die Welt gekommen ist. Dagegen hält der Selbstsüchtige und Geizige an seinem Eigennutz krampfhaft fest, verliert immer mehr an Mitgefühl anderen Menschen gegenüber und spiegelt in seinem Antlitz viel eher das Bild des gefallenen Feindes als das von Reinheit und Heiligkeit wider.

Kapitel 65: Der Lohn des Fleißes

Die Jugend möge sich stets vor Augen halten, dass sich der Träge um die unschätzbare Erfahrung bringt, die durch gewissenhafte Verrichtung der täglichen Pflichten gewonnen wird. Wer träge und willentlich unwissend ist, legt sich selbst Dinge in den Weg, die ihn stets behindern werden. Er versagt sich selbst die Bildung, die eine Frucht rechtschaffener Arbeit ist. Er versäumt es, dass Wohl der Mitmenschen hilfreich zu fördern, und beraubt dadurch seinen Schöpfer. Seine Laufbahn wird ganz anders als die, welche ihm Gott vorgezeichnet hat; durch Verachten nützlicher Tätigkeit stärkt er nur den Hang zum Niedrigen und lähmt schließlich seine besten Kräfte.

Nicht nur wenige, sondern Tausende von Menschen verzehren lediglich die Güter, die ihnen Gott aus Gnaden verliehen hat. Sie vergessen ihre Dankesschuld an den göttlichen Geber, der ihnen so große Reichtümer aus dem Schoß der Erde anvertraut hat. Sie denken nicht daran, dass der Herr einen weisen Gebrauch der ihnen zugeteilten Gaben fordert. Sie sollten nicht nur Gaben für sich nutzen, sondern Gaben entwickeln. Hätten sie eine bessere Vorstellung von den Aufgaben, die sie als Gottes Mitarbeiter erfüllen sollen, dann würden sie niemals danach trachten, jede Verantwortung zu meiden und nur versorgt zu werden.

Der Segen der Arbeit

Wahres Glück ist nur im Gutsein und im Gutestun zu finden. Die reinste und erhabenste Freude erleben immer diejenigen, die gewissenhaft die ihnen auferlegten Pflichten erfüllen. Keine rechtschaffene Arbeit erniedrigt. Es ist ganz gewöhnliche Faulheit, die Menschen dazu bringt, dass sie auf die einfachen Tagespflichten herabsehen. Jede Verweigerung dieser Pflichten verursacht einen geistigen und moralischen Mangel, der sich eines Tages bitter bemerkbar machen wird. Dann wird die ganze Hässlichkeit des Faulen offenbar werden. Über seinem Leben stehen dann die Worte: Ein Verbraucher, aber kein Hervorbringer.

Jeder Lebensberuf kann wertvolle geistliche Belehrung erteilen. Wer sein Feld bestellt, denke an den Sinn der Worte: „Ihr seid Gottes Ackerwerk." 1.Korinther 3,9. Die Samenkörner der Wahrheit müssen in das Herz gesät werden, damit das Leben die köstliche Frucht des Heiligen Geistes tragen kann. Gottes Prägung des menschlichen Sinnes soll ihn in ein harmonisches Ebenmaß bringen. Die rohen Kräfte des Körpers und des Geistes müssen für den Dienst Gottes geschult werden.

Allen Christen ist ein geistliches Amt übertragen worden. Der König der Herrlichkeit hat erklärt: „Des Menschen Sohn ist nicht gekommen, dass er sich dienen lasse, sondern dass er diene." Matthäus 20,28. Als Majestät des Himmels war er bereit, auf die Erde zu kommen und das Werk auszuführen, das ihm sein Vater aufgetragen hatte. Er hat die Arbeit geadelt. Um uns ein Beispiel zu geben, arbeitete er mit seinen Händen als Zimmermann. Von Kindheit an trug er seinen Teil zum Lebensunterhalt der Familie bei. Er fühlte sich seiner Familie zugehörig und übernahm bereitwillig einen Teil ihrer Lasten.

Hilfe im Heim

Kinder und Jugendliche sollten freudig die Lasten der Eltern erleichtern und ein selbstloses Interesse am Heim bekunden. Wenn sie mit frohem Mut die Lasten übernehmen, die auf ihren Anteil kommen, werden sie geschickt für bedeutende Vertrauensstellungen. Sie sollten jedes Jahr ständig Fortschritte machen und aus kindlicher Unerfahrenheit zum verständigen Mannes; und Frauenalter gelangen. In der gewissenhaften Erfüllung der kleinen häuslichen Pflichten liegt für alle Knaben und Mädchen die Grundlage für geistige, sittliche und geistliche Vortrefflichkeit.

Das Gewebe des Geschicks

Denkt daran, ihr jungen Freunde, dass ihr mit jedem Tag, mit jeder Stunde, ja mit jedem Augenblick euer eigenes Schicksalsgewebe webt. Jedes Mal, wenn das Schiffchen geworfen wird, zieht sich ein Faden in das Gewebe und verunstaltet oder verschönt das Muster. Seid ihr sorglos und träge, dann könnt ihr leicht das Leben, das nach Gottes Willen schön und hell sein sollte, verderben. Wenn ihr euren eigenen Neigungen folgt, werden unchristliche Gewohnheiten euch mit Stahlfesseln umschließen. Und wenn ihr euch von dem Heiland entfernt, werden eurem Beispiel oft andere folgen, die durch eure Schuld der himmlischen Freuden verlustig gehen. Bemüht ihr euch aber aufrichtig um die Überwindung jeder Selbstsucht und versäumt ihr keine Gelegenheit, denen, die um euch sind, zu helfen, dann wird der helle Schein eures Beispiels andere zum Kreuz Jesu führen.

Kapitel 66: Die Würde der Arbeit

Gott wollte durch die Arbeit das Böse mildern, das durch den Ungehorsam des Menschen in die Welt gekommen war. Durch die Arbeit sollten auch Satans Versuchungen unwirksamer gemacht und die Flut der Sünde zum Stehen gebracht werden. Wenn sie auch mit Unruhe, Ermüdung und Beschwerden verbunden ist, so ist die Arbeit dennoch eine Quelle des Glücks und der Entwicklung und ein Schutz gegen jede Anfechtung. Sie richtet Schranken auf gegen die Schonung des eignen Selbst und fördert Fleiß, Reinheit und Festigkeit. Darum gehört sie zum großen Erlösungsplan Gottes.

Nützliche Arbeit ist besser als Spiel

In der Meinung der Welt ist gewöhnliche körperliche Arbeit etwas Erniedrigendes; dennoch strengen sich Menschen bei Ballspielen und Faustkämpfen freiwillig sehr an, ohne dabei etwas Herabwürdigendes zu finden. Satan freut sich darüber, wenn Menschen ihre Körper und Geisteskräfte zu Hantierungen verbrauchen, die weder erzieherischen Wert haben noch nützlich sind oder geeignet, ein Segen oder eine Hilfe für Notleidende zu sein. Während sich die Jugend bei Spielen tummelt, die weder für sie selbst noch für andere irgendeinen Wert haben, spielt Satan das Spiel des Lebens um ihre Seelen; er nimmt ihr die von Gott gegebenen Fähigkeiten und setzt dafür schlechte Eigenschaften an ihre Stelle. Er bemüht sich sehr, die Menschen zur Leugnung Gottes zu verleiten. Und er sucht ihren Geist so völlig an sich zu ziehen und zu fesseln, dass der Schöpfer keinen Platz mehr in den Herzen seiner Geschöpfe behält. Er will nicht, dass die Menschen ihren Schöpfer erkennen, und sucht nur zu gern durch Spiele und Theaterveranstaltungen die Sinne der Jugend so zu verwirren, dass Gott und der Himmel in Vergessenheit geraten.

Der sicherste Schutz gegen das Böse ist nützliche Beschäftigung. Müßiggang dagegen ist mit der größte Fluch; in seinem Gefolge sind Laster, Verbrechen und Armut. Wer immer tätig ist und in treuer Pflichterfüllung durch seinen Tag geht, gehört zu den nützlichen Gliedern der menschlichen Gesellschaft. Durch die gewissenhafte Verrichtung der verschiedenen Obliegenheiten auf ihrem Wege machen solche Menschen ihr Leben zu einem Segen für sich selbst und für andere. Fleißige Arbeit hält sie von vielen Schlingen Satans fern, der noch immer für faule Hände Böses zu tun hat.

Ein stehendes Wasser wird bald übelriechend; ein munter plätschernder Bach aber spendet dem Land Gesundheit und Fröhlichkeit. Das erste Bild kennzeichnet den Faulen, das andere versinnbildet den Fleißigen.

Jesu Beispiel

Der Weg der Arbeit mag für die Bewohner der Erde hart und mühsam erscheinen; er wurde aber durch die Fußtapfen des Erlösers ausgezeichnet. Jeder ist sicher, der ihm auf diesem heiligen Wege folgt. Durch Vorschrift und Beispiel hat der Heiland nützliche Arbeit geadelt. Er führte von Kindheit an ein Leben der Arbeit. Sein irdisches Leben war zum größeren Teil geduldige Arbeit in der Zimmermannswerkstatt zu Nazareth. In der Kleidung des gewöhnlichen Arbeiters ging der Fürst des Lebens durch die Gassen der kleinen Stadt, in der er lebte. Dienende Engel begleiteten ihn, wenn er Seite an Seite mit Landleuten und kleinen Handwerkern, ungekannt und ungeehrt, den Weg zur Arbeit und zurück machte.

Vernünftige Arbeit ist ein gesundes Stärkungsmittel für die Menschen. Sie kräftigt den Schwachen, macht den Armen reich und den Unglücklichen fröhlich. Satan aber liegt auf der Lauer, bereit zur Vernichtung aller, deren Müßiggang ihm Gelegenheit gibt, sich ihnen in irgendeiner reizvollen Verkleidung zu nähern. Er ist niemals erfolgreicher, als wenn er Menschen beim Nichtstun antrifft.

Die Lehre genügsamen Fleißes

Zu den größten Übeln, die vom Wohlstand herrühren, gehört die Meinung, dass Arbeit erniedrigt. Es steht geschrieben: „Siehe, das war deiner Schwester Sodom Missetat: Hoffart und alles vollauf und guter Friede, den sie und ihre Töchter hatten; aber dem Armen und Dürftigen halfen sie nicht." Hesekiel 16,49. Hier werden uns die schrecklichen Folgen des Müßiggangs vor Augen geführt: er entkräftet den Geist, erniedrigt die Seele, verdreht den Verstand und bewirkt einen Fluch da, wo ein Segen sein sollte. Nur arbeitende Menschen erkennen das Große und Gute im Leben, nur sie sind bereit, gläubig und hoffnungsvoll Verantwortungen zu tragen.

Die wichtige Lektion genügsamen Fleißes in der Erfüllung der notwendigen Lebenspflichten muss noch von vielen Nachfolgern Jesu gelernt werden. Es erfordert mehr Gnade und strenge Charakterzucht, als Handwerker, als Kaufmann, Jurist oder Landmann für den Herrn tätig zu sein und die christliche Lehre im täglichen Beruf auszuleben, als in aller Öffentlichkeit als anerkannter Missionar zu arbeiten. Starke geistliche Kraft gehört dazu, den Glauben in Werkstatt und Büro hineinzutragen, die Einzelheiten des Tagesgeschehens zu heiligen und jeden geschäftlichen Vorgang mit dem Worte Gottes in Übereinstimmung zu bringen. Das ist es aber, was der Herr fordert.

Paulus hielt den Müßiggang für Sünde. Er erlernte das Handwerk eines Zeltmachers in allen Einzelheiten, und auch während seines Apostelamtes übte er diesen Beruf oft aus und unterstützte auch noch andere. Er sah die hierfür verwandte Zeit nie als verloren an. Durch sein Handwerk hatte er Zugang zu Menschen, die er auf andere Weise kaum erreicht hätte. Er bewies seinen Begleitern, dass handwerkliche Geschicklichkeit eine Gabe Gottes ist. Auch durch die Mühe der Tagesarbeit sollte Gott geehrt werden. Die Arbeiterhände des Apostels haben den Erfolg seines Wirkens als Prediger des Evangeliums nicht beeinträchtigt.

Nach Gottes Willen sollen alle arbeiten. Die schwer arbeitenden Lasttiere entsprechen dem Sinn der Schöpfung besser als ein träger Mensch. Der Herr wirkt ständig. Auch die Engel sind Arbeiter; sie sind für die Menschenkinder Gottes Diener. Wer im Himmelreich ein geruhsames und träges Dasein erwartet, wird enttäuscht sein. Die himmlische Haushaltung sieht keinen Müßiggang vor. Aber den Mühseligen und Beladenen ist Ruhe verheißen. Der treue Knecht ist es, der von seiner Arbeit zur Freude seines Herrn eingehen darf und soll. Er wird seine Rüstung mit Frohlocken ablegen und den Kampfeslärm in der herrlichen Ruhe vergessen, die denen bereitet ist, die überwunden haben durch das Kreuz Christi.

Kapitel 67: An allen Wassern säen

Der Herr ruft sein Volk in die verschiedenen Zweige des Missionswerkes zur Aussaat an allen Wassern. Wir tun aber nur einen kleinen Teil des Werkes, das wir nach seinem Willen unter unseren Freunden und Nachbarn ausführen sollen. Durch Güte gegenüber den Armen, Kranken und Trauernden gewinnen wir Einfluss über ihre Herzen und vermögen ihnen die göttliche Wahrheit nahezubringen. Nicht eine einzige solcher Gelegenheiten sollten wir unbenutzt vorübergehen lassen. Das ist die beste Missionsarbeit, die wir zu tun vermögen. Die Verkündigung der Wahrheit in liebenswürdiger Form voller Anteilnahme von Haus zu Haus entspricht der Anweisung, die der Heiland seinen Jüngern gab, als er sie zu ihrer ersten Missionsreise aussandte.

Die Gabe des Gesanges

Gute Sänger werden sehr benötigt. Der Gesang gehört zu den wirksamsten Mitteln, dem Herzen geistliche Wahrheiten einzuprägen. Oft wurden durch die Worte geistlicher Gesänge Quellen der Buße und des Glaubens freigelegt. Junge und ältere Gemeindeglieder sollten dazu erzogen werden, die letzte Warnungsbotschaft für die Welt mit aller Macht zu verkündigen. Wenn sie dazu in Demut bereit sind, werden Engel Gottes mit ihnen gehen und sie unterweisen, wie sie am besten ihre Stimme im Gebet zu Gott erheben und singen und die Evangeliums Botschaft für unsre Zeit bekanntmachen können.

Ihr jungen Freunde, greift das Werk an, zu dem euch Gott berufen hat. Der Heiland wird euch lehren, wie ihr eure Fähigkeiten am passendsten gebrauchen könnt. Wenn der belebende Einfluss des Heiligen Geistes euch bewegt und ihr andere zu belehren sucht, dann wird euer Geist gestärkt, und ihr werdet euren Zuhörern neue und ungewöhnliche Worte voller Schönheit nahebringen können.

Das ärztliche Missionswerk

Das ärztliche Missionswerk bietet viele Gelegenheiten zum gesegneten Dienst. Unmäßigkeit im Essen und Unwissenheit gegenüber den Naturgesetzen sind die Ursachen vieler vorherrschender Krankheiten: sie schmälern Gottes Ehre. Aus Mangel an Selbstverleugnung sind so viele aus dem Volke Gottes unfähig, den hohen Stand geistlichen Lebens zu erreichen, den Gott ihnen vor Augen hält. Belehrt die Leute, dass es besser ist, sich gesund zu erhalten, als zu wissen, wie Krankheiten zu heilen sind. Wir sollten weise Erzieher sein und vor jeder Unmäßigkeit warnen. Der Anblick des Elends, der Entstellung und der Krankheiten, die durch Unwissenheit in die Welt gekommen sind, kann uns doch nur aufrütteln, unsern Teil zur Belehrung der Unkundigen und zur Linderung ihrer Leiden beizutragen.

Weil der Tyrann Vorurteil den Zugang zur Seele sperrt, sind viele den Grundsätzen gesunder Lebensführung gegenüber in Unkenntnis. Durch Aufklärung über zweckmäßige Zubereitung gesunder Nahrung wird den Menschen ein wertvoller Dienst geleistet. Dieser Zweig des Werkes Gottes ist ebenso wichtig wie jeder andere. Es sollten mehr Kochschulen eingerichtet werden, und Aufklärungsarbeit über die richtige Zubereitung der Nahrungsmittel sollte von Haus zu Haus getan werden. Viele, viele würden durch Beachtung der Gesundheitsreform von körperlichem, geistigem und moralischem Verfall geheilt werden können.

Kapitel 68: Das vielgestaltige Werk

Die Gemeinde ist für den Dienst gegründet; mit dem Anschluss an sie beginnt die Dienstbereitschaft für Christus. Die Treue zum Heiland erfordert gewissenhafte Erfüllung der Gemeindepflichten. Das ist ein wesentlicher Teil jeder persönlichen Erziehung; in einer Gemeinde, die vom Geist ihres Meisters beseelt ist, wird sie unmittelbar dazu führen, sich um die Welt draußen zu bemühen. Da gibt es viele Zweige, in denen die Jugend Gelegenheit zur Mitarbeit findet.

Jeder hat seinen Platz

Jeder besitzt in dem ewigen Plan des Himmels seinen Platz. Es soll jeder in Gemeinschaft mit dem Heiland für die Errettung von Seelen tätig sein. Unser Platz in den himmlischen Wohnungen ist uns nicht gewisser als der uns auf Erden zugewiesene Platz, an dem wir für den Herrn wirken sollen.

Das Sabbatschulwerk

Gott hat manche Jugend dazu ausersehen, sich auf lebenslängliche, fleißige Arbeit im Sabbatschulwerk vorzubereiten. Der Herr will Lehrer in der Sabbatschule sehen, die ihre Aufgabe mit ganzem Herzen erfüllen, sich durch die Praxis weiterbilden und das bereits Erreichte ständig vervollkommnen.

Bibelarbeit

Die Abhaltung von Bibellesungen ist ein Gedanke des Himmels; durch sie gewinnen Hunderte von jungen Männern und Frauen die Möglichkeit, in das Heimatmissionsfeld hinauszugehen und wichtige Aufgaben zu erfüllen, die sonst nicht getan werden könnten.

Die Bibel liegt nicht mehr an der Kette. Sie kann zu jedem gebracht werden; ihre Wahrheiten sollten an das Gewissen eines jeden herangetragen werden. Es gibt so viele, die — wie einst die edlen Beröaner —, wenn ihnen nur die Wahrheit gebracht würde, täglich in der Schrift forschten, um festzustellen, ob es sich also verhielte. Der Heiland gebot: „Suchet in der Schrift; denn ihr meinet, ihr habet das ewige Leben darin; und sie ist's die von mir zeuget." Johannes 5,39. Jesus Christus, der Erlöser der Welt, fordert die Menschen nicht nur zum Lesen auf; er gebietet:

„Suchet in der Schrift!" Das ist eine große und wichtige Aufgabe. Sie ist uns übertragen worden. Durch ihre Erfüllung ist uns reicher Segen verheißen, denn jeder Gehorsam dem Heiland gegenüber wird belohnt. Er wird diesen Beweis ergebener Treue in Bezug auf das in seinem Wort geoffenbarte Licht durch besondere Gunsterweisungen auszeichnen.

Buchevangelisation

Gott ermuntert die Jugend zur Arbeit als Buchevangelisten von Haus zu Haus, wo die Botschaft noch nicht gehört wurde. Er ruft ihr zu: Ihr „seid nicht euer selbst; denn ihr seid teuer erkauft; darum so preiset Gott an eurem Leibe und in eurem Geiste, welche sind Gottes." 1.Korinther 6,19.20. Wer mutig vorwärtsschreitet und unter Gottes Führung die Arbeit aufnimmt, wird wunderbar gesegnet.

Einer der besten Wege, auf denen junge Menschen zum geistlichen Dienst tauglich werden, ist die Aufnahme der Buchevangelisation. Lasst die Jugend in die Städte und Dörfer gehen und die Bücher, welche die gegenwärtige Wahrheit enthalten, verbreiten. Bei dieser Tätigkeit werden die jungen Menschen Gelegenheit finden, Worte des Lebens zu sprechen. Das Saatkorn der Wahrheit, das sie säen, wird aufgehen und Frucht tragen. Wenn sie Menschen begegnen und ihnen unsre Schriften und Bücher anbieten, werden sie Erfahrungen machen, die ihnen durch das Predigtamt nicht zuteil geworden wären.

Alle, die ein Verlangen nach wahrem Dienst haben und sich vorbehaltslos dem Herrn weihen, werden in der Buchevangelisation günstige Gelegenheiten finden, über die vielerlei Dinge des zukünftigen, unsterblichen Lebens zu sprechen.

Das Lehramt

Für die Erziehung und Formung der jungen Geister sind die besten Lehrkräfte gerade gut genug; nur sie können die vielseitige Arbeit, die den Lehrern in unseren Gemeindeschulen obliegt, leisten.

Wir brauchen Lehrer, besonders für die Kinder, die ruhig und freundlich sind und Geduld und Liebe denen entgegenbringen, die ihrer am meisten bedürfen. Unsre Gemeindeschulen brauchen Lehrer mit hohen sittlichen Eigenschaften, Lehrer, auf die Verlass ist, Lehrer, die sich im Glauben bewähren und Herzensbildung und Geduld haben, die mit Gott leben, ja, die auch den Schein des Bösen meiden.

Berufsleben

Der Herr verlangt für seinen Dienst gebildete, besonders fähige Menschen, die in verschiedenen Berufszweigen arbeiten können. Wir brauchen Geschäftsleute, die in ihre geschäftlichen Unternehmungen die großen Grundsätze der Wahrheit hineinweben. Ihre Fähigkeiten sollten durch gründliches Studium und durch gründliche Erziehung ständig vervollkommnet werden. Wenn es Menschen in irgendeinem Teil des Werkes nötig haben, die ihnen gebotenen Gelegenheiten auszunutzen, um weise und tüchtig zu werden, so sind es alle diejenigen, die durch den Gebrauch ihrer Fähigkeiten das Reich Gottes in der Welt aufzubauen haben. Wir wissen von Daniel, dass bei strengster Prüfung in allen seinen beruflichen Verrichtungen kein Fehler oder Irrtum aufzufinden war. Er bewies vorbildlich, wie ein Geschäft oder Beruf durchgeführt werden sollte. An seinem Beispiel lernen wir, was jemand erreichen kann, der alle körperlichen und geistigen Kräfte dem Dienst Gottes weiht.

Gesundheitsdienst

Kein Gebiet der Missionstätigkeit ist so wichtig wie das, das der treue gottesfürchtige Arzt betreut. In keinem andern Zweig des Werkes kann ein Mensch mehr Gutes tun oder mehr Edelsteine erwerben, die zu seiner Freude in der Lebenskrone leuchten werden. Der gläubige Arzt trägt die Gnade Christi wie einen süßen, belebenden Wohlgeruch in alle Krankenstuben, die er betritt. Er wird auch den in Sünden kranken Seelen heilenden Balsam bringen. Kranke und Sterbende kann er auf das Lamm Gottes verweisen, das der Welt Sünde hinwegnahm. Er sollte die Ansicht nicht beachten, dass es gefährlich sei, mit sterbenskranken Menschen über die ewigen Dinge zu sprechen, weil dies ihren Zustand etwa verschlimmert. In neun von zehn Fällen nämlich wird der Zustand von Leib und Seele durch die Bekanntschaft mit dem Sünden vergebenden Heiland gebessert. Jesus Christus kann die Macht Satans beschränken. Er ist der große Arzt und Helfer, dem die in Sünden kranke Seele vertrauen kann und der sowohl ihre leibliche als auch ihre seelische Krankheit zu heilen vermag.

Wohl nahezu überall gibt es Menschen, die weder die Predigt des Wortes noch einen Gottesdienst besuchen. Wenn sie mit der Heilsbotschaft bekannt werden sollen, muss sie ihnen ins Haus gebracht werden. Oft bietet die Behandlung ihrer Leiden den einzigen Weg hierzu. Da haben Kranken; und Armenschwestern reichlich Gelegenheit, mit ihnen zu reden und zu beten, das Wort Gottes zu lesen und vom Heiland zu sprechen. Finden sie willensschwache Menschen, die ihren Süchten nicht zu widerstehen vermögen, so können sie mit ihnen und für sie den Herrn anrufen. Durch ihre uneigennützige Liebestätigkeit werden sie Gefallenen aufs neue Mut machen und das Vertrauen zur Liebe Christi festigen.

Das Predigtamt

Die Bedeutung des Predigtamtes darf nicht unterschätzt oder verkleinert werden. Seine Gestaltung und Ausübung darf nicht so vorgenommen werden, dass es von der Welt geringschätzig angesehen und beurteilt wird. Es ist ja nicht so. Wer das Predigtamt geringachtet, schätzt auch Christus gering ein. Das Predigtamt ist in allen Verrichtungen das höchste Amt, das ausgeübt werden kann. So sollte es auch der Jugend dargestellt werden, damit sie wissen möge, dass Gott in keinem Werk größeren Segen verleiht, als den er auf den Diener des Evangeliums legt.

Unsre jungen Menschen sollen sich niemals abschrecken lassen, in das Predigtamt einzutreten. Die Gefahr besteht, durch eindringliche Vorstellungen junge Menschen von dem Weg abzubringen, auf den sie der Herr senden wollte. Einige wurden ermutigt, den Arztberuf zu ergreifen, obwohl sie sich für das Predigtamt vorbereiten sollten. Gott ruft nach mehr Arbeitern in seinen Weinberg. „Stärkt die Vorposten! Habt treue Wächter in jedem Teil der Erde!" Gott ruft dich, liebe Jugend. Er ruft ganze Scharen junger Menschen, die großzügig und von umfassendem Geist und von tiefer Liebe zu Christus und seiner Wahrheit erfüllt sind. {

Äußere Mission

Das Werk braucht junge Kräfte. Gott beruft sie in die Missionsfelder. Da sie ungebunden und frei von Fürsorgepflichten sind, sind sie geeigneter für den Missionsdienst als diejenigen, die für den Lebensunterhalt einer großen Familie zu sorgen haben. Außerdem vermögen junge Menschen sich leichter einem anderen Klima und fremden Menschen anzupassen und Schwierigkeiten und Unbequemlichkeiten besser zu ertragen. Durch Herzensbildung und Ausdauer können sie das Volk gewinnen, unter dem sie weilen.

Junge Männer sollten sich durch Erlernung von Fremdsprachen dahin ertüchtigen, dass der Herr sie unter fremden Völkern als Vermittler seiner Rettungsbotschaft benutzen kann. In ihrer Missionsarbeit können sich diese jungen Menschen gute Kenntnisse der fremden Sprachen aneignen. Wenn sie mit ihrer Zeit haushälterisch umgehen, können sie ihr geistiges Vermögen bereichern und für noch größere Aufgaben brauchbar werden. Wenn sich junge Mädchen, die nur wenig Verantwortung tragen, dem Herrn weihen würden, könnten sie durch eifriges Studium mit fremden Sprachen vertraut werden. Sie würden als Übersetzer gute Dienste leisten können.

Die Arbeit der Kleinsten

Kinder können daheim und in der Gemeinde brauchbare Missionshelfer sein. Nach dem Willen Gottes sind auch sie zu nützlichem Werk und nicht nur zum Spielen auf der Welt. Sie können sich zu Hause auf Missionsaufgaben vorbereiten, die ihnen größere Möglichkeiten der Betätigung erschließen würden. Ihr Eltern, helft euren Kindern, dass sie der Absicht Gottes mit ihnen entsprechen!

Kapitel 69: Ein gottgefälliger Dienst

In seiner unendlichen Liebe und Gnade hat uns der Herr durch sein Wort Licht gegeben. Der Heiland sagt: „Umsonst habt ihr's empfangen, umsonst gebt es auch." Matthäus 10,8. Lasst diesen hellen Schein göttlichen Lichtes auch auf die fallen, die noch im Finstern wandeln. So ihr solches tut, werden Gottes Engel an eurer Seite sein und euch helfen, Seelen für den Heiland zu gewinnen.

Lasst es euch sagen, ihr lieben jungen Freunde, dass es nicht notwendig ist, eingesegneter Prediger zu sein, um dem Herrn zu dienen. Es gibt viele Möglichkeiten, für den Heiland zu wirken. Menschliche Hände mögen euch niemals zum Dienst eingesegnet haben, dennoch kann euch Gott zum Werk geschickt machen. Er kann durch euch zur Rettung von Seelen wirken. Wenn ihr in der Schule Christi gelernt habt, sanftmütig und von Herzen demütig zu sein, dann wird er euch seine Worte in den Mund legen.

Unser Verhalten bei Fehltritten

Versucht, so vollkommen wie möglich zu werden. Wenn euch aber Fehler unterlaufen, dann denkt nicht, dass sie euch vom Dienst Gottes ausschließen. Der Herr kennt uns und weiß, „was für ein Gemächte wir sind"; ihm ist wohl bekannt, dass wir Staub sind. Wendet nur die euch von Gott gegebenen Fähigkeiten gewissenhaft an, dann werdet ihr auch Erkenntnis erlangen, die euch mit dem eignen Ich unzufrieden macht. Ihr werdet eure schlechten Gewohnheiten beseitigen, um nicht durch ein verkehrtes Beispiel andere zu schädigen.

Arbeitet fleißig und vermittelt eurem Nächsten die euch so kostbar gewordene Wahrheit. Wenn dann freigewordene Stellen zu besetzen sind, werdet ihr die Worte hören: „Freund, rücke herauf." Vielleicht werdet ihr nur zögernd darauf eingehen; wenn ihr aber im Glauben vorwärtsstrebt, könnt ihr das Werk Gottes neu beleben.

Das Geheimnis der Seelengewinnung kann nur von dem großen Lehrer Jesus Christus erlernt werden. Wie Tau und anhaltender Regen auf die durstigen Pflanzen fällt, so sanft sollen unsre Worte auf die Herzen derer wirken, die wir gewinnen wollen. Wir dürfen nicht auf eine günstige Gelegenheit warten; wir sollen sie suchen und das Herz im Gebet zu Gott erheben, damit er uns helfe, zur rechten Zeit die rechten Worte zu sprechen. Wenn sich uns eine Möglichkeit bietet, dann darf es keine Entschuldigung dafür geben, dass wir sie nicht nutzen; denn indem wir sie wahrnehmen, kann vielleicht eine Seele vom Tode errettet werden.

Das vornehmste Werk

Das Werk über alle Werke — der Beruf, der alle anderen übertrifft und alle Seelenkräfte spannt — ist das Werk der Rettung derer, für die der Heiland gestorben ist. Macht diese Aufgabe zur größten eures Lebens. Betrachtet sie als euer besonderes Lebenswerk. Vereinigt euch mit dem Heiland in diesem großen und erhabenen Werk und werdet Heimat; und Außenmissionare. Ergreift die Arbeit schnell und kraftvoll und werdet zu Hause oder in fernen Missionsfeldern Seelengewinner. Wirkt die Werke Gottes und beweist euren Glauben an den Heiland durch hingebende Arbeit für andere. O dass sich jung und alt völlig zu Gott bekehren und die Pflichten auf sich nehmen möge, die am nächsten liegen, und jede Gelegenheit zur Arbeit wahrnehmen wollte, um Mitarbeiter Gottes zu werden!

Kapitel 70: Treue im Dienst

Wer in den kleinen Dingen des Lebens untreu ist, wird auch im Tragen größerer Verantwortungen nicht treu sein. Solche Menschen berauben Gott und verletzen seine heiligen Gesetze. Sie vergegenwärtigen sich nicht, dass ihre Fähigkeiten dem Herrn gehören und in seinen Dienst gestellt werden sollten. Wer für seinen Arbeitgeber nur das tut, was ihm aufgetragen wurde, obwohl er weiß, dass das Gedeihen des Werkes auf gelegentliche Mehrarbeit angewiesen ist, gehört nicht zu den treuen Knechten. Viele Dinge, die getan werden müssen, sind nicht einzeln aufgezählt; sie müssen vom Arbeitnehmer selbst herausgefunden werden.

Schäden und Nachteile können verhindert werden, wenn durch unverdrossenen Fleiß und selbstlose Hingabe die Grundsätze der Liebe, die uns der Heiland zur Pflicht gemacht hat, im Leben derer offenbart würden, die seinen Namen bekennen. Es sind aber viele im Werk des Herrn tätig, die lediglich den Namen „Augendiener" verdienen.

Untreue wird vermerkt

Die verabscheuungswürdigste Form der Selbstsucht besteht darin, dass ein Angestellter weder seine Zeit recht ausnutzt noch fremdes Eigentum schont, weil er sich nicht unmittelbar unter den beobachtenden Augen seines Herrn fühlt. Bilden sich solche Arbeiter ein, ihre Nachlässigkeit würde nicht bemerkt und ihre Untreue würde nicht festgehalten? Wären ihre Augen geöffnet, dann könnten sie sehen, wie ein Wächter auf sie schaut, und wie ihre sträfliche Unbekümmertheit in den Büchern des Himmels angemerkt wird.

Wer im Werke Gottes untreu ist, hat mangelhafte Grundsätze. Seine Beweggründe deuten nicht auf einen Charakter, der unter allen Umständen das Rechte wählt. Treue Diener Gottes wissen sich zu jeder Zeit unter den Augen ihres Herrn. Er, der das gotteslästerliche Gastmahl Belsazars gewahrte, ist in allen unseren Anstalten, im Kassenraum des Kaufmanns und in der Werkstatt gegenwärtig. „Finger wie einer Menschenhand" (Daniel 5,5) werden genauso sicher und unfehlbar eure Vernachlässigungen aufzeichnen, wie sie das schreckliche Urteil über den lästernden König auf die getünchte Wand schrieben. Belsazars Verdammung wurde in feurigen Worten geschrieben; „Man hat dich in einer Waage gewogen und zu leicht gefunden." Daniel 5,27. Wenn ihr die euch von Gott auferlegten Pflichten nicht erfüllt, wird euer Urteil das gleiche sein.

Aufrichtigkeit im Dienst

Es gibt viele vorgebliche Christen, die sich mit Christus nicht verbunden haben. Ihr tägliches Leben und ihre geistliche Haltung beweisen eindeutig, dass der Herr Jesus, die Hoffnung der Herrlichkeit, keine Gestalt in ihnen gewonnen hat. Man kann sich auf sie nicht verlassen, und man kann ihnen nicht trauen. Eifrig bemühen sie sich, ihre Leistungen auf das geringste Maß zu beschränken und gleichzeitig den höchsten Lohn zu beanspruchen. Der Name „Diener" kommt jedem zu. Wir sind ja alle Dienende, und wir täten wohl daran, genau festzustellen, wessen Gestalt wir angenommen haben. Bekennen wir uns zur Treulosigkeit oder zur Treue?

Ist es unter Dienenden allgemein üblich, so viel wie möglich zu tun? Ist es nicht so, dass versucht wird, so schnell und bequem wie nur möglich die Arbeit zu tun und unter geringsten Anstrengungen den Lohn zu erhalten? Es herrscht auch nicht das Bestreben vor, so gründlich wie möglich zu arbeiten, sondern den Lohn zu erhalten. Wer ein Diener Christi sein will, vergesse niemals die ausdrückliche Weisung des Apostels Paulus: „Ihr Knechte, seid gehorsam in allen Dingen euren leiblichen Herren, nicht mit Dienst vor Augen, als den Menschen zu gefallen, sondern mit Einfalt des Herzens und mit Gottesfurcht. Alles, was ihr tut, das tut von Herzen als dem Herrn und nicht den Menschen.; denn ihr dienet dem Herrn Christus." Kolosser 3,22-24.

Wer in das Werk Gottes als „Augendiener" eintritt, wird einer Prüfung seiner Arbeit durch Menschen oder Engel nicht standhalten. Für Erfolg in der Arbeit wesentlich ist die Erkenntnis Jesu Christi. Diese allein vermittelt die gesunden Grundsätze der Gerechtigkeit und teilt dem Gläubigen einen edlen, uneigennützigen Geist mit, der dem unsres Heilandes gleicht, dem wir zu dienen vorgeben. Treue, Sparsamkeit, Sorgfalt und Gründlichkeit sollten alle unsere Werke auszeichnen, wo sie auch vollbracht werden, ob in der Küche, in der Werkstatt, im Verlagsbüro, im Sanatorium, in der Schule oder wo wir auch immer im Werk des Herrn tätig sind.

Abschnitt 7

GESUNDHEIT UND KRAFT

Da sich Seele und Geist im Körperlichen ausdrücken, sind beide, die geistige und geistliche Energie, von der körperlichen Kraft und Lebendigkeit abhängig; was die leibliche Gesundheit begünstigt, fördert gleichzeitig die Entwicklung eines starken Geistes und ausgeglichenen Charakters. Nur der Gesunde vermag die Verpflichtungen, die er sich selbst, seinen Kameraden und seinem Schöpfer schuldig ist, zu begreifen und zu erfüllen. Darum verdient die Gesunderhaltung des Leibes die gleiche Aufmerksamkeit wie die Charakterbildung. Gute Kenntnisse in der Physiologie und Hygiene sollten zur Grundlage aller erzieherischen Bemühungen gemacht werden.

Kapitel 71: Lebenskunde

Was kann getan werden, um der Flut von Krankheiten und Verbrechen, die unser Geschlecht in Not und Tod drängt, zu widerstehen? Eine wesentliche Ursache vieler Übelstände liegt in der Unmäßigkeit im Essen und Trinken und in den Begierden. Mäßigkeit und Selbstbeherrschung gehören vor allem zu dem großen Werk der Gesundheitsreform.

Um eine dauerhafte Änderung zum Besten der menschlichen Gesellschaft herbeiführen zu können, muss die Erziehung bereits in früher Jugend beginnen. Die in der Kindheit und Jugendzeit entwickelten Gewohnheiten, der besondere Geschmack, die erworbene Selbstbeherrschung und die von Kindesbeinen an eingewurzelten Grundsätze bestimmen fast immer die Zukunft der Männer oder Frauen. Verbrechen und Laster aller Art, die als Folgen von Unmäßigkeit und morscher Moral auftreten, werden am besten durch rechtzeitige Aufklärung der Jugend verhütet.

Gesundheit und Selbstbeherrschung

Eine der größten Hilfen, schon in früher Jugend den Charakter zu veredeln, zu vervollkommnen und ihn zu kräftigen, dass man die Esslust beherrscht und sich von erniedrigenden Ausschweifungen fernhält, liegt in einer festen Gesundheit. Andrerseits ist gerade diese gewohnheitsmäßige Selbstbeherrschung wesentlich, um die Gesundheit aufrechtzuerhalten.

Es ist von höchster Wichtigkeit, dass Männer und Frauen über die Lebensvorgänge unterwiesen werden und die Mittel zur Erlangung und Erhaltung der Gesundheit kennenlernen. Besonders in der Jugendzeit sollte ein Grundstock ausreichenden Wissens angelegt und lebenslang täglich zur Ausübung gebracht werden. In der Jugendzeit können sich gute Gewohnheiten ausbilden und schlechte Veranlagungen berichtigt werden. Es kann die Macht der Selbstbeherrschung gewonnen und gefestigt werden, und der junge Mensch kann sich daran gewöhnen, alle Lebenshandlungen zum Wohlgefallen Gottes und zur Wohlfahrt seiner Mitmenschen zu verrichten.

Der Heiland übersah nie die Ansprüche des Körpers. Er beachtete die körperliche Verfassung des Menschen und bemühte sich um die Heilung der Kranken und Wiederherstellung der verlorengegangenen Fähigkeiten.

Das Leben ist anvertrautes Gut

Der junge Mensch sollte verstehen lernen, dass ihm nicht die Freiheit zusteht, mit seinem Leben zu spielen. Er hat jetzt die Zeit, sich zu bewähren; dereinst wird er Rechenschaft ablegen müssen. Gott wird niemand für schuldlos ansehen, der mit den ihm anvertrauten Gaben leichtfertig umgegangen ist. Der Erlöser der Welt hat einen hohen Preis für die Menschen bezahlt, darum gehören ihm ihr Leben und ihre Fähigkeiten. Nach dem Maß ihrer Treue oder Untreue gegenüber dem kostbaren Gut, das er ihrer Pflege anvertraut hat, werden sie gerichtet werden. Die jungen Menschen sollten sich belehren lassen, dass je größer ihre Ausstattung mit Mitteln und Gelegenheiten ist, desto mehr Verantwortung Gottes Werk ihnen auferlegt. Wenn sich die Jugend dieser Verantwortung ihrem Schöpfer gegenüber bewusst wird und das große Vertrauen anerkennt, das in sie gesetzt wird, wird sie sich niemals in den Strudel weltlicher Zerstreuungen und Verbrechen stürzen, in welchem so viele versprechende junge Menschen unsrer Tage untergehen.

Kapitel 72: Erhaltet euch gesund!

Die Gesundheit ist ein Segen, deren Wert nur wenige zu schätzen wissen; dennoch hängt zum großen Teil die Kraft des geistigen und körperlichen Vermögens von ihr ab. Unsere Regungen und Gefühle haben ihren Sitz im Körper. Wir müssen ihn daher leistungsfähig erhalten und vom Geiste her beeinflussen, um unsre Gaben und Fähigkeiten in bester Weise anwenden zu können. Jeder Verlust an Körperkraft schwächt auch den Geist und bringt ihn in Gefahr, Recht und Unrecht nicht mehr scharf voneinander trennen zu können.

Der Missbrauch unsrer Körperkräfte verkürzt die Zeit, in der wir zu Gottes Ehre leben können, und macht uns unfähig, das uns vom Herrn übertragene Werk vollenden zu helfen. Durch Hinneigung zu schlechten Gewohnheiten, durch langes Aufbleiben und durch Schlemmereien auf Kosten der Gesundheit legen wir den Grund zu Schwächen aller Art.

Wer so sein Leben verkürzt und durch Missachtung der Naturgesetze dienstunfähig wird, macht sich vor Gott des Raubes schuldig. Ebenso beraubt er seine Mitmenschen. Die Gelegenheit, ein Segen für andere zu sein, eben das Werk auszuführen, für das ihn der Schöpfer in die Welt gerufen hat, darf nicht durch eigene Schuld vorzeitig beschnitten werden. Solche Menschen machen sich unfähig, etwas zu tun, was sie in kürzerer Frist hätten zustande bringen können. Der Herr hält uns für schuldig, wenn wir durch schädliche Gewohnheiten der Welt gute Taten vorenthalten.

Reichtum, Ehre oder Gelehrsamkeit sind teuer erkauft, wenn man sie durch den Verlust seiner Gesundheit erwirbt.

Kapitel 73: Die Gesundheit ist ein heiliges Gut

Satan naht sich dem Menschen mit seinen Versuchungen als Engel des Lichtes genauso, wie er vor dem Heiland erschien. Er ist bemüht, den Menschen in einen Zustand körperlicher und geistiger Schwäche zu bringen, damit er ihn durch seine Versuchungen zu überwinden und dann über seinen Untergang zu triumphieren vermag. Er ist leider oft erfolgreich, wenn er den Menschen ohne Rücksicht auf die Folgen zur Unmäßigkeit verführt. Er weiß genau, dass der Mensch seinen Verpflichtungen Gott und den Nächsten gegenüber nicht nachkommen kann, wenn er die ihm vom Herrn anvertrauten Fähigkeiten beeinträchtigt. Das Gehirn ist die Zentrale des Körpers. Wird das seelische Wahrnehmungsvermögen durch irgendwelche Süchte abgestumpft, dann können geistliche Dinge nicht mehr klar erkannt werden.

Gesundheit und Charakterbildung

Der Schöpfer gestattet niemand, die Gesetze des eigenen Seins zu verletzen. Dennoch bringt der Mensch unter dem Einfluss Satans seine hohen geistigen Fähigkeiten unter die Herrschaft fleischlicher Gelüste und Leidenschaften. Sobald diese Gewalt über ihn gewonnen haben, wird er, der nur wenig niedriger als die Engel geschaffen und mit Anlagen zu höchster Entwicklung ausgestattet wurde, zum Knecht Satans. Der Böse gewinnt ja so leicht Zugang zu denen, die nicht Herr ihrer Begierden sind. Durch Unmäßigkeit opfern einige die Hälfte, andere sogar zwei Drittel ihrer körperlichen, geistigen und sittlichen Kräfte und werden auf diese Weise zum Spielball in der Hand des Feindes.

Wer in bezug auf die Täuschungsversuche Satans ein klares Unterscheidungsvermögen behalten will, muss seine Gelüste unter die Herrschaft von Vernunft und Gewissen bringen. Sittliches und geistesstarkes Handeln trägt unbedingt zur Vervollkommnung des christlichen Charakters bei. Geistige Kraft oder sittliche Schwäche haben einen überragenden Einfluss auf unsre Brauchbarkeit in dieser Welt und auf unsre Erlösung. Die Unwissenheit hinsichtlich der von Gott gegebenen Naturgesetze ist äußerst bedauerlich.

Unmäßigkeit jeder Art ist eine Verletzung der Naturgesetze. Immer mehr wird Schwachsinn zu einem vorherrschenden Übel. Satan versteht es, die Sünde durch einen falschen Schein, mit dem er sie umgibt, anziehend zu machen. Er freut sich ungemein, wenn er die christliche Welt mit ihren Sitten und Gebräuchen unter der Macht der Gewohnheit — wie bei den Heiden — halten kann und sie sich von ihren verderblichen Gelüsten beherrschen lässt.

Unmäßigkeit ist erniedrigend

Wenn intelligente Männer und Frauen ihre sittliche Kraft durch irgendeine Unmäßigkeit betäubt haben, sind sie in vielen Gewohnheiten den Heiden nur wenig überlegen. Satan drängt die Menschen ständig vom rettenden Licht hin zu Gebräuchen und Gewohnheiten, die die körperliche, geistige und sittliche Gesundheit stark beeinträchtigen. Der große Feind weiß genau, dass wenn Esslust und Begierden zur Herrschaft gelangen, die Gesundheit des Leibes und die Kraft des Geistes auf dem Altar der eigensüchtigen Freuden geopfert werden und die Menschen sehr schnell dem Untergang entgegentreiben. Behält der erleuchtete Verstand aber die Herrschaft über die fleischlichen Neigungen, unterwirft er sie den sittlichen Kräften, so verliert Satan seine Macht, den Menschen durch seine Versuchungen zu überwinden.

Eine große Zahl der heutigen Christen hat nicht mehr das Recht, sich christlich zu nennen. Ihre Sitten und Gebräuche, ihr übermäßiger Aufwand und die Behandlung ihres Körpers sind im allgemeinen eine Verletzung der Naturgesetze und stehen zur biblischen Richtschnur in Widerspruch. Sie schaffen sich durch ihren Lebenswandel körperliche Leiden und eine geistige und sittliche Schwäche.

Die Pflicht der Selbstbeherrschung

Wir müssen über unsern Körper herrschen. Den höheren Kräften des Menschen gebührt die Herrschaft. Unser Wille, der von Gott gelenkt werden muss, soll über die Leidenschaften gebieten können. Die königliche Macht der Vernunft, durch göttliche Gnade geheiligt, muss unser Leben regieren.

Gottes Forderungen müssen dem Gewissen eingeschärft werden. Männer und Frauen müssen sich zur Pflicht der Selbstbeherrschung, zur Notwendigkeit von Reinheit und Freiheit von jeder erniedrigenden Leidenschaft und schädlichen Gewohnheit bekennen. Sie müssen darauf hingewiesen werden, dass alle ihre Kräfte des Geistes und Körpers Gaben Gottes sind und für seinen Dienst in der besten Verfassung erhalten werden sollen.

Kapitel 74: Eine ausgeglichene Erziehung

Die Zeit, die wir für Leibesübungen aufwenden, ist nicht verloren. Der Schüler, der beständig hinter seinen Büchern hockt, sich dagegen nur wenig in der frischen Luft tummelt, schädigt sich selbst. Ein angemessenes Training der verschiedenen Organe und Kräfte ist für jeden Beruf wichtig. Wenn das Gehirn dauernd beansprucht wird und die andern Organe untätig bleiben, wird ein Verlust körperlicher und geistiger Kraft verursacht. Die Körperkräfte werden ihrer gesundheitlichen Grundlage beraubt, der Geist verliert seine Frische und Kraft, und eine krankhafte Erregbarkeit stellt sich ein.

Um sich eines gut ausgeglichenen Gemüts erfreuen zu können, sollten alle Lebenskräfte genutzt und entwickelt werden. In dieser Welt gibt es viele, die sehr einseitig sind, weil sie ihre Fähigkeiten nur ungleich entwickeln und einige sogar verkümmern lassen. So endet die Erziehung vieler junger Menschen mit einem Fehlschlag. Durch Übertreibung in der Aufnahme theoretischen Wissens werden die Dinge des praktischen Lebens vernachlässigt. Um den Geist im Gleichgewicht zu halten, sollte auf vernünftige Weise körperliche Arbeit mit der geistigen Beanspruchung verbunden werden, damit sich alle Fähigkeiten und Kräfte gleichmäßig entwickeln können.

Kapitel 75: Bildung auf Kosten der Gesundheit

Einige Schüler verbrauchen ihre ganze Kraft zum Studium und richten ihren Blick nur auf den Gegenstand ihrer Ausbildung. Sie beschäftigen ihren Geist und lassen die körperlichen Kräfte verkümmern. Das Gehirn wird überbeansprucht, die Muskeln aber erschlaffen, weil sie sich nicht genügend betätigen. Nach dem Examen erkennen solche Schüler, dass sie ihre Ausbildung auf Kosten der Lebenskraft erlangt haben. Sie haben Tag und Nacht, Jahr um Jahr studiert und ihre geistigen Kräfte dauernd in Spannung gehalten, dagegen unterließen sie es, ihre Muskeln ausreichend zu üben.

Junge Mädchen widmen sich oft einem Studium und vernachlässigen die Ausbildung in Dingen, die für das praktische Leben wichtiger sind als die Aufnahme von Bücherweisheit. Und wenn sie ihr Studium beendet haben, sind sie oft zu schwach für das Leben. Sie haben ihre Gesundheit aufs Spiel gesetzt, indem sie sich zu viel in geschlossenen Räumen aufhielten und sich zu wenig in Luft und Sonne tummelten. Diese jungen Mädchen könnten in strahlender Gesundheit und Frische die Schule verlassen, wenn sie neben ihrem Studium Hausarbeit und Bewegung in frischer Luft ausgeführt hätten.

Gesundheit ist ein großes Gut. Sie gehört zum wertvollsten Besitz, über den Sterbliche verfügen. Wohlstand, Ehre und Gelehrsamkeit sind mit dem Verlust körperlicher Gesundheit zu teuer bezahlt. Sie können niemals ein Glück bedeuten, wenn es uns an Gesundheit mangelt.

Kapitel 76: Seelenadel

Während ihrer dreijährigen Ausbildungszeit zeichneten sich Daniel und seine Kameraden durch Enthaltsamkeit und Mäßigkeit, durch Treue zu Gott und durch ihr unbeirrbares Vertrauen auf seine Macht aus. Als dann der Zeitpunkt kam, da ihre Fähigkeiten und Kenntnisse durch den König geprüft wurden, standen sie mit anderen Anwärtern für den königlichen Dienst im Examen. „Und ward unter allen niemand gefunden, der Daniel, Hananja, Misael und Asarja gleich wäre." Daniel 1,19. Ihr schnelles Auffassungsvermögen, ihre gewählte und saubere Sprache und ihr umfassendes Wissen bezeugten unverminderte Körperkraft und lebendige geistige Stärke. So bestanden sie vor dem König. „Und der König fand sie in allen Sachen, die er sie fragte, zehnmal klüger und verständiger denn alle Sternseher und Weisen in seinem ganzen Reich." Daniel 1,20.

Gott ehrt stets, die recht handeln. Die versprechendsten jungen Leute aus allen Teilen seines Reiches hatte der große Eroberer in Babylon um sich versammelt und festgestellt, dass Daniel und seine Kameraden, also die gefangenen Hebräer, ohne ihresgleichen waren. Die aufrechte Haltung, ihr fester, elastischer Schritt, das reine Gesicht, ihr aufgeschlossener Sinn und schließlich ihr unverdorbenes Wesen; das alles waren Merkmale eines Seelenadels, mit denen die Natur alle auszeichnet, die ihren Gesetzen gehorsam sind.

Gewohnheiten beeinflussen den Geist

Diese Ausführungen sollten gut beachtet werden. Eine genaue Befolgung aller Anweisungen der Heiligen Schrift wird für Leib und Seele segensreich sein. Die Frucht des Geistes ist nicht nur Liebe, Freude und Frieden, sondern auch Mäßigkeit. Wir dürfen unsre Leiber nicht verunreinigen, sie sind ja Tempel des Heiligen Geistes.

Die jüdischen Gefangenen waren Menschen mit den gleichen Empfindungen und Neigungen, die uns beseelen. Inmitten des verführerischen Einflusses der Pracht am babylonischen Königshof blieben sie standhaft. Auch die heutige Jugend ist von gefährlichen Verlockungen umgeben. Besonders in den großen Städten wird ihr jede Art sinnlicher Befriedigung leicht und reizvoll gemacht. Wer sich wie Daniel weigert, solcher Verführung nachzugeben, wird die schöne Frucht der Mäßigkeit ernten können. Mit größerer körperlicher Kraft und vermehrter Ausdauer schaffen sich diese Treuen einen Schatz, der sie für alle Notfälle sichert.

Gute natürliche Gewohnheiten fördern eine geistige Überlegenheit. Die Kraft des Geistes, körperliche Stärke und langes Leben sind von unveränderlichen Gesetzen abhängig. Der Herr der Natur greift nicht ein, um die Menschen vor den Folgen ihrer Verstöße gegen die Naturgesetze zu bewahren. Wer nach Meisterschaft strebt, muss mäßig sein in allen Dingen. Daniels Gedankenschärfe und Grundsatztreue, die Macht, Kenntnisse zu erwerben, und seine Widerstandskraft inmitten von Versuchungen entsprachen in hohem Maße seiner einfachen Lebensweise in Verbindung mit seinem Gebetsleben.

„Jeder ist seines Glückes Schmied"

In diesem Sprichwort liegt viel Wahrheit. Wenn auch Eltern große Verantwortung tragen für den Charakter, für Erziehung und Ausbildung ihrer Söhne und Töchter, so bleibt es doch wahr, dass unsre Stellung und Brauchbarkeit in der Welt zum großen Teil von unsrer eignen Handlungsweise abhängen.

Daniel und seine Begleiter erfreuten sich schon in der Kindheit des Vorteils guter Ausbildung und Erziehung. Durch diesen Vorteil aber wurden sie noch lange nicht zu dem, was sie wurden. Es kam die Zeit, in der sie auf sich selbst angewiesen waren und ihre Zukunft von ihrer eigenen Handlungsweise abhing. Da bekannten sie sich zu dem Grundsatz, den Belehrungen ihrer Kindheit treu zu bleiben. Die Furcht des Herrn, die ja der Weisheit Anfang ist, wurde die Grundlage ihrer Größe.

Die Geschichte Daniels und seiner jungen Gefährten ist in der Heiligen Schrift zum Nutzen der Jugend aller Zeitalter niedergeschrieben worden. Durch den Bericht ihrer Treue in den Grundsätzen der Mäßigkeit spricht Gott heute noch zu den jungen Menschen. Er fordert sie auf, die köstlichen Lichtstrahlen, die er betreffs christlicher Mäßigkeit aussendet, zu beachten und dadurch in das rechte Verhältnis zu den Gesetzen gesunden Lebens zu kommen.

Mäßigkeit bringt Gewinn

Wir brauchen jetzt entschlossene und wagemutige Männer wie Daniel. Ein reines Herz und starke, furchtlose Hände werden heute in der Welt gesucht. Nach dem Willen Gottes sollte sich jeder beharrlich zu verbessern suchen und täglich danach streben, einen höheren Grad an Vortrefflichkeit zu erreichen. Dann wird uns Gott auch seine Hilfe zuteil werden lassen. Unsre Hoffnung auf ein glückliches Leben in zwei Welten hängt von unsrer

Entwicklung in der einen ab. Auf jeden Fall sollten wir uns gegen eine Hinneigung zur Unmäßigkeit zu schützen suchen.

Der Herr ruft dich, liebe Jugend, zu einer Arbeit, die du durch seine Gnade tun kannst. Begebet eure Leiber „zum Opfer, das da lebendig, heilig und Gott wohlgefällig sei, welches sei euer vernünftiger Gottesdienst". Römer 12,1. Steht fest und unverzagt in der euch von Gott gegebenen Mannhaftigkeit und Frauenwürde. Beweist Reinheit im Essen und Trinken und in allen euren Gewohnheiten nach dem Vorbild Daniels. Der Schöpfer wird euch auszeichnen und euch ruhige Nerven, ein klares Denkvermögen, ungeschwächte Urteilskraft und ein sicheres Empfinden geben. Die Jugend von heute, deren Grundsätze fest und unwandelbar sind, wird sich eines gesunden Körpers mit gesundem Geist und unverdorbener Seele erfreuen können.

Glaube und Gesundheit

„Die Furcht des Herrn ist der Weisheit Anfang." Psalm 111,10. Wenn Menschen mit schlechten Gewohnheiten und sündhafter Handlungsweise sich der Macht der Wahrheit beugen, wird das Wort Gottes auch dem Einfältigen Licht und Verständnis vermitteln. Das Herz wird ganz wahrhaft, und neues Leben wird auch aus sittlichen Ruinen erblühen. Mehr Einsicht und ein klareres Verständnis als je zuvor wird sich ausbreiten. Die bekehrte Seele steht nun auf dem ewigen Felsen. Mit dem sicheren Ruhen in Christus bessert sich auch die Gesundheit. Denn Glaube und Gesundheitsgesetze gehen Hand in Hand.

Widerspiegelung des Bildes Gottes

Der tiefste Sinn aller Erziehung und Lebensausrichtung ist der, den Menschen zurückzuführen zur Harmonie mit Gott, seine sittliche Kraft zu erhöhen und zu veredeln, so dass er von neuem das Bild des Schöpfers widerspiegelt. Dieses Werk war so bedeutsam, dass Christus den Himmel verließ und in Menschengestalt auf die Erde kam, um die Menschen zu lehren, wie sie für das ewige Leben geschickt werden.

Umbildung des Charakters

Höhere Erziehung ist eine Erkenntnis des Heilsplanes, die sich auf Erfahrung stützt und durch ernsthaftes und fleißiges Studium der Heiligen Schrift gefestigt ist. Eine solche Erziehung erneuert den Geist, bildet den Charakter um und stellt das Ebenbild Gottes in der Seele wieder her. Sie feit den Geist gegen die trügerischen Einflüsterungen des Widersachers und befähigt uns, die Stimme Gottes zu verstehen. Sie unterrichtet den Lernenden, ein Mitarbeiter Christi zu werden, die geistige Finsternis um sich herum zu vertreiben und den Menschen Licht und Erkenntnis zu bringen. Sie birgt in sich die Einfachheit wahrer Gottseligkeit — unseren Passierschein, um von der Vorbereitungsschule auf Erden in die höhere Schule im Himmel gelangen zu können.

Es gibt keine höhere Erziehung zu erlangen als die, welche den ersten Jüngern zuteil wurde und uns durch das Wort Gottes offenbart ist. Die höhere Erziehung zu erlangen meint, dieses Wort uneingeschränkt zu befolgen; es meint, in den Fußtapfen Christi zu wandeln und seine Tugenden zu üben. Es meint, die Eigenliebe aufzugeben und das Leben Gott zu weihen. Höhere Erziehung erfordert etwas Größeres und Göttlicheres als das Wissen, das man allein aus Büchern erwerben kann. Sie bedeutet eine persönliche, sich auf Erfahrung stützende Erkenntnis Christi, ein Lösen von Anschauungen, Gewohnheiten und Übungen, die in der Schule des Fürsten der Finsternis gewonnen wurden und im Gegensatz zur treuen Nachfolge Christi stehen. Höhere Erziehung führt zur Überwindung von Eigensinn, Stolz, Selbstsucht, weltlichem Ehrgeiz und Unglauben. Sie ist die Botschaft von der Befreiung aus Sünde.

Grundsätze des Wortes Gottes

Es gibt eine Wissenschaft des Christentums, die gemeistert werden muss — eine Wissenschaft, die so viel tiefer, breiter und höher als irgendeine menschliche Wissenschaft ist, wie der Himmel höher ist als die Erde. Der Geist muss in Zucht gehalten, erzogen und ausgebildet werden; denn Menschen haben einen Dienst für Gott auszuführen auf eine Art und Weise, die nicht mit den angeborenen Neigungen in Einklang steht. Oft muss die Ausbildung und Erziehung eines ganzen Lebens abgelegt werden, um ein Schüler Christi werden zu können. Das Herz muss zur Festigkeit in Gott erzogen werden. Alte und Junge müssen ihre Gedanken so ausrichten, dass sie in Versuchungen widerstehen können. Sie müssen lernen, aufwärts zu schauen. Die Grundsätze des Wortes Gottes — Grundsätze, die so hoch sind wie der Himmel und die Ewigkeit einschließen — müssen ihren steten Einfluss auf das tägliche Leben ausüben. Jede Tat, jedes Wort und jeder Gedanke muss mit diesen Grundsätzen übereinstimmen.

Abschnitt 8

DIE ANDACHT

Gottes heiliger, erzieherischer Geist wirkt in seinem Wort. Ein Licht, ein neues und köstliches Licht, leuchtet aus jeder Seite. Es offenbart die Wahrheit und macht der Seele die Stimme Gottes klar und verständlich.

Der Heilige Geist wendet sich gern an die Jugend und enthüllt ihr die Schätze und Schönheiten des göttlichen Wortes. Die Verheißungen, die der große Lehrer ausgesprochen hat, fesseln die Sinne und beleben die Seele durch eine geistliche Kraft, die göttlich ist. In dem empfänglichen Gemüt entsteht eine Vertrautheit mit göttlichen Dingen, die sich als ein Bollwerk gegen die Versuchung erweist.

Kapitel 77: Das Gebet ist unsre Festung

Inmitten der Gefahren dieser letzten Tage findet die Jugend ihre einzige Sicherheit in ständig zunehmender Wachsamkeit und im Gebet. Die Jugend, die gern im Worte Gottes liest und das Gebetsleben pflegt, wird sich beständig an der Quelle des Lebens auffrischen. Der junge Gläubige wird eine Höhe moralischer Vortrefflichkeit erreichen und sich eines Gedankenreichtums erfreuen, den andere kaum zu erfassen vermögen. Die Verbindung mit Gott fördert gute Gedanken, edles Streben, ein ungetrübtes Erfassen der Wahrheit und aufwärts gerichtetes Wollen und Tun. Wer sich solcher Verbindung mit seinem Schöpfer erfreut, wird von ihm als sein Kind anerkannt. Solche Söhne und Töchter Gottes werden sich höher und immer höher entwickeln und Gott und die ewigen Dinge immer klarer erkennen, bis sie der Herr schließlich zu Kanälen seines Lichtes und seiner Weisheit für die Welt machen kann.

Wie sollen wir beten?

Unter Beten wird nicht immer das verstanden, was es sein soll. Unsre Gebete sollen Gott nicht über etwas unterrichten, was er nicht wüsste. Der Herr kennt die Geheimnisse jeder Seele. Unsre Gebete brauchen nicht lang oder laut zu sein. Der himmlische Vater weiß um unsre innersten Gedanken. Wir können im stillen Kämmerlein beten; „und dein Vater, der in das Verborgene sieht, wird dir's vergelten öffentlich". Matthäus 6,4.

Die Gebete, die wir Gott darbringen, um ihm all unsre Nichtswürdigkeit anzuvertrauen, sind Gebete der Heuchelei, wenn wir uns nicht unsrer Nichtigkeit bewusst sind. Nur das reuevolle Gebet wird der Herr erhören. „Denn also spricht der Hohe und Erhabene, der ewiglich wohnt, des Name heilig ist; Der ich in der Höhe und im Heiligtum wohne und bei denen, die zerschlagenen und demütigen Geistes sind, auf dass ich erquicke den Geist der Gedemütigten und das Herz der Zerschlagenen." Jesaja 57,15.

Durch das Gebet sollen wir Gott nicht umzustimmen versuchen; es bringt uns in Harmonie mit ihm. Von unsren Pflichten Gott gegenüber befreit es uns nicht. So oft und ernstlich wir auch immer beten mögen; niemals wird das Gebet von Gott als Ersatz für den Zehnten angenommen werden. Wir können mit unsern Gebeten dem Herrn nicht unsre Schulden bezahlen.

Das Gebet macht stark

Die Kraft, die wir durch das Gebet zu Gott erhalten, wird uns zur Erfüllung unsrer täglichen Pflichten befähigen. Die Versuchungen, denen wir ständig ausgesetzt sind, machen das Gebet unerlässlich. Damit wir vermittels des Glaubens durch die Macht des Vaters im Himmel bewahrt werden, sollte sich unser Herz unaufhörlich in stillem Gebet zu Gott erheben. Wenn uns Einflüsse bedrängen, die uns von dem Herrn trennen wollen, müssen wir anhalten am Gebet und um Kraft und Hilfe flehen. Tun wir es nicht, dann vermögen wir unsern Hochmut nicht zu brechen und der Macht der Versuchung, die uns vom Heiland fernhält, nicht zu widerstehen. Das Licht der Wahrheit, das unser Leben heiligt, wird uns die Erreger sündhafter Neigungen und Leidenschaften, die im Herzen um die Herrschaft streiten, erkennen lassen und zeigen, wie notwendig es ist, mit allen Kräften dem Bösen zu widerstehen, um durch das Verdienst Jesu zum Überwinder zu werden.

Kapitel 78: Die Macht des Gebets

Auf dem Berge zeigte der Herr Mose ein Abbild jenes prächtigen Gebäudes, das die Stätte seiner Herrlichkeit sein sollte. In der Einsamkeit der Berge Gottes — an dem verborgenen Ort seiner Anbetung — sollen auch wir uns in das erhabene Vorbild für die Menschheit versenken. Dadurch werden wir befähigt, unsern Charakter so auszubilden, dass sich an uns die Verheißung erfüllen kann: „Ich will unter ihnen wohnen und unter ihnen wandeln und will ihr Gott sein, und sie sollen mein Volk sein." 2.Korinther 6,16.

Auch während der Arbeit können wir das Herz im Gebet zu Gott erheben. Diese stillen Bitten steigen wie Weihrauch empor zum Thron der Gnade und hindern Satans Wirken. Ein Christ, der sich so auf seinen Gott gründet, kann nicht überwunden werden. Keine teuflischen Künste vermögen seinen Frieden zu stören. Alle Verheißungen der Bibel, alle Macht der göttlichen Gnade und alle Segenskräfte Gottes sind Bürgen für seine Erlösung. So wandelte Henoch mit Gott. Und der Herr war mit ihm und half ihm in jeder Not.

Berührung mit dem Unendlichen

Das Gebet ist das Atmen der Seele. In ihm ruht das Geheimnis der geistlichen Macht. Kein anderes Gnadenmittel kann es ersetzen und die Gesundheit der Seele bewahren. Durch das Gebet kommt das Herz in unmittelbare Berührung mit der Quelle des Lebens; es kräftigt die zarten Triebe religiösen Lebens. Wer das Gebet vernachlässigt, nur unregelmäßig oder ganz gelegentlich betet, wird seinen Halt an Gott verlieren. Das geistliche Vermögen büßt seine Lebendigkeit ein, und das Glaubensleben wird schwach und unfruchtbar.

Es ist etwas Wunderbares, dass wir wirksam beten können, dass unwürdige, irrende Sterbliche die Möglichkeit besitzen, dem Herrn ihre Wünsche zu unterbreiten. Welche größere Machtfülle kann wohl erbeten werden als die, mit dem unendlichen Gott verbunden zu sein? Schwache, sündige Menschen haben das Vorrecht, mit ihrem Schöpfer zu sprechen. Wir stammeln Worte, die den Thron des Herrn der Welten erreichen. Wir dürfen mit dem Heiland ungezwungen reden. Er tröstet uns und sagt: „Ich bin mitten unter euch."

Jedes aufrichtige Gebet wird erhört

Wir dürfen in unsern Herzen mit Gott sprechen und in Gemeinschaft mit dem Heiland durch das Leben gehen. Auch während der täglichen Arbeit können wir unseres Herzens Wünsche, die keines Menschen Ohr vernimmt, ihm kundtun; kein Gebet verhallt ungehört, noch geht es verloren. Nichts vermag das Verlangen des Herzens zu dämpfen oder zu ersticken. Es übertönt den Lärm der Straße und das Dröhnen der Maschinen. Wir reden mit dem Herrn, und er hört uns.

Bittet, ja bittet nur; ihr werdet erhalten. Erbittet Demut, Weisheit, Mut und Wachstum im Glauben. Jede aufrichtige Bitte wird ihre Antwort finden. Wenn es auch nicht immer so kommt, wie wir es uns dachten, und zu der Zeit eintrifft, die wir annahmen, so geschieht es doch alles zu unserm Besten. Der Vater im Himmel erhört unsre Gebete, die wir aus der Einsamkeit, Müdigkeit und aus Prüfungen heraus zu ihm emporsenden — nicht immer nach unseren Erwartungen, aber stets zu unserm Wohle.

Kapitel 79: Unsre Haltung beim Gebet

Es ist unser Vorrecht, in der Gemeinde und im stillen Kämmerlein unsre Knie vor dem Herrn zu beugen, wenn wir ihm unser Anliegen unterbreiten. Unser Vorbild, Jesus Christus, „kniete nieder, betete und sprach". Lukas 22,41.42. Von den Jüngern Jesu wird berichtet, dass auch sie niederknieten und beteten. Und der Apostel Paulus bekannte: „Derhalben beuge ich meine Knie vor dem Vater unsers Herrn Jesu Christi." Epheser 3,14. Als Esra die Sünden Israels vor Gott brachte, kniete er nieder. Und Daniel „fiel des Tages dreimal auf seine Knie, lobte und dankte seinem Gott". Daniel 6,11.

Das Bewusstsein der unendlichen Größe Gottes und seiner Gegenwart flößt aufrichtige Ehrfurcht ein. Dieses Gefühl für Gott, den Unsichtbaren, sollte jedes Herz tief beeindrucken. Ort und Stunde des Gebets sind heilig, weil der Allmächtige zugegen ist. Wenn man Ehrfurcht in Haltung und Benehmen bekundet, so wird das Gefühl, das sie einflößt, noch vertieft werden. „Heilig und hehr ist sein Name", bekennt der Psalmist. Psalm 119,9. Wenn Engel den Namen des Herrn aussprechen, verhüllen sie ihr Angesicht. Mit welcher Andacht sollten wir gefallenen und sündhaften Menschen diesen heiligen Namen auf unsre Lippen nehmen!

Es wäre gut für uns, ob alt, ob jung, immer wieder der Worte der Heiligen Schrift zu gedenken, die uns an die Heiligkeit des Ortes erinnern, an welchem der Herr sich zu uns bekennt. „Zieh deine Schuhe aus von deinen Füßen", befahl Gott dem Mose am brennenden Busch, „denn der Ort, darauf du stehst, ist ein heilig Land!" 2.Mose 3,5. Und Jakob rief nach dem Traum von der Himmelsleiter ehrfürchtig aus; „Gewiss ist der Herr an diesem Ort, und ich wusste es nicht." 1.Mose 28,16.

Kapitel 80: Glaube und Gebet

Durch den Glauben an Jesus Christus kann jeder Charaktermangel ausgeglichen, jede Befleckung gereinigt, jeder Fehler berichtigt und Vortrefflichkeit entwickelt werden.

„Ihr seid vollkommen in ihm." Kolosser 2,10. Gebet und Glaube gehören zusammen, und sie müssen zusammen betrachtet werden. Im Glaubensgebet liegt göttliche Weisheit; jeder, der sein Leben erfolgreich gestalten will, muss sie verstehen lernen. Der Heiland verheißt: „Alles was ihr bittet in eurem Gebet, glaubet nur, dass ihr's empfangen werdet, so wird's euch werden." Markus 11,24. Er offenbart uns, dass unser Gebet dem Willen Gottes entsprechen muss. Wir sollen um Dinge bitten, die er verheißen hat; und was wir auch immer erhalten, sollen wir zur Erfüllung seines Willens benutzen. Wenn die Bedingungen erfüllt werden, so sind Gottes Verheißungen sicher.

Wir dürfen Gott um Sündenvergebung und um den Heiligen Geist, um ein christliches Gemüt, um Weisheit und um die Kraft, seinen Willen zu tun, und um jede Gabe, die er verheißen hat, bitten. Dann sollen wir glauben, dass wir's empfangen werden, und dem Herrn dafür danken, dass wir's erhalten haben.

Der uns mitgeteilte Segen muss nicht sichtbar sein. Die Gabe liegt in der Verheißung; wir können getrost unsrer Beschäftigung nachgehen und wissen, dass alles, was Gott zugesagt hat, auch von ihm erfüllt werden kann; die Gabe, die wir bereits besitzen, wird dann zur Geltung kommen, wenn wir ihrer am meisten bedürfen.

Kapitel 81: Der Wert des Bibelstudiums

Das Bibelstudium trägt mehr als alles andere Studium zur Ausbildung der Geisteskräfte bei. Welches große Blickfeld öffnet sich der Jugend, die Gottes Wort zu ergründen sucht! Der Geist mag bei seinem Forschen tiefer und tiefer eindringen, mag bei jeder Anstrengung, die Wahrheit zu erfassen, neue Kraft gewinnen, dennoch bleibt immer noch eine Unendlichkeit übrig.

Alle, die vorgeben, Gott zu lieben und Ehrfurcht vor dem Heiland zu haben und sich dennoch mit oberflächlichen und unwesentlichen Themen beschäftigen, begeben sich auf den Boden des Feindes und vollbringen seine Werke. Würde die Jugend des Schöpfers herrliche Werke in der Natur und die Majestät und Kraft in seinem Wort betrachten, dann würde sie aus solcher geistigen Versenkung mit neu belebten und veredelten Kräften hervorgehen. Eine Lebenskraft würde erlangt, die nichts mit Anmaßung oder Hochmut gemein hat. Durch eine Betrachtung der Wunder göttlicher Kraft würde sich der Verstand auch die schwerste, aber nützlichste aller Lehren aneignen, dass nämlich menschliches Wissen, wenn es nicht mit dem Unendlichen verbunden und durch des Heilandes Gnade geheiligt ist, nur eine Torheit ist.

Das Mittleramt Christi

Das Amt des teuren Gottessohnes, das Geschöpf mit dem Schöpfer, das Endliche mit dem Unendlichen in seiner eigenen göttlichen Person zu verbinden, ist ein Gegenstand, der unsre Gedanken auf Lebenszeit beschäftigen kann. Jesu Aufgabe bestand darin, die Bewohner andrer Welten in ihrer Unschuld und Ergebenheit zu bestärken und die Verlorenen und Gefährdeten dieser Welt zu retten. Er bereitete dem Ungehorsamen den Weg zur Rückkehr zur Untertanenpflicht Gott gegenüber und errichtete einen Schutzwall um die Gerechten, damit sie nicht unrein werden könnten.

Während wir uns darüber freuen, dass es Welten gibt, die nie gefallen sind, loben, ehren und rühmen diese Welten den Herrn Jesus Christus um seines Planes willen, die gefallenen Söhne Adams zu erlösen und sie selbst in ihrem unschuldigen Wesen und in der Reinheit ihres Charakters zu festigen. Der starke Arm, der die menschliche Familie aus dem Verfall, dem sie durch Satans Einwirkung ausgesetzt wurde, errettete, ist der gleiche, der die Bewohner anderer Welten vor der Sünde schützte. Jede Welt im unendlichen All erheischt die Fürsorge und Unterstützung des himmlischen Vaters und seines Sohnes. Diese Fürsorge bekundet sich auch beständig der gefallenen Menschheit. Christus ist der Fürsprecher des Menschen, und auch für die unsichtbaren Welten waltet er seines Mittleramtes. Sind das nicht Betrachtungsgegenstände von so überragender Größe und Bedeutung, dass sie unsre Gedanken immerdar beschäftigen und uns zur Dankbarkeit und Anbetung Gottes veranlassen müssten?

Geistige Entwicklung

Öffnet der Jugend die Heilige Schrift, lenkt ihre Aufmerksamkeit auf die verborgenen Schätze der Bibel und lehrt sie die köstlichen Edelsteine der Wahrheit suchen. Dadurch wird sie geistige Kräfte entwickeln, wie sie kein Studium alles dessen, was Philosophie heißt, vermitteln kann. Die erhabenen Gegenstände, die in der Bibel behandelt werden, die würdevolle Einfachheit ihrer inspirierten Aussagen, ihre aufs Edle gerichteten Betrachtungen, die dem forschenden Geist vor Augen geführt werden, das durchdringende, klare Licht, das vom Thron des Ewigen ausgeht, erleuchten den Verstand und entwickeln die geistigen Kräfte in einem Ausmaß, das kaum erfasst und niemals völlig umrissen werden kann.

Die Bibel stellt der Phantasie ein unbegrenztes Betrachtungsfeld dar, das ebenso viel höher und erhabener in seiner Art ist als alles, was der ungeheiligte Verstand hervorbringen kann, wie der Himmel höher ist als die Erde. Die von Gott eingegebene Geschichte der Menschheit ist jedem Menschen zugänglich. Alle können in ihr suchen und forschen. Sie werden mit dem ersten Menschenpaar bekannt werden, wie es in heiliger Unschuld im Garten Eden lebte und sich der Gemeinschaft Gottes und heiliger Engel erfreute. Sie werden dem Einbruch der Urschuld auf die Spur kommen und ihre bitteren Folgen wahrnehmen. Schritt für Schritt werden sie dem heiligen Bericht folgen können — vom Ungehorsam, von der Unbußfertigkeit des Menschen bis zur gerechten Vergeltung für Sünden.

Wahre Kultur

Der Bibelleser kann Zwiesprache halten mit Patriarchen und Propheten. Er durchlebt viele begeisternde Vorgänge. Der Heiland wird ihm begegnen — als Herr des Himmels, Gott ebenbürtig, der sich aus seinem Reich löste und zu den Menschen herniederkam, um den Erlösungsplan auszuführen und die Ketten zu brechen, mit den Satan sie gebunden hatte, und es ihnen zu ermöglichen, die Gottähnlichkeit wiederzugewinnen. Der Heiland wurde selbst Mensch lebte dreißig Jahre als Mensch und gab sein Leben als Opfer für die Sünde, damit niemand verloren werde. Das ist ein Gegenstand tiefsten Nachdenkens und eingehendster Betrachtung.

Lasst den Geist die erstaunlichen Wahrheiten der Offenbarungen Gottes begreifen, und er wird sich niemals mehr mit oberflächlichen und unwichtigen Dingen beschäftigen. Er wird sich mit Widerwillen abwenden von seichtem Schrifttum und wertlosen Zerstreuungen, die der heutigen Jugend so großen Schaden zufügen. Wer sich mit den Dichtern und Weisen der Heiligen Schrift vereint und sich von den glorreichen Taten der Glaubenshelden bewegen lässt, wird durch die Vielzahl der herrlichen Gedankenbilder in seinem Herzen reiner und in seinem Geist edler werden, als wenn er sich in die Werke weltberühmter Verfasser vertieft oder die Heldentaten der Pharaonen, des Herodes oder der Cäsaren bewundert.

Die Kräfte der Jugend sind oft noch nicht geweckt, weil sie die Furcht des Herrn nicht zum Anfang der Weisheit gemacht haben. Gott schenkte Daniel Weisheit und Erkenntnis, weil er sich durch niemand und durch nichts von seinen Glaubensgrundsätzen abbringen ließ. Wir haben darum so wenig geistige Größen, so wenig standhafte und gediegene Männer, weil sie glauben, sie würden große Männer, wenn sie sich von Gott lossagten.

Gott wird von den Menschenkindern weder gefürchtet noch geliebt noch geehrt. Der Glaube wird nicht ausgelebt, wie er bekannt wird. Der Herr kann nicht viel für den Menschen tun, weil er so überheblich und von sich eingenommen ist. Gott will, dass wir unsere Fähigkeiten erweitern und alle Gelegenheiten nutzen, den Verstand zu entwickeln und zu stärken. Der Mensch ist ja zu einem höheren und edleren Leben geboren als zu dem, das er auf Erden entfaltet hat. Unsre Lebenszeit hier unten ist ja nur eine Vorbereitung auf das Leben, das dem Leben Gottes entspricht.

Die Bibel ist der größte Lehrer

Mit welch großen Gegenständen, die in der Heiligen Schrift dargestellt werden, kann sich der menschliche Geist beschäftigen! Wo könnten höhere Themen zur geistigen Betrachtung gefunden werden? Und welche Themen könnten mehr fesseln?

Welch menschliches Wissen kann sich an Erhabenheit und Tiefsinn mit der Weisheit der Bibel messen? Und wo ist irgendetwas zu finden, das die Verstandeskraft zu solchen tiefen und ernsthaften Gedanken anregen könnte?

Wenn wir die Bibel auf uns wirken lassen, wird sie uns lehren, was uns kein anderes Buch mitteilen kann. Aber leider! alles andre gilt mehr als Gottes Wort. Wertloses Schrifttum, erdichtete Geschichten werden gierig verschlungen, während das Buch der Bücher mit all seinen Schätzen heiliger Wahrheit ungelesen auf den Tischen liegt. Würde das geheiligte Wort zur Richtschnur des Lebens gemacht werden, könnte es den Menschen verfeinern, erheben und heiligen. Es ist ja Gottes Stimme, die zu uns spricht. Vernehmen wir sie?

„Wenn dein Wort offenbar wird, so erfreut es und macht klug die Einfältigen." Psalm 119,130. Engel Gottes sind dem Schriftforscher zur Seite und beeindrucken und erleuchten seinen Verstand. Jesu Aufforderung hat heute noch den gleichen Nachdruck wie vor vielen Jahren, als sie an die ersten Jünger gerichtet wurde: „Suchet in der Schrift; denn ihr meinet, ihr habet das ewige Leben darin; und sie ist's, die von mir zeuget." Johannes 5,39.

Kapitel 82: Suchet selbst in der Schrift

Die jungen Menschen sollten selbst die Schrift erforschen. Sie sollten nicht meinen, es genüge, wenn an Erfahrung ältere die Wahrheit herausfinden und sie der Jugend mitteilen. Die Juden verloren deshalb ihre Geltung unter den Weltvölkern, weil sie sich durch ihre Schriftgelehrten, Priester und Ältesten von der göttlichen Wahrheit abbringen ließen. Hätten sie Jesu Lehren beachtet und die heiligen Schriften selbst erforscht, dann wären sie nicht untergegangen.

Es ist dem Verstand nicht möglich, den Reichtum und die Größe auch nur einer Verheißung Gottes zu erfassen. Der eine sieht die Herrlichkeit von der einen, ein anderer die Schönheit und Gnade von einer anderen Seite; so füllt sich die Seele mit himmlischem Licht. Könnten wir alle Herrlichkeit sehen, würde der Geist schwach werden. Wir könnten uns aber weit größerer Offenbarungen erfreuen, als es der Fall ist. Es betrübt mein Herz, wenn ich daran denke, wie viel uns von der Fülle des Segens verlorengeht, die uns zugedacht ist. Wir begnügen uns mit Augenblickserscheinungen geistlicher Erleuchtung, wo wir doch Tag um Tag im Licht der Gegenwart Gottes wandeln könnten.

Kapitel 83: Ausdauer beim Bibelstudium

„Suchet in der Schrift; denn ihr meinet, ihr habet das ewige Leben darin.“ Johannes 5,39. Suchen — das will heißen: mit Fleiß und Beharrlichkeit nach dem ausschauen, was verlorenging. Sucht nach den verborgenen Schätzen im Worte Gottes. Ohne sie könnt ihr nicht sein. Betrachtet die schwierigen Stellen und vergleicht Vers für Vers, dann werdet ihr feststellen, dass die Heilige Schrift selbst der Schlüssel ist, mit dem ihr sie erschließen könnt.

Wer die Bibel unter Gebet erforscht, wird durch jede Lesung weiser als zuvor. Einige ihrer schwierigen Stellen sind ihm erschlossen worden; die Verheißung Jesu erfüllte sich: „Der Tröster, der Heilige Geist, welchen mein Vater senden wird in meinem Namen, der wird euch alles lehren und euch erinnern alles des, das ich euch gesagt habe.“ Johannes 14,26.

Nichts Wertvolles kann ohne ernsthafte, ausdauernde Mühe erlangt werden. Im Beruf werden nur diejenigen erfolgreich sein, die den Willen zur Tat haben. Ohne eifriges Bemühen können wir nicht erwarten, dass uns eine Erkenntnis geistlicher Dinge zuteilwird. Wer sich Edelsteine der Wahrheit erwerben will, muss danach graben, wie ein Bergmann nach den verborgenen Schätzen der Erde schürft. Alle diejenigen, die nur oberflächlich und mit geteilter Aufmerksamkeit arbeiten, bleiben ohne Erfolg. Alte und Junge sollten das Wort Gottes lesen. Sie sollten es aber nicht nur lesen, sondern mit beharrlichem Fleiß, unter Gebet und im Glauben darin forschen und studieren. So werden sie den heimlichen Schatz finden; denn der Herr selbst wird ihr Verständnis öffnen.

Vorurteilslosigkeit

Trennt euch vor Beginn eures Bibelstudiums von vorgefassten Meinungen und übernommenen oder anerzogenen Ideen. Ihr werdet niemals zur Erkenntnis der Wahrheit kommen, wenn ihr die Bibel zur Rechtfertigung eurer eigenen Ideen erforschen wollt. Gebt diese auf und fragt mit demutsvollem Herzen danach, was euch der Vater im Himmel zu sagen hat. Setzt euch als bescheidene Wahrheitssucher zu Jesu Füßen und lernet von ihm. Das Wort wird euer Verständnis erleuchten. Zu denen aber, die ihrer Meinung nach zu aufgeklärt sind, um in der Bibel zu forschen, sagt der Heiland: Ihr müsst erst bescheiden und von Herzen demütig werden, wenn ihr danach verlangt, der Erlösung fähig zu werden.

Lest die Bibel nicht im Licht eurer bisherigen Meinungen. Suchet vielmehr sorgfältig und unter Gebet mit einem vorurteilsfreien Sinn. Wenn ihr beim Schriftstudium zu der Überzeugung kommt, dass eure Lieblingsmeinungen nicht mit dem Wort übereinstimmen, dann versucht nicht, die Schrift euren Meinungen anzupassen. Unterstellt eure Meinungen vielmehr dem Schriftwort. Duldet nicht, dass das, was ihr früher geglaubt oder getan habt, euren Verstand beherrsche. Seid aufgeschlossenen Geistes, damit ihr die Wunder des Gesetzes erkennen könnt. Erforscht, was geschrieben ist, und setzt euren Fuß auf den ewigen Felsen.

Erkenntnis des Willens Gottes

Unsre Erlösung hängt von der Erkenntnis des Willens Gottes ab, wie er in seinem Wort enthalten ist. Stellt euer Suchen und Forschen nach der Wahrheit niemals ein. Ihr müsst eure Pflicht unbedingt erkennen. Ihr müsst wissen, was ihr selbst tun könnt, um errettet zu werden. Es ist Gottes Wille, dass ihr erfahrt, was er euch mitgeteilt hat. Aber es ist an euch, zu glauben. Wenn ihr die Heilige Schrift erforscht, dann müsst ihr glauben, dass Gott lebt, und dass er jeden belohnt, der ihn eifrig sucht.

O erforsche die Bibel mit einem Herzen, das begierig ist nach geistlicher Speise! Schürfe im Wort der Schrift wie ein Schatzgräber nach Gold, und gib dein Forschen nicht auf, bis du in das rechte Verhältnis zu Gott gekommen bist und seinen Willen mit dir erfahren hast.

Ehrfurcht beim Bibelstudium

Wir sollen uns mit Ehrfurcht ans Bibelstudium begeben und uns der Gegenwart des Herrn bewusst sein. Alle Leichtfertigkeit und Tändelei muss ausgeschaltet werden. Während ein Teil des göttlichen Wortes leicht verstanden werden kann, muss die tiefe Bedeutung anderer Stellen ergründet werden. Das erfordert Geduld beim Studium, sorgfältiges Nachdenken und ernsthaftes Gebet. Jeder, der im Worte Gottes forscht, sollte vor dem Studium um Erleuchtung durch den Heiligen Geist bitten. Es ist gewiss, dass sich die Verheißung an ihm erfüllen wird.

Eure innere Einstellung zum Bibelstudium entscheidet über die Hilfe, die euch zuteil werden kann. Engel aus der Welt des Lichtes werden mit denen sein, die mit einem demutsvollen Herzen um göttliche Führung bitten. Wird aber die Heilige Schrift unehrerbietig und mit einem Gefühl der Überheblichkeit zur Hand genommen und ist das Herz noch voller Vorurteile, dann wird Satan zur Stelle sein und die Darstellungen im Worte Gottes in einem falschen Licht erscheinen lassen.

Kapitel 84: Der Lohn fleißigen Bibelstudiums

Der Wahrheitssucher wird vielseitig belohnt, und jede neu entdeckte Wahrheit wird fruchtbare Felder zum Weiterstudium erschließen. Die Menschen wandeln sich entsprechend dem, mit dem sie sich beschäftigen. Sind ihre Gedanken und Angelegenheiten von gewöhnlicher Art, werden sie selbst gewöhnlich. Wenn der Mensch allzu nachlässig darin ist, auch nur etwas mehr als eine oberflächliche Kenntnis von der göttlichen Wahrheit zu erlangen, dann kann er nicht in den Genuss der reichen Segnungen kommen, die Gott ihm eigentlich zugedacht hatte. Es ist ein Gesetz des Geistes, dass er sich nach der Enge oder Weite der Dinge, mit denen er sich befasst, auch gestaltet.

Die Geisteskräfte werden verkümmern und die Fähigkeit ein büßen, den Gedankenreichtum des Wortes Gottes aufzunehmen, wenn sie nicht kraftvoll und beharrlich an das Studium der Wahrheit gewandt werden. Der Geist wird wachsen, wenn er den biblischen Dingen nachspürt, Schriftstelle mit Schriftstelle vergleicht und das geistliche Wesen geistlich ansieht. Geht in die Tiefe des Wortes! Die bedeutendsten Gedankenschätze liegen für den geübten und fleißigen Schriftforscher bereit.

Die Bibel als Führer

Lasst den Schüler seine Bibel als einen Führer zur Hand nehmen und grundsatztreu werden: Er wird dann nach hohem Ziel streben können.

Kapitel 85: Die Bibel als Erzieher

Als Erzieher ist die Bibel ohne ihresgleichen. Sie ist die älteste und umfassendste Geschichte, die wir besitzen. Sie kommt unmittelbar aus der Quelle ewiger Wahrheit. All die Jahrhunderte hindurch hat sie eine göttliche Hand rein und unverfälscht erhalten. Ihr Licht erhellt die fernste Vergangenheit, die menschliche Untersuchung vergeblich zu durchdringen versucht. Aus Gottes Wort allein erkennen wir die Macht, die der Erde Grund legte und die sich die Himmel ausbreitete. Nur in ihm finden wir einen glaubwürdigen Bericht über den Ursprung der Völker. Hier allein bietet sich uns eine Darstellung der Menschheitsgeschichte, die von keinem menschlichen Hochmut oder Vorurteil befleckt ist.

Die Stimme des Ewigen

In der Bibel findet der Geist Gegenstände tiefsten Nachdenkens und höchsten Strebens. Hier kommen wir mit Patriarchen und Propheten zusammen und hören die Stimme des Ewigen mit den Menschen sprechen. Wir sehen die Majestät des Himmels, die sich erniedrigte, um das Schuldopfer und unsre Bürgschaft zu werden, um allein mit den Mächten der Finsternis zu rechten und um unsertwillen den Sieg zu erringen. Eine ehrfurchtsvolle Betrachtung solcher Themen muss uns bewegen, muss das Herz rein und edel machen und gleichzeitig den Geist mit neuer Kraft und Lebensfrische erfüllen. Diejenigen, die es für tapfer und männlich halten, die Forderungen Gottes gleichgültig und voll Verachtung zu behandeln, verraten dadurch ihre eigene Torheit und Unwissenheit. Während sie sich ihrer Freiheit und Unabhängigkeit rühmen, sind sie in Wirklichkeit in den Banden Satans und der Sünde.

Wahre Lebensweisheit

Eine klare Vorstellung von dem, was Gott ist und was er hinsichtlich unseres Seins wünscht, wird uns zu einer gesunden Bescheidenheit führen. Wer das heilige Wort richtig studiert, wird erkennen, dass des menschlichen Verstandes Vermögen begrenzt ist. Ihm wird bewusst, dass ohne die Hilfe, die allein Gott uns zuteil werden lassen kann, menschliche Kraft und Weisheit nur Schwachheit und Unwissenheit bleiben.

Wer aber der göttlichen Führung folgt, kommt zur wahren Quelle der rettenden Gnade und wirklichen Glückes; er vermag dieses Glück auch denen zuteil werden zu lassen, die um ihn sind. Ohne Glauben kann sich niemand wirklich des Lebens freuen. Die Liebe zu Gott reinigt und adelt jeden Geschmack und jedes Verlangen; sie stärkt die Liebe und verklärt jede wertvolle Freude. Sie macht schließlich den Menschen aufnahmefähig für alles Wahre, Gute und Schöne.

Was uns aber über alles andere zur Wertschätzung der Bibel veranlassen sollte, ist die Offenbarung des göttlichen Willens. Hier können wir unsre Bestimmung kennenlernen und erfahren, auf welchem Wege wir unser Ziel zu erreichen vermögen. Wir lernen, unser gegenwärtiges Leben weise einzurichten und das zukünftige zu erlangen. Kein andres Buch vermag uns zuverlässige Antwort zu geben auf die Fragen des Verstandes und das Sehnen des Herzens. Durch gute Bibelkenntnisse und deren gewissenhafte Beachtung werden wir aus der Tiefe menschlicher Erniedrigung herausgehoben und Kinder Gottes und die Gefährten heiliger Engel werden.

Kapitel 86: Ehrfurcht

Es ist euer Vorrecht, ihr lieben jungen Freunde, Gott auf Erden zu ehren und zu verherrlichen. Wendet euch darum von allem, was oberflächlich, leichtfertig und unwichtig ist, ab, und neigt euch den Dingen zu, die ewigen Wert haben!

Wir leben in einer Zeit, in der jeder ganz besonders der Aufforderung des Heilandes entsprechen sollte: „Wachet und betet, dass ihr nicht in Anfechtung fallet!“ Matthäus 26,41. Eine der starken Anfechtungen liegt in der Verführung zur Ehrfurchtslosigkeit. Gott ist erhaben und heilig; jeder demütigen, gläubigen Seele muss das Gotteshaus auf Erden, der Ort, an welchem sich sein Volk zur Andacht versammelt, wie ein Tor zum Himmel sein. Der Lobgesang und die Predigten der Evangeliumsdiener sind von Gott bestimmt zur Vorbereitung eines Volkes für die Ewigkeit, für jenen höheren Gottesdienst, an dem nichts Unreines, Unheiliges teilnehmen kann.

Das Verhalten im Hause Gottes

Der heutigen Jugend mangelt es sehr an Ehrfurcht. Ich bin erschüttert, wenn ich Kinder gläubiger Eltern sehe, die so viel Achtlosigkeit und so wenig Schicklichkeit im Hause Gottes offenbaren. Während der Verkündigung des Wortes Gottes lesen einige, und andre flüstern und kichern. Sie sündigen durch Umherschauen und stören die Aufmerksamkeit derer, die um sie sind. Wenn sich solche Angewohnheiten ungehindert einnisten können, werden sie sich ausbreiten und andere beeinflussen.

Kinder und junge Leute können sich darauf nichts einbilden, wenn sie in gottesdienstlichen Versammlungen gleichgültig und unachtsam sind. Der Herr sieht jede Unehrerbietigkeit in Taten oder Gedanken und vermerkt sie in den Büchern des Himmels. Er hat erklärt: „Ich weiß deine Werke." Offenbarung 3,1. Nichts entgeht seinem alles durchdringenden Blick. Wenn ihr in euch einen Hang zur Unaufmerksamkeit und Gleichgültigkeit im Hause Gottes feststellen könnt, dann nehmt alle Kraft zusammen und rottet dieses Übel aus; beweist, dass ihr noch Selbstachtung habt. Übt euch in Ehrfurcht, bis sie ein Teil eurer selbst geworden ist.

Habt nicht so wenig Achtung für das Haus des Herrn und für den Gottesdienst, dass ihr euch während der Predigt miteinander unterhaltet. Wenn die, die diesen Fehler begehen, nur sehen könnten, wie Engel Gottes auf sie schauen und ihr Verhalten verzeichnen, dann würde sie Scham und Widerwille gegen sich selbst überkommen. Der Herr wünscht aufmerksame Hörer. Es ist ja so, dass der böse Feind Unkraut säte, während die Menschen schliefen.

Nichts Heiliges und den Gottesdienst Betreffendes darf mit Achtlosigkeit und Gleichgültigkeit behandelt werden. Wenn Worte des Lebens gesprochen werden, müsst ihr daran denken, dass ihr der Stimme Gottes lauscht, die uns sein Abgesandter vermittelt. Keines dieser Worte darf euch durch Unaufmerksamkeit verlorengehen; wenn ihr sie in euch aufnehmt, werden sie euch vor falschen Wegen und vor dem Straucheln bewahren.

Missachtung religiöser Dinge

Ich bin sehr traurig darüber, dass so viele junge Menschen, die sich zum Glauben bekennen, nur ein mangelhaftes Wissen über die Bekehrung haben. Sie kommen zu keiner Umbildung ihres Charakters. Sie fühlen auch nicht den Ernst und die Feierlichkeit der Christusnachfolge. Ihr Leben widerspricht dem Sinn gläubiger Geisteshaltung. Gehörten sie zu jener Schar, die tatsächlich Söhne und Töchter Gottes sind, dann würden sie sich nicht mehr mit allerlei Unfug, Scherz und Spielerei abgeben; sie würden auch nicht durch törichte Bemerkungen und Handlungen anderer auf Abwege geführt. Ein Mensch, der Verlangen hat nach Gottes Wohlgefallen und in den Himmel kommen will, wird fest und entschlossen jeden dummen Scherz über geistliche Dinge zurückweisen.

In der Gleichgültigkeit diesem Gegenstand gegenüber liegt eine große Gefahr; keine Torheit ist verhängnisvoller als Gedankenlosigkeit und Leichtsinn. Überall begegnet uns eine Jugend mit einem leichtsinnigen Wesen. Habt nichts mit ihnen zu tun; denn sie sind eine Gefahr für euch. Und wenn sie bekennen, Christen zu sein, sind sie noch mehr zu fürchten. Ihr Geist ist in einer niedrigen Welt zu Hause, und es wird ihnen leichter fallen, euch zu sich herabzuziehen, als es euch gelingen wird, ihre Gedanken und ihren Lebenswandel zu erheben und zu veredeln. Wählt euch solche Kameraden, die anständig und sauber sind in Worten und Werken.

Ihr sollt euer Bestes tun, um den Ruhm Gottes zu verkündigen; euer Umgang sollte dazu angetan sein, in euch die Trennung des Geheiligten vom Gemeinen wachzuhalten. Wenn ihr umfassende Ansichten, edle Gedanken und ein aufwärts gerichtetes Streben haben wollt, so wählt Gefährten, die eure rechten Grundsätze stärken. Lasst jeden Gedanken und jede beabsichtigte Tat sich der Sicherung eines zukünftigen Lebens mit ewiger Glückseligkeit unterstellen.

Kapitel 87: Eine Hoffnung, die Grund hat

Wie könnt ihr wissen, ob euch Gott angenommen hat? Betrachtet sein Wort unter Gebet. Legt es nicht wegen eines anderen Buches zur Seite. Die Bibel weist jede Sünde nach. Sie offenbart den Heilsweg Gottes. Sie zeigt uns auch eine glänzende, herrliche Belohnung. Und sie enthüllt euch einen vollkommenen Heiland und lehrt euch, dass ihr allein durch seine grenzenlose Gnade erlöst werden könnt.

Vernachlässigt nicht das stille Gebet; es ist ja die Seele des Glaubens. Mit ernstem, eindringlichem Gebet fleht um Reinheit des Herzens. Betet so inbrünstig, als gelte es euer Leben. Bleibt vor dem Thron Gottes, bis euer innerlichstes Verlangen nach eurem Heil in euch aufbricht und ihr die süße Gewissheit eurer Sündenvergebung erlangt habt.

Die Hoffnung des ewigen Lebens muss gut gegründet sein. Sie ist etwas, das zwischen Gott und eurer eigenen Seele gefestigt sein muss — für alle Ewigkeit. Eine ungewisse Hoffnung, und nichts mehr, gereicht euch zum Verderben. Da ihr mit dem Worte Gottes steht oder fallt, müsst ihr euch auf dieses Wort gründen. Es wird aufzeigen, was ihr tun müsst, um ein Christ zu sein. Legt eure Waffenrüstung nicht ab und verlasst den Kampfplatz nicht, bevor ihr die Gewissheit des Sieges habt und mit eurem Erlöser triumphieren könnt.

Christen sind Lichtträger

Christen sind dazu bestimmt, Lichtträger auf dem Wege zum Himmel zu sein. Sie sollten einen Abglanz des Lichtes, das sie von Christus erhalten, in die Welt strahlen. Durch ihr Leben und Wesen sollten andere ein rechtes Verständnis von Christus und seinem hehren Amt bekommen.

Als Nachfolger Christi sollten wir seinen Dienst andern so anziehend darzustellen suchen, wie er wirklich ist. Christen, die Traurigkeit und Betrübnis in ihrem Herzen ansammeln, die murren und klagen, geben ihren Mitmenschen eine falsche Vorstellung von Gott und von dem Leben in Christus. Allein schon hier auf Erden darf sich ein Christ der Gemeinschaft mit seinem Erlöser erfreuen; er darf das Licht seiner Liebe erblicken und immerwährend seine tröstende Gegenwart genießen. Jeder Schritt im Leben knüpft das Band mit Jesus enger, gibt uns tiefere Erfahrung mit seiner Liebe und bringt uns der herrlichen Heimat des Friedens näher.

Abschnitt 9

LESESTOFF UND MUSIK

Greift zu dem Schrifttum, ihr jungen Freunde, das euch wahres Wissen vermittelt und eurer ganzen Familie eine Hilfe sein kann. Jeder bekenne entschlossen: „Ich will meine kostbare Zeit nicht vergeuden und etwas lesen, das mir keinerlei Nutzen bringt und mich nur untauglich macht zum Dienst für andere. Ich will aber meine Zeit und meine Gedanken Dingen weihen, die mich geschickt machen zum Dienst Gottes. Vor allem, was frivol und sündhaft ist, will ich meine Augen verschließen. Meine Ohren sind des Herrn; ich will den spitzfindigen Schlussfolgerungen des Bösen kein Gehör schenken. Ich will auch keinesfalls meine Stimme für etwas erheben, was nicht unter dem Einfluss des Geistes Gottes steht. Mein Leib ist ein Tempel des Heiligen Geistes, und alle Kraft, über die ich verfüge, soll nur wertvollen Zwecken dienen."

Kapitel 88: Wahl des Lesestoffs

Erziehung umfasst nur die Vorbereitung der körperlichen, geistigen und geistlichen Kräfte auf die bestmögliche Erfüllung aller Lebenspflichten. Die Fähigkeit, etwas zu ertragen, und die Stärke und Regsamkeit des Verstandes verringern sich oder wachsen in dem Maße, wie sie angewandt werden. Der Geist sollte so ausgebildet werden, dass seine Fähigkeiten gleichmäßig entwickelt werden.

Viele junge Menschen sind Bücherfreunde. Sie lesen gern alles, was sie erhalten können. Lasst sie aber genauso auf das achten, was sie lesen, wie auf das, was sie hören. Ich wurde unterrichtet, dass die Jugend in großer Gefahr ist, durch schlechte Lektüre Schaden zu erleiden. Satan hat tausend Möglichkeiten, die jungen Gemüter zu vergiften. Sie sind keinen Augenblick sicher. Und es bedarf großer Achtsamkeit, den Versuchungen des Feindes nicht zum Opfer zu fallen.

Einfluss ungesunder Lektüre

Satan kennt die große Beeinflussung des Geistes durch die ihm zugeführte Nahrung. Er sucht Junge und Alte zum Lesen von Märchen, Sagen und ähnlichem Schrifttum zu verleiten. Die Freunde solcher Lektüre machen sich untauglich für die Erfüllung der Pflichten, die vor ihnen liegen. Sie leben in einer unwirklichen Welt und haben kein Verlangen danach, die Heilige Schrift zu lesen und sich mit Himmelsbrot zu speisen. Der Geist, der doch gekräftigt werden sollte, wird geschwächt und verliert die Kraft zum Studium der großen Wahrheiten, die sich auf das Leben und Wirken des Heilandes beziehen, — auf Wahrheiten, die das Gemüt kräftigen, die Einbildungskraft anfachen und das starke, sehnsüchtige Verlangen hervorrufen können, zu überwinden, wie Jesus Christus überwunden hat.

Feinde geistlichen Lebens

Könnte man die meisten Bücher, die auf den Markt kommen, vernichten, so würde einer Seuche gewehrt, die sich auf Herz und Seele verheerend auswirkt. Liebesgeschichten, leichtgeschürzte und erregende Erzählungen und auch sogenannte religiöse Romane — Bücher, denen der Verfasser eine Moral anhängt — sind ein Unglück für den Leser. Einige religiöse Gedanken mögen sich in solch einer erdichteten Geschichte finden lassen; aber in den meisten Fällen schleicht sich Satan im Gewand eines Engels in das

Gemüt des Lesers und täuscht und verführt ihn umso mehr. Keiner ist so mit rechten Grundsätzen gepanzert und sicher vor Versuchungen, dass er ohne Gefahr diese Bücher lesen kann.

Wer Romane liest, frönt einem Übel, das sein geistliches Leben zerstört und die Schönheit der Heiligen Schrift verdunkelt. Schlechte Lektüre erzeugt eine ungesunde Erregung, erhitzt die Phantasie, zersetzt die Brauchbarkeit des Verstandes, bringt vom Gebet ab und macht die Seele zu jeder geistlichen Betätigung untauglich.

Gott hat viele unsrer jungen Leute mit hervorragenden Fähigkeiten ausgestattet; zu oft aber entnerven sie ihre Kraft, verwirren und schwächen ihren Geist, so dass sie jahrelang kein Wachstum in der Gnade oder in der Erkenntnis unsrer Glaubensgrundsätze feststellen können; sie waren in der Auswahl ihres Lesestoffes sehr unweise. Diejenigen, die auf die baldige Wiederkunft Christi warten, sind begierig nach jener wunderbaren Veränderung, „wenn dies Verwesliche wird anziehen die Unverweslichkeit" (1.Korinther 15,54); sie sollten sich in dieser Prüfungszeit auf höherer Lebensbahn bewegen.

Fragt euch selbst, meine lieben jungen Freunde, welche Erfahrung ihr mit jener aufreizenden Lektüre gemacht habt. Konntet ihr nach dem Lesen solcher Bücher die Bibel öffnen und mit innerer Anteilnahme die Worte des Lebens lesen? Erschien euch das Wort Gottes nicht uninteressant? Der Reiz jener Liebesgeschichten hält euch gefangen, verdirbt euren gesunden Geschmack und erschwert es euch, mit gesammelter Aufmerksamkeit die feierlichen Wahrheiten in bezug auf euer ewiges Heil festzuhalten.

Trennt euch entschlossen von jedem wertlosen Lesestoff. Er stärkt nicht euer geistliches Leben, sondern erregt in euch Gefühle, die unsre Vorstellungswelt verderben und veranlasst euch, weniger an den Heiland zu denken und bei seinen herrlichen Lehren zu verweilen. Haltet euch frei von allem, was euch in eine verkehrte Richtung abdrängt. Belastet euch nicht mit seichten Romanen, die euch keinerlei Gewinn an geistigen Kräften bringen. Die Gedanken sind derart wie die dem Geist zugeführte Nahrung.

Das Buch der Bücher

Die Art der Bücher, die jemand in seinen Mußestunden liest, lässt Rückschlüsse auf die Beschaffenheit seines Glaubenslebens zu. Um eine gesunde Geisteshaltung und vernünftige religiöse Grundsätze zu haben, muss die Jugend durch die Heilige Schrift mit Gott verbunden sein. Die Bibel verweist auf den Weg des Heils durch Christus und ist unser Führer zu einem höheren und besseren Leben. Sie enthält die anziehendste und lehrreichste Geschichte und Lebensbeschreibung, die je geschrieben wurde. Wer seinen Geschmack durch das Lesen von Romanen nicht verdorben hat, wird die Bibel für das unterhaltendste Buch halten.

Die Bibel ist das Buch der Bücher. Wenn ihr Gottes Wort liebt und bei jeder sich bietenden Gelegenheit in ihm forscht, um in den Besitz seiner kostbaren Schätze zu gelangen und stets zu allem guten Werk geschickt zu werden, dann könnt ihr euch darauf verlassen, dass euch der Heiland an sein Herz zieht. Es genügt aber nicht, nur gelegentlich in die Bibel zu schauen, ohne dabei die Lehren Jesu verstehen zu lernen und mit seinen Forderungen vertraut zu werden. Die Schätze im Wort Gottes können nur durch ein tiefes Hineingraben in die unterirdischen Stollen der Wahrheit gehoben werden.

Der natürliche Mensch verwirft die Wahrheit; aber die bekehrte Seele wird wunderbar verändert. Das Buch, das früher so wenig anziehend war, weil es dem Sünder seine Missetaten vor Augen führt, wird nun der Seele zur Nahrung, zur Freude und zum Trost des Lebens. Die Sonne der Gerechtigkeit erleuchtet die heiligen Zeilen, und der Heilige Geist spricht durch sie zum Herzen.

Wendet die Aufmerksamkeit aller, die bisher eine Vorliebe für leichten Lesestoff hatten, auf das feste, prophetische Wort. Nehmt eure Bibeln zur Hand und erforscht mit gesteigertem Interesse die heiligen Berichte in dem Alten und Neuen Testament. Je öfter und emsiger ihr das Wort Gottes betrachtet, um so mehr Schönheit wird sich euch offenbaren; dagegen wird sich der Geschmack an wertlosen Schriften immer mehr verlieren. Bringt die köstliche Bibel euren Herzen nahe. Sie wird euch ein Freund und Führer sein.

Kapitel 89: Das Vorbild der Epheser

Nach ihrer Bekehrung änderten die Epheser ihre Sitten und Gewohnheiten. Vom heiligen Geist Gottes überführt, waren sie schnell bereit, die Geheimnisse ihrer Zauberei offen zu bekennen. Sie kamen und bekannten und verwiesen auf ihre Handlungen; und ihre Herzen waren mit heiligem Zorn erfüllt, weil sie der Zauberei so ergeben gewesen waren und die Bücher so hoch geschätzt hatten, in denen die von Satan erdachten Regeln die Gebrauchsanweisungen zur Zauberkunst darboten. Nun waren sie fest entschlossen, sich vom Dienst des Bösen abzuwenden; sie brachten die kostspieligen Bücher und verbrannten sie öffentlich. Dadurch stellten sie ihre Aufrichtigkeit, sich zum Herrn zu bekehren, unter Beweis.

Die Bücher, die die Epheser nach ihrer Bekehrung zur Heilsbotschaft den Flammen übergaben, hatten bei ihnen vordem in hoher Gunst gestanden; von ihnen hatten sie ihr Gewissen beherrschen und ihren Geist leiten lassen. Sie hätten sie verkaufen können, aber dadurch hätten sie das Böse nur verewigt. Sie verabscheuten später die teuflischen Geheimkünste, die Zauberpraktiken, und hatten einen Widerwillen gegen das Wissen um diese Dinge. Ich möchte unsre jungen Freunde, die mit der Wahrheit bekannt geworden sind, fragen; Habt ihr eure Zauberbücher verbrannt?

Moderne Zauberbücher

Wir wollen euch mit der Sünde, die einst die Epheser knechtete, nicht beladen und auch nicht behaupten, dass ihr Zauberkünste geübt und euch mit Hexerei befasst habt, wie sie das getan haben. Wir nehmen auch nicht an, dass ihr euch mit der Wahrsagerei beschäftigt habt oder Verbindung mit bösen Geistern aufgenommen hättet. Aber verband euch nichts mit dem Urheber alles Bösen, mit dem Erfinder aller dieser dunklen Geheimnisse und höllischen Künste? Habt ihr nicht den Einflüsterungen dessen gelauscht, der dieser Welt Gott und der Fürst ist, der in der Luft herrscht? Habt ihr nicht seinen Lügen geglaubt, und wart ihr nicht seine Gehilfen, als ihr Werke tatet, die eurem Leben vor der Bekehrung entsprachen? Seid ihr nicht in seinem Dienst gewesen, und hattet ihr nicht, wenn man es nicht gerade buchstäblich nimmt, Verkehr mit den bösen Engeln, lerntet ihr nicht von ihnen die Kunst, eure eigene Seele und die der andern zu betrügen?

In welchem Verhältnis standet ihr zu den modernen Zauberbüchern? Was habt ihr denn gelesen? Womit habt ihr eure Zeit ausgefüllt? Habt ihr wirklich die heiligen Weissagungen durchforscht, um zu hören, was Gott euch in seinem Wort zu sagen hat? Die Welt ist mit Büchern überschwemmt, die den Samen der Zweifelsucht, Untreue und Gottlosigkeit ausstreuen; mehr oder weniger habt ihr aus diesen Büchern, die doch nur moderne Zauberbücher sind, gelernt. Sie verdrängen Gott aus eurem Herzen und trennen die Seele von dem wahren Hirten.

Wenn der Geist keine erhabenen Gedanken mehr fassen kann

Die Bücher, die ihr gelesen habt, wurden von Werkzeugen Satans ersonnen, um den Geist mit Lehrsätzen aus der Schule des Bösen zu bezaubern und um euch zu zeigen, wie ihr dem Bösen mit teuflischer Würde dienen könnt. Wie zahlreich sind doch die Bücher mit ungläubiger Ausrichtung, die den Verstand durch besonders ausgeklügelte Zweifel verwirren sollen! Satan hat ihnen seinen vergifteten Atem eingehaucht, und ein tödliches, geistliches Fieber breitet sich unter denen aus, die diese Bücher lesen.

Welche Fülle von Romanliteratur gibt es in der Welt, die den Geist mit Gaukeleien und Torheiten füllt und das Wort der Wahrheit und Gerechtigkeit unbeliebt zu machen sucht! So wird der Geist unfähig gemacht zur Aufnahme erhabener Gedanken und zum geduldigen, beharrlichen Studium der Bibel, die doch das Leitbuch ist, und die euch zum Paradies Gottes führt.

Viel ist über den Erwerb von Reichtum auf Erden geschrieben worden, als ob die Schätze dieser Welt uns einen Pass für den Himmel kaufen könnten. Wie viele Geschichtsbände sind geschrieben worden, gefüllt mit den kühnen, vermessenen Taten von Männern, deren Leben nicht einen Lichtschimmer auf den Weg des Lebens fallen lässt!

Bücher, die irreführen

Welche Unzahl von Büchern über Krieg und Blutvergießen gibt es, die den jungen Menschen irreführen! Wer sie liest, hat Satan an seiner Seite, der sie mit dem Geist des Kriegers erfüllt, von dem sie gerade lesen, das Blut in den Adern erhitzt und zu grausamen Taten aufreizt. Wie zahlreich sind die unsittlichen Bücher, die zu unheiligen Begierden verleiten, die Leidenschaften des Herzens entflammen und von allem, was rein und heilig ist, ablenken! Ihr hattet auch eure Zauberbücher, in denen Geschehnisse und Bilder von dem eingegeben waren, der einst als Engelsfürst im himmlischen Gefilde lebte.

Wie der Bann Satans gebrochen wird

Ich möchte euch fragen, ob nicht die Zauberbücher verbrannt werden sollten. In der Schule Satans gibt es Stätten, die verlockend sind, und an denen Ausschweifungen gehegt und geduldet werden; aber der Zeuge ist zugegen, und ein unsichtbarer Besucher nimmt Kenntnis von den Taten, die im Finstern geschehen. In der Gesellschaft der Eitlen, Stolzen und Ausgelassenen führt Satan den Vorsitz und ist der Hauptanstifter beim Amüsement. Er hält sich dort verkleidet auf. Überall geht die Zauberei um; Welt und Gemeinde stehen unter Satans Einfluss; er verleitet sie zu Dingen, die sie niemals zu tun beabsichtigten. Erführen sie das, was sie tun werden, würden sie ebenso erstaunt sein wie einst Hasael, als ihm der Prophet die Zukunft offenbarte.

Jeder, ob Mann, Frau oder Kind, der sich der Herrschaft des Geistes Gottes entzieht, steht unter dem Einfluss teuflischer Zauberei und führt durch Wort und Tat andere Seelen vom Weg der Wahrheit. Wenn aber die umformende Gnade Christi das Herz beherrscht, wird die Seele rechtschaffenen Zorn darüber empfinden, dass sie so lange das große Heil ausgeschlagen hatte, welches Gott dem Sünder darbietet. Sie wird sich dann mit Körper und Geist dem Herrn völlig ausliefern und sich der Gemeinschaft Satans entziehen, allein durch die Gnade, die ihr Gott zuteil werden lässt. Der Gläubige wird, wie einst die Epheser, jeder teuflischen Machenschaft abschwören und den letzten Faden, der ihn noch an Satan hält, abschneiden. Er wird das Banner des Fürsten der Finsternis hinter sich lassen und sich unter die blutgezeichnete Fahne des Fürsten Immanuel begeben. Die Zauberbücher wird er vernichten.

Kapitel 90: Richtige geistige Nahrung

Was sollen unsre Kinder lesen? Das ist eine ernste Frage, die eine gewissenhafte Antwort verlangt. Ich bin bekümmert, wenn ich in christlichen Familien Zeitungen und Zeitschriften mit Fortsetzungsromanen vorfinde, die keinen guten Einfluss auf das Gemüt hinterlassen. Ich habe diejenigen beobachtet, die Geschmack an der Romanliteratur fanden. Sie hatten das Vorrecht, den Wahrheiten des Wortes Gottes zu lauschen und mit den Grundsätzen unsres Glaubens bekanntzuwerden; im Lauf der Jahre aber verließen sie den Weg wahrer Frömmigkeit.

Diese liebe Jugend hat für ihre Charakterbildung den besten Erziehungsstoff nötig, — die Liebe und Furcht Gottes und die Erkenntnis Jesu Christi. Viele aber haben eine unklare Vorstellung von der Wahrheit, die in Christus ist. Ihr Geist nährt sich von sensationellen Geschichten. Sie leben in einer unwirklichen Welt und sind zur Erfüllung ihrer praktischen Lebenspflichten unfähig.

Die Nachteile schlechter Lektüre

Ich habe Kinder beobachtet, die man so aufwachsen ließ. Ob sie daheim oder außerhalb waren; immer waren sie ruhelos oder träumerisch und unfähig, über mehr als ganz allgemeine Dinge zu sprechen. Bessere Fähigkeiten, die sie höheren Zielen entgegenführen könnten, verkümmerten durch ihre Hinneigung zu alltäglichen und argen Dingen, bis die jungen Menschen ganz in ihnen aufgingen und zu edlerem Streben kaum noch fähig waren. Geistliches Denken und Unterhaltung über Glaubensdinge wurden ihnen unangenehm.

Die geistige Nahrung, an der sie Geschmack gefunden haben, ist in ihrer Auswirkung befleckend und verführt sie zu unreinen und sinnlichen Gedanken. Mich erfüllt herzliches Mitleid mit diesen Seelen, wenn ich sehe, wie groß ihr Verlust ist durch Außerachtlassung der guten Gelegenheiten, sich die Erkenntnis Jesu Christi anzueignen, in dem sich doch alle unsre Hoffnungen auf ein ewiges Leben vereinigen. Wieviel kostbare Zeit wird vergeudet, die zum Studium des Vorbildes wahrer Frömmigkeit hätte verwendet werden können!

Ich habe selbst einige von ihnen, die sich durch schlechte Lektüre ihr gesundes Empfinden verdorben haben, kennengelernt. Sie gehen mit einer krankhaften Einbildungskraft durch das Leben und nehmen selbst die kleinste

Beschwerde tragisch. Dinge, die ein gesundes, natürliches Empfinden gar nicht erwähnen würde, werden ihnen zu unerträglichen Prüfungen und unüberwindlichen Hindernissen. Für sie liegt das Leben in beständigem Schatten.

Wer die Gewohnheit hat, aufregende Geschichten zu verschlingen, lähmt seine geistige Kraft und macht sich zu kraftvollem Denken und Forschen unfähig. Es gibt Männer und Frauen im vorgerücktem Alter, die sich nie wieder von der Wirkung der Unmäßigkeit im Lesen erholen konnten.

Die im frühen Lebensalter angenommene Gewohnheit entwickelte sich mit dem eigenen Wachstum und verstärkte sich gleichzeitig mit der Zunahme an Kraft; das Bemühen, sie entschlossen zu überwinden, hatte nur teilweisen Erfolg. Viele haben ihre ursprüngliche Frische und Regsamkeit des Geistes niemals zurückerlangt. Alle Versuche, lebendige Christen zu werden, scheiterten und blieben Wunschträume. Sie können ja auch nicht zugleich Christus ähnlich sein und ihren Geist mit jener Lektüre nähren.

Die Wirkung auf den Körper ist ebenso unheilvoll. Das Nervensystem wird durch solche Lesewut unnötig belastet. In einigen Fällen haben jüngere und ältere Leseratten sich durch dieses Übel schwere Gehirnlähmungen zugezogen. Das Empfinden wird in ständiger Erregung gehalten, bis der feingliedrige Nervenapparat handlungsunfähig wird und eine Lähmung eintritt.

Geistige Trunkenbolde

Wenn die Lust nach erregendem, aufwühlendem Lesestoff genährt wird, verdirbt der moralische Sinn; der Geist bleibt unbefriedigt, solange er nicht mit dieser völlig wertlosen, ungesunden Nahrung gespeist wird. Ich sah junge Mädchen, bekenntliche Nachfolgerinnen Christi, die tatsächlich unglücklich waren, wenn sie nicht einen neuen Roman oder eine Romanzeitung zur Hand hatten. Ihr Geist war ebenso gierig nach solcher Anregung wie der Trunkenbold nach Alkohol. Solche Jugend offenbarte nicht den Geist der Frömmigkeit; kein heller Schein himmlischen Lichtes ging von ihnen aus zu denen, die sie zur Quelle wahrer Erkenntnis führen sollten. Ihnen fehlte die tiefe Glaubenserfahrung. Hätten sie nicht dauernd einen neuen Schmöker zur Verfügung, dann wäre vielleicht Hoffnung auf ein Besinnen und Zurückfinden; aber sie gieren ja danach und — finden auch.

Es schmerzt mich sehr, junge Menschen zu sehen, die ihre Brauchbarkeit für dieses Leben so zerstören und jede Gelegenheit versäumen, eine Erfahrung zu machen, die sie auf ein ewiges Leben in himmlischer Gemeinschaft vorbereiten könnte. Wir können für sie keinen geeigneteren Namen finden als „geistige Trunkenbolde". Unmäßigkeit im Lesen hat die gleichen nachteiligen Folgen für das Gehirn wie unvernünftiges Essen und Trinken für den Körper.

Das Heilmittel

Wenn man das Wachstum der Sünde verhindern will, ist es am besten, man baut den Boden anderweitig an. Größte Sorgfalt und Wachsamkeit sind erforderlich, um den Geist zu bilden und ihm den kostbaren Samen biblischer Wahrheit einzupflanzen. Der Herr hat uns in seiner großen Gnade die Grundsätze eines tugendhaften Lebens in seinem Wort offenbart.

Er hat heiligen Männern zu unsrer Wohlfahrt Unterweisungen eingegeben, die uns über die Gefahren auf unserm Wege aufklären und auch zeigen, wie wir ihnen entgehen können. Wer der göttlichen Aufforderung, in der Schrift zu forschen, nachkommt, bleibt über diese Dinge nicht in Ungewissheit. Inmitten der Gefahren der Endzeit sollte jedes Gemeindeglied die Grundlage seiner Hoffnung und seines Glaubens verstehen, — Grundlagen, die nicht schwer zu begreifen sind. Der Geist ist vollauf in Anspruch genommen, wenn wir in der Gnade und Erkenntnis unsres Herrn Jesu Christi zunehmen wollen.

Erste Schritte auf dem Weg der Sünde

Es ist eine lange Entwicklung, der Welt unbekannt, die im Herzen vor sich geht, ehe der Christ offen sündigt. Von der Reinheit und Heiligkeit sind es viele Schritte zur Verkommenheit und Verdorbenheit und zum Verbrechen. Es dauert seine Zeit, sich vom Bilde Gottes zu einem brutalen Teufelswesen zu entwickeln. Durch Anschauen verändern wir uns. Wenn er unreinen Gedanken nachhängt, kann der Mensch seinen Geist so verbilden, dass er in Sünden willigt, die er einst verabscheute.

Kapitel 91: Die Bibel ist das interessanteste Buch

Die Bibel wird von jung und alt vernachlässigt. Sie wird nicht zum Gegenstand täglicher Betrachtung und zur Lebensregel gemacht. Besonders die Jugend macht sich hier einer Vernachlässigung schuldig. Die meisten von ihnen finden Zeit, andere Bücher zu lesen; aber das Buch der Bücher, das ihnen den Weg zum ewigen Leben zeigt, wird nicht täglich studiert. Nutzlose Geschichten werden aufmerksam gelesen, aber die Heilige Schrift bleibt unbeachtet. Und doch ist dieses Buch unser Führer zu einem besseren, heiligen Leben. Die Jugend würde es ebenfalls für das interessanteste Buch, das sie je gelesen hat, halten, wäre ihr Empfinden nicht durch Romanlektüre verdorben worden.

Jugendliche Gemüter verfehlen ihre höchste Entwicklungsmöglichkeit, wenn sie die reinste Quelle der Weisheit — das Wort Gottes — vernachlässigen. Wir sind in Gottes Welt, in der Gegenwart des Schöpfers; ihm ähnlich sind wir erschaffen, er wacht über uns und sorgt sich voller Liebe um uns; das sind wunderbare Betrachtungen, die den Geist in ausgedehnte Weiten leiten. Wer Herz und Seele solchem geistigen Schauen öffnet, wird nimmermehr an oberflächlichen und aufregenden Themen Gefallen finden.

Die Bedeutung des durch Forschen erlangten gründlichen Schriftwissens kann kaum richtig eingeschätzt werden. „Von Gott eingegeben, nütze zur Besserung, dass ein Mensch Gottes sei vollkommen, zu allem guten Werk geschickt." 2.Timotheus 3,15-17. So fordert die Bibel die höchste Aufmerksamkeit. Wir sollten uns nicht mit einer oberflächlichen Kenntnis zufriedengeben, sondern den Gehalt der Worte der Wahrheit zu ergründen und in die Tiefen des Geistes heiliger Aussprüche einzudringen versuchen.

Die Darstellung der Sünde

Bücher mit sensationslüsterner Ausrichtung, die nur aus geschäftlichen Rücksichten verlegt und in Umlauf gebracht werden, sollten von der Jugend niemals gelesen werden. Es ist ein teuflischer Reiz in solchem Schrifttum. Die betrüblichen Darstellungen von Verbrechen und Scheußlichkeiten üben einen dämonischen Einfluss auf viele aus und verleiten sie zu schlechten Taten. Die Gräueltaten, Frevel und Ausschweifungen, die in vielen rein geschichtlichen Werken aufgezeichnet sind, wirken wie Sauerteig auf viele Gemüter und reizen zur Nachahmung.

Bücher, in denen die teuflische Handlungsweise der Menschen aufgezeichnet ist, werden zum Schaden der Leser veröffentlicht. Alle diese schrecklichen Einzelheiten verdienen es nicht, verewigt zu werden; niemand, der an die gegenwärtige Wahrheit glaubt, sollte daran teilhaben, dass sie der Nachwelt erhalten werden. Wenn der Geist mit solcher verdorbenen Nahrung gespeist und erregt wird, dann werden auch die Gedanken schlecht und sinnlich.

Kapitel 92: Bewache das Tor deiner Seele

„Behüte dein Herz mit allem Fleiß", mahnt der weise Mann, „denn daraus geht das Leben." Sprüche 4,23. Wie ein Mensch in seinem Herzen denkt, so ist er. Das Herz muss durch die göttliche Gnade erneuert werden, sonst wird es vergeblich nach Reinheit im Leben suchen. Wer sich zu einem guten, tugendhaften Charakter entwickeln will, ohne Jesu Gnade in Anspruch zu nehmen, baut sein Haus auf Triebsand. In den heftigen Stürmen der Versuchung wird es sicher umgeworfen. Davids Gebet sollte die Bitte jeder Seele sein: „Schaffe in mir, Gott, ein reines Herz und gib mir einen neuen, gewissen Geist." Psalm 51,12. Sobald wir Teilhaber der himmlischen Gabe geworden sind, gehen wir der Vollkommenheit entgegen und werden „aus Gottes Macht durch den Glauben bewahrt zur Seligkeit". 1.Petrus 1,5.

Aber wir haben auch das Unsere zu tun, um den Versuchungen zu widerstehen. Wer nicht eine Beute der List Satans werden will, muss die Pforten der Seele sorgfältig bewachen; er muss alles Lesen, Sehen oder Hören vermeiden, das ihm ungute Gedanken einflößen könnte. Der Geist sollte nicht wahllos jede Sache aufgreifen, die der Feind der Seelen als Köder auslegt. „Begürtet die Lenden eures Gemütes, seid nüchtern", sagt der Apostel Petrus, „stellet euch nicht gleichwie vormals, da ihr in Unwissenheit nach den Lüsten lebtet; sondern nach dem, der euch berufen hat und heilig ist, seid auch ihr heilig in allem eurem Wandel." 1.Petrus 1,13-15. Und Paulus mahnt: „Weiter, liebe Brüder, was wahrhaftig ist, was ehrbar, was gerecht, was keusch, was lieblich, was wohllautet, ist etwa eine Tugend, ist etwa ein Lob, dem denket nach!" Philipper 4,8. Das erfordert ernstes Gebet und unaufhörliche Wachsamkeit. Wir müssen uns der Hilfe des Heiligen Geistes bedienen, der unsern Geist aufwärts richtet und ihn daran gewöhnt, dass er bei reinen und heiligen Dingen verweilt. Auch müssen wir mit

Fleiß die Heilige Schrift erforschen. „Wie wird ein Jüngling seinen Weg unsträflich gehen? Wenn er sich hält nach deinen Worten." Psalm 119,9. „Ich behalte dein Wort in meinem Herzen, auf dass ich nicht wider dich sündige." Psalm 119,11.

Spreu und Weizen

Vermeide das Lesen von Romanzeitschriften, liebe Jugend. Hinweg mit jedem Roman! Wir würden gut daran tun, unsre Wohnungen von allen Roman; und Bildheften, die Karikaturen enthalten, zu säubern, — sie stammen doch alle von willigen Helfern Satans. Die Jugend darf ihr Gemüt nicht mit solchem Schrifttum vergiften. „Wie reimen sich Stroh und Weizen zusammen? spricht der Herr." Jeremia 23,28. Tragt dazu bei, dass jeder, der ein Nachfolger Christi sein will, nur das liest, was wahr ist und Ewigkeitswert besitzt. {RJ97 219.2; MYP.286.1}

Wir müssen uns auf die ernstesten Pflichten vorbereiten. Eine Welt soll gerettet werden. Im Hinblick auf das große Werk, das getan werden muss, erhebt sich die Frage: Wie kann irgendjemand seine kostbare Zeit und die von Gott gegebenen Mittel für Dinge verwenden, die weder zu seinem Besten noch zur Ehre Gottes dienen?

Kapitel 93: Die Bildung eines christlichen Charakters*

Es gibt Bücher von lebenswichtiger Bedeutung, die aber von unsern jungen Leuten nicht beachtet werden. Sie werden vernachlässigt, weil sie nicht so interessant erscheinen wie andere, leichte Lektüre.

Wir sollten dem jungen Menschen empfehlen, solche Lektüre zur Hand zu nehmen, die sich zur Bewahrung eines christlichen Charakters von selbst empfiehlt. Die wichtigsten Glaubensregeln sollten sich dem Gedächtnis der Jugend einprägen. Sie erhielt von diesen Wahrheiten wohl Kenntnis, wurde aber nicht so vertraut mit ihnen, dass sie dieselben in ihrem Studium bevorzugten. Unsre Jugend sollte das lesen, was einen heilsamen, heiligenden Einfluss auf ihr Gemüt ausüben kann. Das braucht sie, um zur Erkenntnis wahren Glaubens zu gelangen. Es gibt viel guten Lesestoff, der aber nicht heiligend wirkt.

Wir haben jetzt Zeit und Gelegenheit, für unser junges Volk zu arbeiten. Teilt ihm mit, in welcher gefahrvollen Zeit wir jetzt leben, und wie sehr wir zu wissen wünschen, wie wir am besten zu wahrer Frömmigkeit kommen können. Unsre jungen Leute brauchen Hilfe, innere Erhebung und Ermutigung; das muss in rechter Art geschehen, vielleicht nicht so, wie sie es wohl wünschen, aber in einer Art und Weise, die ihr zur Heiligung ihres Wesens dient. Sie brauchen eine gute, geheiligte Haltung mehr als irgend etwas anderes. Ich meine nicht mehr lange zu leben. Mein Werk ist bald getan. Sagt unseren jungen Leuten, wie sehr ich wünsche, dass meine Worte sie in jeder Weise ermutigen, so zu leben, dass es für die himmlischen Wesen höchst erfreulich zu schauen ist, und dass ihr Einfluss auf andere veredelnd wirkt.

Ein ausgewählter Lesekursus wird empfohlen

In nächtlicher Arbeit habe ich Bücher ausgesucht und beiseitegelegt, die der Jugend nicht zu empfehlen sind. Wir sollten für sie Bücher auswählen, die sie zu einem aufrechten Leben ermutigen und zum Verständnis des Wortes Gottes führen können. Dies ist mir in der Vergangenheit offenbart worden; ich will es euch heute vortragen und in euch festigen. Wir dürfen unsrer Jugend keinen wertlosen Lesestoff in die Hand geben. Bücher, die für Geist und Seele ein Segen sind, werden gebraucht. Das wird zu wenig

**die letzte Niederschrift der Verfasserin für unsre Jugend während ihrer letzten Krankheit*

bedacht; darum soll unsre Jugend damit bekanntwerden, was ich zu sagen habe.

Ich erwarte keine weiteren Zeugnisse für unser Volk. Unsre geistesstarken Brüder wissen, was zum Ausbau und Aufbau des Werkes nötig ist. Aber mit der Liebe Gottes in ihren Herzen müssen sie sich immer mehr in die geistlichen Dinge vertiefen. Mir ist darum zu tun, dass unsre jungen Leute den rechten Lesestoff erhalten; die älteren Geschwister werden ihn sich dann auch verschaffen. Unser Blick muss auf das Anziehende der Wahrheit gerichtet sein. Wir sollen Verstand und Herz den göttlichen Wahrheiten öffnen. Satan tritt immer auf den Plan, wenn die Menschen nicht aufpassen. Wir dürfen uns nicht damit zufriedengeben, dass die Warnungsbotschaft schon einmal verkündigt wurde. Wir müssen es immer wieder tun.

Wir können einen Lesekursus beginnen und ihn so interessant gestalten, dass viele dadurch angezogen werden. Wenn ich noch Gelegenheit haben sollte, würde ich gerne Bücher für die Jugend vorbereiten.

Es muss ein Werk für die Jugend getan werden, durch welches ihr Geist von der heiligenden Wahrheit Gottes erfasst und geformt wird. Es ist mein aufrichtiger Wunsch für die jungen Leute, dass sie sich über die volle Bedeutung der Rechtfertigung durch den Glauben und der Vervollkommnung ihres Charakters, die sie auf das ewige Leben vorbereitet, klarwerden. Ich erwarte kein langes Leben mehr, und ich hinterlasse diese Botschaft für die Jugend mit dem Wunsch, dass das angestrebte Ziel rechter Art sei.

Ich ermahne meine Mitbrüder, die Jugend zu ermutigen, Gott und seine Gnade immer in hoher Wertschätzung zu halten.

Wirkt und betet ohne Unterlass dafür, dass euch der Sinn für den hohen Wert wahrer Religion erhalten bleibe. Bringt den Segen, das Anziehende der Heiligkeit und die Gnade Gottes hinein. Es hat mich immer bedrückt, dass hier etwas vernachlässigt wird.

Ich habe keine Gewissheit, dass mein Leben noch lange währen wird; ich weiß aber, dass mich Gott angenommen hat. Ihm ist bekannt, wieviel ich erduldet habe, wenn ich den niedrigen Lebensstand sogenannter Christen beobachten musste. Ich wusste, wie dringlich es war, dass sich in meinem Leben die Früchte der Wahrheit zeigten und dass mein Zeugnis unter das Volk gebracht werde. Ich wünsche, dass ihr alles tut, was ihr könnt, um alle meine Schriften den Menschen in aller Welt in die Hand zu geben.

Verweist die Jugend auf ihre vielerlei geistlichen Vorteile. Der Herr wünscht, sie möge ernste Anstrengungen machen, um die Botschaft unter die Leute zu bringen. Ich bin davon durchdrungen, dass es meine besondere Pflicht ist, diese Dinge auszusprechen.

Kapitel 94: Wirkung der Romanliteratur

Viele junge Menschen klagen: „Ich habe keine Zeit, meine Aufgaben zu machen." Ja, was haben sie denn zu tun? Einige benutzen jede Gelegenheit, etwas Geld zu verdienen; würden sie diese Zeit anstatt zu mühsam abgeknappter Erwerbsarbeit zum Bibelstudium verwenden und das Gelernte praktisch verwerten, dann würden sie mehr gewinnen als den kleinen Betrag durch ihre Überstunden. Es würde viel erspart werden können, was für nutzlosen Putz ausgegeben wird; dazu könnte mehr Geisteskraft zum Verständnis der Geheimnisse der Frömmigkeit bewahrt werden. „Die Furcht des Herrn ist der Weisheit Anfang." Psalm 111,10.

Aber die gleiche Jugend, die sich zum Christentum bekennt, befriedigt das Verlangen des natürlichen Herzens und folgt ihren eigenen Neigungen; die von Gott gegebene Bewährungsfrist, in der sie sich Kenntnisse der köstlichen biblischen Wahrheiten aneignen sollte, wird mit dem Lesen romanhafter Lektüre vergeudet. Diese einmal angenommene Gewohnheit ist nur schwer zu überwinden; sie kann aber und muss abgelegt werden von allen, die sich ihre Anwartschaft auf die himmlische Welt erhalten wollen.

Wer Geschichten und Romane gierig verschlingt, verdirbt seinen Geist. Das Vorstellungsvermögen erkrankt, der Geist wird von ungesunder Schwärmerei erfüllt, und eine ungewisse Unruhe, ein ungewöhnliches Verlangen nach schädlicher geistiger Nahrung wird das Gemüt aus dem Gleichgewicht bringen. Tausende sind heute in Irrenanstalten als Opfer der Romanlektüre, deren Frucht Luftschlösser und liebeskranke Empfindeleien sind. Es werden viele Bücher ohne wirklichen Wert, Bücher, die aufregend und schädlich sind, empfohlen oder wenigstens deren Benutzung zugelassen wegen ihres vermeintlichen literarischen Wertes.

Werke ungläubiger Schriftsteller werden auf unseren Schulen den Kindern und Jugendlichen als Lehrbücher in die Hand gegeben — Bücher, durch die sie erzogen werden sollen. Sie werden der Jugend übergeben, und durch ein solches Studium, das sie nie anwenden können, wird ihre wertvolle Zeit beansprucht. Viele Bücher sind in den Schulen eingeführt worden, die nie hätten hineinkommen dürfen.

Außer diesen gibt es eine Menge Romanschreiber, welche zu angenehmen Träumen im Lande der Phantasie einlullen. Diesen Schriftstellern kann man vielleicht keine offene Sittenlosigkeit zur Last legen, aber ihr Werk reizt in Wirklichkeit nicht weniger zum Bösen. Es beraubt Tausende und aber Tausende der Zeit, Kraft und Selbstzucht, die zu den ernsten Aufgaben des Lebens erforderlich sind.

Kapitel 95: Die Wohltaten der Musik

Lobgesang durchzieht den Himmel; und wenn sich der Himmel mit der Erde berührt, ertönt Musik und Gesang, — „dass man Wonne und Freude darin findet, Dank und Lobgesang". Jesaja 51,3. {RJ97 223.4; MYP.291.1}

Auf der eben geschaffenen Erde, schön und unbefleckt, ertönte unter dem Wohlgefallen Gottes der Lobpreis der Schöpfung: „Da mich die Morgensterne miteinander lobten und jauchzten alle Kinder Gottes." Hiob 38,7. So verbinden sich die menschlichen Herzen im Gleichklang mit dem Himmel und preisen die Güte Gottes. Viele Begebenheiten der menschlichen Geschichte sind mit Gesängen verbunden.

Musik ist eine köstliche Gabe

Die Geschichte der biblischen Gesänge ist voller Winke hinsichtlich der Verwendung und des Nutzens von Musik und Gesang. Oft ist die Musik zum Dienst des Bösen missbraucht und zum geschicktesten Mittel der Verführung gemacht worden. Wenn man sie aber recht anwendet, ist sie eine köstliche Gottesgabe, die geeignet ist, die Gedanken zu hohen und erhabenen Themen zu führen und die Seele zu begeistern und zu beleben.

Als die Kinder Israel durch die Wüste zogen, ermunterten sie sich auf ihrem Wege durch das Singen geistlicher Lieder; so fordert Gott auch heute seine Kinder auf, ihr Pilgerleben froh zu machen. Es gibt nicht viel Mittel, die Gottes Worte besser und tiefer ins Herz zu pflanzen vermögen, als sie im Liede zu wiederholen. Solch Gesang übt eine wunderbare Macht aus. Rohe und harte Naturen werden durch ihn bezwungen; durch seine Gewalt wird der Verstand geschärft, harmonische Gefühle und Handlungen werden geweckt, und Trübsinn und dunkle Ahnungen, die entmutigen wollen, werden gebannt.

Musik gehört zu den hervorragendsten Mitteln, das Herz mit göttlicher Wahrheit zu füllen. Wie oft war das Herz schwer und bedrückt und wollte verzweifeln; da erinnerte es sich biblischer Worte — Worte eines lange vergessenen Kinderliedes —, und die Versuchungen verloren ihre Macht, das Leben erhielt von neuem einen Sinn, und Mut und Freude teilten sich auch andern Seelen mit.

Der Erziehungswert des Gesanges sollte niemals außer acht gelassen werden. Im Heim sollten Lieder gesungen werden, die süß und rein sind; das kostet weniger zurechtweisende Worte und schafft mehr Frohsinn, Hoffnung und Freude. Lasst in der Schule singen; die Schüler werden näher zu Gott, zu ihren Lehrern und zueinander gezogen.

Als Teil des Gottesdienstes gehört der Gesang genauso zur Anbetung wie das Gebet. Wirklich, manche Lieder sind Gebete.

Wenn schon das Kind diese Wahrheit begreift, wird es mehr die Worte, die es singt, bedenken und für sie empfänglicher werden.

Wenn uns der Heiland an die Schwelle des Ewigen führt, die vom Ruhme Gottes widerhallt, werden wir Lob; und Danklieder hören, die vom Himmelschor vor dem Thron des Ewigen ertönen; wenn dieser Gesang der Engel ein Echo findet in unseren irdischen Heimen, dann werden Herzen mit den himmlischen Sängern verbunden. Die Vereinigung mit dem Himmel beginnt auf der Erde. Hier lernen wir den Grundton zum Lobgesang.

Kapitel 96: Vom rechten Gebrauch der Musik

Die Musik soll heiligen Zwecken dienen; sie soll die Gedanken zu allem, was rein, edel und erhaben ist, erheben und in der Seele Frömmigkeit und Dankbarkeit zu Gott wecken. Welcher große Unterschied besteht doch zwischen dem früheren Gebrauch und der heutigen Verwendung! Wie viele benutzen diese Gabe zum Selbstruhm, anstatt sie zur Ehre Gottes zu verwenden! Liebe zur Musik führt den Unvorsichtigen oft mit Weltmenschen in Lustbarkeitsveranstaltungen zusammen, in die zu gehen der Herr seinen Kindern verboten hat. So wird der große Segen, der auf edle Musik gelegt ist, zu einem erfolgreichen Mittel, durch welches Satan den Geist von seiner Pflicht und von der Betrachtung geistlicher Dinge ablenkt.

Die Musik bildet einen Teil des Gottesdienstes in den Vorhöfen Gottes; wir sollten uns darum bemühen, in unseren Lobgesängen so vollkommen wie möglich mit den himmlischen Chören in Harmonie zu kommen. Die richtige Ausbildung der Stimme ist ein wesentliches Erziehungsmittel und darf nicht vernachlässigt werden.

Eine Gabe mit Einfluss

Es gibt besonders stimmbegabte Menschen und auch Zeiten, in denen eine bestimmte Botschaft durch Einzel; oder Chorgesang ausgerichtet werden kann. Der Gesang sollte aber nur selten von einigen wenigen erschallen. Das Talent des Gesanges ist einflussreich, und der Herr wünscht, es sollte von allen zu seines Namens Ehre gepflegt und angewandt werden.

In Harmonie mit den himmlischen Musikanten

Wenn menschliche Wesen mit Gefühl und Verständnis singen, stimmen die Musikanten des Himmels in den Lobgesang ein. Der Heiland, der uns alles gegeben hat, damit wir Mitarbeiter Gottes sein können, erwartet von seinen Dienern, dass sie ihre Stimme gut ausbilden, um so reden und singen zu können, dass sie verstanden werden. Es muss nicht laut gesungen werden, aber klar und sauber und mit vernehmlicher Deutlichkeit. Gebt jedem die Zeit, damit er seine Stimme bilde und zu Gottes Ehre wohlgefällig und sanft singen kann und kein misstönender, schriller Gesang, der das Ohr beleidigt, mehr hörbar wird. Gut singen können ist eine Gottesgabe; lasst sie uns zu seiner Ehre gebrauchen.

Lasst an den Liedergottesdiensten einige geschulte Sänger teilnehmen. Und wenn es möglich ist, sollen die Sänger von guter Instrumentalmusik begleitet werden. Wir sind keine Gegner solcher Musik in unserm Werk. Dieser Teil des Gottesdienstes bedarf sorgfältiger Leitung; denn wir singen und spielen ja zu Gottes Ehre.

Der Gesang sollte nicht nur von einigen wenigen ausgeübt werden. So oft wie möglich lasst die ganze Versammlung singen.

Gott wird durch Gesang verherrlicht

Der Herr wird durch Lobgesänge, die aus reinen Herzen voller Liebe und Hinneigung zu ihm kommen, verherrlicht.

„Redet untereinander in Psalmen und Lobgesängen und geistlichen Liedern, singet und spielet dem Herrn in euren Herzen und saget Dank allezeit für alles Gott und dem Vater in dem Namen unsers Herrn Jesu Christi, und seid untereinander untertan in der Furcht Gottes." Epheser 5,19-21.

Kapitel 97: Missbrauch der Musik

Um ein gewisses Haus lagern sich Engel. Die Jugend ist dort versammelt; es ertönt Musik vieler Stimmen und Instrumente. Wohl haben sich dort Christen versammelt; aber was ist zu hören? Gesang, frivole Lieder kann man hören, die in einen Tanzsaal passen. Bedenkt, heilige Engel ziehen ihr Licht zurück, und tiefes Dunkel wird sich in diesem Hause ausbreiten. Die Engel wenden sich ab. Trauer ist auf ihrem Antlitz. Und seht, sie weinen. Dies beobachtete ich wiederholt im Gesicht; ich sah es mehrmals in den Reihen der Sabbathalter, besonders in ... . Musik füllte die Stunden aus, in denen gebetet werden sollte. Musik wurde zum Götzen, dem viele bekenntliche Sabbathalter in häuslichen Veranstaltungen dienen. Satan ist durchaus kein Gegner der Musik, wenn er sie als Mittel gebrauchen und durch sie Zugang zu den jugendlichen Seelen gewinnen kann. Alles dient seinen Zwecken, wenn der Geist von Gott abgewandt wird und die Zeit, die zum geistlichen Dienst bestimmt ist, von ihm in Anspruch genommen werden kann. Er wirkt durch die Mittel, die den stärksten Einfluss ausüben und zahlreiche Seelen in angenehme Betörung versetzen, die sie unter seine Macht zwingt. Bei Verwendung zum Guten ist Musik ein Segen; leider wird sie oft zum erfolgreichsten Mittel Satans und zu seinem Seelenfänger gemacht. Bei solchem Missbrauch verführt sie zu Hochmut, Eitelkeit und zum Laster. Wenn sie an die Stelle von Frömmigkeit und Gebet gesetzt wird, wird sie zum furchtbaren Fluch. Junge Menschen versammeln sich zum Gesang, und, obwohl sie bekenntliche Christen sind, machen sie häufig ihrem Herrn Unehre und schänden ihren Glauben durch leichtfertige Unterhaltung und durch die Auswahl ihrer Musik. Geistliche Musik entspricht nicht ihrem Geschmack. Ich wurde auf die reine Lehre des Wortes Gottes hingewiesen, die sie unbeachtet gelassen hatten. Im Gericht werden alle diese von Gott eingegebenen Worte diejenigen verdammen, die sie in den Wind geschlagen haben.

Musik — eine Macht zum Guten

Musik kann eine große Macht zum Guten sein; wir machen immer noch nicht genügend Gebrauch von dieser Art des Gottesdienstes. Der Gesang wird im allgemeinen von einem besonderen Anlass oder einer Anregung abhängig gemacht; anderseits sind die Darbietungen so fehlerhaft und unvollkommen, dass sie ihren guten Eindruck auf die Hörer vermissen lassen. Die Musik sollte Schönheit, Empfindung und Macht ausstrahlen. Lasst die Stimmen sich in Lob- und Weiheliedern erheben. Nehmt gute Instrumentalmusik zur Hilfe und lasst reine Harmonien als angenehmes Opfer zu Gott emporsteigen.

Abschnitt 10

DAS VERWALTERAMT

Wie klein auch deine Gabe sein möge; Gott hat Verwendung für sie. Diese eine Gabe, weislich genutzt, wird ihr Werk verrichten. Durch Treue in kleinen Pflichten fügen wir Steinchen auf Steinchen, Gott aber wird vervielfachen. Diese kleinen Dinge werden den größten Einfluss im Werk haben.

Kapitel 98: Unterricht im Haushalten

Über das Vorrecht, durch Erlernung der Kunst des Haushaltens und durch Selbstverleugnung dem Werke Gottes zu helfen, könnte jungen Menschen viel gesagt werden. Viele glauben, noch diesem und jenem Vergnügen nachgehen zu müssen, und verbrauchen dabei ihr ganzes Einkommen. Der Herr fordert von uns Besserung in dieser Beziehung.

Wir sündigen gegen uns selbst, wenn wir uns mit Essen, Trinken und Kleidung begnügen! Gott hat größere Aufgaben vor uns gestellt. Wenn wir zum Verzicht auf unsre eigennützigen Wünsche bereit sind und alle Körper; und Geisteskräfte dem Werk Gottes zur Verfügung stellen, werden himmlische Mächte mit uns gemeinsam arbeiten und uns zum Segen der Menschheit werden lassen.

Ersparnisse für das Missionsfeld

Wenn der junge Mensch auch arm ist; er kann doch etwas für das Werk Gottes tun, falls er fleißig und wirtschaftlich ist. Ich wusste bereits im Alter von zwölf Jahren, was sparsam sein bedeutet. Zusammen mit meiner Schwester erlernte ich ein Gewerbe; und obwohl wir nur 25 Cents am Tage verdienten, vermochten wir noch etwas davon für die Mission zu geben. Wir ersparten nach und nach 30 Dollar. Als dann die Botschaft von des Herrn baldiger Wiederkunft zu uns kam und nach Helfern und Mitteln verlangte, betrachteten wir es als ein Vorrecht, Vater unsre 30 Dollar aushändigen zu können; wir baten ihn, diesen Betrag für Traktate und Flugblätter zu verwenden, um die Botschaft an die weitersenden zu können, die noch in der Finsternis lebten.

Es ist die Pflicht aller im Werk Tätigen, im Verbrauch von Zeit und Geld Sparsamkeit zu lernen. Die sich dem Müßiggang ergeben, offenbaren dadurch, dass sie der herrlichen Wahrheit, mit der wir beauftragt wurden, nur wenig Bedeutung beimessen. Sie müssen sich zum Fleiß erziehen und allein zu des Herrn Ehre arbeiten.

Selbstverleugnung

Alle, die im Gebrauch von Zeit und Geld ungeschickt und unbeholfen sind, sollten von denen lernen, die mehr Erfahrung haben. Mit dem Geld, das wir verdienten, versorgten meine Schwester und ich uns mit Kleidung. Wir pflegten unser Geld der Mutter auszuhändigen und ihr zu sagen: „Kaufe so ein, dass wir, wenn unsre Kleidung bezahlt ist, noch etwas für Missionsgaben behalten." Und sie tat dies auch und unterstützte dadurch unsern Missionsgeist.

Solche Gabe als Frucht der Selbstverleugnung ist zugleich eine wertvolle Hilfe für den Geber. Sie versieht uns mit einer Erziehung, die uns befähigt, das Werk dessen völliger zu verstehen, der umherging, um Gutes zu tun, Leiden zu mildern und die Verlassenen zu versorgen. Der Heiland lebte nicht, um das Seine zu suchen. In seinem Leben war kein Hauch von Selbstsucht. Obwohl er in einer Welt lebte, die er selbst geschaffen hatte, beanspruchte er in ihr keine Heimstätte. „Die Füchse haben Gruben, und die Vögel unter dem Himmel haben Nester", sagte er, „aber des Menschen Sohn hat nicht, da er sein Haupt hinlege." Matthäus 8,20.

Richtiger Gebrauch der Gaben

Wenn wir unsre Fähigkeit so gut wie nur möglich anwenden, wird uns der Geist Gottes zu immer größerer Wirksamkeit befähigen. Dem Menschen, der mit seinen Gaben treulich gewirtschaftet hatte, sagte der Heiland: „Du frommer und getreuer Knecht, du bist über wenigem getreu gewesen, ich will dich über viel setzen; gehe ein zu deines Herrn Freude!" Matthäus 25,21. Von dem Knecht, dem nur ein Pfund gegeben war, wurde ebenfalls erwartet, dass er sein Bestes tue. Hätte er mit dem Gut seines Herrn gearbeitet, so hätte der Meister seine Gaben vervielfältigt.

Jedem hat der Herr zugeteilt nach seinem Vermögen. Gott kennt das Ausmaß unsrer Kräfte und weiß, was er uns auflegen kann. Für den einen, der treu erfunden wird, gilt sofort: Vertraue ihm noch größere Verantwortlichkeit an. Ist er auch hierin treu, heißt es weiter: Vertraue ihm noch mehr an. So wächst er schließlich durch die Gnade Jesu Christi zum vollkommenen Mannesalter in Christus Jesus.

Hast du nur ein Pfund erhalten? Bring es zum Wechsler; es wird sich durch weisen Gebrauch verdoppeln. Schaff mit aller Kraft, was deine Hände zu tun vorfinden. Gebrauche deine Gabe so weise, dass auch du deinem Auftrag gerecht werden kannst. Es ist jeden Einsatz wert, wenn wir einst die Worte hören: Du hast recht gehandelt. Aber nur diejenigen, die recht gehandelt haben, werden diese Worte vernehmen.

Es ist keine Zeit zu verlieren

Ihr habt keine Zeit zu verlieren, ihr jungen Freunde. Bringt nur gutes Material in euren Charakterbau. Wir bitten euch in aller Dringlichkeit, um Jesu willen treu zu sein. Nutzet eure Zeit. Heiligt euch jeden Tag zum Dienst Gottes; ihr werdet es selbst feststellen, dass es unnötig ist, viele Feiertage zum Müßiggang zu haben oder viel Geld für persönliche Genüsse auszugeben. Der Himmel wartet auf diejenigen, die sich zu vervollkommnen suchen und die ihrem Heiland ähnlich werden wollen. Wenn der menschliche Mitarbeiter sich Christus unterwirft, wird der Heilige Geist für ihn ein großes Werk tun.

Jeder aufrichtige und aufopfernde Diener Gottes kann und wird auch ein Werk für andre tun. Der Heiland sagt: „Wer sein Leben liebhat, der wird's verlieren; und wer sein Leben auf dieser Welt hasst, der wird's erhalten zum ewigen Leben." Johannes 12,25. Durch ernsthafte, bedachte Mithilfe zur Abwendung vorhandener Nöte beweist der wahre Christ seine Liebe zu Gott und zu seinem Nächsten. Er mag sein Leben in diesem Dienst verlieren; wenn aber Christus erscheinen wird, um seine Juwelen zu sammeln, dann wird er es wiederfinden.

Opfer werden belohnt

Die im Dienst für andere aufgebrauchten Mittel werden zurückerstattet. Gut angewandter Reichtum vermag viel Gutes auszurichten. Seelen können für den Herrn gewonnen werden. Wer in des Heilandes Fußtapfen wandelt, wird in den Vorhöfen des Herrn alle wiederfinden, für die er auf Erden gearbeitet und geopfert hat. Dankerfüllt werden ihn die Erlösten begrüßen, die durch seine Mithilfe gewonnen wurden. Der Himmel wird denen zum kostbaren Geschenk, die im Werk der Seelenrettung treu und hingebend gearbeitet haben.

Kapitel 99: Opfergeist

Habsucht und ehrgeiziges Streben nach hohen Stellungen und höchsten Löhnen sind in der Welt sehr verbreitet. Der Geist der Selbstverleugnung und Opferwilligkeit ist heute noch höchst selten anzutreffen. Und doch soll den wahren Nachfolger Christi nur dieser Geist bestimmen. Unser göttlicher Meister gab uns ein Beispiel, wie wir wirken sollen. Zu den beiden, die ihre Netze ins Meer warfen, sagte er: „Folget mir nach; ich will euch zu Menschenfischern machen!" Matthäus 4,19. Er bot ihnen keinen bestimmten Lohn für ihre Dienste. Sie sollten sich mit ihm im Geist der Selbstverleugnung und Opferwilligkeit üben.

Jene, die Anspruch erheben, Nachfolger des Meisters aller Arbeiter zu sein, und die an seinem Dienst als Gottes Mitarbeiter teilhaben, sollen in ihre Arbeit Genauigkeit und Gewandtheit, Takt und Weisheit hineintragen; der vollkommene Gott forderte dies zum Bau seines irdischen Hauses. Jetzt wie in den Tagen des irdischen Dienstes Jesu müssen Weihe zu Gott und der Geist der Opferbereitschaft die ersten Voraussetzungen für einen dem Herrn angenehmen Dienst sein. Gott will nicht, dass auch nur ein Fädchen von Selbstsucht im Gewebe seines Werkes zu finden ist. Gnadenbeweise im Herzen

Demut, Selbstverleugnung, Mildtätigkeit und Treue im Zehnten beweisen, dass die Gnade Gottes im Herzen wirksam ist.

Kapitel 100: Der Zehnte

Das große Werk, das der Herr zu tun gekommen war, ist seinen Nachfolgern auf Erden anvertraut worden. Er selbst leitet uns in dem umfassenden Erlösungswerk und gebietet uns, ihm zu folgen. Er hat uns eine weltweite Botschaft übertragen. Die Wahrheit muss allen Völkern, Sprachen und Zungen gebracht werden. Satans Macht muss bekämpft werden; er wird durch Christus, aber auch durch seine Nachfolger überwunden. Ein weit ausgedehnter Kampf sollte gegen die Mächte der Finsternis geführt werden. Um diese gewaltige Aufgabe erfüllen zu können, werden Mittel gebraucht. Nach dem Willen Gottes kommen sie nicht unmittelbar vom Himmel, sondern der Herr gibt seinen Nachfolgern Mittel und Möglichkeiten, diesen Kampf durchzuführen.

Gott hat seinem Volk einen Plan zur Beschaffung ausreichender Mittel gegeben, um das Werk selbstunterhaltend zu machen. Dieser Plan des Zehntensystems ist in seiner Einfachheit und Gerechtigkeit trefflich. Jeder kann sich ohne Besorgnis an ihn halten; denn er ist göttlichen Ursprungs. In ihm vereinigen sich Einfachheit und Nutzen; er erfordert zu seiner Durchführung kein langes Studium noch großes Verständnis. Alle können wissen, dass sie als Teile des Ganzen an dem köstlichen Erlösungswerk helfend teilnehmen dürfen. Jeder, ob Mann oder Frau oder Jugendlicher, kann als Schatzmeister Gottes mit dafür sorgen, dass die Schatzkammer gefüllt ist. Der Apostel schreibt: „An jeglichem ersten Tag der Woche lege bei sich selbst ein jeglicher unter euch und sammle, was ihn gut dünkt." 1.Korinther 16,2.

Durch diese Zehntenordnung können große Dinge getan werden. Wenn sich jeder und alle danach richteten, würde jeder ein sorgsamer und treuer Schatzmeister Gottes sein. Dann wäre kein Mangel an Mitteln, mit denen das große Werk der letzten Warnungsbotschaft an die Welt vorwärtsgetrieben werden könnte. Die Schatzkammer würde gut gefüllt sein, wenn alle dieses System annähmen; und die sich hineinstellen, werden nicht ärmer dadurch. Durch jede Einlage werden sich die Beitragenden mit dem Werk der gegenwärtigen Wahrheit verbinden. Sie werden „Schätze sammeln, sich selbst einen guten Grund aufs Zukünftige, dass sie ergreifen das wahre Leben". 1.Timotheus 6,19.

Gottes Besitzrecht muss anerkannt werden

Die Zehntengabe an Gott von allem, seien es die Erträge des Obstgartens oder des Erntefeldes, sei es die Mehrung der Herden oder des Viehs im Stall, seien es Gewinne aus der Geistes- oder Handarbeit; das Opfer eines zweiten Zehnten zur Unterstützung der Armen und Bedürftigen; alles dient dazu, die Menschen auf Gottes Besitzrecht aufmerksam zu machen, so dass sie Kanäle des göttlichen Segens werden können. Das Zehntengeben ist gleichzeitig ein Mittel zur Ausschaltung aller Eigenliebe und zur Bildung eines vollkommenen Charakters.

Gottes Eigentum

„Alle Zehnten sind des Herrn." 3.Mose 27,30. Hier finden wir den gleichen Ausdruck wie beim Sabbatgebot. „Am siebenten Tage ist der Sabbat des Herrn, deines Gottes." 2.Mose 20,10. Gott behielt sich einen Teil der Zeit und der Mittel, die er den Menschen gegeben hat, vor; und niemand kann, ohne sich schuldig zu machen, darüber nach eigenem Ermessen verfügen.

Kapitel 101: „Ehre den Herrn von deinem Gut"*

„Wieviel bist du meinem Herrn schuldig?" Lukas 16,5. Können wir Segnungen aus der Hand des Herrn empfangen und ihm doch nichts wiedergeben — ihm den Zehnten vorenthalten, den Teil, den er sich ausbedungen hat? Es ist üblich geworden, den Weg der Opferbereitschaft zu verlassen und sich auf den Weg der Selbstliebe zu begeben. Wie können wir aber fortgesetzt Gottes Gunst gleichgültig entgegennehmen, ohne ihm Dank für seine Liebe darzubringen?

Wollt ihr, meine jungen Freunde, nicht Gottes Boten werden? Wollt ihr nicht so hingebungsvoll, wie ihr es nie zuvor tatet, den köstlichen Auftrag beherzigen, ihm eure Gaben zu bringen und von dem, was er euch so großmütig schenkte, einen Teil in seine Schatzkammer legen? Was ihr auch immer erhalten habt, bringt davon einen Teil dem Herrn zurück als Dankopfer. So sollte auch eine Gabe für das Werk der Äußeren und Inneren Mission, das ja getan werden soll, gebracht werden.

Schätze im Himmel

Gottes Werk sollte uns sehr am Herzen liegen. Das Licht der Wahrheit, das einer Familie zum Segen wurde, wird durch gemeinsamen Einsatz von Eltern und Kindern auch in andere Familien Segen bringen. Wenn aber die von Gott so freigebig ausgeteilten Segnungen zurückgehalten und nur für uns verwendet werden, wird sicher des Herrn Fluch an Stelle seines Segens uns treffen; das hat Gott feierlich erklärt. Gottes Forderungen haben vor allen anderen den Vorrang und müssen zuerst erfüllt werden. Dann müssen die Armen und Notleidenden versorgt werden. Sie dürfen nicht übersehen werden, was es uns auch immer für Opfer kosten mag.

**Sprüche 3,9*

„Auf dass in meinem Hause Speise sei." Maleachi 3,10. Es ist unsre Pflicht, in allen Dingen mäßig zu sein; im Essen, Trinken und auch in der Kleidung. Unsere Häuser und ihre Einrichtungen sollten unter Berücksichtigung dessen ausgestattet und mit dem herzlichen Wunsch besessen werden, dem Herrn das Seine geben zu können; nicht nur den Zehnten, sondern so viel wie möglich auch andre Gaben und Opfer. Wir können uns sehr viele Schätze im Himmel sammeln, wenn wir des Herrn Vorratshaus mit dem Teil, den er von uns als sein Eigentum fordert, versehen und mit Gaben und Opfern bereichern.

Wer wissen will, was der Herr von ihm in bezug auf den Besitz, den er als sein Eigentum betrachtet, fordert, erforsche das Alte Testament und beherzige, was der Heiland, der unsichtbare Führer Israels auf des Volkes langer Wanderung durch die Wüste, zu tun gebot. Jeder von uns sollte eher jede Unannehmlichkeit, die ihn vielleicht in Bedrängnis führen könnte, auf sich nehmen, als Gott dadurch berauben, dass er nicht seinen Teil in sein Brothaus brächte. Wer die Bibel liest und an sie glaubt, wird ausreichende Kenntnis davon haben, was der Herr hierüber mitgeteilt hat.

Ohne Entschuldigung

An jenem Tage, an dem jeder Rechenschaft ablegen muss über das, „nach dem er gehandelt hat bei Leibesleben" (2.Korinther 5,10), wird jede Entschuldigung, die heute voller Selbstsucht die Zurückhaltung von Zehnten, Gaben und Opfern rechtfertigen soll, vor dem Herrn wie Schnee vor der Sonne vergehen. Wie gern würde mancher dann zurückgehen und sich bessern wollen, wenn es nicht für immer zu spät wäre! Es ist dann wahrlich zu spät, den Lebensbericht derer zu ändern, die wöchentlich, monatlich und jährlich den Herrn beraubten. Ihr Schicksal ist entschieden, unabänderlich festgelegt. ...

Selbstsucht ist ein tödliches Übel. Eigenliebe und sorglose Gleichgültigkeit in dem besonderen Übereinkommen zwischen Gott und den Menschen und das Versagen als treue Haushalter haben des Herrn Fluch über sie gebracht, wie es Gott vorausgesagt hat. Diese Seelen trennten sich von Gott; durch ihre Äußerungen und durch das Beispiel haben sie andere zur Missachtung der klaren Gebote Gottes verleitet, so dass sie des göttlichen Segens verlustig gingen.

Der Zehnte

Der Herr hat bestimmt: Der zehnte Teil eures Besitzes gehört mir; eure Gaben und Opfer sind in mein Kornhaus zu bringen, damit meinem Werk gedient und der lebendige Prediger gesandt werde, der die Schrift denen öffnet, die in der Finsternis sind.

Will nun trotzdem jemand die Gefahr auf sich nehmen, dem Herrn sein Eigentum vorzuenthalten und zu tun wie der ungetreue Knecht im Gleichnis, der das Pfund seines Herrn in der Erde vergrub? Wollen wir dann wie dieser Mann unsre Untreue zu rechtfertigen versuchen und sogar den Herrn mit den Worten anklagen: „Herr, ich wusste, dass du ein harter Mann bist; du schneidest, wo du nicht gesät hast, und sammelst, da du nicht gestreut hast; und fürchtete mich, ging hin und verbarg deinen Zentner in die Erde. Siehe, da hast du das Deine"? Matthäus 25,24.25. Wollen wir nicht lieber unser Dankopfer dem Herrn bringen?

Kapitel 102: Persönliche Verantwortung

Unser himmlischer Vater fordert nicht mehr und nicht weniger von uns, als er uns zu tun befähigt hat. Er auferlegt seinen Dienern keine Lasten, die sie nicht zu tragen vermögen. „Er kennt, was für ein Gemächte wir sind; er gedenkt daran, dass wir Staub sind." Psalm 103,14. Alles, was er von uns fordert, können wir durch göttliche Gnade leisten.

„Denn welchem viel gegeben ist, bei dem wird man viel suchen." Lukas 12,48. Wir sind persönlich dafür verantwortlich, kein Jota weniger zu tun, als wir zu erfüllen befähigt sind. Der Herr wägt genau jede Möglichkeit zum Dienst. Die unbenutzten Fähigkeiten werden ebenso gerechnet wie die, die wir in Anwendung bringen.

Für alles, was wir durch den rechten Gebrauch unsrer Gaben hätten werden können, macht uns Gott verantwortlich. Wir werden danach gerichtet, was wir hätten tun sollen, und was wir zu tun unterließen, weil wir unsre Kräfte nicht zur Verherrlichung Gottes gebrauchten. Selbst wenn wir unsers Seelenheils nicht verlustig gehen, werden wir in der Ewigkeit die Folgen der nicht ausgenutzten Gaben deutlich spüren. Alle Erkenntnis und Fähigkeit, die wir hätten gewinnen können und die wir nicht erwarben, fehlen uns in der Ewigkeit.

Übergeben wir uns aber völlig dem Herrn und befolgen in unserm Werk seine Anweisungen, dann übernimmt er selbst die Verantwortung für das Gelingen. Gott will nicht, dass wir über den Erfolg unsrer rechtschaffenen Bemühungen Mutmaßungen anstellen. Wir sollen nicht einmal an Fehlschläge denken. Wir sind ja mit dem verbunden, bei dem es kein Misslingen gibt.

Wir sollten auch nicht über unsre Schwachheit und Unfähigkeit reden. Das wäre ein ausdrückliches Misstrauen gegen Gott, eine Verleugnung seines Wortes. Wenn wir über die uns auferlegten Lasten murren oder die Verantwortungen, die er uns zu tragen gebietet, ablehnen, dann sagen wir im Grunde genommen auch, dass er ein harter Mann ist und von uns etwas fordert, wozu uns die Kraft fehlt.

Der Wert des Geldes

Wir haben unser Geld nicht dazu erhalten, damit wir uns selbst ehren und rühmen. Als treue Haushalter sollen wir es zur Ehre und zur Verherrlichung Gottes verwenden. Einige sind der Meinung, nur ein Teil ihrer Mittel gehöre tatsächlich dem Herrn. Wenn sie einen Teil für religiöse und wohltätige Zwecke beiseitegelegt haben, betrachten sie das übrige als ihr Eigentum, mit dem sie nach eigenem Gutdünken verfahren können. Da sind sie aber im Irrtum. Alles, was wir besitzen, gehört dem Herrn, und wir müssen ihm darüber Rechenschaft geben, was wir damit gemacht haben. In der Verwendung jedes Pfennigs lassen wir erkennen, ob wir Gott über alles lieben und unsern Nächsten wie uns selbst.

Das Geld hat großen Wert, weil damit viel Gutes getan werden kann. In der Hand der Kinder Gottes ist es Nahrung für die Hungrigen, ein belebender Trunk für die Durstigen und Kleidung für die Nackten. Es ist ein Schutz für die Bedrückten und schafft Mittel zur Heilung der Kranken. Und doch hat Geld nicht mehr Wert als Sand, wenn es nicht für die Befriedigung der Lebensbedürfnisse, zum Segen anderer und zur Förderung des Werkes Gottes gebraucht wird.

Kapitel 103: Festtagsgeschenke

Die Feiertage nahen heran. Wir tun gut daran, im Hinblick auf dieses Ereignis einmal zu überlegen, wieviel Geld jährlich für Geschenke an solche, die sie nicht nötig haben, ausgegeben wird. Die Gewohnheiten der Sitte sind so stark, dass, wenn wir bei solchen Gelegenheiten unseren Freunden keine Geschenke machen, wir der Meinung sind, wir hätten sie vernachlässigt. Lasst uns aber daran denken, dass unser gütiger himmlischer Vater größere Ansprüche uns gegenüber hat als unsre irdischen Freunde. Sollen wir ihm, unserm Wohltäter, an den herannahenden Feiertagen nicht unsre Gaben bringen? Auch die Kinder können sich daran beteiligen. Kleidungsstücke und andere nützliche Sachen können wir Armen, die es wert sind, schenken und dadurch ein Werk für unsern Meister tun.

Die Gefahren des Genuss Lebens

Wir wollen auch daran denken, dass Weihnachten in Erinnerung an die Geburt des Heilandes gefeiert wird. Diese Tage werden allgemein mit Prassen und Schlemmereien begangen. Hohe Geldbeträge werden für unnütze und eigensüchtige Zwecke ausgegeben. Esslust und sinnliche Freuden beherrschen den Menschen auf Kosten seiner körperlichen, geistigen und moralischen Kräfte. Das ist zur Gewohnheit geworden. Hochmut, Mode und Tafelgenüsse haben ungeheure Summen Geldes verschlungen, die in Wirklichkeit niemand Nutzen brachten, sondern vielmehr einer sinnlosen Verschwendung Vorschub leisteten, die dem Herrn missfällt. Diese Festtage gelten mehr der Verherrlichung des eigenen Ichs als Gottes. Die Gesundheit wurde aufs Spiel gesetzt, Geld wurde verschwendet, viele sind durch Unmäßigkeit im Essen und Trinken und durch Ausschweifungen ums Leben gekommen, und viele Seelen gingen auf diese Weise verloren.

Gott würde durch seine Kinder verherrlicht werden, wenn sie sich einer einfachen Nahrung bedienen und ihre Mittel dazu verwenden würden, durch große und kleine Gaben seine Vorratskammern zu füllen, damit den im Dunkel des Irrtums lebenden Seelen das Licht der Wahrheit mitgeteilt werden kann. Die Herzen der Witwen und Waisen könnten durch die Gaben erfreut werden, die zu ihrer Unterstützung beitragen und ihren Hunger stillen würden.

Gaben für Gott

Alle, die sich zur gegenwärtigen Wahrheit bekennen, mögen einmal überlegen, wieviel sie Jahr um Jahr, und besonders zu den großen Feiertagen, für die Befriedigung eigennütziger und unheiliger Wünsche und wieviel sie für Schwelgereien und wieviel sie aus Anpassung an den Prunk anderer ausgeben. Rechnet alle diese unnötig verausgabten Beträge zusammen und bedenkt dann, welchen Segen ihr durch besser angewandte, geheiligte Gaben für Gottes Werk hättet stiften können, ohne euern Leib und eure Seele zu schädigen.

Kleine Gaben und größere Beträge, die im Verhältnis zum Vermögen des Gebers stehen, können gegeben werden, um Gemeindesäle, die dem Dienste Gottes geweiht sind, schuldenfrei zu machen. Missionare müssen in neue Felder gesandt und wieder andere in ihren Arbeitsfeldern unterstützt werden. Diese Sendboten Gottes legen sich äußerste Sparsamkeit auf und verzichten auf manches, das euch noch täglich erfreut und als lebensnotwendig angesehen wird. Die Missionare in den Heidenländern, fern von aller Kultur, leben weniger bequem.

Kapitel 104: Sparsamkeit in der Kleidung

Gottes Volk sollte in der Verwendung seiner Mittel sehr sparsam sein, damit es dem Herrn Gaben bringen und bekennen kann: „Von deiner Hand haben wir dir‘s gegeben.“ 1.Chronik 29,14. Die Gläubigen geben darum Gott Dankopfer für den Segen, den er ihnen mitgeteilt hat. Auf diese Weise sammeln sie sich Schätze vor dem Throne des Allerhöchsten.

Die Weltmenschen verbrauchen viel Geld für ihre Kleidung, anstatt der Armen und Hungrigen zu gedenken. Es gibt viele, für die der Heiland sein Leben dahingab, die kaum die dürftigste Kleidung besitzen, während andere Tausende von Mark der unersättlichen Modesucht opfern.

Der Herr hat sein Volk aus der Welt herausgerufen. Teure und auffallende Kleidung sollte nicht an denen gesehen werden, die daran glauben, dass wir am Ende der Gnadenzeit leben. „So will ich nun“, schreibt der Apostel Paulus, „dass die Männer beten an allen Orten und aufheben heilige Hände ohne Zorn und Zweifel. Desgleichen dass die Weiber in zierlichem Kleide mit Scham und Zucht sich schmücken, nicht mit Zöpfen oder Gold oder

Perlen oder köstlichem Gewand, sondern, wie sich's ziemt den Weibern, die da Gottseligkeit beweisen wollen, durch gute Werke." 1.Timotheus 2,8-10.

Unter denen, die Gottes Kinder sein wollen, sind solche, die mehr als nötig für ihre Kleidung ausgeben. Wir sollten uns einfach und geschmackvoll kleiden, gewiss; aber, meine Schwestern, wenn ihr eure und eurer Kinder Kleidung kauft oder anfertigt, denkt dabei an das Werk in Gottes Weinberg, das noch getan werden muss. Es ist richtig, gutes Material zu kaufen und sorgfältig zu verarbeiten. Das ist durchaus wirtschaftlich. Aber reicher Besatz ist wirklich nicht nötig; das so eigennützig ausgegebene Geld sollte besser dem Werk Gottes zur Verfügung gestellt werden.

Nicht eure Kleidung macht euch in Gottes Augen wertvoll. Der innere Schmuck, die Anmut des Geistes, das gütige Wort und bedachte Nächstenliebe sind die Dinge, die der Herr schätzt. Verzichtet auf jeden unnötigen Zierrat und haltet eure Mittel für die Ausbreitung des Evangeliums bereit!

Selbstverleugnung gefällt Gott

Lernt Selbstverleugnung und lehrt sie auch eure Kinder. Was durch Selbstverleugnung erspart wird, braucht Gottes Werk, das jetzt getan werden muss. Den Leidenden muss geholfen, die Nackten müssen bekleidet und die Hungrigen gespeist werden; die gegenwärtige Wahrheit muss denen gebracht werden, die sie noch nicht kennen.

Wir sind Jesu Zeugen und nicht dazu da, unsre Zeit und Mittel für weltliche Interessen zu verbrauchen und weniger darauf zu achten, was der Herr uns als vordringlich vor Augen gestellt hat. Es steht Höheres auf dem Spiel. „Trachtet am ersten nach dem Reich Gottes und nach seiner Gerechtigkeit." Matthäus 6,33. Der Heiland opferte alles dem Werk, das zu tun er gekommen war; er fordert uns auf: „Will mir jemand nachfolgen, der verleugne sich selbst und nehme sein Kreuz auf sich und folge mir." Matthäus 16,24. „Werdet meine Jünger." Johannes 15,8. Willig und freudig erfüllte Christus den Willen Gottes. Er war gehorsam bis zum Tode, ja bis zum Tode am Kreuz. Empfinden wir es als Mühsal, uns selbst zu verleugnen? Ziehen wir uns von der Teilnahme an seinem Leiden zurück? Sein Tod sollte jeden Nerv unsres Lebens anrühren und zum Einsatz mit allem, was wir sind und haben, bewegen. Wenn wir daran denken, was er für uns getan hat, sollten unsre Herzen mit Liebe erfüllt werden.

Die Botschaft wird sich machtvoll ausbreiten, wenn alle, die die Wahrheit kennen, jene Selbstverleugnung üben, von der Gottes Wort gebietend spricht. Der Herr wird unser Bitten um die Bekehrung von Seelen hören. Das Volk Gottes wird das Licht der Wahrheit hell leuchten lassen; und die Ungläubigen, die der Gläubigen gute Werke sehen, werden unsern himmlischen Vater preisen.

Liebe zum Prunk

Liebe zum Aufwand hat Verschwendung zur Folge, die in vielen Fällen bei der Jugend das Streben nach einem höhern Leben ertötet. Anstatt eine gute Ausbildung anzustreben, bemüht sie sich in erster Linie um einen guten Verdienst zur Befriedigung ihrer Kleiderwünsche. Durch solche Leidenschaft ist schon manches junge Mädchen ins Verderben gegangen.

Puritanische Schlichtheit

Puritanische Einfachheit und Schlichtheit sollten Wohnung und Kleidung all derer auszeichnen, die an die gegenwärtige Wahrheit glauben. Alle Mittel, die unnötig für Kleidung oder Hausschmuck ausgegeben werden, sind eine Vergeudung des Geldes des Herrn. Das ist Betrug an der Sache Gottes zu Gunsten der Befriedigung des Hochmuts.

Kapitel 105: Befriedigung des eignen Ichs

Bei Besuchen unsrer Geschwister in ihren Heimen und unsrer Schulen sah ich an allen dazu geeigneten Stellen, auf Tischen, Nippestischchen und auf Kaminsimsen eine Fülle von Photographien.

Überall sah ich Bilder von Freunden und Bekannten. Hierin wünscht der Herr eine Änderung. Wäre Christus auf Erden, dann würde er sagen: „Nehmt diese Bilder fort!" Ich wurde unterrichtet, dass solche Bilder gleichsam Götzen geworden sind, die Zeit und Gedanken beanspruchen, die Gott geweiht werden sollten.

Diese Fotos kosten Geld. Ziemt es sich für uns, die wir wissen, dass heute ein großes Werk getan werden muss, das Gott gehörige Geld zur Herstellung von Bildern unsrer Freunde und unser selbst auszugeben? Sollten wir nicht jedes Geldstück, das wir einsparen können, zum Ausbau des Werkes Gottes verwenden? Diese Bilder verschlingen das Geld, das dem geistlichen Dienst geweiht werden sollte; außerdem lenken sie den Geist von den Wahrheiten des Wortes Gottes ab.

Eine Art Götzendienst

Das Anfertigen und Austauschen von Photographien ist zu einer Art Götzendienst geworden. Satan tut alles, was er kann, um den Himmel vor unserm Blick zu verdunkeln. Wir wollen ihm nicht dadurch helfen, dass wir uns Bildgötzen anfertigen. Wir müssen einen höheren Lebensstand erreichen, als uns diese Menschenbilder vermitteln können. Der Herr gebietet: „Du sollst keine anderen Götter neben mir haben." 2.Mose 20,3. Wer beansprucht, an Christus zu glauben, muss dessen eingedenk sein, dass er sein Bild widerspiegeln soll. Sein Bild soll uns vor Augen stehen. Die Worte, die wir sprechen, sollten mit himmlischer Inspiration durchtränkt sein.

Das Wichtigste zuerst

Wer an der feierlichen Taufhandlung teilgenommen hat, verpflichtete sich, nach den Dingen zu streben, die da droben sind, wo Jesus thront zur Rechten Gottes; er gelobte ferner, sich ernstlich um die Rettung von Sündern zu bemühen. Gott fragt alle, die seinen Nannen tragen: Wie habt ihr die Kräfte angewandt, die euch durch den Tod meines Sohnes zuteil wurden? Tut ihr alles, was in eurer Macht liegt, um zu größerer Höhe geistlicher Erkenntnis zu gelangen? Sind eure Interessen und Handlungen in Harmonie mit den wichtigen Forderungen der Ewigkeit?

Möge doch eine Sinnesänderung unter dem Volke Gottes eintreten! „Ihr esset nun oder trinket oder was ihr tut, so tut es alles zu Gottes Ehre." 1.Korinther 10,31. Die Seelen, auf die Gott die Last seines Werkes gelegt hat, kämpfen um die Verkündigung der Botschaft, damit alle, die aus Unwissenheit umkommen, gewarnt werden. Könnt ihr sie nicht durch Selbstverleugnung in diesem Bemühen unterstützen? Macht euch auf und beweist durch selbstlosen Eifer und Ernst eure Bekehrung.

Jedes Geldstück kann im Werk der Seelengewinnung gebraucht werden. Der vom bekenntlichen Volke Gottes für Photographien und Bilder unnütz ausgegebene Betrag hätte eine Reihe von Missionaren in ihrem Arbeitsfeld unterstützen können. Viele kleine Flüsse, die zusammenlaufen, bilden einen großen Strom. Wir unterschlagen unseres Gottes Güter, wenn wir für eigennützige Zwecke die Mittel verbrauchen, die zur Ausbreitung der letzten Warnungsbotschaft dienen sollen. Wie könnt ihr erwarten, dass euch Gott weitere Segnungen zuteil werden lässt, wenn ihr sein Eigentum selbstsüchtig verbraucht? Wie muss der Heiland diejenigen ansehen, die nur sich zuliebe seine Mittel in Photographien anlegen? Für diese Gelder sollte Schrifttum gekauft werden, das zu denen gesandt werden könnte, die im Dunkel der Unwissenheit leben.

Die uns von Gott gegebene Wahrheit muss der Welt feierlich verkündet werden. Wir haben das Vorrecht, dieses Werk zu tun. Der Same der Wahrheit soll an allen Wassern gesät werden. Darum ruft uns der Herr auf zur Selbstverleugnung und Heiligung. Das Evangelium fordert völlige Weihe. Die Bedürfnisse des Werkes verlangen von uns alles, was wir geben können. Unsre übertriebene Vorliebe für allerlei Photographien verrät eine Selbstliebe, die einmal gegen uns zeugen wird. Sie schafft viel Holz, Heu und Stoppeln als Fundament herbei, die dereinst im Feuer des Jüngsten Gerichtes verbrannt werden.

Die Pflicht zur Selbstverleugnung

Nach meinem Rundgang durch die Familien unsrer Geschwister, der mir die vielen Bilder vor Augen gestellt hatte, wurde ich zu einer Warnung des Volkes gegen dieses Übel veranlasst.

Da können wir mancherlei für Gott tun. Wir können diese Bildgötzen entfernen. Sie haben ja keine Macht, Gutes zu schaffen, sondern schieben sich eher zwischen Gott und die Seele. Sie haben keinen Anteil an der

Aussaat der Wahrheit. Der Heiland fordert alle, die ihm nachfolgen wollen, dazu auf, die volle Waffenrüstung Gottes anzulegen. Unsre Erziehungsanstalten sollten die umwälzende Macht des Geistes Gottes spüren. „Wo nun das Salz dumm wird, womit soll man's salzen? Es ist hinfort zu nichts nütze, denn dass man es hinausschütte und lasse es die Leute zertreten." Matthäus 5,13. Wer als Lehrer in unseren Schulen oder Heilanstalten tätig ist, sollte sich durch einen hohen Stand der Heiligung auszeichnen. Und die Schüler dieser Anstalten, die sich zu Boten Gottes ausbilden wollen, sollten vor allem Selbstverleugnung lernen.

Wir sind des Herrn Haushalter, und „nun sucht man nicht mehr an den Haushaltern, denn dass sie treu erfunden werden." 1.Korinther 4,2. Die Mittel, die Gott uns zur Verfügung stellt, müssen sorgfältig verwaltet werden. Wir müssen an Kraft zunehmen durch den besten Gebrauch der uns von Gott gegebenen Fähigkeiten, damit wir in der Lage sind, bei des Herrn Erscheinen ihm sein Eigentum mit Gewinn zurückzuerstatten.

Häufiges Fotografieren

Die Jugend hat ihre Herzen mit Eigenliebe gefüllt. Das drückt sich in ihrer Vorliebe für Abbildungen ihrer selbst aus; dabei genügt ihr nicht nur eine Aufnahme, sondern sie lässt sich immer wieder fotografieren in der Hoffnung, jedes Foto würde das vorige übertreffen und noch schöner sein als die Person selbst. So wird des Herrn Geld vergeudet — und was wird dabei gewonnen?

Kapitel 106: Sparsamkeit und Mildtätigkeit

Viele verachten es, sparsam zu sein, weil sie Sparsamkeit mit Geiz und Engherzigkeit verwechseln. Aber Sparsamkeit lässt sich sehr wohl mit der größten Freigebigkeit vereinbaren. Ja, es gibt eigentlich keine Freigebigkeit ohne Sparsamkeit; wir müssen sparen, damit wir geben können.

Niemand kann wahre Wohltätigkeit ohne Selbstverleugnung üben. Nur durch Einfachheit, Selbstverleugnung und strengste Sparsamkeit können wir ausführen, was uns als Botschaftern Christi aufgetragen ist. Allen Stolz und Ehrgeiz der Welt müssen wir aus unserm Leben verbannen und dafür in jeder Hinsicht die Selbstlosigkeit üben, die einst Christus offenbarte. An den Wänden unsrer Zimmer, den Bildern und Möbeln unsrer Gemächer sollten wir lesen: „Die, so im Elend sind, führe ins Haus." Unsere Kleiderschränke sollten uns predigen: „So du einen nackt siehst, so kleide ihn, und entzieh dich nicht." Jesaja 58,7. Und der reichgedeckte Tisch sollte uns ermahnen: „Brich dem Hungrigen dein Brot". Jesaja 58,7.

Offene Türen

Tausend Türen stehen uns offen, Gutes zu tun. Oft klagen wir darüber, dass wir über so wenig Mittel verfügen; doch wenn wir es wirklich ernst nähmen, könnten wir die Hilfsmittel tausendfach vermehren helfen. Nur Selbstsucht und Eigenliebe hindern uns daran, sie uns nützlich zu machen. Wieviel gibt man aus für Dinge, die nur Götzen sind und Zeit und Kraft beanspruchen, die für höhere Zwecke verfügbar sein sollten! Wieviel Geld verschwendet man an kostspielige Häuser und Möbel, selbstsüchtige Vergnügungen, üppige und ungesunde Speisen und schädliche Genüsse! Wieviel verschleudert man für Geschenke, die niemand Nutzen bringen!

Viele Christen verbrauchen so viel für Kleidung, dass sie nichts für die Bedürfnisse anderer übrighaben. Sie meinen, sie brauchten kostbaren Schmuck und teure Gewänder, fragen aber nicht nach denen, die sich nur mit Mühe die nötigsten Kleidungsstücke verschaffen können.

Verwendet auch die Reste

Wenn ihr, meine lieben Schwestern, euch nach den Anweisungen der Heiligen Schrift kleidetet, würdet ihr immer genug haben, um auch den ärmeren Schwestern helfen zu können. Ihr hättet dann nicht nur Geld, sondern auch Zeit. Sehr oft fehlt es hieran am meisten. Da sind viele, denen ihr durch Ratschläge mit Takt und Geschicklichkeit eine Hilfe sein könntet. Zeigt ihnen, wie man sich einfach und doch geschmackvoll kleiden kann. Manche Schwester bleibt vom Hause Gottes fern, weil ihre schäbigen, schlechten Kleider nicht zu denen der anderen Schwestern passen. Viele sind sehr empfindlich und fühlen sich wegen dieses Unterschiedes gedemütigt und gekränkt. Deshalb bezweifeln viele die Wirklichkeit des Glaubens und verhärten ihr Herz gegen das Evangelium.

Der Heiland fordert uns auf: „Sammelt die übrigen Brocken, dass nichts umkomme." Johannes 6,12. Während Tausende täglich durch Hungersnot, Blutvergießen, Feuer und Seuchen umkommen, geziemt es jedem gütigen Menschen, darauf zu achten, dass nichts verschwendet werde, dass nichts nutzlos ausgegeben werde, was andern menschlichen Wesen zum Nutzen gereichen kann.

Es ist ein Unrecht, unsre Zeit und Gedanken zu vergeuden. Jeder selbstsüchtig gelebte Augenblick ist verlorene Zeit. Würden wir jeden Augenblick wertschätzen und gut ausnutzen, dann hätten wir Zeit genug für alles, was uns und der Welt not ist. Lasst uns in der Ausgabe von Geld, im Gebrauch unsrer Zeit, Kraft und Gelegenheiten Gott um die rechte Führung bitten. „So aber jemand unter euch Weisheit mangelt, der bitte Gott, der da gibt einfältig jedermann und rücket's niemand auf, so wird sie ihm gegeben werden." Jakobus 1,5.

Der Wegweiser zur Sparsamkeit

Es ist nicht nötig, hier besonders zu erwähnen, wie wir im einzelnen wirtschaftlich handeln sollen. Wessen Herz völlig Gott geweiht ist, und wer sich sein Wort zum Führer erkoren hat, wird auch wissen, wie er sich allen Lebenspflichten gegenüber zu verhalten hat. Er lernt von Christus, der sanftmütig und von Herzen demütig ist; und im Ausleben der Sanftmut unsres Heilandes wird er die Tür zu zahlreichen Versuchungen verschließen.

Abschnitt 11

DAS LEBEN IM HEIM

Die Wiederherstellung und Hebung der Menschheit beginnt im Heim. Die Eltern legen den Grundstein dazu. Einzelne Familien bilden zusammen die Gesellschaft, und die Familienhäupter gestalten sie. Das Heim ist gleichsam das Herz des Gemeinwesens und des Volkes. Wie aus dem Herzen das Leben geht (Sprüche 4,23), so hängt die Wohlfahrt der Gesellschaft, der Erfolg der Gemeinde, das Gedeihen des Volkes von den häuslichen Einflüssen ab.

Kapitel 107: Ein christlicher Haushalt

Wie es einst vor alters die Patriarchen taten, so sollten alle, die Gott liebzuhaben bekennen, dem Herrn einen Altar errichten, wo sie auch immer ihr Zelt aufschlagen. Wenn es je eine Zeit gegeben hat, in der jedes Haus eine Gebetsstätte sein sollte, so ist es die heutige. Die Väter und Mütter sollten ihre Herzen in demütigem Flehen zu Gott erheben und für sich und ihre Kinder beten. Der Vater sollte als Hauspriester dem Herrn ein Morgen; und Abendopfer bringen, bei dem Gattin und Kinder sich in Gebet und Danksagung vereinen. In solchem Hause wird der Heiland gern zu Gaste sein.

Von jedem christlichen Heim sollte ein heiliges Licht weithin ausstrahlen. Die Liebe wird sich durch Taten beweisen. Sie sollte in den häuslichen Verkehr einfließen und sich durch aufmerksame Freundlichkeit in edler und selbstloser Höflichkeit bekunden. Es gibt Heimstätten, die sich durch solche Grundsätze auszeichnen, — Heime, in denen Gott angebetet wird, und in denen wahre Liebe herrscht. Aus solchen Häusern steigen morgens und abends Gebete wie lieblicher Weihrauch zu Gott empor, und des Himmels Gnaden und Segnungen legen sich wie Morgentau auf die Bittenden.

Ein gut geführter christlicher Haushalt ist ein überzeugender Beweis von der Wirklichkeit des christlichen Glaubens, — ein Beweis, den der Ungläubige nicht entkräften kann. Jeder vermag zu erkennen, dass in solchem Hause ein göttlicher Einfluss in der Familie mit ihren Kindern wirksam ist und der Gott Abrahams unter ihnen weilt.

Kapitel 108: Treue in den häuslichen Pflichten

Die höchste Pflicht, die der Jugend zufällt, erstreckt sich aufs eigene Heim, auf Zuneigung und wahre Anteilnahme am Wohlergehen der Eltern und Geschwister. Hier kann sie Selbstverleugnung und Selbstvergessenheit beweisen, indem sie für andre sorgt und schafft. Niemals wird sich die Frau durch dieses Werk erniedrigen. Es ist das höchste Amt, das sie haben kann. Welchen Einfluss kann doch eine Schwester auf Brüder ausüben. Wenn sie richtig steht, kann sie den Charakter der Brüder bestimmen. Ihre Gebete, ihre Sanftmut und Liebe können viel im Heim tun.

Meine Schwester, diese edlen Eigenschaften kannst du niemals in anderen wecken, wenn du sie nicht selber hast. Zufriedenheit des Geistes, Gefühlswärme, Milde und Gemütsheiterkeit einer Frau werden jedes Herz erreichen, und alles, was sie andern gibt, wird in ihr eigenes Herz zurückkehren. Regiert aber Christus nicht in ihrem Herzen, dann werden sich Unzufriedenheit und sittliche Schwäche ausbreiten. Der Eigennutz wird von andern das erwarten, was wir selbst zu geben nicht bereit sind.

Es ist nicht nur das große Werk, und es sind nicht allein die gewaltigen Kämpfe, die eine Seele erproben und Mut erfordern. Das tägliche Leben bringt Verlegenheiten, Prüfungen und Entmutigungen. Gerade das kleinste Lebenswerk fordert oft Geduld und Tapferkeit. Selbstvertrauen und Entschlossenheit sind nötig, um erfolgreich allen Schwierigkeiten gegenüberzutreten und sie überwinden zu können. Bitte den Herrn um Beistand, dass er dir überall Trost und Zuspruch spenden möge.

Kapitel 109: Häusliches Glaubensleben

Häusliches Glaubensleben ist ein großes Bedürfnis; unsre Worte daheim sollten „lieblich sein und wohllauten", sonst hat unser Bekenntnis in der Gemeinde keinen Wert. Wenn ihr zu Hause nicht sanftmütig, gütig und höflich sein könnt, wird euer Glaube vergeblich sein. Gäbe es mehr echtes häusliches Glaubensleben, hätten wir auch kraftvollere Gemeinden.

Böse Worte daheim

Welch ein großes Leid entsteht doch im Familienkreis durch das Aussprechen ungeduldiger Worte; denn die gereizte Redeweise des einen greift auch auf den Nächsten über. Dann folgen Worte, die vergelten sollen, Worte der eigenen Rechtfertigung, und so legt sich ein schweres, bitteres Joch auf euch; denn alle heftigen Worte, die ihr redet, kehren als eine unheilvolle Ernte in euer Herz zurück.

Alle, die sich zu solcher Sprache hinreißen lassen, werden Scham empfinden, Selbstachtung und Selbstvertrauen verlieren und von Kummer und Reue geplagt werden, dass sie in der Selbstbeherrschung versagten und hässliche Worte redeten. Wieviel besser wäre es, wenn derartige Worte niemals gesprochen würden! Um wieviel schöner wäre das Leben, wäre das Herz voll vom Öl der Gnade und fähig, jede Herausforderung milde zu übersehen und alles in christlicher Demut und Geduld zu ertragen!

Falls ihr die Bedingungen erfüllt, die Gott an seine Verheißungen geknüpft hat, werden sich diese auch an euch erfüllen. Wenn ihr auf Gott vertraut, werdet ihr nicht aus dem Zustand der Begeisterung in den Abgrund der

Verzweiflung stürzen, wenn Prüfungen und Versuchungen über euch kommen. Ihr werdet auch nicht andere mit eurem Zweifel und eurer düsteren Stimmung belasten.

Satan kann unsre Gedanken nicht lesen; er sieht aber unsre Taten und hört unsre Worte; und aus langjähriger Kenntnis der menschlichen Familie kann er seine Anläufe auf Grund unsrer Charakterschwächen zu seinen Gunsten einrichten. Wie oft gewähren wir ihm Einlass in unser Inneres, so dass er den Sieg über uns erringen kann! O dass wir doch unsre Worte und Taten bedenken möchten! Wie stark könnten wir sein, wenn unsre Worte derart wären, dass wir uns ihrer am Tage des Gerichts nicht zu schämen brauchten! Wie ganz anders werden unsre Worte am Tage Gottes scheinen als in jenem Augenblick, da wir sie aussprachen!

Das Heim als Lehrbeispiel

Das Heim hat nicht nur an den Gliedern der Hausgemeinschaft eine Aufgabe zu erfüllen. Es soll auch als Lehrbeispiel zur Veranschaulichung gediegener Lebensgrundsätze und ihres Wertes dienen. Dadurch kann es viel Gutes auf Erden bewirken. Der Einfluss eines vorbildlichen Heimes auf die Herzen und Lebensweise der Mitmenschen ist weit mächtiger als die beste Predigt. Jugend aus einem solchen Heim verbreitet auch dessen Lehren, überträgt höhere Lebensgrundsätze auf andre Haushaltungen und wirkt veredelnd auf die Gesamtheit.

Kapitel 110: Das Heim als Bildungsstätte

Die Jugend wird durch ihre Weihe zum Dienst Gottes weder geistlos noch weniger tatkräftig. Die Furcht des Herrn ist der Weisheit Anfang. Das kleinste Kind, das den Herrn liebt und fürchtet, ist in seinen Augen größer als der begabteste und gelehrteste Mann, der die Erlösung missachtet. Die Jugend, die ihr Herz und Leben Gott weiht, bringt sich durch solches Tun mit der Quelle aller Weisheit und Vortrefflichkeit in Verbindung.

Alltagspflichten

Wenn die Kinder dazu angehalten würden, den kleinen Kreis ihrer täglichen Pflichten als vom Herrn für sie bestimmten Lehrgang anzusehen, als Schule, in der sie zu einem treuen und wirksamen Dienst ausgebildet werden, dann würde ihnen ihre Arbeit um vieles angenehmer und rühmlicher erscheinen. Wer jede Pflicht „als dem Herrn" tut, übt auch die bescheidenste Tätigkeit gerne aus. Auf solche Weise werden des Herrn Diener auf Erden mit den heiligen Wesen, die Gottes Willen im Himmel erfüllen, verbunden.

Wir sollten an dem Platz, auf den wir gestellt wurden, unsre Pflichten ebenso gewissenhaft erfüllen wie die Engel im Himmel. Wer sich dessen bewusst ist, ein Diener Gottes zu sein, wird ein Mensch sein, der jedes Vertrauen rechtfertigt. Himmelsbürger werden auch die besten Bürger auf Erden sein. Der rechte Blick für unsre Verpflichtung Gott gegenüber erzeugt auch klare Begriffe der Pflicht, die wir unserm Nächsten gegenüber haben.

Der Lohn der Mutter

Wenn das Gericht tagen wird und die Bücher geöffnet werden, wenn das Urteil des großen Richters verkündigt und die Krone unvergänglicher Herrlichkeit auf das Haupt des Überwinders gesetzt wird, dann werden viele vor aller Augen ihre Kronen erheben und auf ihre Mutter weisen und ausrufen: „Sie machte mich zu dem, was ich durch die Gnade Gottes wurde. Ihre Weisungen und ihre Gebete führten mich zum ewigen Heil."

Die jungen Menschen sollten so ausgebildet werden, dass sie inmitten der überall herrschenden Verderbtheit standhaft bleiben und alles, was in ihrer Macht steht, tun, um die Ausbreitung des Lasters zu hindern und Tugend, Reinheit und Manneswürde zu fördern. Die Eindrücke der frühen Jugendzeit auf Geist und Charakter sind tief und nachhaltig. Unvernünftige Erziehung oder schlechter Umgang wird auf das jugendliche Gemüt oft einen Einfluss zum Bösen ausüben, den alle späteren Bemühungen nicht mehr zu beseitigen vermögen.

Erziehung im Heim ist erwünscht

Die Kinder und Jugendlichen von heute sind die Erwachsenen von morgen; die Jugend aber wird, was das Heim aus ihnen macht. Das Übermaß an Elend, Krankheit und Lastern, worunter die Menschheit seufzt, ist zum großen Teile auf den Mangel an rechter häuslicher Erziehung zurückzuführen. Wie ganz anders wäre es in der Welt, wenn man daheim lauter und rechtschaffen lebte und die Kinder, die man aufzieht, darauf vorbereitete, die Pflichten des Lebens zu tragen und seinen Gefahren zu widerstehen!

Kapitel 111: Achtung und Liebe zu den Eltern

Wer aufrichtig dem Heiland folgen will, muss ihm in seinem Herzen Wohnung machen und ihm dort den besten Platz einräumen. Er muss in seinem häuslichen Leben den Geist und Charakter Jesu offenbaren und Höflichkeit und Güte denen entgegenbringen, mit denen er in Berührung kommt.

Es gibt viele Kinder, die vorgeben, die Wahrheit zu kennen, und dennoch ihren Eltern nicht die ihnen gebührende Achtung und Zuneigung entgegenbringen, Kinder, die dem Vater und der Mutter nur wenig Liebe erzeigen, deren Wünsche nur mangelhaft beachten und kaum versuchen, ihre Sorgen zu mildern. Viele von ihnen, die Christen sein wollen, haben noch nicht begriffen, was es bedeutet: „Du sollst deinen Vater und deine Mutter ehren"; sie wissen deshalb ebenso wenig die Worte zu schätzen: „... auf dass du lange lebest in dem Lande, dass die der Herr, dein Gott, gibt." 2.Mose 20,12.

Unsre Jugendlichen wollen zu denen gehören, die Gottes Gebote halten, und machen sich doch des Vergehens gegen das fünfte Gebot schuldig. Der reiche Segen, der denen verheißen ist, die dieses Gebot beachten und Vater und Mutter ehren, kann ihnen nicht zuteil werden. Wenn sie ihre Sünde nicht bereuen und ihre Gewohnheiten und ihr Wesen durch die Gnade Jesu Christi ändern, werden sie niemals auf die neue Erde kommen, auf der sie ewiglich leben könnten. Wer seine Eltern nicht liebt und ehrt, wird auch Gott nicht achten und ehren. Alle, die ihre Prüfung nicht bestehen, die ihre gottesfürchtigen Eltern nicht ehren, sind auch gegen Gott ungehorsam. Sie können nicht erwarten, in das Land der Verheißung zu gelangen.

Ein Leben im Gehorsam

Jetzt entscheiden die Jugendlichen über ihr ewiges Heil. Ich möchte euch besonders die Beachtung des Gebotes ans Herz legen, das solch herrliche Verheißung hat, „auf dass du lange lebest in dem Lande, das dir der Herr, dein Gott, gibt". Kinder, wollt ihr das ewige Leben ererben? Dann achtet und ehrt eure Eltern.

Wenn ihr gesündigt und euren Eltern keine Liebe und keinen Gehorsam entgegengebracht habt, dann beginnt jetzt, das Vergangene wiedergutzumachen. Ihr könnt es euch nicht erlauben, irgendeinen andern Weg einzuschlagen; dass würde den Verlust des ewigen Lebens bedeuten. Gott, der Herzenskündiger, kennt euer Verhalten zu euren Eltern, er wägt euren sittlichen Zustand auf goldenen Schalen im himmlischen Heiligtum. Bekennt eure Nachlässigkeit euren Eltern gegenüber; bekennt ihnen eure Gleichgültigkeit und euer Vergehen gegen Gottes heiliges Gebot!

Das Herz eurer Eltern ist euch in Liebe zugeneigt; wie könnt ihr diese Liebe mit kalter Undankbarkeit vergelten? Sie lieben euch und wünschen, dass ihr errettet werdet. Habt ihr nicht oft ihren Rat missachtet, seid eurem Willen gefolgt und eigene Wege gegangen? Habt ihr euch nicht auf euer eigenes Urteil verlassen, auch wenn ihr wusstet, dass eure Halsstarrigkeit keine Billigung bei Gott findet? Viele Väter und Mütter sind an gebrochenem Herzen gestorben, weil sie die Undankbarkeit und die Missachtung ihrer Kinder nicht ertragen konnten.

Kapitel 112: Ein Segen im Heim

Der Herr fordert den Jüngling auf: „Gib mir, mein Sohn, dein Herz." Sprüche 23,26. Der Heiland der Welt sieht es gern, wenn ihm die Kinder und Jugendlichen ihre Herzen weihen. Es wird eine ansehnliche Schar von Kindern geben, die ihre Treue zu Gott erwiesen haben, weil sie im Licht wandelten, wie Christus im Licht ist. Sie lieben ihren Heiland und suchen ihm zu gefallen. Sie werden nicht ungeduldig, wenn man sie tadelt, vielmehr beglücken sie die Herzen von Vater und Mutter durch ihre Freundlichkeit, Geduld und Bereitwilligkeit, ihnen die Last des täglichen Lebens tragen zu helfen. Von früher Kindheit an werden sie als treue Nachfolger Jesu erfunden.

Seid von klein auf ein Segen zu Hause, liebe Kinder und Jugendliche! Wie betrübend ist es, Kinder gläubiger Eltern zu sehen, die unbändig, ungehorsam, undankbar und eigenwillig sind; Kinder, die ihre eigenen Wege gehen und die Unannehmlichkeiten und Sorgen, die sie ihren Eltern bereiten, übersehen! Satan ergreift mit Vergnügen Besitz von den Herzen der Kinder und flößt ihnen, soweit es ihm erlaubt wird, seinen eigenen bösen Geist ein.

Kindlicher Gehorsam

Eltern mögen alles tun, was in ihrer Macht steht und ihren Kindern jedes Vorrecht und jede Belehrung zuteil werden lassen, um sie dadurch auf den Weg zu Gott zu leiten; weigern sich aber die Kinder in ihrem Innern, im Licht der Wahrheit zu wandeln, und gehen sie auf bösen Wegen, dann werden ihre Eltern, die sie mit so viel Liebe umgeben und die sich so sehr um ihr Seelenheil bemühen, in einem schlechten Lichte stehen.

Satan versucht, die Kinder auf den Weg der Sünde und des Ungehorsams zu bringen. Wird es ihm gestattet, ihnen das Leben zu nehmen, dann nimmt er es, während sie in ihren Sünden verstrickt sind, und damit jede Hoffnung auf Erlösung. So werden die Herzen der gottesfürchtigen Eltern wie mit einem Schwert durchbohrt und mit einer Sorgenlast beladen, die wegen der endgültigen Unbußfertigkeit und des Widerstandes ihrer Kinder gegen Gott nie mehr behoben werden kann.

Ich flehe euch um Jesu willen an, liebe Kinder und Jugendliche, wandelt im Licht! Unterstellt euren Willen dem Willen Gottes! Und „wenn dich die bösen Buben locken, so folge nicht". Sprüche 1,10. Bleibt auf dem Wege Gottes, denn ihr werdet in der Übertretung keinen Frieden finden. Durch eine schlechte Lebensführung bringt ihr Schande über eure Eltern und Unehre über den Glauben Jesu Christi. Denkt daran, dass euer Leben in den Büchern des Himmels niedergeschrieben wird! Diese Bücher werden vor aller Welt geöffnet. Denkt an die Scham und Reue, die euch erfüllen muss, wenn euer Urteil den Verlust des ewigen Lebens bedeutet! „Kehret euch zu meiner Strafe. Siehe, ich will euch heraussagen meinen Geist und euch meine Worte kundtun. Dann werden sie nach mir rufen. Wer aber mir gehorcht, wird sicher bleiben und genug haben und kein Unglück fürchten." Sprüche 1,23.28.33. Bewahret Jesu Weisung in eurem Herzen: „Wandelt, dieweil ihr das Licht habt, dass euch die Finsternis nicht überfalle." Johannes 12,35.

Kapitel 113: Charakterbildung im Heim

Satan reizt die Kinder dazu, sich vor ihren Eltern zu verschließen und junge, unerfahrene Menschen zu ihren Vertrauten zu machen, die ihnen nicht helfen können, ihnen aber schlechte Ratschläge geben.

Kinder blieben vor manchen Sünden bewahrt, wenn sie ihre Eltern ins Vertrauen zögen. Eltern sollten ihre Kinder ermutigen, offen und frei mit ihnen zu sprechen, mit ihren kleinen und großen Schwierigkeiten zu ihnen zu kommen und ohne Scheu und unbefangen ihren Rat einzuholen, wenn sie den rechten Weg nicht mehr wissen. Wer könnte sie besser beraten und ihnen besser aus ihren Nöten helfen als gottesfürchtige Eltern? Wer kennt die besonderen Eigenarten der Kinder besser als sie? Die Mutter, die so sorgsam die geistige Entwicklung bewachte und so mit der Veranlagung des Kindes vertraut wurde, ist der beste Ratgeber ihrer Kinder. Wer weiß so gut wie die Mutter, vom Vater unterstützt, welche Charakterzüge im Zaume gehalten und unterdrückt werden müssen?

Macht den Eltern Freude!

Kinder, die christlich gesinnt sind, werden die Liebe und Zuneigung ihrer gottesfürchtigen Eltern allen irdischen Segnungen vorziehen. Sie werden ihnen mit Liebe und Ehrerbietung entgegenkommen. Zu den vornehmsten Aufgaben ihres Lebens gehört es, ihre Eltern glücklich zu machen. In unserer zuchtlosen Zeit haben Kinder, die mangelhaft erzogen wurden, nur wenig Verständnis für die Pflichten ihren Eltern gegenüber. Oft ist es der Fall, dass, je mehr die Eltern für sie tun, sie desto undankbarer sind und desto weniger Respekt vor ihnen haben.

Kinder, die verwöhnt und verhätschelt wurden, erwarten, dass das immer so weitergeht. Werden dann ihre Erwartungen nicht mehr erfüllt, überkommt sie Missmut und Verzagtheit. Diese Einstellung behalten sie für ihr ganzes Leben; sie werden unbeholfen, lehnen sich an andre an und erwarten von ihnen Hilfe. Sie wünschen, dass man sie begünstigt und ihnen nachgibt. Widerspricht man ihnen, selbst wenn sie erwachsen sind, fühlen sie sich falsch behandelt; unfroh gehen sie ihres Weges, tragen ihr Leben wie eine schwere Last, murren und ärgern sich, weil ihnen nichts passt.

Kinder sollten fühlen, dass sie in der Schuld ihrer Eltern stehen, die über sie gewacht und sie in Krankheiten gepflegt haben. Sie sollten der Angst und Sorge gedenken, die ihre Eltern ihrethalben hatten. Besonders gewissenhafte, gottesfürchtige Eltern haben sich mit herzlichster Anteilnahme darum bemüht, dass ihre Kinder den Weg des Heils beschritten. Sahen sie Fehler und Mängel an ihren Kindern, dann wurde ihr Herz schwer. Könnten solche Kinder die Folgen ihrer Handlungsweise erkennen, dann würden sie sich erweichen lassen. Könnten sie der Mutter Tränen sehen, die inbrünstigen Gebete ihretwegen hören und ihr trauriges und bekümmertes Seufzen vernehmen, dann würden ihre Herzen mitempfinden, sie kämen herbeigeeilt, ihr Unrecht zu bekennen und um Vergebung zu bitten.

Kraft für den Lebenskampf

Wir leben in einer für Kinder recht unglücklichen Zeit. Eine heftige Strömung zieht niederwärts ins Verderben; es ist mehr Erfahrung und Kraft erforderlich, als Kinder haben, um dieser Strömung zu widerstehen und nicht von ihr fortgetrieben zu werden. Die Jugend schlechthin scheint von Satan betört zu sein; er führt sie mit seinen Helfern dem sicheren Untergang entgegen. Der Teufel kämpft mit seinem Heer gegen die Herrschaft Gottes. Alle, die den Wunsch haben, ihre Herzen dem Herrn zu übergeben und ihm gehorsam zu sein, werden von Satan bekämpft, der sie mit seinen Versuchungen in Verlegenheit bringen und überwinden will, damit sie mutlos werden und den Glaubenskampf aufgeben.

Durch ernstes Gebet und lebendigen Glauben können große Siege errungen werden. Einige Eltern sind sich der auf ihnen ruhenden Verantwortung nicht bewusst und haben daher die religiöse Erziehung ihrer Kinder vernachlässigt. Morgens sollten die ersten Gedanken eines Christen bei Gott verweilen. Die Tagesarbeit und eigene Interessen sollten zweitrangig sein. Die Kinder müssen dazu angehalten werden, die zum Gebet bestimmte

Zeit zu beachten und sie wertzuschätzen. Bevor sich die Familie an die Arbeit begibt, sollte sie sich zusammenfinden; der Vater, in seiner Abwesenheit die Mutter, sollte in inbrünstigem Flehen Gott darum bitten, sie alle an diesem Tag zu bewahren.

Widerwille gegen strenge Zucht

Kinder von Sabbathaltern mögen gegen gewisse Erziehungsmaßnahmen oft aufbegehren. Sie halten ihre Eltern für zu streng und genau. In ihren Herzen erwachen bittere Gefühle und unzufriedene, missvergnügte Gedanken gegen die Eltern, die doch nur ihr gegenwärtiges und ihr ewiges Heil im Auge haben. Nach einigen Jahren aber werden sie ihre Eltern segnen um jener gewissenhaften Fürsorge und glaubensvollen Wachsamkeit willen, die sie ihnen in der Zeit ihrer kindlichen Einfalt und Unerfahrenheit angedeihen ließen.

Persönliche Verantwortung

Liebe Kinder, Gott hat euch der Fürsorge eurer Eltern anvertraut, damit sie euch unterrichten und erziehen und dadurch zu ihrem Teil an der Ausbildung eures Charakters für den Himmel beitragen. Nun liegt es an euch, ob ihr euch zu einem guten christlichen Charakter entwickelt, indem ihr den besten Gebrauch von dem macht, was euch eure frommen, gläubigen und betenden Eltern mitgegeben haben. Denn wahrlich, all ihr Bemühen und ihre Pflichttreue allein können euch nicht retten. Da müssen die Kinder selbst mithelfen; jedes Kind muss persönlich dazu beitragen.

Gläubige Eltern, ihr habt ein verantwortungsvolles Amt. Ihr müsst die Schritte eurer Kinder auch in ihrer religiösen Entwicklung überwachen. Wenn sie Gott aufrichtig lieben, dann werden sie euch für eure Fürsorge, die ihr ihnen zuteil werden lasst, segnen, euch Ehrerbietung entgegenbringen und eure Pflichttreue in bezug auf das Eindämmen ihrer kindlichen Wünsche und die Unterdrückung ihres Willens anerkennen.

Mit der Gerechtigkeit Christi bekleidet

Wenn wir das Kleid der Gerechtigkeit Christi tragen, wird uns die Sünde nicht reizen können, denn der Heiland wirkt mit uns. Wir können wohl Fehler machen, werden aber die Sünde hassen, die das Leiden und Sterben des Sohnes Gottes verursacht hat.

Kapitel 114: Die Jugend hat Verantwortung zu tragen*

Diese jungen Männer haben zu Hause Pflichten, denen sie nicht nachkommen. Sie haben nicht gelernt, Pflichten auf sich zu nehmen und häusliche Verantwortungen zu tragen, die ihnen auferlegt werden. Sie haben eine treue, tüchtige Mutter, die viele Lasten zu tragen hat; dem sollten sie nicht tatenlos zusehen. Hierin versäumten sie es, ihre Mutter zu ehren. Sie haben sich auch nicht darum bemüht, dem Vater die Lasten tragen zu helfen, wie es ihre Pflicht gewesen wäre; durch ihr Verhalten haben sie ihn nicht geehrt, wie man es von ihnen erwarten konnte. Ihre Neigungen stehen ihnen höher als ihre Pflicht.

Sie gehen selbstische Wege, meiden Mühsal und Lasten und ermangeln so der wertvollen Erfahrung, ohne die ihr Leben nicht erfolgreich sein kann. Sie ermessen nicht, wie wichtig Treue in kleinen Dingen ist, auch fühlen sie sich nicht verpflichtet, ihren Eltern gegenüber völlig wahr und in den einfachen Pflichten des Lebens, auf die sie ständig stoßen, zuverlässig zu sein. Sie unterschätzen vor allem die Kenntnis der einfachen Dinge, die für das praktische Leben so unerlässlich sind.

Macht euer Heim zu einer glücklichen Stätte

Wenn diese jungen Männer irgendwo zum Segen werden wollen, dann müssen sie daheim anfangen. Wenn sie ihren Neigungen nachgeben, anstatt sich von gründlichen Überlegungen, gesunder Vernunft, nüchternem Urteil und gediegenem Wissen leiten zu lassen, können sie weder für die Allgemeinheit noch für ihre Familie zum Segen werden; ihre Aussichten für diese und eine bessere Welt sind gefährdet.

Viele junge Menschen empfangen den Eindruck, dass es auf Kindheit und Jugend nicht so sehr ankomme. So verzetteln sie ihre Jugend in Sport, Spiel, Tändeleien und schädlichem Genussleben. Sie denken gar nicht an die Folgen und begehren allein die Befriedigung, die ihnen der Augenblick gewährt. Ihre Vergnügungssucht und ihr Verlangen nach lachender, schwatzender Gesellschaft wachsen, je mehr sie ihnen nachgeben. So verlieren sie allmählich das Empfinden für die nüchternen Wirklichkeiten des Lebens, und ihre häuslichen Pflichten erscheinen ihnen reizlos. Sie bieten ihrem

** An zwei junge Männer gerichtet*

Geist nicht genügend Abwechslung; und so werden sie immer ruheloser, mürrischer und reizbarer.

Diese Jünglinge sollten sich der Pflicht bewusst werden, zum häuslichen Glück beizutragen.

Ein zeitweiliges Ausruhen von schwerer körperlicher Arbeit ist notwendig, — umso besser und erfolgreicher kann man dann schaffen. Völlige Ruhe aber mag nicht erforderlich und für die Wiederauffrischung der leiblichen Kraft nicht einmal der beste Weg sein. Sie dürfen ihre kostbare Zeit nicht mit Spielereien vergeuden, wenn sie von einer Arbeit müde sind. Sie können sich dann eine weniger anstrengende Arbeit suchen, die ihre Mutter und ihre Schwestern erfreut. Wenn sie deren Sorgen bereitwillig mindern, indem sie ihnen die schwerste Last abnehmen, wird ein solches Verhalten ihnen die Freude bereiten, die der Treue entspringt und sie wirklich glücklich macht. Auf diese Weise werden sie selbst ihre Zeit nicht vertändeln noch eigensüchtig vertun.

Kapitel 115: Die Stunde der Andacht

Die Wahrnehmung der Gebetszeit hängt eng mit einer Anregung und Belebung des Bibelstudiums zusammen. Die Andachtszeiten am Morgen und Abend sollten die schönsten und förderlichsten des ganzen Tages sein. Bemüht euch darum, dass keinerlei verdrießliche, unfrohe Gedanken diese Zeit stören. Eltern und Kinder versammeln sich, um mit dem Heiland zu verkehren und sich der Gegenwart heiliger Engel zu erfreuen. Macht die Andachtszeit kurz und lebendig; passt sie den Verhältnissen an und sorgt für Abwechslung. Lest gemeinsam in der Heiligen Schrift und lernt und wiederholt das Gesetz Gottes. Die Anteilnahme der Kinder an der Andachtsstunde wird sich erhöhen, wenn ihr ihnen erlaubt, ab und zu den Schrifttext selbst auszuwählen. Stellt Fragen an sie und lasst sie selber fragen. Macht die Texte durch Bilder und Gleichnisse klar. Befleißigt euch der Kürze. Lasst die Kleinen teilnehmen am Gebet; lasst sie sich im Gesang mit euch vereinigen, auch wenn es nur ein Vers ist, den sie singen.

Zu solchem vorbildlichen Gottesdienst gehört Vorbereitung. Die Eltern sollten sich täglich die Zeit nehmen, mit ihren Kindern in der Schrift zu forschen. Das erfordert zweifellos mancherlei Mühe und Opfer, die aber reichlichen Lohn in sich bergen.

Kapitel 116: Gottgewollte Gastfreundschaft

Wir wären glücklicher und brauchbarer, wenn unser häusliches und gesellschaftliches Leben von der Sanftmut und Schlichtheit Jesu beherrscht würde. An Stelle großer äußerlicher Aufmachung, welche die Besucher bewundern sollen, ist das Entgegenbringen von Frohsinn, Sympathie und Liebe angebrachter und wirkungsvoller. Die Besucher sollten erkennen können, dass wir in Übereinstimmung mit dem Willen Gottes leben wollen. Lasst sie in uns, wenn wir auch nur in bescheidenen Umständen leben, einen zufriedenen und dankbaren Geist feststellen. Die ganze Atmosphäre eines wahrhaft christlichen Heimes muss Ruhe und Frieden ausstrahlen. Solches Beispiel wird nicht ohne Wirkung bleiben.

Lasst uns in unserm Bemühen, den Gästen einen behaglichen und angenehmen Aufenthalt zu bieten, nicht die Verpflichtungen Gott gegenüber vergessen. Die Andachtszeit darf nicht um anderer Dinge willen vernachlässigt werden. Erzählt und belustigt euch nicht übermäßig, so dass ihr für die Andachtszeit zu müde seid; das wäre in Gottes Augen ein mangelhafter

Dienst. In früher Abendstunde, wenn wir ohne Überstürzung und mit ruhiger Überlegung zu Gott kommen, können wir ihm unsre Anliegen vortragen und unsre Stimmen in frohem, dankbarem Lobgesang erschallen lassen.

Lasst die Besucher eines christlichen Hauses erkennen, dass die Andachtsstunde die köstlichste, heiligste und glücklichste Stunde des Tages ist. Diese Andachtszeit wird auf alle, die daran teilnehmen, einen läuternden, erhebenden Einfluss ausüben. Sie schenkt innere Ruhe und einen heiteren Frieden.

Vom Segen des christlichen Heimes

„Wenn du ein Mittags; oder Abendmahl machst", sprach Christus, „so lade nicht deine Freunde noch deine Brüder noch deine Befreundeten noch deine Nachbarn, die da reich sind, auf dass sie dich nicht etwa wieder laden und dir vergolten werde; sondern wenn du ein Mahl machst, so lade die Armen, die Krüppel, die Lahmen, die Blinden, so bist du selig [zu preisen]; denn sie haben dir's nicht zu vergelten; es wird dir aber vergolten werden in der Auferstehung der Gerechten."

Die Aufnahme solcher Gäste bedeutet keine große Belastung für uns. Sie erwarten keine mit besonderer Mühe und erheblichen Kosten verbundene Bewirtung. Es ist kein übertriebener Aufwand nötig. Vielen wäre schon euer warmer Willkommengruß, ein Plätzchen an eurem Herd, ein Sitz an eurer Tafel oder die Erlaubnis zur Teilnahme an einer Andachtsstunde in eurer Mitte wie ein Gruß vom Himmel. Unsre Zuneigung muss über uns selber und die engen Grenzen des häuslichen Kreises hinausgehen. Wer sein Heim andern zum Segen werden lassen will, wird herrliche Gelegenheiten hierzu finden. Der Einfluss der Geselligkeit macht sich in wunderbarer Weise bemerkbar. Wir können, wenn wir wollen, andern damit helfen.

Unser Heim sollte auch der angefochtenen Jugend eine Zufluchtsstätte bieten. Viele junge Leute stehen am Scheidewege.

Einflüsse und Eindrücke bestimmen ihre Wahl und damit ihr gegenwärtiges und zukünftiges Geschick. Auf allen Seiten lockt das Böse. Seine Stätten sind blendend und anziehend. Freundlich wird jeder Ankömmling willkommen geheißen. Jugend ohne Heimstatt, Jugend, die daheim keinen Halt und keine Hilfe hat, gerät in seinen Bann.

Nicht weit von unsrer Schwelle schon mag sie sich ins Verderben begeben.

Hätte man solchen jungen Leuten dagegen nur teilnehmend die Hand gereicht, schlicht ein paar freundliche Worte gesagt oder kleine Aufmerksamkeiten erwiesen, so wären vielleicht die Schatten der Versuchung von ihrer Seele verscheucht worden. Dem ungekünstelten Ausdruck selbstloser Nächstenliebe öffnen sich die Herzen derer, die sich nach dem Wohllaut liebevoller Worte und dem sanften, zarten Wehen des Geistes Christi sehnen. Wenn wir uns um das Wohl der Jugend kümmerten, jungen Leuten ein offenes Haus böten, sie zu erfreuen suchten und vom Bösen abhielten, so wären wir dadurch vielen Veranlassung, den Weg zum Himmel einzuschlagen.

Abschnitt 12

KLEIDUNG UND SCHMUCK

Den Charakter eines Menschen kann man danach beurteilen, wie er sich kleidet. Ein verfeinerter Geschmack und ein durchgebildeter Geist offenbaren sich in der Auswahl schlichter, schicklicher Kleidung. Keusche Einfachheit in der Kleidung, mit einem bescheidenen Benehmen verbunden, trägt viel dazu bei, ein junges Mädchen mit einer Atmosphäre heiliger Zurückhaltung zu umgeben, die es wie ein Schild vor tausend Gefahren schützt.

Kapitel 117: Bausteine der Charakterbildung

Es ist wichtig, Kinder und Jugendliche dazu anzuhalten, sorgfältig auf ihre Worte und Handlungen zu achten, denn ihr Verhalten bringt Sonnenschein oder Schatten nicht nur in ihr Heim, sondern auch in die Herzen aller, mit denen sie in Berührung kommen. Bevor sich jedoch ein junger Mensch allem auftretenden Bösen gegenüber umsichtig, bedacht und zurückhaltend verhalten kann, muss ihn jene Weisheit und Kraft erfüllen, die von oben kommt und die nur Jesus ihm geben kann.

Echter Schmuck

Viele täuschen sich in der Annahme, durch gutes Aussehen und schmuckvolle Kleidung die Aufmerksamkeit der Welt auf sich lenken zu können. Aber die Reize, die nur auf die äußere Erscheinung zurückgehen, wechseln und dringen nicht tief; darauf kann sich niemand verlassen. Der Schmuck, den Christus seinen Nachfolgern empfiehlt, verblasst nie. Er sagt durch seinen Jünger: „Ihr Schmuck soll nicht auswendig sein mit Haarflechten und Goldumhängen oder Kleideranlegen, sondern der verborgene Mensch des Herzens unverrückt mit sanftem und stillem Geiste; das ist köstlich vor Gott." 1.Petrus 3,3.4.

Würde nur die Hälfte der Zeit, die Jugendliche verwenden, um in ihrer äußeren Erscheinung anziehend zu wirken, zur Charakterbildung und zur Pflege des Innenlebens benutzt, dann wäre ein großer Unterschied in ihrem Benehmen, in ihren Worten und Taten zu bemerken. Wer dem Heiland aufrichtig nachzufolgen sucht, wird sich auch Gedanken über seine Kleidung machen; er wird sich auch hierin nach den Anweisungen richten, die der Herr in so eindeutiger Weise gegeben hat. Das Geld, das für Kleidung verschwendet wurde, kann der Förderung des Werkes Gottes und der Erwerbung nützlicher Kenntnisse dienen, die zu Vertrauensstellungen befähigen. Gläubige versuchen, den Erwartungen ihres Herrn und Heilandes zu entsprechen, der sie mit einem unendlich hohen Preis erkauft hat.

Liebe Kinder und junge Freunde, der Heiland tat alles, was in seiner Macht stand, um euch einen Platz im himmlischen Vaterhaus zu erwerben, der allen bereitet ist, die ihn lieben und ihm dienen. Er verließ sein himmlisches Heim und kam in eine von Sünden entstellte Welt, zu einem Volk, das ihn nicht aufnahm, seine Reinheit und Heiligkeit nicht liebte, seine Lehren verachtete und ihn schließlich einem grausamen Tode überantwortete.

„Also hat Gott die Welt geliebt, dass er seinen eingeborenen Sohn gab, auf, dass alle, die an ihn glauben, nicht verloren werden, sondern das ewige Leben haben.“ Johannes 3,16.

Die äußere Erscheinung

Gott erwartet von euch Dank für das große Opfer, das er um euretwillen brachte. Er wünscht, dass ihr euch nicht nur dem Namen nach, sondern auch in der Kleidung und Unterhaltung als Christen erweist. Er möchte euch in einfachen Kleidern sehen, nicht aber mit unnötigem Zierrat aufgeputzt. Ihr sollt euch durch ein anziehendes Wesen auszeichnen, das der Himmel gutheißen kann. Wollt ihr ihn in seinen Erwartungen enttäuschen, liebe Jugend?

Die äußere Erscheinung des Menschen ist häufig ein Ausdruck seines Innenlebens. Wie sorgfältig sollten wir da im Äußeren all das gestalten, wonach die Welt unsern Glauben beurteilt. Wandelt dem Herrn Jesus nach als geliebte Kinder, die seinem Willen in allen Dingen gehorchen. Wir bitten euch, eurem Erlöser dadurch Freude zu bereiten, dass ihr ernstlich echten, inwendigen Schmuck erstrebt. Bemüht ihr euch Tag für Tag darum, dann werdet ihr euch unter dem Beistand Jesu überwinden. Dann werden Stolz und Prahlsucht aus eurem Herzen und Leben weichen, Sanftmut und Liebe zur Einfachheit erstarken. Auf diese Weise entwickeln sich junge Menschen zu einer Schar treuer Kämpfer für Christus.

Wir leben in einer schrecklichen Zeit; diejenigen, die vorgeben, Gott zu lieben und zu gehorchen, verleugnen ihn in ihrem täglichen Wandel. „Es werden Menschen sein, die viel von sich halten, geizig, ruhmredig, hoffärtig, Lästerer, den Eltern ungehorsam, undankbar, ungeistlich, lieblos, unversöhnlich, Verleumder, unkeusch, wild, ungütig, Verräter, Frevler, aufgeblasen, die mehr lieben Wollust denn Gott, die da haben den Schein eines gottseligen Wesens, aber seine Kraft verleugnen sie.“ 2.Timotheus 3,2-5. Gott will nicht, dass unter euch solche gefunden werden, liebe Jugend. Aus seinem Wort könnt ihr lernen, wie ihr diese Sünden meiden könnt und schließlich zu Überwindern heranwachst.

„Sie haben ihn überwunden durch des Lammes Blut und durch das Wort ihres Zeugnisses.“ Offenbarung 12,11. „Aber die Gottesfürchtigen trösten sich untereinander also: Der Herr merkt und hört es, und vor ihm ist ein Denkzettel geschrieben für die, so den Herrn fürchten und an seinen Namen gedenken.“ Maleachi 3,16.

Zum Zeugnis

Ihr dürft euch nicht damit begnügen, den Schein des Bösen zu meiden. Ihr müsst weiterstreben. „Lernet Gutes tun.“ Ihr sollt der Welt Christus darstellen. Trachtet täglich danach, zu erlernen, wie ihr die Werke Gottes tun könnt. Jeder Nachfolger soll ein lebendiger Brief sein, der „erkannt und gelesen wird von allen Menschen“. 2.Korinther 3,2.

Ihr erlangt nicht dadurch einen guten Charakter, dass ihr ihn euch wünscht. Er kann nur durch Arbeit am Ich erworben werden. Eure Wünsche in dieser Hinsicht müssen in ernsthaften, aufrichtigen und beharrlichen Bemühungen zum Ausdruck kommen. Durch tägliches Vorangehen auf dem Wege zum Erfolg werdet ihr schließlich das Ziel erreichen — als Überwinder, ja mehr als ein Überwinder durch den, der euch so herzlich liebt.

Euer Glaube wird nach eurer Kleidung beurteilt

Liebe Jugend, eure Neigung, euch nach der Mode zu kleiden, Spitzen, Gold und andere Schmuckstücke zu tragen, wird für andere keine Empfehlung eures Glaubens oder der Wahrheit eures Bekenntnisses sein. Menschen mit Scharfsinn werden eure Verschönerungsbemühungen als Gesinnungsschwäche und Stolz ansehen. Einfache, schlichte und anspruchslose Kleidung hingegen wird eine Empfehlung für euch sein, meine jungen Schwestern. Ihr könnt euer Licht andern nicht besser scheinen lassen, als wenn ihr euch bescheiden kleidet und benehmt. So könnt ihr allen vor Augen stellen, dass ihr die Dinge dieses Lebens richtig einschätzt im Vergleich mit den Ewigkeitswerten.

Kapitel 118: Kleidung und Charakter

Die Nachfolger Jesu werden von ihm selbst als das Salz der Erde und das Licht der Welt bezeichnet. Ohne den heilsamen Einfluss der Christen würde die Welt in ihrer Verderbtheit umkommen. Manche der Namenschristen sind liederlich in ihrem Geschäftsgebaren, unhöflich, plump und rau in ihren Manieren und unanständig in ihren Redensarten. Dennoch halten sie diese unschönen Charakterzüge für Zeichen wahrer Demut und christlichen Lebens. Könnt ihr euch vorstellen, dass unser Heiland solche Menschen als Salz der Erde oder als Licht der Welt bezeichnen würde? — Nein, niemals!

Christen gebrauchen in ihrer Unterhaltung eine gewählte Sprache. Wenn sie auch der Meinung sind, dass es unrecht ist, sich zu törichten Schmeicheleien zu verstehen, bleiben sie doch höflich, gütig und wohlwollend. Ihre Rede ist aufrichtig und wahr. Im Verkehr mit ihren Brüdern und der Welt sind sie zuverlässig und treu. In ihrer Kleidung vermeiden sie alles Zuviel und jedes Gepränge. Sie kleiden sich sauber, bescheiden, ordentlich und geschmackvoll und vermeiden Prunk. Mit besonderer Sorgfalt achten sie am heiligen Sabbat und beim Besuch des Gottesdienstes auf ihre Kleidung.

Die Trennungslinie zwischen ihnen und der Welt ist zu deutlich, um übersehen zu werden. Der Einfluss der Gläubigen würde zehnmal größer sein, wenn die Männer und Frauen, welche die Wahrheit annehmen und die vorher achtlos und nachlässig waren, durch die Wahrheit so veredelt und geheiligt würden, dass sie auch in ihrer Kleidung Sauberkeit, Ordentlichkeit und guten Geschmack an den Tag legen. Unser Gott ist ein Gott der Ordnung; er wünscht in keiner Weise Durcheinander, Unsauberkeit oder Unrecht.

Einstellung zur Mode

Christen sollten es nicht darauf anlegen, die Aufmerksamkeit der Welt auf sich zu ziehen, indem sie sich anders kleiden als ihre Umwelt. Aber sie sollten eine vornehme Unabhängigkeit und den sittlichen Mut offenbaren, dass Rechte zu tun, wenn sich auch die ganze Welt von ihnen unterscheidet. Sie sollten sich auch dann nicht in ihrer Kleidung der Welt anpassen, wenn diese unmodern erscheinen mag, weil sie sich aus Glaubens; Anstands; oder Gesundheitsgründen zu dieser Art der Kleidung entschlossen haben. Wenn die Welt eine anspruchslose, schickliche und gesunde Mode, die sich in Übereinstimmung mit der Heiligen Schrift befindet, einführen sollte, würde uns nichts hindern, solcher Kleidungsart zu folgen. Christen sollten sich nach ihrem Herrn richten und ihre Kleidung nach Gottes Wort ausrichten. Übertreibungen sollten sie vermeiden. In aller Demut sollten sie ihren geraden Weg gehen, unbeirrt durch Beifall oder Kritik. Sie sollten dem Rechten anhangen, weil es das Rechte ist.

Kapitel 119: Rechte Kleidung

Die Bibel lehrt Bescheidenheit in der Kleidung. „Desgleichen, dass die Weiber in zierlichem Kleide mit Scham und Zucht sich schmücken." 1.Timotheus 2,9. Dies Wort verbietet Prunk in der Kleidung, auffallende Farben und übertriebenen Schmuck. Jedes Mittel, das die Aufmerksamkeit auf sich lenken oder Bewunderung erregen soll, hat nichts mit der schlichten Kleidung zu tun, die uns das Wort Gottes zur Pflicht macht.

Sparsamkeit in der Kleidung

Unsre Kleidung soll nicht kostspielig sein, — „nicht mit Gold oder Perlen oder köstlichem Gewand". Das Geld ist ein uns von Gott anvertrautes Gut. Wir dürfen es nicht zur Befriedigung des Stolzes oder Ehrgeizes ausgeben. In den Händen der Kinder Gottes ist es Nahrung für den Hungrigen und Kleidung für den Nackten. Es ist ein Schutz für den Bedrängten, ein Mittel, um Kranke zu heilen und den Armen das Evangelium zu verkündigen. Durch weisen Gebrauch des Geldes, das ihr jetzt für Putz verschwendet, könntet ihr in viele Herzen Freude tragen. Betrachtet das Leben des Heilandes, seinen edlen Charakter und nehmt an seiner Selbstverleugnung teil.

Die Namenschristen geben so viel für Juwelen und nutzlose, kostspielige Kleidung aus, dass dieses Geld ausreichen würde, alle Hungrigen zu sättigen und alle Nackten zu kleiden. Mode und Prunksucht verschlucken die Mittel, die den Armen und Bedürftigen helfen könnten. Sie berauben die Welt des Evangeliums von der Liebe des Heilandes.

Qualität und Geschmack

Unsre Kleidung sollte zwar einfach und bescheiden, aber von guter Qualität, passend in der Farbe und zweckentsprechend sein. Auf Dauerhaftigkeit sollte mehr Wert gelegt werden als auf gefälliges Aussehen. Sie soll wärmen und gesund erhalten. Der weise Mann schreibt in den Sprüchen: „Sie fürchtet für ihr Haus nicht den Schnee; denn ihr ganzes Haus hat zwiefache Kleider." Sprüche 31,21.

Gesundheit und Sauberkeit

Unsre Kleidung muss sauber sein. Schmutzige Kleider sind gesundheitsschädlich und verderben Leib und Seele. „Wisset ihr nicht, dass ihr Gottes Tempel seid? 1.Korinther 3,16.17. So jemand den Tempel Gottes verderbt, den wird Gott verderben." So schreibt der Apostel Paulus auf Grund seiner reichen Lebenserfahrung.

Vor allem sei die Kleidung gesund. „Ich wünsche in allen Stücken, dass dir's wohl gehe und du gesund seist" (3.Johannes 2) — gesund an Leib und Seele. Gemeinsam mit dem Herrn sollen wir für die Gesunderhaltung des Körpers und Geistes tätig sein. Dazu gehört gesundheitsgemäße Kleidung.

Anmut und natürliche Schönheit

Anmut und Schönheit liegen in natürlicher Einfachheit begründet. Der Heiland warnte uns vor dem Hochmut des Lebens, nicht aber vor Anmut und natürlicher Schönheit. Er verwies auf die Blumen des Feldes und auf die Lilien in ihrer Pracht und sagte: „Ich sage euch, dass auch Salomo in aller seiner Herrlichkeit nicht bekleidet gewesen ist wie derselben eins." Sprüche 4,23. So zeigte Christus an den Werken der Natur die Schönheit, die der Himmel schätzt: anspruchslose Anmut, Einfachheit, Reinheit, Angemessenheit — solche Bekleidung kann dem Herrn gefallen.

Kapitel 120: Die Wirkung der Kleidung

Wir sagen nichts gegen eine nette, zierliche Kleidung. Guter Geschmack ist weder zu verachten noch zu verurteilen. Unser Glaube wird uns, wenn wir ihn ausleben, ein solch guter Ratgeber für unsre Kleidung sein und uns so sehr für gute Werke erwärmen, dass wir uns besonders auszeichnen. Wenn wir aber den guten Geschmack in bezug auf ordentliche und schickliche Kleidung verlieren, dann Schwächen wir gleichzeitig unsre Wirksamkeit für die Wahrheit; denn die Wahrheit wird niemals erniedrigen, sondern erheben. Sind Gläubige in ihrer Kleidung nachlässig und unordentlich und von schlechter Lebensart, dann wird ihr Einfluss die Wahrheit schädigen. „Wir sind ein Schauspiel geworden der Welt und den Engeln und den Menschen". 1.Korinther 4,9. Der ganze Himmel beobachtet den täglichen Einfluss, der von den bekenntlichen Nachfolgern Christi auf die Welt ausgeübt wird.

Einfachheit in der Kleidung wird jede fein empfindende Frau vorteilhaft erscheinen lassen. Oft beurteilen wir den Charakter eines Menschen nach seiner Kleidung. Eine bescheidene, gottesfürchtige Frau wird sich einfach kleiden. Guter Geschmack und ein durchgebildeter Geist werden sich in einfacher, angemessener Tracht zeigen. Die jungen Frauen, die sich von dem Diktat der Mode befreien, werden jede Gesellschaft zieren. Die einfach und bescheiden auftretende Frau beweist ihr Verständnis für die Tatsache, dass eine echte Frau an ihrem sittlichen Wert erkannt wird. Wie reizvoll und anziehend ist doch schlichte Kleidung, die in ihrer Anmut mit den Blumen auf dem Felde verglichen werden kann!

Kapitel 121: Einfachheit in der Kleidung

„Ihr Schmuck soll nicht auswendig sein mit Haarflechten und Goldumhängen oder Kleideranlegen, sondern der verborgene Mensch des Herzens unverrückt mit sanftem und stillem Geiste; das ist köstlich vor Gott." 1.Petrus 3,3.4.

Menschliche Überlegung hat stets versucht, den einfachen, unmittelbaren Anweisungen des Wortes Gottes auszuweichen oder sogar entgegen zu sein. Zu jeder Zeit hat eine Mehrheit bekenntlicher Christen jene Vorschriften, die Selbstverleugnung und Demut, Bescheidenheit und Wahrheit in der Unterhaltung, im Benehmen und in der äußeren Erscheinung zum Inhalt haben, missachtet. Das Ergebnis war stets das gleiche: Abkehr von den Lehren des Evangeliums verführte zur Annahme der Gebräuche, Grundsätze und Sitten der Welt. Lebendige Frömmigkeit musste einem toten Formenwesen weichen. Die Gegenwart und Macht Gottes entzog sich diesen weltlich verhafteten Menschen und bekannte sich zu der Schar demütiger Gottesverehrer, die willens waren, den Lehren des geheiligten Wortes zu gehorchen. Durch die Geschlechterfolgen hindurch ist es so geblieben. Nacheinander entstanden die verschiedenen Gemeinschaften; gaben sie ihre Einfachheit auf, so verloren sie die Kraft ihrer Frühzeit.

Ein Fallstrick für Gottes Volk

Wenn wir die Hinneigung zu den Modetorheiten der Welt bei denen sehen, die sich zum Glauben an die gegenwärtige Wahrheit bekennen, dann fragen wir uns bekümmert: Wird Gottes Volk nichts aus der Vergangenheit lernen? Nur wenige erkennen sich selbst: Eitle und tändelnde Modeliebhaber behaupten, Nachfolger Christi zu sein; aber ihre Kleidung und Unterhaltung beweisen, wes Geistes Kind sie sind. Ihre Lebensart verrät ihre Freundschaft zur Welt, die sie als ihr zugehörig betrachtet.

Wie kann jemand, der die Liebe Christi geschmeckt hat, an den Nichtigkeiten der Mode Gefallen finden? Mein Herz ist betrübt, wenn ich das Leben derer sehe, die dem sanftmütigen und demütigen Heiland nachzufolgen bekennen und dennoch so eifrig sind, in der Kleidung mit der Welt übereinzustimmen. Obwohl sie fromm sein wollen, sind sie nur schwer von den Ungläubigen zu unterscheiden. Sie haben keine Freude an einer frommen Lebensart. Ihre Zeit und Mittel widmen sie dem einen Ziel, dem Modeaufwand.

Hochmut und auffallende Kleidung sind Sünden, von der besonders die Frauen heimgesucht werden. Daher wendet sich der Apostel auch unmittelbar an sie: „Desgleichen, dass die Weiber in zierlichem Kleide mit Scham und Zucht sich schmücken, nicht mit Zöpfen oder Gold oder Perlen oder köstlichem Gewand, sondern wie sich's ziemt den Weibern, die da Gottseligkeit beweisen wollen, durch gute Werke." 1.Timotheus 2,9.

Notwendige Sinnesänderung

Wir stellen fest, dass sich in der Gemeinde ein Übel ausbreitet, das Gottes Wort verurteilt. Was kann dagegen von der Leitung getan werden? Kann die Gemeinde den Einfluss ausüben, den sie ausüben sollte, wenn viele ihrer Glieder dem Diktat der Mode folgen, anstatt dem Willen Gottes zu entsprechen? Wie können wir die Gegenwart und Hilfe des Heiligen Geistes erwarten, wenn ein solcher Übelstand unter uns ist? Dürfen wir ruhig zusehen, wie die Lehren unseres Heilandes von den bekenntlichen Nachfolgern missachtet werden? Diese Dinge bringen Kummer und große Sorge in das Herz derer, welche die Gemeinde zu leiten haben. Wollen meine christlichen Schwestern nicht redlich und unter Gebet darüber nachdenken? Wollen sie sich nicht wieder von Gottes Wort führen lassen?

Die zur Herstellung weltlicher Moden zusätzlich gebrauchte Zeit sollte zur Selbstprüfung und zum Schriftstudium verwandt werden. Die Stunden, die durch Anfertigung unnötigen Zierrates vergeudet werden, könnten wertvoller als Gold werden, wenn sie zur Aneignung rechtschaffener Grundsätze und gediegener Kenntnisse verwendet würden. Mein Herz schmerzt mich, wenn ich die jungen Schwestern sehe, die dem Heiland nachfolgen wollen und doch durch ihre Handlungsweise beweisen, dass sie seinen Charakter und Willen nicht kennen. Diese Jugend nährt sich mit leeren Hülsen. Das Flittergold der Welt ist ihr wertvoller als die ewigen Schätze. Die geistigen Fähigkeiten, die durch Denktätigkeit und Studium entwickelt werden könnten, schlummern; ihre Neigungen sind zuchtlos, weil auf die äußere Erscheinung größerer Wert gelegt wird als auf geistliche Anmut oder geistige Frische.

Der inwendige Schmuck

Werden die Nachfolger Christi den inwendigen Schmuck zu erlangen trachten und nach einem sanften, friedlichen Geist streben, den Gott als köstlich bezeichnet, oder wollen sie die kurze Bewährungsfrist in unnützem Bemühen um äußerlichen Pomp verbringen? Der Herr wünscht, dass sich die Frau beständig an Geist und Herz bereichert und geistige und sittliche Kraft gewinnt, um ein nützliches und frohes Leben führen zu können, — zum Segen für die Welt und zur Ehre ihres Schöpfers.

Ich frage die Jugend von heute, die sich zum Glauben an die gegenwärtige Wahrheit bekennt, worin sich ihre Selbstverleugnung um der Wahrheit willen bekundet. Wenn sie nun etwa ein Kleidungsstück, einen Schmuck oder etwas zu ihrer Bequemlichkeit begehren, gehen sie dann zum Herrn und legen ihm ihren Wunsch vor und beten um Erleuchtung durch seinen Geist, ob solche Ausgabe von Mitteln ihm entspricht? Sind sie in ihrer Bekleidung sorgfältig, oder verunehren sie durch diese ihr Glaubensbekenntnis? Können sie für die hierfür aufgewandte Zeit des Herrn Segen erwarten? Wer Mitglied der Gemeinde ist, ist damit noch lange nicht mit Christus verbunden. Ungeheiligte, weltlich gesinnte Glaubensbekenner verursachen am allermeisten die Schwachheit der Gemeinde Christi.

Unser Zeitalter zeichnet sich durch beispiellose Vergnügungssucht aus. Verschwendung und wilde Ausschweifungen herrschen allenthalben. Die Menge verlangt nach ergötzlicher Unterhaltung. Der Geist wird spielerisch und leichtfertig, weil er nicht zum Nachdenken angehalten und zum Studium erzogen wird. Törichte Schwärmerei ist die Folge. Gott verlangt, dass sich jede Seele ausbilden, verfeinern, veredeln und erheben soll. Aber nur zu oft werden wertvolle Ziele modischer Prunksucht und oberflächlichem Vergnügen geopfert. Die Frauen lassen ihre Seele um der Mode willen hungern und verkrüppeln; sie sind der menschlichen Gesellschaft eher ein Fluch als ein Segen.

Kapitel 122: Kleidergötzen

Der Götzendienst, der mit der Kleidung getrieben wird, ist eine moralische Krankheit. Sie darf nicht mit in das neue Leben hinübergenommen werden. In den meisten Fällen erfordert die Befolgung des Gesetzes Gottes eine entschiedene Änderung in der Art, sich zu kleiden.

Es sollte keine Nachlässigkeit in der Frage der Bekleidung geben. Um des Heilandes willen, dessen Zeugen wir ja sein sollen, sollten wir für ein anziehendes Äußere sorgen. Für den Dienst im Tempel hatte der Herr besondere Einzelheiten über die Kleidung derer, die vor ihm dienten, bekanntgegeben. Daraus geht deutlich hervor, dass Gott auf die Kleidung derer achtet, die ihm dienen. Bis ins einzelne gingen die Anweisungen, die Gott dem Aaron für seine Kleidung gab; denn seine Kleidung war sinnbildlich. Ebenso sollte die Kleidung der Nachfolger Christi sinnbildlich sein. In allem sind wir Stellvertreter Jesu. Unsre äußere Erscheinung sollte sich in jeder Beziehung durch Sauberkeit, Bescheidenheit und Reinheit auszeichnen. Gottes Wort ist aber kein Freibrief dafür, sich der dauernd wechselnden Mode zu unterwerfen, um wie die Welt zu erscheinen. Christen sollen sich nicht mit kostbaren Gewändern oder äußerem Schmuck zieren.

Die Anweisungen der Heiligen Schrift in bezug auf die Kleidung sollten sorgfältig beachtet werden. Uns fehlt es noch an Verständnis dafür, was der Herr des Himmels an der Bekleidung des Körpers schätzt. Alle, die ernsthaft Jesu Gnade zu erlangen suchen, werden die köstlichen, von Gott eingegebenen Belehrungen beachten. Auch in unsrer äußeren Erscheinung wird die Wahrheit des Evangeliums zum Ausdruck kommen.

Gott wünscht, dass leidende Menschen belehrt werden, wie sie durch die Anwendung richtiger Gewohnheiten des Essens, Trinkens und Kleidens Krankheit vermeiden können. Beachte die Gesetze des Lebens und der Gesundheit.

Kapitel 123: Echter Schmuck

Überall begegnen wir schädlichen Übertreibungen. Durch Vorliebe für prunkhafte Kleidung gehen manche Seelen zugrunde. Das Leben von 90 v. H. derer, die sich der Mode verschrieben haben, ist eine lebende Lüge. Ihr Dasein ist Lug und Trug; denn sie wollen etwas scheinen, was sie nicht sind.

Durch die Sucht nach unnützen Dingen gehen Seelenadel, Güte und Großmut verloren. Tausende verkaufen ihre Tugend, damit sie Mittel haben, der Mode der Welt folgen zu können. Der Wahnsinn der sich immer wieder ändernden weltlichen Modetorheiten sollte ein Heer von Reformern auf den Plan rufen, die sich für einfache und geschmackvolle Kleidung einsetzen. Satan erfindet ständig neue Moden, die mit Opfern an Geld, Zeit und Gesundheit erkauft werden müssen, wenn man mit ihnen Schritt halten will.

Müssen wir der Welt folgen?

Wie können bekenntliche Christen angesichts der entwürdigenden Modetorheiten der Welt den Ungläubigen auf ihrem Weg folgen? Wollen wir diesen Wahnsinn dadurch billigen, dass wir ihn selbst mitmachen? Viele folgen der weltlichen Mode, weil Christus, die Hoffnung der Herrlichkeit, in ihnen nicht Gestalt gewonnen hat. Üppiges Leben und auffallende Kleidung sind heute so sehr an der Tagesordnung, dass sie zu den Zeichen der letzten Tage gerechnet werden können.

Überall machen sich Hochmut und Eitelkeit bemerkbar. Wer sich im Spiegel bewundert, hat wenig Neigung, sich im Gesetz Gottes, dem hervorragenden Sittenspiegel, zu betrachten. Der Götzendienst der Kleidung zerstört nach und nach jede Demut, Sanftmut und Liebenswürdigkeit des

Charakters. Er raubt die kostbare Zeit, die der Andacht, der Prüfung des Herzens und dem gebetsvollen Studium des Wortes Gottes gewidmet sein sollte. In der Bibel sind durch göttliche Eingebung besondere Hinweise zu unsrer Belehrung niedergelegt worden.

Die Hinneigung zur Mode beschränkt die Mittel, die uns für Werke der Barmherzigkeit und Nächstenliebe anvertraut wurden; solche Verschwendung ist ein Raub am Herrn. Wir haben unsre Mittel nicht erhalten, um eitle und stolze Gelüste nach Prunk und Pomp zu befriedigen. Wir sollen weise Haushalter sein, die Nackten kleiden, die Hungrigen sättigen und unsre Mittel zur Förderung des Werkes Gottes verwenden. Wollen wir uns schmücken, dann schmücken wir uns mit Anmut, Sanftheit, Demut, Bescheidenheit und Klugheit, die jeden Menschen in jeder Lebenslage zieren.

Wollen wir nicht unsern Platz als treue Wächter einnehmen und durch Belehrung und Beispiel die Verschwendung und Übertreibung dieses entarteten Zeitalters niederhalten helfen? Sind wir unsrer Jugend nicht zum Vorbild gesetzt? Sollen wir nicht alles, ob wir essen oder trinken oder sonst etwas verrichten, zur Ehre Gottes tun?

Treue in kleinen Dingen

Persönliche, beharrliche und vereinte Anstrengungen führen zum Erfolg. Wer in unsrer Welt viel Gutes tun will, muss bereit sein, nach der Weise Gottes auch die kleinen Dinge nicht zu übersehen. Wer aber immer nur durch große und wunderbare Taten die stolzesten Höhen eines Unternehmens erreichen will, wird oft gar nichts bewerkstelligen.

Ständige Zunahme an guten Werken und die stetige Wiederholung irgendeines treuen Dienstes bedeuten in Gottes Augen mehr als eine große Tat. Das verschafft der Jugend einen guten Ruf und adelt ihre Bemühungen.

Durch die Bemühung, Seelen zu retten, kann die Jugend Gutes tun. Der Herr macht sie für die Anwendung der ihr anvertrauten Fähigkeiten verantwortlich. Alle, die Gottes Söhne oder Töchter sein wollen, müssen nach einem hohen Lebensstand streben. Dazu soll sich jeder seiner Gaben bedienen.

Unbefriedigte Wünsche

Die ständige Sucht nach Lustbarkeiten offenbart ein tiefes Verlangen der Seele. Wer aber an der Quelle weltlicher Freuden trinkt, dessen Seele bleibt unbefriedigt. Er wird enttäuscht; denn er verwechselt Heiterkeit mit Glückseligkeit. Sobald die Erregung vorüber ist, sinken viele in Mutlosigkeit und Verzweiflung. Welcher Wahnsinn, welche Torheit, die Quelle lebendigen Wassers gegen die löchrigen Brunnen weltlicher Lust zu vertauschen!

Abschnitt 13

ERHOLUNG UND VERGNÜGEN

Zwischen Erholung und Vergnügen besteht ein Unterschied. Erholung, wenn sie ihrem Namen gerecht wird, eigentlich Neuaufbau, will den Körper aufbauen und kräftigen. Sie ruft uns von unserem Alltags; und Berufssorgen fort, erfrischt Körper und Geist und befähigt uns dazu, mit neuer Kraft an unser Tagewerk zu gehen. Vergnügen dagegen ist die Sucht nach Zerstreuung und verführt oft zu Übertreibungen; solcher Zeitvertreib verbraucht die Kräfte, die wir für nützliche Arbeit nötig haben, und behindert jeden wahren Lebenserfolg.

Kapitel 124: Der Wert der Erholung

Christen sollten die frohesten und glücklichsten Menschen sein. Sie haben die Gewissheit, dass Gott ihr Vater und Freund ist.

Viele bekenntliche Christen stellen die christliche Religion nicht überzeugend dar. Sie wirken verdrießlich, als lebten sie im Dunkeln. Ihr Gespräch dreht sich oft um die großen Opfer, die sie bringen mussten, um Christen zu werden. Sie wenden sich an solche, die sich nicht zum Herrn Jesus bekannt haben, und geben ihnen durch ihr eigenes Beispiel zu verstehen, dass sie auf alles verzichten müssen, was ein frohes und freudvolles Leben ausmacht. Sie verdunkeln die seligmachende Hoffnung des Christen. So entsteht der Eindruck, als seien die Forderungen Gottes auch für die gehorsame Seele eine Last, und dass alles, was Freude vermittelt und ergötzt, geopfert werden müsse.

Diese Klasse bekenntlicher Christen stellt nicht das echte Christentum dar. Gott ist Liebe. Wer in Gott bleibt, der bleibt in der Liebe. Wer die Liebe und das zärtliche Erbarmen unseres himmlischen Vaters kennengelernt hat, wird Licht und Freude mitteilen, wo er auch ist. Eine solche Gegenwart und Einfluss auf die Umgebung ist wie der Duft von Blumen, weil er mit Gott und dem Himmel verbunden ist. Reinheit und himmlische Güte strahlen von ihm auf alle aus, die mit ihm zusammenkommen. Das macht ihn zum Licht der Welt und zum Salz der Erde. Er ist wirklich ein Geruch des Lebens zum Leben, nicht aber ein Geruch des Todes zum Tode.

Christliche Erholung

Es ist das Recht, ja die Pflicht des Christen, seinen Geist zu erfrischen und seinen Körper durch Erholung zu stärken, um die körperlichen und geistigen Fähigkeiten zur Ehre des Herrn wirkungsvoll einsetzen zu können. Unsere Erholung sollte nicht in Fröhlichkeit bestehen, die in Albernheiten ausartet. Wir können uns in einer Weise erholen, die uns und unsern Nächsten wohltut, sie erhebt und uns und sie zur besseren Wahrnehmung unserer Christenpflichten befähigt.

Wir können uns vor Gott nicht entschuldigen, wenn wir an Vergnügungen teilnehmen, die uns zur gewissenhaften Ausführung der allgemeinen Lebenspflichten untüchtig machen und die Freude an geistlichen Betrachtungen herabmindern. Die Religion Christi hat einen ermunternden und belebenden Einfluss. Sie ist über närrische Späße, alberne Spiele und eitles, leichtfertiges Geplauder erhaben. Während jeder Erholungszeit können wir uns aus göttlichen Quellen Kraft, neuen Mut und neues Können holen, damit wir unser Leben mit besserem Erfolg zu echter Frömmigkeit, Reinheit und Heiligkeit zu erheben vermögen.

Liebe zum Schönen

Gott liebt das Schöne. Er hat uns durch seine Werke einen unmissverständlichen Beweis dafür gegeben. Er pflanzte in Eden einen wundervollen Garten für das erste Elternpaar. Prachtvolle Bäume wuchsen auf seinem Grund; sie schmückten den Garten und nützten den Menschen. Liebliche Blumen von seltener Schönheit, farbenprächtig und formenreich, erfüllten die Luft mit ihrem Duft. Frohe Sänger mit buntem Gefieder schmetterten ihre Lieder zum Lobpreis ihres Schöpfers in den Himmel. Der Mensch sollte nach Gottes Willen in der Pflege dessen, was er geschaffen hatte, Glück empfinden. Die Früchte der Bäume des Gartens dienten der Befriedigung seiner Bedürfnisse.

Gott, der das paradiesische Heim unsrer ersten Eltern so überaus lieblich ausstattete, will auch uns durch stattliche Bäume, schöne Blumen und andre liebenswerte Dinge erfreuen. Er gab uns diese Beweise seiner Liebe, damit wir eine richtige Vorstellung von seinem Wesen hätten.

Er hat die Liebe zum Schönen in die Herzen seiner Kinder gesenkt. Diese Liebe wurde von vielen entstellt. Das Wohltuende und Schöne, das Gott uns gab, wurde angebetet, Gott, der Geber all dieser Gaben, vergessen. Das ist törichteste Undankbarkeit. Wir sollten in den Schöpfungswerken die Liebe Gottes zu uns erkennen. Diese seine Liebe sollen wir dadurch erwidern, dass wir ihm die besten und heiligsten Neigungen unsrer Herzen darbringen.

Der große Meister

Gott hat uns mit der Schönheit seiner Schöpfungswerke umgeben, um das Gemüt anzuregen und für sich einzunehmen. Er wünscht, dass wir von der Herrlichkeit seiner Schöpfung auf seinen Charakter schließen. Betrachten wir eingehend die Natur, dann ist sie uns eine fruchtbare Quelle der unendlichen Liebe und Macht Gottes.

Viele preisen die Geschicklichkeit des Künstlers, der herrliche Gemälde auf die Leinwand bringt. Viele widmen alle ihre Kräfte der Kunst; aber wie sehr kommen sie doch der Natur gegenüber zu kurz. Die Kunst reicht nie an die Vollkommenheit der Natur heran. So viele bekenntliche Christen begeistern sich beispielsweise an dem Gemälde eines Sonnenuntergangs. Sie verehren die Kunst des Malers; gleichgültig aber gehen sie an dem wundervollen Sonnenuntergang vorüber, der sich ihnen an jedem wolkenlosen Abend bietet.

Woher nimmt der Künstler seine Anregungen? Doch aus der Natur. Der göttliche Meister aber malt auf himmlischem Grund in wechselnden Farben die Schönheiten der untergehenden Sonne. Er färbt und ziert den Himmel mit Gold und Silber und Karmesinröte und lässt die Tore des hohen Himmelsdomes weit offen, damit wir seinen Glanz sehen und eine Vorstellung seiner Herrlichkeit haben können. Viele wenden sich gedankenlos von diesem himmlischen Bilde ab. Sie spüren der ewigen Liebe und Macht Gottes, die in den Schönheiten des Himmels sichtbar ist, nicht nach, sind aber entzückt und voller Bewunderung beim Anblick der unvollkommenen Malereien und Nachbildungen der göttlichen Kunst.

Unfähig, der Versuchung zu widerstehen

Nehmt nicht an, Versuchungen widerstehen zu können, wenn ihr Gemeinschaft mit denen pflegt, die Spiel und Vergnügen lieben.

Kapitel 125: Die Liebe zu weltlichen Dingen

Es ist ein Warnungszeichen, dass die Weltliebe den Geist der Jugend als Ganzes so stark beherrscht. Viele führen sich so auf, als ob die kostbaren Stunden der in Barmherzigkeit verlängerten Bewährungszeit ein einziger großer Feiertag wären, nur zu ihrem Vergnügen da, um sie mit einem ununterbrochenen Reigen von Reizen zu beschenken. Sie finden in der Welt ihr Vergnügen; Gott und die Gnade sind ihnen fremd. Viele sind in ihren Unterhaltungen bedenkenlos. Sie vergessen, dass sie dereinst nach ihren Worten gerechtfertigt oder verdammt werden. Gott wird durch leichtfertiges, eitles und unnützes Geschwätz und Gelächter, das so viele unsrer Jugendlichen an sich haben, entehrt.

Satan gibt sich Mühe, besonders die Jugend Vergnügen an den weltlichen Zerstreuungen finden zu lassen und ihre Teilnahme daran zu rechtfertigen, indem er sie als harmlose, unschuldige oder auch gesundheitsfördernde Freuden hinstellt. Den Heilsweg bezeichnet er als mühevoll, während er den Weg weltlicher Vergnügungen als mit Blumen bestreut darstellt.

In unwahren und schmeichlerischen Darstellungen vergegenwärtigt er der Jugend die Freuden der Welt. Aber das irdische Vergnügen wird bald enden; und der Saat folgt die Ernte. Sind denn die eigenen Vorzüge, Fähigkeiten und Gaben zu wertvoll, um sie Gott, dem Ursprung unsres Seins, der unablässig über uns wacht, zu weihen? Sind unsre Fähigkeiten zu kostbar, um sie dem Herrn zur Verfügung zu stellen?

Der Weg der Weisheit

Die Jugend macht oft geltend, dass sie sich erheitern und ablenken muss. Die Hoffnung des Christen ist aber das, was sie braucht. Der Glaube vermag dem Gläubigen Tröster und ein zuverlässiger Führer zur Quelle wahren Glückes zu sein. Die jungen Menschen sollten das Wort Gottes erforschen, darüber nachsinnen und beten; sie werden feststellen, dass sie ihre Freizeit nicht besser ausfüllen können. Der Weisheit „Wege sind liebliche Wege, und alle ihre Steige sind Friede". Sprüche 3,17.

Paulus schreibt an Titus, dass er die Jugend zur Besonnenheit ermahnen soll: „Desgleichen die jungen Männer ermahne, dass sie züchtig seien. Allenthalben aber stelle dich selbst zum Vorbilde guter Werke, mit unverfälschter Lehre, mit Ehrbarkeit, mit heilsamem und untadeligem Wort, auf dass der Widersacher sich schäme und nichts habe, dass er von uns möge Böses sagen." Titus 2,6-8.

Um ihres Seelenheils willen bitte ich die Jugend, diese Ermahnung des Apostels wohl zu beachten. Alle diese wohlwollenden Belehrungen, Warnungen und Verweise können ein Geruch des Lebens zum Leben oder aber ein Geruch des Todes zum Tode sein.

Die Jugend ist von Natur aus geneigt anzunehmen, dass von ihr nicht viel Verantwortlichkeit, Fürsorge und Lastentragen erwartet wird. Auf jedem jungen Menschen aber ruht die Pflicht, die von der Bibel angegebene hohe Lebensführung zu erreichen. Das Licht, das ihr in Vorrechten und günstigen Gelegenheiten, in der Verkündigung, in Ratschlägen, Warnungen und Verweisen erstrahlt, wird entweder ihren Charakter vervollkommnen oder die Sorglosen verurteilen. Dieses Licht muss von jung und alt pfleglich behandelt werden. Wer ist entschlossen, auf Gottes Seite zu treten und seinem Dienst den ersten Platz in seinem Leben einzuräumen? Wer ist bereit, ein Lastenträger zu sein?

„Gedenke an deinen Schöpfer in deiner Jugend." Prediger 12,1. Der Heiland wünscht den Dienst derer, die noch in der Morgenfrische der Jugend stehen. Sie sollen Erben der Unsterblichkeit werden. Sie können zu einem edlen Mannestum oder zu vornehmer Frauenwürde heranwachsen, ungeachtet der sie umgebenden Sittenfäulnis, die so viele junge Menschen frühzeitig verdirbt. Sie sollen frei sein in Christus, Kinder des Lichts und nicht der Finsternis.

Gott ruft jeden jungen Menschen auf, sich abzukehren von schlechten Gewohnheiten, fleißig zu sein im Beruf, eifrig im Geist und im Dienst des Herrn. Sie sollen nicht in Trägheit verharren, sondern sich anstrengen, verderbliche Gewohnheiten überwinden und sich in ihrer Lebensführung bessern. Die Aufrichtigkeit ihrer Gebete erweist sich an ihrem Bemühen, den Verordnungen Gottes zu gehorchen. Mit jedem Schritt können sie sündigen Gebräuchen und Bindungen mehr entfliehen und glauben, dass der Herr ihnen durch die Macht seines Geistes die Kraft zum Überwinden gibt.

Kapitel 126: Ratschläge

Es ist Gottes Wille, die körperlichen und geistigen Kräfte gleichermaßen auszubilden; doch sollten die Leibesübungen in Übereinstimmung mit den Anweisungen stehen, die der Heiland seinen Jüngern gab. Diese Lehren sollten im Leben des Christen dargestellt werden, damit betreffs der Erziehung und Selbstausbildung der Lehrer und Schüler die himmlischen Mittler nicht berichten müssen, sie wären solche Menschen, die Wollust lieben. Es muss heute von einer großen Schar berichtet werden, dass sie „mehr lieben Wollust denn Gott". Psalm 119,11.

So legen Satan und seine Engel ihre Fangstricke für Seelen. Sie wirken auf das Gemüt der Lehrer und Schüler ein, um sie zur Teilnahme an Veranstaltungen und Zerstreuungen zu bewegen, die sie dann ganz in Anspruch nehmen und die geeignet sind, niedere Leidenschaften zu stärken und Lüste und Neigungen zu wecken, die dem Wirken des Heiligen Geistes am menschlichen Herzen entgegenarbeiten.

Jeder Lehrer in einer Schule hat körperliche Übung und Abwechslung in seiner Tätigkeit nötig. Gott hat darauf verwiesen, worin sie bestehen soll: in nützlicher, praktischer Arbeit. Viele haben sich aber von der Absicht Gottes abgewandt und folgen menschlichen Eingebungen, zum Schaden des geistlichen Lebens. Irdische Vergnügungen handeln dem Wirken des Heiligen Geistes mehr zuwider als irgendetwas anderes; sie betrüben den Herrn.

„Seid nüchtern und wachet; denn euer Widersacher, der Teufel, geht umher wie ein brüllender Löwe und sucht, welchen er verschlinge." 1.Petrus 5,8. Er ist auf dem Sportplatz, wacht über eurem Zeitvertreib und umgarnt jede Seele, die nicht auf der Hut ist, sät seinen Samen in die Herzen und gewinnt die Herrschaft über euren Geist. Er ist zu jeder Schulstunde im Klassenraum. Die Schüler, deren Geist sehr vom Spiel gepackt ist, sind nicht in der Lage, Belehrungen, Ratschlägen und Ermahnungen die erforderliche Beachtung zu schenken.

Der Gott der Weisheit hat körperliche Ertüchtigung angeordnet. Jeden Tag sollten einige Stunden der praktischen Erziehung in irgendeinem Handwerkszweig gewidmet werden; das wird dazu beitragen, den Schülern die Pflichten des täglichen Lebens, die für unsre Jugend so wichtig sind, verständlich zu machen.

Auf allen Schulen und Anstalten sollte jeder wie Daniel in inniger Verbindung mit der Quelle aller Weisheit sein, damit er allseitig den höchsten Lebensstand gewinnen kann. Liebe und Gottesfurcht standen Daniel vor Augen; im Bewusstsein seiner Verantwortung Gott gegenüber bildete er alle Fähigkeiten aus, um soweit wie möglich der liebenden Fürsorge des großen Lehrers zu entsprechen. Die vier jungen Hebräer erlaubten es nicht, dass ihnen eigennützige Beweggründe oder Vergnügungssucht die goldenen Augenblicke des Lebens in Anspruch nahmen. Sie schafften mit willigem Herzen und bereitwilligem Geist. Das ist wahrlich ein Lebensstand, wie ihn jeder junge Christ erreichen kann.

Kapitel 127: Gefährliche Vergnügungen der Jugend

Das Verlangen nach erregenden Zerstreuungen und Unterhaltungen ist eine Versuchung und ein Fallstrick für das Volk Gottes, besonders aber für junge Menschen. Satan ersinnt beständig neue Reizmittel, um die Herzen der Menschen von dem Gedanken an das kommende Weltgericht abzulenken. Er hält sie durch Weltmenschen in ständiger Erregung und verleitet die Unvorsichtigen zur Teilnahme an irdischen Vergnügungen. Da gibt es Schaustellungen, Vorträge und eine endlose Vielfalt von Veranstaltungen, die nur darauf abzielen, die Liebe zur Welt zu wecken. Durch solche Verbindung mit der Welt wird der Glaube geschwächt.

Satan arbeitet unermüdlich. Er ist ein geschickter, todbringender Gegner. Wo auch immer ein unvorsichtiges Wort gesprochen wird, sei es aus Schmeichelei, sei es um bei der Jugend die Abscheulichkeit der Sünde abzuschwächen — er zieht aus allem Nutzen und hegt die Saat des Bösen, damit sie Wurzel schlage und reiche Ernte heranreifen lasse. Er ist in des Wortes wahrster Bedeutung ein Betrüger, ein geschickter Blender. Er hat fein gesponnene Netze ausgelegt, die harmlos aussehen, aber geschickt getarnt sind, um unvorsichtige junge Menschen einzufangen. Der natürliche Mensch neigt zu Vergnügungen und Selbstliebe. Mit diesem Hang zu weltlichen Freuden erfüllt Satan die Herzen der Menschen, damit ihnen keine Zeit bleibt, über die Frage nachzudenken: Wie ist es um mein Seelenheil bestellt?

Ein unglückliches Zeitalter

Wir leben in einer für die Jugend recht unglücklichen Zeit. Der Einfluss unserer Zeitgenossen begünstigt das natürliche Verlangen der Jugend, ihrer eigenen Veranlagung zu folgen. Sind Kinder sehr ungebärdig, so reden sich die Eltern ein, dass sie die schlechten Angewohnheiten von selbst ablegen und nützliche Männer und Frauen werden, wenn sie älter sind. Welch ein Irrtum! Sie erlauben einem Feind, jahrelang den Herzensboden ihrer Kinder zu bearbeiten, und dulden, dass sündige Grundsätze erwachsen und stark werden; sie scheinen die verborgenen Gefahren und das fürchterliche Ende des Weges, der ihnen als ein Weg des Glückes erscheint, nicht zu kennen. In vielen Fällen bleibt alle später an diese Jugend gewandte Erziehungsarbeit ohne Erfolg.

Im allgemeinen erreicht die Frömmigkeit unter den bekenntlichen Christen keinen hohen Stand, und es ist für den jungen Menschen nicht leicht, den weltlichen Einflüssen, denen sie durch viele Gemeindeglieder ausgesetzt sind, zu widerstehen. Die Mehrzahl der Namenschristen lebt, obwohl sie vorgibt, für Christus zu leben, in Wirklichkeit für die Welt. Sie erkennen die große Herrlichkeit der himmlischen Dinge nicht und lieben sie entsprechend wenig. Viele bekennen Christus, weil das Christentum geachtet wird. Dabei verkennen sie, dass wahres Christentum bedeutet, das Kreuz Christi zu tragen; ihr Bekenntnis trägt wenig dazu bei, sie von der Teilnahme an weltlichen Vergnügungen abzuhalten.

Einige besuchen Tanzlokale und nehmen Anteil an allen Vergnügungen, die diese gewähren. Andere gehen nicht so weit, beteiligen sich aber an Vergnügungsfahrten, an Gartenfesten, Schaustellungen und besuchen allerlei weltliche Vergnügungsstätten; selbst das schärfste Auge könnte zwischen ihnen und den Ungläubigen keinen Unterschied feststellen.

In der gegenwärtigen Gesellschaftsordnung ist es auch den Eltern nicht leicht, ihre Kinder in Schranken zu halten und sie im Sinne biblischer Anweisungen zu erziehen. Die Kinder werden oft ungeduldig, wenn man sie in Zucht hält; sie wollen ihre eigenen Wege gehen und kommen und gehen, wie es ihnen gefällt. Besonders im Alter von zehn bis achtzehn Jahren sehen sie kein Unrecht darin, mit ihren jungen Kameraden an weltlichen Veranstaltungen teilzunehmen. Nur ihre an christlicher Erfahrung reiferen Eltern erkennen darin eine Gefahr. Sie kennen die besondere Eigenart und Veranlagung ihrer Kinder und können den Einfluss dieser Dinge auf ihr Gemüt ermessen. Um des Seelenheils ihrer Kinder willen sollten sie diese von allen erregenden Vergnügungen zurückhalten.

Wenn die Kinder sich dazu entschließen, den Vergnügungen der Welt den Rücken zu kehren, und Jünger Jesu werden, dann wird den Herzen sorgsamer und gläubiger Eltern eine Bürde abgenommen. Aber auch dann darf die Fürsorge der Eltern nicht nachlassen. Diese Jugend hat ja gerade erst den Kampf gegen die Sünde und gegen die schlechten Neigungen des natürlichen Herzens aufgenommen und bedarf besonders der Ratschläge und Obhut ihrer Eltern.

Eine Zeit ernster Prüfung liegt vor der Jugend

Junge Sabbathalter, die sich dem Einfluss der Welt hingegeben haben, werden geprüft und erprobt werden. Uns umgeben die Gefahren der letzten Tage; vor den jungen Menschen liegt eine Prüfungszeit, die viele nicht erwarten. Sie geraten in qualvolle Engpässe, welche die Echtheit ihres Glaubens auf eine harte Probe stellen werden. Sie bekennen, auf die Wiederkunft des Sohnes Gottes zu warten; dennoch geben einige von ihnen den Ungläubigen ein schlechtes Beispiel. Sie können sich nicht dazu entschließen, die Welt aufzugeben, sondern verbinden sich mit ihr durch Teilnahme an Landpartien und anderen Vergnügungen und geben sich der Meinung hin, es handle sich um harmlose Unterhaltungen. In Wirklichkeit ist es gerade diese Neigung, die sie von Gott trennt und sie zu Weltmenschen macht.

Einige neigen ständig zur Welt hin. Ihre Ansichten und Gefühle passen besser zu deren Geist als zu dem, der Jesu uneigennützige Nachfolger auszeichnet. Es ist verständlich, dass sie die Gesellschaft derer bevorzugen, deren Empfinden dem ihren am ähnlichsten ist. Leider haben sie einen viel zu großen Einfluss im Volke Gottes. Sie haben Gemeinschaft mit ihm und haben auch Geltung in ihm; sie sind aber nur ein Schauspiel für Ungläubige, Schwache und Ungeheiligte in der Gemeinde. In dieser Zeit der Läuterung werden diese Namenschristen entweder bekehrt und durch Gehorsam geheiligt, oder sie werden in der Welt bleiben und ihren Lohn mit den Ungläubigen erhalten.

Gott betrachtet vergnügungssüchtige Christen nicht als seine Nachfolger. Nur wer sich selbst verleugnet und ein Leben der Nüchternheit, Demut und Heiligkeit führt, ist ein wahrer Jünger Jesu Christi. Er wird keine Freude an leichtfertiger, eitler Unterhaltung empfinden, wie sie die Welt liebt.

Trennung von der Welt

Die wahren Nachfolger des Heilandes müssen Opfer bringen. Sie werden die weltlichen Vergnügungsstätten meiden, weil sie Christus dort nicht finden. Dort umgibt sie kein Einfluss, der ihre Seele himmelwärts richtet und sie in der Gnade wachsen lässt. Der Gehorsam gegenüber dem Worte Gottes wird sie aus allem Weltlichen herausführen.

„An ihren Früchten sollt ihr sie erkennen" (Matthäus 7,20), sagt der Heiland. Alle wahren Nachfolger des Herrn tragen Frucht zu seiner Ehre. Ihr Leben zeugt vom guten Werk, das der Heilige Geist in ihnen vollbrachte; sie tragen die Frucht der Gerechtigkeit. Ihr Leben ist veredelt und rein. Rechtschaffene Taten sind die Früchte wahrer Frömmigkeit. Wer diese Früchte nicht hervorbringt, offenbart einen Mangel an Erfahrung in göttlichen Dingen. Er ist nicht am Weinstock. Der Heiland betont: „Bleibet in mir, und ich in euch. Gleichwie die Rebe kann keine Frucht bringen von ihr selber, sie bleibe denn am Weinstock, also auch ihr nicht, ihr bleibet denn in mir.

Ich bin der Weinstock, ihr seid die Reben. Wer in mir bleibt und ich in ihm, der bringt viele Frucht, denn ohne mich könnt ihr nichts tun." Johannes 15,4.5. Die Gott anbeten, müssen jeden Götzen aufgeben. Der Heiland sagte zu dem Schriftgelehrten: „Du sollst lieben Gott, deinen Herrn, von ganzem Herzen, von ganzer Seele und von ganzem Gemüte. Dies ist das vornehmste und größte Gebot." Matthäus 22,37.38. Die ersten vier Gebote des Dekalogs untersagen jede Trennung von der Liebe zu Gott. Auch darf nichts anderes unsre Verehrung trüben. Wir können nicht eher in der christlichen Erfahrung wachsen, bis wir alles aus uns entfernt haben, das uns von Gott trennen könnte.

Das Haupt der Gemeinde, das sein Volk aus der Welt erwählt hat, fordert die Trennung von der Welt. Er hat bestimmt, dass der Geist seines Gesetzes, der uns zu ihm zieht, uns von allem weltlichen Wesen trennt. Gott lieben und seine Gebote halten ist weit entfernt von der Liebe zu weltlichen Vergnügungen und von der Freundschaft der Welt. Es gibt keine Übereinstimmung zwischen Christus und Baal.

Verheißungen für die Jugend

Die Jugend, die dem Herrn nachfolgt, hat einen Kampf für ihn zu bestehen; sie muss täglich ihr Kreuz tragen, wenn sie die Welt aufgibt und Christi Leben nachlebt. Viele köstliche Verheißungen sind denen gegeben, die den Heiland frühe suchen. Die göttliche Weisheit verheißt den Menschenkindern: „Ich liebe, die mich lieben; und die mich frühe suchen, finden mich." Sprüche 8,17.

„Darum so begürtet die Lenden eures Gemütes, seid nüchtern und setzet eure Hoffnung ganz auf die Gnade, die euch angeboten wird durch die Offenbarung Jesu Christi, als gehorsame Kinder, und stellet euch nicht gleichwie vormals, da ihr in Unwissenheit nach den Lüsten lebtet; sondern nach dem, der euch berufen hat und heilig ist, seid auch ihr heilig in allem eurem Wandel." 1.Petrus 1,13-15.

„Denn es ist erschienen die heilsame Gnade Gottes allen Menschen und züchtigt uns, dass wir sollen verleugnen das ungöttliche Wesen und die weltlichen Lüste, und züchtig, gerecht und gottselig leben in dieser Welt und warten auf die selige Hoffnung und Erscheinung der Herrlichkeit des großen Gottes und unsers Heilandes, Jesu Christi, der sich selbst für uns gegeben hat, auf dass er uns erlöste von aller Ungerechtigkeit und reinigte sich selbst ein Volk zum Eigentum, das fleißig wäre zu guten Werken." Titus 2,11-14.

Kapitel 128: In rechtschaffenen Grundsätzen gegründete Jugend

Der junge Mensch sollte von festen Grundsätzen beherrscht werden, damit er von den ihm von Gott verliehenen Fähigkeiten den rechten Gebrauch machen kann. Die Jugend folgt aber so oft blindlings einer Regung ohne Beziehung auf ihre Grundsätze, dass sie sich beständig in Gefahr bringt. Da sie sich nicht immer der unmittelbaren Führung und Fürsorge der Eltern erfreut, muss sie zu Selbstvertrauen und Selbstkontrolle erzogen werden. Ihr Denken und Handeln muss sich nach den Grundsätzen des Gewissens ausrichten.

Erholung und Vergnügen

Jeder Lernende sollte auch Erholungszeiten haben. Der Geist darf nicht ständig in Spannung gehalten werden, sonst verbraucht sich das feinnervige geistige Triebwerk frühzeitig. Leib und Geist müssen geübt werden. Es bedarf aber großer Mäßigkeit im Vergnügen wie in allen andern Unternehmen. Das Wesen dieser Ausspannung sollte sorgfältig und gründlich überprüft werden. Jeder Jugendliche sollte sich fragen: Welchen Einfluss werden diese Unterhaltungen auf meine körperliche, geistige und sittliche Gesundheit ausüben? Wird mein Gemüt so verblendet, dass ich Gottes vergesse? Werde ich nachlassen, seine Ehre stets vor Augen zu haben?

Kartenspiel sollte verboten werden. Die Bindungen und Neigungen der Kartenspieler bergen Gefahren in sich. In solchem Vergnügen gibt es nichts, das Leib oder Seele von Nutzen ist. Es kräftigt weder den Verstand, noch vermag es Gedankengut zu vermitteln, das für die Zukunft brauchbar wäre. Die Unterhaltung im Kreise der Kartenspieler ist oft leichtfertig und erniedrigend.

Geschicklichkeit im Kartenspiel weckt bei manchen das Verlangen, sich durch solche Fertigkeiten geldliche Vorteile zu verschaffen. Zunächst setzt man nur kleine Beträge und dann immer größere, bis eine Spielleidenschaft erregt ist, die zum Untergang führt. Wie viele sind durch solches gefährliche Spiel schon zu Sünden verleitet worden, in Armut gefallen, ins Gefängnis gekommen, zu Mördern geworden, am Galgen geendet! Dennoch sehen viele Eltern nicht den furchtbaren Abgrund, der sich hier vor unsrer Jugend auftut.

Zu den gefahrvollsten Vergnügungsstätten gehört auch das Theater. Anstatt eine moralische Anstalt zu sein, wie immer behauptet wird, ist es zu einer Brutstätte der Unmoral geworden. Laster und Sünden mannigfacher Art werden durch diese Unternehmungen gezüchtet und gefestigt. Gemeine Lieder und unzüchtige Bewegungen, Ausdrücke und Stellungen erhitzen die Phantasie und schaden dem Moralgefühl. Jeder junge Mensch, der solche Veranstaltungen gewohnheitsmäßig besucht, wird in seinen Grundsätzen verdorben. Es gibt bei uns keinen starken Einfluss, der die Phantasie so vergiftet, das geistliche Empfinden zerstört und die Freude an ruhiger Entspannung und den Wirklichkeiten des Lebens so abstumpft wie Theaterfreuden.

Der Zug zu solchen Veranstaltungen wächst mit jedem Besuch ebenso sehr, wie ein Trinker mit jedem Schluck durstiger wird. Der einzig sichere Weg ist, Theater, Zirkus und jede andre fragwürdige Vergnügungsstätte zu meiden.

Es gibt Erholungsmöglichkeiten, die sowohl für den Körper als auch für den Geist eine Wohltat sind. Ein erleuchteter scharfsinniger Verstand wird Mittel und Wege zu Entspannung und Zerstreuung finden aus Quellen, die nicht nur harmlos, sondern sogar lehrreich sind. Erholung in frischer Luft und Entspannung durch Betrachten der Werke Gottes in der Natur sind größte Wohltaten.

Verschafft euch harmlose Freuden

Die Jugend kann noch nicht so würdevoll und bedacht sein wie das Alter, das Kind nicht so besonnen wie der Vater. Sündhafte Vergnügungen sollten verurteilt werden, wie sie es verdienen. Eltern, Lehrer und Jugendleiter aber sollten für harmlose Freuden sorgen, die das sittliche Empfinden nicht verletzen. Beengt die jungen Menschen nicht durch starre Regeln und harte Verbote, die doch nur ihren Widerstand hervorrufen und zum Durchbrechen und ungestümen Hineindrängen in die Bahn der Torheit und des Verderbens reizen. Haltet die Zügel mit fester, liebevoller und bedachtsamer Hand, bewacht und beaufsichtigt ihre Gedanken und Pläne, und das alles so herzlich, weise und liebenswürdig, dass sie immer wissen, dass ihr nur das Beste für sie im Auge habt.

Belebung durch Missionsarbeit

Die so oft für Vergnügungen verbrauchten Stunden, die weder den Körper noch die Seele erfrischen, sollten besser zum Besuch der Armen, Kranken und Leidenden und für Hilfeleistungen denen gegenüber benutzt werden, die ihrer benötigen.

Kapitel 129: Unheilige Einflüsse am Werk

Ich bitte die Schüler in unseren Anstalten, besonnen zu sein. Die Leichtfertigkeit der jungen Menschen gefällt Gott nicht. Ihr Spiel und Sport öffnet einer Flut von Versuchungen Tür und Tor. Sie besitzen in ihren Fähigkeiten eine himmlische Ausrüstung und sollten keine niedrigen und erbärmlichen Gedanken hegen. Ein Charakter, der sich in Übereinstimmung mit den Unterweisungen des Wortes Gottes gebildet hat, wird feste Grundsätze und reine, edle Neigungen offenbaren. Der Heilige Geist verbindet sich mit der Kraft des menschlichen Geistes und bewirkt erhabene und heilige Regungen.

Schlechte, gewöhnliche Vergnügungen und Zusammenkünfte zum Essen und Trinken, Singen und Musizieren sind von unten her; sie sind eine Huldigung Satans.

Wer solche Leichtfertigkeiten anstiftet, bringt Schande über das Werk Gottes, die sich nicht so leicht wieder gutmachen lässt. Er verletzt seine Seele und trägt sein ganzes Leben hindurch Narben. Wenn auch der Übeltäter sein Unrecht einsieht und bereut und der Herr dem Übertreter verzeiht, so hat doch das so gut ausgebildete Unterscheidungsvermögen, Heiliges von Gewöhnlichem zu trennen, Schaden gelitten.

Kapitel 130: Freude am Glauben

Das zukünftige Heim des Gerechten und die ewige Belohnung sind erhabene, veredelnde Themen, welche die Jugend betrachten kann. Richtet euer Augenmerk auf den wunderbaren Erlösungsplan und auf das große Opfer, das der Herr der Herrlichkeit darbrachte, damit ihr durch das Verdienst seines Blutes geadelt und durch Gehorsam schließlich zum Thron des Heilands erhoben werdet. Diese Dinge sollten den Geist vornehmlich zu Betrachtungen anregen. Welche Gnade, das Wohlwollen Gottes zu erlangen!

Ihr jungen Freunde, mir wurde gezeigt, wie sehr euch solche geistige Beschäftigung und Betrachtung beglücken kann. Aber ihr seid unruhig und unstet, weil ihr nicht die wahre Quelle der Freude sucht. Ihr sucht sie immer nur außerhalb des Lebens mit Christus und könnt sie doch nur in ihm finden. Bei ihm gibt es keine enttäuschten Hoffnungen. Betet! — Wie stark wird dieses köstliche Vorrecht vernachlässigt! Das Lesen im Worte Gottes bereitet den Geist auf das Gebet vor. Zu den wichtigsten Gründen, weshalb es euch so wenig zu Gott im Gebet hinzieht, gehört der Umstand, dass ihr euch durch die Lektüre aufreizender Geschichten, die eure Phantasie beschäftigen und die unheiligen Leidenschaften erweckten, zu diesen heiligen Unterredungen unfähig machtet. Dadurch wurde euch das Wort Gottes schal und leer, und ihr gabt die Gebetsstunde auf. Das Gebet aber ist die Kraftquelle des Christen. Auch wenn er allein ist, ist er nicht einsam; er wird sich der Gegenwart dessen bewusst, der gesagt hat: „Siehe, ich bin bei euch alle Tage." Matthäus 28,20.

Der junge Mensch sehnt sich gerade nach dem, was er nicht hat — nach Religion. Nichts kann ihren Platz einnehmen. Bekenntnis allein ist nichts. In den Gemeindebüchern auf Erden stehen viele Namen, die nicht im Buch des Lebens zu finden sind. Mir wurde gezeigt, dass es nicht einen unter zwanzig Jugendlichen gibt, der weiß, was Erfahrungsglaube ist. Sie dienen sich selbst, bekennen aber, Diener Christi zu sein. Brechen sie jedoch nicht entschlossen den Bann, der sie niederhält, dann werden sie einmal erkennen müssen, dass ihnen das Los der Übeltäter zuteilwird. Ehe sie um der Wahrheit willen Selbstverleugnung üben und Opfer bringen, gehen sie lieber bequeme Wege.

Anstatt Gott in ernstem Flehen unter Tränen und Geschrei um Gnade und um Kraft zum Widerstand gegen Satans Versuchungen zu bitten, haben sie entdeckt, dass es unnötig ist, so eifrig und zielstrebig zu sein; sie meinen, ganz gut ohne dies auskommen zu können. Christus, der König der Herrlichkeit, ging oft allein auf die Berge oder suchte Einöden auf, um seinem Vater seines Herzens Verlangen mitzuteilen. Der sündige Mensch hingegen, der doch so kraftlos ist, glaubt, ohne so viel Gebet leben zu können.

Das Beispiel Jesu

Jesus mied die Gesellschaft der Menschen nicht, suchte aber bei dem allen nicht seine Ehre und Befriedigung. Er nahm die Gastfreundschaft aller Volksschichten an und ging in die Häuser der Armen genauso, wie er im Palast der Reichen zu Gast war. Er verkehrte mit Gelehrten und Ungebildeten und versuchte, ihre Gedanken vom Irdischen auf Dinge des geistlichen und ewigen Lebens zu lenken. Ausschweifendes Leben verurteilte er sehr. Sein Charakterbild wird von keinem Schatten weltlichen Leichtsinns verdunkelt.

An harmlosen Vergnügen und unschuldiger Freude fand er Gefallen. Seine persönliche Gegenwart bei geselligen Zusammenkünften zeigt, dass er sie billigte.

Kapitel 131: Eines Christen würdige Erholung

Während wir unsern Geist zu erfrischen und unsern Körper zu kräftigen suchen, fordert Gott von uns, alle Fähigkeiten, über die wir verfügen, jederzeit für den besten Zweck zu verwenden. Wir können und sollen uns so erholen, dass wir die uns aufgetragenen Pflichten mit größerem Erfolg ausführen und unser Einfluss auf die Menschen unsrer Umgebung wohltuender ist. Nach jeder Freizeit sollten wir geistig und körperlich frischer nach Hause zurückkehren und mit neuer, stärkerer Hoffnung und frischem Mut an unsre Arbeit gehen.

Wir sind zur Wohlfahrt der Menschen da, um ein Segen für die Gesellschaft zu sein; wenn wir uns aber auf jener niedrigen Ebene bewegen, auf der so viele nur Eitelkeiten und Torheiten entwickeln, wie können wir dann noch unserm Geschlecht zur Wohlfahrt dienen? Wie könnten wir so unsrer Umgebung zum Segen werden?

Sich widersprechende Grundsätze

Zwischen den zum Zweck christlicher Freizeitgestaltung zusammenkommenden Nachfolgern Christi und weltlichen Gesellschaften für Vergnügen und Zerstreuung wird immer ein großer Unterschied sein. An Stelle von Gebet und Reden über Christus und geistliche Dinge wird aus dem Munde der Weltmenschen albernes Lachen und seichte Unterhaltung zu hören sein. Sie wollen lustig sein. Ihr Zeitvertreib beginnt mit Torheiten und endet mit Albernheiten. Unsre Versammlungen dagegen sollten so sein, und wir sollten uns selbst so halten, dass wir bei unsrer Heimkehr weder vor Gott noch vor Menschen irgendein Schuldgefühl haben. Vielmehr sollten wir das Bewusstsein haben, in keiner Weise jemanden verletzt oder gekränkt noch irgendeinen nachteiligen Einfluss auf jemand ausgeübt zu haben, mit dem wir zusammen waren.

Der natürliche Mensch neigt zu Vergnügungen und Selbstliebe. Es ist Satans List, davon ein Übermaß zu beschaffen. Er versucht es, die Herzen der Menschen mit Vergnügungssucht zu füllen, auf dass sie keine Zeit zu der Frage haben: Wie steht es um mein Seelenheil? Vergnügungssucht ist ansteckend. Ergebt euch ihr, und euer Geist wird von einem zum andern getrieben werden, immer auf der Suche nach Vergnügen. Gehorsam gegenüber dem Gesetz Gottes wirkt solcher Neigung entgegen und errichtet Schranken gegen die Gottlosigkeit.

Die jungen Menschen sollten daran denken, dass sie für alles, dessen sie sich erfreuen, für den Gebrauch ihrer Zeit und für die rechte Benutzung ihrer Fähigkeiten verantwortlich sind. Vielleicht fragen sie: Sollen wir uns denn nicht freuen oder erholen? Sollen wir ohne Abwechslung arbeiten, arbeiten, arbeiten?

Jedes Vergnügen, bei dem ihr im Glauben um den Segen Gottes bitten könnt, ist ungefährlich. Ein Vergnügen aber, das euch für das Gebet im Verborgenen untüchtig macht, euch die Andacht beim Gebet raubt oder euch von der Gebetsversammlung abhält, ist gefahrvoll.

Kapitel 132: Gesellige Zusammenkünfte

Gesellige Zusammenkünfte sind von größtem Nutzen und lehrreich, wenn in den Herzen der Versammelten die Liebe zu Gott glüht, wenn sie zusammenkommen, um ihre Gedanken bei der Betrachtung des Wortes Gottes auszutauschen oder über Methoden zum Fortschritt des Werkes und über gute Taten an den Mitmenschen zu beraten. Wenn der Heilige Geist in diesen Versammlungen als willkommener Gast angesehen und nichts gesagt oder getan wird, was ihn bekümmert oder vertreibt, dann wird Gott geehrt, und alle, die zusammengekommen sind, werden erfrischt und gestärkt und gehen mit neuer Freude in den Alltag hinein.

Es gibt aber Zusammenkünfte anderer Art, in denen sich Hochmut ausbreitet und laute Fröhlichkeit und Tändelei wahrzunehmen sind. In ihrem Verlangen nach Zerstreuung kommen die Teilnehmer solcher Veranstaltungen in Gefahr, Gott zu vergessen. Es geschehen Dinge, die von den beobachtenden Engeln nur mit Betrübnis angesehen werden. Den Versammelten zwar ist die Zeit ihres Zusammenseins ihr Paradies. Sie geben sich ungezügelter Heiterkeit hin. Die Augen funkeln, die Wangen glühen; aber das Gewissen ist eingeschläfert.

Geistlicher Mangel wird offenbar

Solche Begeisterung ist nicht himmlischen Ursprungs. Sie ist ganz und gar irdisch. Engel nehmen traurig die Vergesslichkeit derer wahr, für die der Heiland so viel getan hat. Nahen sich Krankheit und Tod denen, die nur zu ihrem Gefallen gelebt haben, erkennen sie zu spät, dass sie kein Öl in ihren Lampen haben und unvorbereitet sind, ihre Lebensgeschichte in rechter Weise zu beenden.

Der Grundton der Unterhaltung bei vielen geselligen Zusammenkünften verrät, wes Geistes Kinder die Anwesenden sind. Geschwätz und törichte Witze, die zum Lachen reizen sollen, stellen Christus nicht in der rechten Weise dar. Wer sie ausspricht, wird nicht gern einen Bericht darüber lesen wollen. Auf die Zuhörer wird ein schlechter Eindruck gemacht — über Christus Schmach und Schande gebracht. O dass doch die Jugend ihre Worte gut hütete! Denn nach ihnen werden sie gerechtfertigt oder verdammt. Denkt daran, dass der Heiland bei euch ist, wohin ihr auch immer geht; er sieht euer Tun und hört eure Worte. Müsstet ihr euch nicht schämen, wenn seine Stimme euch anredete und ihr erkenntet, dass er eure Unterhaltung mit angehört hat?

Der vormals aufrichtige Christ, der sich an weltlichen Vergnügungen beteiligt, befindet sich auf gefährlichem Boden. Er hat das von lebendiger, himmlischer Atmosphäre erfüllte Gebiet verlassen und sich in Nebel und Dunst gestürzt; denn in vielen Fällen sind solche Lustbarkeiten und Zusammenkünfte eine Schmach für den Glauben an Christus.

Wer seine Verbindung mit Gott aufrechterhalten will, kann an solchen Veranstaltungen nicht teilnehmen. Die Worte, die er dort anhören muss, entsprechen ihm nicht; es ist nicht die Sprache Kanaans. Die Sprecher lassen erkennen, dass sie Gott in ihren Herzen nicht lobsingen.

Unmerkliche Einflüsse

Wer in seinem Wesen und in seiner Glaubenserfahrung unaufrichtig ist, wird schnell zur Teilnahme an weltlichen Vergnügungen bereit sein und andern ein entsprechendes Beispiel setzen. Er überredet ab und zu auch junge Männer und Frauen, die sich vornahmen, wahre Christen zu sein, zur Teilnahme an lustigen Ausflügen. Sie wollen nicht als Sonderlinge angesehen werden, folgen ihrem natürlichen Empfinden nach dem Beispiel der andern und begeben sich unter den Einfluss derer, die vielleicht niemals in ihrem Geist und Herzen dem Göttlichen Raum gegeben haben. Hätten sie sich unter Gebet göttlichen Rat eingeholt, um zu erfahren, was der Heiland in bezug auf die Frucht, die er an den Seinen zu sehen wünscht, gelehrt hat, dann hätten sie erkennen können, dass solche Ausflüge und Veranstaltungen in Wirklichkeit nur Gastereien sind, die dazu dienen, Seelen von der Annahme der Einladung zur Hochzeit des Lammes abzuhalten.

Es geschieht manchmal, dass junge Menschen, die sorgfältig in den Wegen Gottes unterrichtet sind, bei dem Besuch von Vergnügungsstätten durch den Zauber menschlichen Einflusses abseits geführt werden und sich denen zuneigen, deren Erziehung und Ausbildung einen ausgesprochen weltlichen Charakter hat. Sie bringen sich für ihr ganzes Leben in eine Bindung zu Menschen, die keinen christlichen Geist haben. Alle, die wahrhaft Gott lieben und ihm dienen, werden sich hüten, auf die weltliche Ebene hinabzusteigen und sich Freunde zu suchen, in deren Herzen der Heiland nicht Wohnung genommen hat. Sie werden mutig für Christus eintreten, wenn dieses Leben auch Selbstverleugnung und Opferbereitschaft bedeutet.

Das Gegenmittel gegen Leichtfertigkeit

Der Heiland führte ein Leben der Mühe und des Opfers für uns; sollten wir uns da nicht selbst verleugnen um seinetwillen? Sind die Versöhnung und die Gerechtigkeit, die er für uns bereithält, nicht wert genug, unsern Geist zu beschäftigen? Bediente sich die Jugend der Schätze, die in der Heiligen Schrift enthalten sind, und machte sie sich Gedanken über Begnadigung, Frieden und ewige Gerechtigkeit, die das Leben der Selbstverleugnung krönen, dann hätte sie nicht das Verlangen nach fragwürdiger Belustigung oder Zerstreuung.

Der Heiland freut sich, wenn sich junge Menschen mit dem großen, erhabenen Erlösungswerk beschäftigen. Er kommt in ihrer aller Herzen und erfüllt sie mit Frieden und Freude. Die Liebe Jesu wird der Seele „ein Brunnen des Wassers werden, das in das ewige Leben quillt". Johannes 4,14. Wer diese Liebe besitzt, wird gern von den Dingen reden, die Gott denen bereitet hat, die ihn lieben.

Der ewige Gott hat zwischen Sündern und Heiligen, zwischen Bekehrten und Unbekehrten eine Scheidewand errichtet. Diese beiden Klassen können sich nicht wie die Farben des Regenbogens miteinander vermischen; sie bleiben voneinander getrennt wie der Mittag von der Mitternacht. Das Volk Gottes kann sich nicht ohne Gefahr mit denen befreunden, welche die Wahrheit kennen, aber nicht danach handeln. Jakob klagte einmal über gewisse Taten seiner Söhne, die ihn mit Entsetzen erfüllten: „Meine Seele komme nicht in ihren Rat, und meine Ehre sei nicht in ihrer Versammlung." 1.Mose 49,6. Ihm war bewusst, dass seine Ehre in Mitleidenschaft gezogen würde, wenn er sich irgendwie mit den Sündern und ihren Taten verband. Er erhob seine warnende Stimme, um uns von jeder Verbindung mit schlechten Elementen abzuhalten, damit wir uns nicht durch Sünden verunreinigen. Auch der Heilige Geist warnt uns: „Habt nicht Gemeinschaft mit den unfruchtbaren Werken der Finsternis, strafet sie aber vielmehr." Epheser 5,11.

Angebrachte Zusammenkünfte

Jede einflussreiche Fähigkeit muss für das Werk der Seelenrettung gepflegt und benutzt werden. Junge Männer und Frauen sollten nicht annehmen, dass ihr Zeitvertreib, ihre Abendgesellschaften und musikalischen Unterhaltungen, wie sie gewöhnlich abgehalten werden, dem Heiland angenehm seien.

Immer wieder wurde mir gezeigt, dass alle unsre Zusammenkünfte einen durchaus religiösen Charakter haben sollten. Würde sich unsre Jugend versammeln, um die Heilige Schrift zu erforschen und verstehen zu lernen, und die Frage erheben: „Was muss ich tun, dass ich das ewige Leben ererbe?" (Lukas 10,25), würde sie sich vereint auf die Seite der Wahrheit stellen, dann würde der Herr Jesus seinen Segen in ihre Herzen strömen lassen.

Oh, dass doch jedes Gemeindeglied, jeder Mitarbeiter in unseren Anstalten erkennte, dass dieses Leben eine Schule ist, in der wir uns vorbereiten müssen auf die Prüfung Gottes in bezug auf Reinheit, Sauberkeit im Denken und Selbstlosigkeit im Handeln! Jedes Wort, jede Tat und jeder Gedanke werden ja in den Büchern des Himmels aufgezeichnet.

Durch die Kraft und Vorherrschaft der Wahrheit müssen wir geheiligt und auf jene erhabene Höhe gebracht werden, die uns im Wort vorgestellt wird. Gottes Verfahrensweise kann nur durch sorgfältigsten Gehorsam seinem Wort gegenüber erkannt werden. „Suchet in der Schrift!" Johannes 5,39.

Kapitel 133: Wie sollen die Feiertage verbracht werden?

Alle, die körperlich arbeiten, aber noch mehr die geistig Schaffenden brauchen Entspannung. Weder um unsrer Erlösung noch um der Ehre Gottes willen ist es nötig, den Geist dauernd und übermäßig selbst mit religiösen Themen zu beschäftigen. Aber an Zerstreuungen, wie Tanzen, Kartenspielen, Schach, Würfelspielen und so fort, sollen wir uns nicht beteiligen, weil der Himmel sie verurteilt. Diese Spiele öffnen die Tür für große Übel. Sie sind in ihrer Grundrichtung keineswegs nützlich, üben aber einen aufreizenden Einfluss aus und entwickeln in einigen Gemütern eine Leidenschaft für solchen Zeitvertreib, der zur Liederlichkeit führt. All diese Spiele sollten Christen verabscheuen und dafür harmlose Vergnügen pflegen.

Mir wurde gezeigt, dass unsre Feiertage nicht nach weltlichem Vorbild verbracht werden sollten. Deshalb brauchen wir an ihnen nicht achtlos vorüberzugehen, damit in unseren Kindern keine Unzufriedenheit aufkommt. An solchen Tagen besteht für unsre Kinder die Gefahr, schlechten Einflüssen ausgesetzt und durch weltliche Veranstaltungen verdorben zu werden. Darum tun die Eltern gut daran, darüber nachzudenken, was sie ihren Kindern an Stelle gefahrvoller Vergnügungen bieten können. Gebt euren Kindern zu verstehen, dass ihr nur ihr Bestes und ihr Glück im Auge habt.

Verschiedene Familien, die in einer Stadt oder Ortschaft wohnen, können sich zusammentun, können einmal ihre körperliche oder geistige Tagesarbeit unterbrechen und einen Ausflug über Land machen; vielleicht an das Ufer eines Sees oder in einen schönen Hain, wo die Natur und Landschaft reizvoll ist. Sie sollten sich mit einfacher, gesunder Nahrung, mit den besten Früchten und Körnern versehen und ihren Tisch im Schatten einiger Bäume oder unter freiem Himmelszelt decken. Die Bewegung in frischer Luft und schöner Landschaft wird den Appetit anregen; sie werden sich einer Mahlzeit erfreuen, um die Könige sie beneiden würden.

Bei solchen Gelegenheiten sollten sich Eltern und Kinder frei von Sorgen, Arbeit und Bedrückung fühlen. Die Eltern können mit ihren Kindern wieder Kinder werden und ihnen alles so angenehm wie möglich machen. Widmet den ganzen Tag der Erholung. Bewegt euch viel in der frischen Luft; das wird besonders denen guttun, deren Beruf oder Beschäftigung sie in geschlossenen Räumen und bei sitzender Lebensweise festhält. Alle, die es irgendwie einrichten können, sollten sich zu solcher Erholung verpflichtet fühlen. Nichts kann dabei verloren, aber viel gewonnen werden. Sie werden mit erneuerter Spannkraft und frischem Mut an ihre Arbeitsstelle zurückkehren, ihrem Beruf mit neuem Eifer nachgehen und viel besser in der Lage sein, Krankheiten zu widerstehen.

Christliche Freudenquellen

Der Herr hat allen, ob arm oder reich, Freude verheißen, — Freude, die im Streben nach Gedankenreinheit und selbstlosen Taten ihren Ausdruck findet; Freude, die sich im Aussprechen guter Worte und in gütigen Handlungen entwickelt. Von denen, die einen solchen Dienst verrichten, erstrahlt göttliches Licht, das manches durch viele Sorgen verdunkelte Leben erhellen kann.

Kapitel 134: Literarische Gesellschaften

Es wird oft gefragt: Sind literarische Gesellschaften unsrer Jugend von Nutzen? Um diese Frage genau beantworten zu können, sollten wir nicht nur die bekundete Absicht solcher Gesellschaften, sondern vor allem den Einfluss, den sie erfahrungsgemäß in Wirklichkeit ausüben, betrachten. Die Vervollkommnung des Geistes ist eine Pflicht, die wir uns selbst, der Allgemeinheit und Gott gegenüber schulden. Wir dürfen aber niemals solche Mittel zur Ausbildung des Verstandes anwenden, die auf Kosten der sittlichen und geistlichen Kraft gehen. Nur durch gleichmäßige Entwicklung unsrer geistigen und sittlichen Fähigkeiten können wir die Vollkommenheit beider erreichen. Gewährleisten die literarischen Gesellschaften, wie sie allgemein aufgezogen sind, diese Ergebnisse?

Literarische Gesellschaften üben im allgemeinen einen Einfluss aus, der zu ihrem Namen im Widerspruch steht. Wie sie gewöhnlich gestaltet werden, sind sie für die Jugend zum Schaden; denn Satan ist dabei und drückt ihnen seinen Stempel auf. Alles, was Männer männlich und Frauen fraulich macht, wird vom Charakter Jesu ausgestrahlt. Je weniger in solchen Gesellschaften von Christus spürbar wird, desto weniger verfeinernd, läuternd und veredelnd wirken sie; aber das sollten sie eigentlich doch. Wenn Weltmenschen diese Versammlungen so leiten, dass sie ihren Wünschen entsprechen, wird der Geist Jesu Christi ausgeschlossen. Der Sinn wird von ernsthafter Überlegung abgelenkt, von Gott losgelöst um vom Wirklichen und Wichtigen zum Wesenlosen und Oberflächlichen gedrängt. Literarische Gesellschaft — wenn doch dieser Name ihren wahren Charakter ausdrücken würde! Was hat die Spreu mit dem Weizen zu tun?

Die Absichten und Ziele, die zur Bildung von literarischen Gesellschaften führten, mögen durchaus gut gewesen sein; wenn aber nicht die göttliche Weisheit diese Organisationen beaufsichtigt, wird das Böse triumphieren. Das Gottlose und Ungläubige im Herzen und im Leben wird meistens Eingang finden und die wichtigsten Positionen beherrschen. Regeln und Statuten mögen geeignet sein, jeden verderblichen Einfluss abzuschwächen; aber Satan, ein kluger Feldherr, liegt auf der Lauer, die Gesellschaft seinen Plänen zugänglich zu machen, und es gelingt ihm nur zu oft. Der große Gegner findet leicht Zugang zu denen, die er früher schon beherrschte, und durch sie führt er seine Absichten aus. Verschiedenartiger Zeitvertreib wird eingeschaltet, um die Versammlungen für Weltmenschen interessant und anziehend zu machen, und darum werden die Abende der sogenannten literarischen Gesellschaft zu oft zu entsittlichenden theatralischen Aufführungen und billigen Albernheiten herabgewürdigt. Das befriedigt wohl den natürlichen Menschen, der sich in Gegnerschaft zu Gott befindet; solche Veranstaltungen aber stärken weder den Verstand noch festigen sie das moralische Empfinden.

Die Verbindung Gottesfürchtiger mit Ungläubigen in solchen Gesellschaften macht aus Sündern keine Heiligen. Wenn sich das Volk Gottes aus freien Stücken mit weltlich gesinnten, ungeheiligten Menschen vereinigt und ihnen den Vorzug gibt, dann wird es durch den unheiligen Einfluss, unter den es sich gestellt hat, vom Herrn fortgeführt. Für kurze Zeit mag nichts ernsthaft dagegen einzuwenden sein; die Gemüter aber, die nicht unter die Herrschaft des Geistes Gottes gebracht worden sind, werden immer weniger bereit, Wahrheit und Gerechtigkeit in sich aufzunehmen. Wenn sie früher ein Verlangen nach geistlichen Dingen gehabt hätten, hätten sie ihren Platz in den Reihen Jesu Christi eingenommen. Die beiden großen Gruppen werden von verschiedenen Herren beherrscht und sind gegensätzlich in ihren Zielen, Hoffnungen, in Geschmack und Wünschen. Die Nachfolger Christi freuen sich über nüchterne, vernünftige, erhabene Gegenstände ihrer Betrachtung; dagegen können diejenigen, die keine Vorliebe für heilige Dinge haben, keine Freude an solchen Versammlungen empfinden, wenn nicht das Oberflächliche und Phantastische ein wesentlicher Zug solcher Veranstaltungen ist. Nach und nach wird das geistliche Element dem gottlosen weichen, und das Bemühen um harmonische Grundsätze, die ihrem Wesen nach gegnerisch sind, wird erfolglos bleiben.

Es sind Anstrengungen gemacht worden, einen Plan zur Gründung eines literarischen Zirkels aufzustellen, der für alle Teilnehmer von Nutzen sein könnte, eines Zirkels, in dem alle Teilnehmer aus sittlicher Verantwortlichkeit daraus machen, was er sein soll, und das Böse meiden, das solche Gesellschaften oft zu einer Gefahr für religiöse Grundsätze macht. Menschen mit Besonnenheit und klugem Urteil, die in lebendiger Beziehung zum Himmel stehen, die böse Richtung erkennen und, vom Satan nicht betrogen, den Weg der Rechtschaffenheit zielbewusst verfolgen und das Banner des Heilandes hochhalten — solche Menschen sind nötig, einen literarischen Zirkel zu beaufsichtigen. Solch Einfluss wird Achtung gebieten und die Zusammenkünfte eher zum Segen als zum Fluch werden lassen.

Wenn sich Männer und Frauen reiferen Alters mit der Jugend vereinigen, um einen solchen literarischen Zirkel zu gründen und zu leiten, dann kann dieser ebenso interessant wie nützlich sein. Wenn aber diese Versammlungen in Scherz und rohe Späße ausarten, dann sind sie alles andere, nur nicht literarisch oder erhebend. Sie erniedrigen den Geist und das sittliche Gefühl.

Bibellesungen, kritische Untersuchungen biblischer Themen, literarische Abhandlungen über Themen, die den Geist bereichern und Wissen vermitteln können, das Studium der Weissagungen oder der köstlichen Lehren Jesu Christi, — das alles eignet sich zur Entwicklung geistiger Kräfte und vermehrt geistliches Empfinden. Gute Schriftkenntnis schärft das Unterscheidungsvermögen und festigt die Seele gegen die Angriffe Satans.

Wenige Menschen machen sich klar, dass sie die Pflicht haben, ihre Gedanken und ihre Einbildungskraft zu überwachen. Es ist schwierig, einen ungeschulten Geist auf bestimmte nützliche Themen zu konzentrieren. Wenn aber die Gedanken nicht richtig gelenkt werden, kann sich der Glaube in der Seele nicht entfalten. Der Geist muss ausschließlich mit heiligen und ewigen Dingen beschäftigt sein, oder er wird von seichten und oberflächlichen Gedanken überwuchert. Sowohl die Verstandeskräfte als auch die sittlichen Kräfte müssen geleitet werden; sie werden gestärkt und verbessert durch Übung.

Der Verstand und auch das Herz müssen zum Dienst Gottes geheiligt werden. Der Herr hat ein Anrecht auf alles, was unser ist. Der Nachfolger Christi sollte nicht irgendwelchen Gelüsten nachgeben oder sich an Unternehmungen beteiligen, so harmlos und lobenswert sie auch erscheinen mögen, von denen ihm sein erleuchtetes, Gewissen sagt, dass er Schaden an seinem geistlichen Leben erleiden wird. Jeder Christ sollte sich beherzt gegen die Flut des Bösen wenden und unsre Jugend vor den Einflüssen retten helfen, die sie ins Verderben zu treiben suchen. Möge Gott uns helfen, den Damm gegen den Strom zu halten!

Kapitel 135: Tanzen

Der wahre Christ wird kein Verlangen nach dem Besuch von Vergnügungsstätten oder Lustbarkeiten haben, für die er nicht um den Segen Gottes bitten kann. Er wird in keinem Theater, auf keiner Kegelbahn oder in keinem Billardsalon zu finden sein. Man wird ihn auch nicht tanzen sehen, und er wird sich nicht irgendeinem andern bezaubernden Vergnügen hingeben, das den Heiland aus seinem Leben verdrängen könnte.

Denen, die solche Lustbarkeiten verteidigen, erklären wir, dass wir uns im Namen Jesu von Nazareth diesen Dingen nicht hingeben können. Der Segen Gottes ruht auf keiner Stunde, die im Theater oder in einem Tanzlokal zugebracht wird. Kein Christ möchte an solchem Platz vom Tode überrascht werden. Niemand möchte dort angetroffen werden, wenn Christus wiederkommt.

In unserer letzten Stunde werden wir es bei einem Überblick über unser Leben nicht bereuen, an so wenigen Veranstaltungen gedankenloser Heiterkeit teilgenommen zu haben. Aber wir werden es bitter bereuen, so viele kostbare Stunden in eitler Selbstliebe vergeudet und so viele Gelegenheiten, die uns bei rechter Benutzung unvergängliche Schätze gesichert hätten, außer Acht gelassen zu haben.

Es ist üblich geworden, dass vorgebliche Christen jede verhängnisvolle Nachgiebigkeit Dingen gegenüber, an denen ihr Herz hängt, entschuldigen. Durch ihre Vertrautheit mit der Sünde übersehen sie die Größe der Gefahr. Viele von denen, die Gottes Kinder sein wollen, beschönigen die Sünden, die das Wort des Herrn brandmarkt, indem sie ihre gottlosen Schwelgereien mit Wohltätigkeit in der Gemeinde verbinden. So entlehnen sie das Gewand des Himmels, um darin dem Bösen zu dienen. Seelen werden getäuscht, vom rechten Weg abgebracht und verlieren durch diese modischen Ausschweifungen Tugend und Rechtschaffenheit.

Zerstreuungen zum Zeitvertreib

In vielen christlichen Familien gehören Tanzen und Kartenspiel zum Zeitvertreib. Man sagt, dies seien friedliche, häusliche Vergnügen, deren man sich unter elterlicher Obhut getrost erfreuen könne. Es wird dadurch aber eine Hinneigung zu erregenden Vergnügungen gepflegt; und was daheim harmlos erscheint, wird sehr bald auch draußen als ungefährlich angesehen.

Noch ist nicht erwiesen, dass von solchen Vergnügungen etwas Gutes kommt. Sie vermitteln dem Körper keinerlei Lebensfrische und dem Geist keine Ruhe. Sie pflanzen der Seele keine tugendhaften und heiligen Gefühle ein. Im Gegenteil, sie zerstören die Hinneigung zu ernsthaften Gedanken und zum Gottesdienst. Zweifellos besteht zwischen den Veranstaltungen der erlesenen Gesellschaft und dem zuchtlosen, abstoßenden Treiben in gewöhnlichen Tanzsälen ein großer Unterschied; dennoch führt jeder Schritt auf den Weg der Zerstreuung.

Die heute üblichen Tanzveranstaltungen sind eine Schule sittlichen Verfalls, ein furchtbarer Fluch für die menschliche Gesellschaft. Welche Summe Elends würde sich offenbaren, wenn man alle in unseren großen Städten jährlich hierdurch zerstörten Leben zusammenbrächte! Wie viele von denen, die jetzt noch solches Vergnügen entschuldigen und befürworten, würden bei der Kenntnis solcher Berichte mit Angst und Schrecken erfüllt werden! Wie können christliche Eltern willens sein, ihre Kinder dadurch in Versuchung zu führen, dass sie mit ihnen Szenen derartiger Festlichkeiten besuchen? Und wie können junge Menschen ihr Seelenheil gegen diese betörenden Vergnügungen eintauschen?

Gefährliches Vergnügen

Vergnügungssucht gehört zu den größten Gefahren, weil sie die am schwersten erkennbare Versuchung darstellt, der Kinder und Jugendliche in den Städten ausgesetzt sind. Es gibt viele Feiertage. Spiele und Pferderennen ziehen Tausende in ihren Bann, und im Strudel vieler Lustbarkeiten versinkt das Pflichtbewusstsein. Das hierbei verbrauchte Geld könnte bessere Verwendung finden. In vielen Fällen wird sogar der knappe Lohn der Armen dem Vergnügen geopfert.

Grundsatztreue

Viele fürchten herausfordernde, unfreundliche Kritik oder boshafte Schwätzereien und handeln darum nicht nach ihren Grundsätzen. Sie wagen es nicht, sich offen zu denen zu bekennen, die ihrem Heiland treulich folgen. Sie passen sich der Welt an und suchen ihre Anerkennung. Christus aber hat sich selbst für uns gegeben, „auf dass er uns erlöste von aller Ungerechtigkeit und reinigte sich selbst ein Volk zum Eigentum, das fleißig wäre zu guten Werken". Titus 2,14.

Abschnitt 14

GESELLSCHAFTLICHE BEZIEHUNGEN

Durch gesellschaftliche Beziehungen gelangt das Christentum in Berührung mit der Welt. Wer immer von Gott erleuchtet worden ist, hat die Aufgabe, den dunklen Pfad derer zu erhellen, die nichts von einem besseren Wege wissen. Geheiligt durch den Geist Jesu Christi, sollten wir unsre gesellschaftlichen Fähigkeiten dazu benutzen, Menschenseelen dem Heiland zuzuführen.

Kapitel 136: Bereit zu helfen

Das Beispiel Christi, der Menschen Sache zu der seinigen zu machen, sollte von allen, die sein Wort predigen und die das Evangelium seiner Gnade angenommen haben, befolgt werden. Wir dürfen uns einem geselligen Verkehr nicht entziehen und uns nicht von andern abschließen. Um alle Klassen erreichen zu können, müssen wir ihnen dort begegnen, wo sie sich befinden. Sie werden uns selten aus eigenem Antrieb aufsuchen. Nicht allein von der Kanzel aus werden Menschenherzen von der göttlichen Wahrheit berührt. Es gibt auch noch ein anderes Arbeitsfeld, das vielleicht geringer, aber ebenso versprechend ist. Man findet es in den Wohnungen der Niedrigen wie in den Palästen der Reichen, an der gastfreien Tafel und auch bei harmlosen geselligen Zusammenkünften.

Wir Christen dürfen den Verkehr mit der Welt nicht aus Liebe zum Vergnügen pflegen. Wir sollen uns nicht mit den weltlichen Torheiten befreunden; denn solche Gesellschaft muss uns schaden. Auch soll der Christ kein Unrecht durch Wort oder Tat, durch Stillschweigen oder nur durch seine Gegenwart gutheißen. Wohin wir auch gehen, müssen wir Jesus mit uns nehmen und den andern verkündigen, wie wertvoll uns unser Leben mit dem Heiland geworden ist. Wer aber seinen Glauben in Mauern einzuschließen sucht, lässt viele Gelegenheiten, Gutes zu tun, unbenutzt vorübergehen. Durch Geselligkeit und Gastfreundschaft kommt die ganze Welt mit der Botschaft vom Reich in Berührung, und jeder, der göttliches Licht erhalten hat, muss das irdische Dunkel zu erhellen versuchen.

Wir alle sollen Zeugen für den Heiland sein. Gesellschaftliches Ansehen, durch Gottes Gnade geheiligt, soll dazu dienen, Seelen für den Herrn zu gewinnen. Die Welt muss erkennen, dass wir nicht im engen Rahmen eigener Interessen leben, sondern bestrebt sind, auch andern die Segnungen und Vorrechte unsers christlichen Lebens zu vermitteln. Lasst sie sehen, dass uns der Glaube nicht unsympathisch oder gefühlshart macht. Jeder, der den Heiland angenommen hat, soll wie er ein Diener zum Wohle der Menschheit sein.

Wir sollten vor der Welt niemals den falschen Eindruck erwecken, Christen wären schwermütige, unfrohe Menschen.

Wenn wir unsern Blick auf den Heiland richten, werden wir einen mitleidsvollen Erlöser sehen; das Licht seines Antlitzes wird unser Herz entzünden. Wo sein Geist regiert, da wird Friede und Freude sein; denn uns erfüllt ein ruhiges, heiliges Vertrauen zu Gott.

Der Heiland freut sich, wenn seine Nachfolger erkennen lassen, dass sie trotz ihrer Menschlichkeit Teilhaber der göttlichen Natur sind. Sie sind keine Säulenheilige, sondern lebensvolle Männer und Frauen. Ihre Herzen sind vom Tau göttlicher Gnade erfrischt und der Sonne der Gerechtigkeit geöffnet und zugewandt. Das Licht, das auf sie fällt, werden sie an andre weitergeben durch Taten, welche die Liebe Jesu widerstrahlen.

Der Umgang beeinflusst unser Geschick

Gottes Wort betont mit Nachdruck den Einfluss, den der Umgang selbst auf Erwachsene ausübt. Wieviel größer noch ist seine Macht auf den sich in der Entwicklung befindlichen Geist und Charakter der Kinder und Jugendlichen! Die Gemeinschaft, die sie pflegen, die Grundsätze und Gewohnheiten, die sie annehmen, werden über ihre Brauchbarkeit auf Erden und zugleich über ihr zukünftiges Geschick entscheiden.

Kapitel 137: Christliche Geselligkeit und Höflichkeit

Christliche Geselligkeit ist unter dem Volke Gottes nur mangelhaft ausgebildet. Diese Seite der Erziehung sollte nicht vernachlässigt und in unseren Schulen nicht außer Acht gelassen werden.

Die Schüler sollten darüber belehrt werden, dass sie nicht nur Einzelwesen sind, sondern dass jeder sozusagen ein Faden ist, der durch die Vereinigung mit anderen Fäden zum Gewebe wird. In keinem Kreis kann diese Belehrung wirksamer erteilt werden als im Schulheim. Hier bieten sich den Schülern täglich Gelegenheiten, die ihnen bei richtiger Ausnutzung eine große Hilfe in der Entwicklung der geselligen Züge ihres Charakters sein können. Es liegt an ihnen selbst, ihre Zeit und Gelegenheiten so zu benutzen, dass sich ein Charakter entwickelt, der sie glücklich und brauchbar macht. Wer sich als Eigenbrötler in sich selbst verschließt und nicht bereit ist, andere zu beglücken und zu erfreuen, wird vieler Segnungen verlustig gehen, denn durch wechselseitigen Verkehr glättet und verfeinert sich das Gemüt. Durch gesellschaftlichen Verkehr bilden und festigen sich Freundschaften, deren Folge ein Gleichklang der Herzen und eine Atmosphäre der Liebe ist, die dem Himmel wohlgefällt.

Besonders sollten diejenigen, die Jesu Liebe geschmeckt haben, ihre geselligen Fähigkeiten entwickeln; denn dadurch vermögen sie dem Heiland Seelen zuzuführen. Christus sollte nicht in ihren Herzen wie ein begehrter Schatz verborgen werden, der in seiner Süßigkeit und Heiligkeit nur sie selbst erfreuen soll; auch sollte die ihnen offenbarte Liebe Jesu Christi nicht nur denen mitgeteilt werden, die ihre Zuneigung haben. Den Schülern sollte beigebracht werden, dass die Christusähnlichkeit in einem Wesen freundlicher Aufgeschlossenheit und geselliger Lebensart denen gegenüber besteht, die sich in großer innerer Not befinden, auch wenn sie nicht zu ihrem Freundeskreis gehören. Der Heiland offenbarte jederzeit und an allen Orten liebende Anteilnahme an der menschlichen Familie und verbreitete um sich das Licht heiterer Frömmigkeit. Die Schüler sollten angehalten werden, stets seinen Fußtapfen zu folgen. Sie sollten unterrichtet werden, ihren jugendlichen Kameraden christliche Anteilnahme, Mitgefühl und Liebe entgegenzubringen und sie dem Heiland näherzuführen. Er sollte ihren Herzen ein Brunnen zum ewigen Leben werden, dessen Wasser alle erquickt, die davon trinken.

Dieser bereitwillige, liebevolle Dienst für andre in Zeiten der Not ist köstlich vor Gott. Wenn ihr Bekenntnis aufrichtig ist, können die Schüler schon während ihrer Schulzeit lebendige Missionare für Gott sein. Gewiss erfordert das Zeit, aber die zu diesem Dienst verbrauchte Zeit ist gut angewandt; denn sie lehrt gleichzeitig den Schüler, wie er der Welt den christlichen Glauben darzustellen hat.

Der Heiland weigerte sich nicht, mit andern freundschaftlichen Verkehr zu pflegen. Wurde er von einem Pharisäer oder Zöllner zu einem Fest geladen, dann nahm er die Einladung an. Jedes Wort, das er bei solchen Gelegenheiten äußerte, war den Gästen ein Geruch des Lebens zum Leben. Er benutzte die Stunde des Mahls, um ihnen nach ihrem Bedürfnis viele köstliche Lehren zu vermitteln. So lehrte der Heiland seine Jünger, wie sie sich im Verkehr mit Gläubigen und auch Ungläubigen verhalten sollten.

Kapitel 138: Leitende Grundsätze

Das Herz gehört Christus. Er hat einen unendlich hohen Preis für die Seele bezahlt. Er ist unser Fürsprecher beim Vater und naht sich ihm nicht als Bittsteller, sondern als Überwinder, der daher Anspruch auf sein Eigentum hat. Er ist zu weitgehender Hilfe fähig; denn er legt immerdar Fürsprache für uns ein. Ein junges Herz ist ein köstliches Opfer, die wertvollste Gabe, die dem Herrn dargebracht werden kann. Alles, was ihr seid, alle Fähigkeiten, die ihr besitzt, gab Gott euch als heiliges Unterpfand, das ihr ihm als ein williges, heiliges Opfer zurückerstatten sollt. Ihr könnt Gott nichts geben, was er euch nicht zuerst gegeben hat. Wenn ihr ihm darum euer Herz schenkt, ist es nur eine Gabe, die er zu seinem Eigentum erkauft hat und die ihm also schon gehört.

Es gibt viele, die sich um die Zeit, Neigungen und Kräfte der Jugend bewerben. Satan fordert die Jugend als sein Eigentum. Eine unermesslich große Zahl Jugendlicher überantwortet ihm alle Fähigkeiten und Gaben, die sie besitzen. Die Welt beansprucht ihr Herz; aber jenes Herz gehört dem Einen, der es erlöst hat. Wird es der Welt gegeben, dann füllt es sich mit Sorgen, Leid und enttäuschten Hoffnungen; es wird unrein und verdorben. Es würde den schlimmsten Raub bedeuten, der Welt eures Herzens Neigungen und Dienste zu geben; denn sie gehören Gott. Ihr gewinnt nichts, wenn ihr euer Herz irdischen Freuden hingebt.

Der Feind der Gerechtigkeit hat jede erdenkliche Art von Vergnügen für die Jugend aller Schichten vorbereitet; sie sind nicht nur in den großen Städten, sondern auch in jedem kleinen Ort, der von Menschen bewohnt ist, zu finden. Satan umwirbt die Jugend und wünscht sie als seine Helfer in seinen Reihen zu sehen. Der Erzfeind weiß sehr gut, mit wem er rechnen kann. Er hat in höllischer Schlauheit Gewohnheiten und Vergnügungen für die Jugend ersonnen, durch die er ihre Neigungen von Jesus Christus ablenken kann.

Der verlorene Sohn

Das Gleichnis vom verlorenen Sohn ist der Jugend zur Belehrung gegeben. In seinem vergnügungssüchtigen und verschwenderischen Leben verbrauchte der verlorene Sohn sein Erbteil. Er war in einem fremden Land ohne Freunde; in Lumpen gehüllt und hungrig fristete er sein Leben mit Trebern, die die Säue fraßen. Reuig und gedemütigt war seine letzte Hoffnung die Rückkehr ins Vaterhaus, wo er willkommen war, Vergebung fand und an seines Vaters Herz gezogen wurde. Viele Jugendliche handeln wie der verlorene Sohn. Sie führen ein sorgloses, vergnügungssüchtiges und verschwenderisches Leben, vergessen den Born lebendigen Wassers, die Quelle wahrer Freude, und machen sich löchrige Brunnen, die kein Wasser geben.

Gottes gnädige Einladung

Gottes Einladung ergeht an jeden jungen Menschen: „Gib mir, mein Sohn, dein Herz, und lass deinen Augen meine Wege wohlgefallen.“ Sprüche 23,26. Er will das Herz rein erhalten und das Sehnen des Herzens mit wahrer Glückseligkeit stillen. Der Herr möchte die Jugend glücklich machen, darum soll sie ihm ihr Herz in treue Hut geben, damit alle von Gott gegebenen Fähigkeiten ihres Lebens in gesunder und starker Verfassung gehalten werden. Die jungen Menschen sind Verwalter der göttlichen Lebensgabe. Er lässt das Herz schlagen und gibt Kraft zu jeder Befähigung. Wahre Freude wird keine dieser Gottesgaben verderben. Wir sündigen gegen den Leib und Gott, wenn wir uns Vergnügungen hingeben, die unsre Neigungen von Gott abziehen. Die Jugend muss ernstlich bedenken, dass sie sich in dieser Welt erproben muss, um festzustellen, ob sie einen Charakter hat, der sie befähigt, mit den Engeln zu leben.

Wenn euch eure Kameraden auf den Weg des Lasters und der Torheit drängen wollen, wenn alles, was euch umgibt, euch reizen will, Gott zu vergessen, die Fähigkeiten, die der Herr euch anvertraut hat, zu verderben, und alles, was in euch edel ist, zu erniedrigen: dann leistet ihnen beharrlich Widerstand. Denkt daran, dass ihr des Herrn Eigentum seid, durch das Leiden und Sterben des Sohnes Gottes erkauft.

Der Herr Jesus fordert eure Dienste. Er liebt euch. Solltet ihr an seiner Liebe zweifeln, dann blickt auf den Hügel Golgatha. Das Licht, das vom Kreuze widerstrahlt, beweist euch die Größe jener Liebe, die keine Sprache schildern kann. „Wer meine Gebote hat und hält sie, der ist es, der mich liebt." Johannes 14,21. Wir müssen uns durch eifriges Schriftstudium mit den Geboten Gottes bekannt machen und dann beweisen, dass wir gehorsame Söhne und Töchter Gottes sind.

Eingehüllt in Gottes Barmherzigkeit

Gottes Gnade umgibt euch jederzeit; und es wäre vorteilhaft für euch, darüber nachzudenken, wie und woher eure täglichen Segnungen zu euch kommen. Mögen sie Dankbarkeit in euch erwecken. Ihr könnt ja Gottes Segnungen nicht zählen und seine beständige Güte nicht ermessen; denn sie sind so zahlreich wie belebende Regentropfen. Die Wolke der Barmherzigkeit hängt über euch und wartet darauf, euch zu erquicken. Wenn ihr die wertvolle Gabe der Erlösung schätzt, wird euch das Bewusstsein des Schutzes und der Liebe Jesu täglich neu beleben; auf eurem Wege wird Friede sein.

Schaut auf die herrlichen Werke Gottes in der Natur und lasst euer Herz in Dankbarkeit für den Schöpfer schlagen. Es ist gewinnbringend für das Gemüt, im Buch der Natur zu forschen. Seid nicht gedankenlos und undankbar. Öffnet die Augen eures Verständnisses; seht die Schönheit und Harmonie der Naturgesetze und bezeugt eurem Schöpfer, dem erhabenen Herrscher Himmels und der Erde, Achtung und Ehrerbietung. Seht ihn durch das Auge des Glaubens, wie er sich in Liebe über euch beugt und voll Erbarmen bittet: „Gib mir, mein Sohn, dein Herz." Sprüche 23,26. Ergebt euch dem Heiland, dann könnt ihr mit dankbarem Herzen sagen: „Ich weiß, dass mein Erlöser lebt." Hiob 19,25. Euer Glaube an Jesus Christus wird euch Kraft zu eurem Vorhaben geben und den Charakter festigen.

Eure Freude, euer Friede, Glück und Erfolg im Leben hängen von dem aufrichtigen und festen Glauben an Gott ab. Dieser Glaube bewirkt wahren Gehorsam dem göttlichen Gesetz gegenüber. Euer Wissen und Glaube an Gott ist der sicherste Schutz gegen jede sündige Tat und ist die Quelle alles Guten.

Glaubt an den Heiland als an einen, der eure Sünden vergeben hat, der euch glücklich sehen will in den Wohnungen, die er für euch bereitet. Er hat den Wunsch, dass ihr in seiner Gegenwart leben sollt. Er wünscht euch ewiges Leben und die Krone der Herrlichkeit.

Kapitel 139: Der Einfluss der Umgebung

Es ist nicht zu umgehen, dass die Jugend Kameraden hat, und sie wird zweifellos deren Einfluss wahrnehmen. Geheimnisvolle Bande schlingen sich um die Seelen, so dass das Herz des einen auf das Herz des andern einwirkt. Die Gedanken und Gefühle, das ganze Wesen, werden einander angeglichen. Solche innige Verbindung kann zum Segen, aber auch zum Fluch werden. Die Jugend vermag einander zu helfen, zu stärken und sich in der Haltung, Veranlagung und im Wissen gegenseitig zu bereichern, oder aber sie wird sorglos und ungläubig, dann wird auch ihr Einfluss schlecht.

Die Auswahl der Gefährten gehört zu den Obliegenheiten, die jeder Schüler ernsthaft überlegen muss. Unter den jungen Leuten, die unsre Schulen besuchen, werden immer zwei Klassen zu finden sein: diejenigen, die versuchen, Gott zu gefallen und ihren Lehrern gehorsam zu sein, und die andern, deren Geist aufsässig ist. Schließt sich die Jugend der Masse an und nimmt an ihren Sünden teil, dann macht sich ihr Einfluss auf der Seite des Seelenfeindes geltend; sie wird dann auch diejenigen verführen, die sich ihre Grundsätze unwandelbarer Treue nicht sorgfältig bewahrt haben.

Mit Recht wird gesagt: „Sage mir, mit wem du umgehst, so sage ich dir, wer du bist." Die Jugend verkennt oft, wie stark ihr Charakter und ihr guter Name von der Wahl ihrer Begleiter abhängen. Man sucht Gemeinschaft mit denen, deren Neigungen, Gewohnheiten und Taten den eigenen entsprechen. Wer die Gesellschaft Unwissender und Lasterhafter anstatt der Weisen und Guten bevorzugt, beweist, dass es ihm an Charakter mangelt. Seine Neigungen und Gewohnheiten mögen zunächst von denen der Kameraden, um die er wirbt, abstechen; je mehr er sich aber mit ihnen vermischt, ändern sich auch seine Gedanken und Gefühle. Er opfert seine rechtschaffenen Grundsätze, und langsam, aber unaufhaltsam sinkt er auf die niedrige Ebene seiner Kameraden. Wie ein Strom durch das anliegende Land bestimmt wird, so wird auf die Grundsätze und Gewohnheiten des jungen Menschen die Art der Gesellschaft abfärben, mit der er sich umgibt.

Der Maßstab der Kraft

Charakterstärke ruht auf zwei Säulen — auf Willenskraft und Selbstbeherrschung. Viele Jugendliche halten starke, unbeherrschte Leidenschaft für Charakterstärke; in Wahrheit aber ist derjenige, der sich von der Leidenschaft beherrschen lässt, ein Schwächling. Wahre Größe und Seelenadel des Menschen wird nach dem Vermögen, seine Gefühle zu zügeln, gemessen, nicht aber daran, dass die Gewalt der Leidenschaft ihn beherrscht. Der stärkste Mensch ist derjenige, der, obwohl keineswegs gefühllos gegen Kränkungen, doch seine Empfindungen meistern und seinen Feinden vergeben kann.

Gott hat uns geistige und sittliche Kraft verliehen. In großem Maße ist jeder einzelne der Baumeister seines Charakters. Mit jedem Tag nähert sich der Bau seiner Vollendung. Gottes Wort mahnt uns, aufzupassen, wie wir bauen, und darauf zu achten, dass wir uns auf den ewigen Felsen gründen. Die Zeit naht heran, da sich unser Werk als das erweist, was es ist. Jetzt können wir die uns von Gott mitgeteilten Kräfte noch ausbilden, damit durch sie Charaktere geformt werden, brauchbar für dieses Leben und für ein zukünftiges, höheres.

Der Glaube an Christus als an einen persönlichen Heiland wird dem Charakter Kraft und Festigkeit geben. Wer wahren Glauben an Christus hat, wird allzeit nüchtern sein und sich stets dessen erinnern, dass des Herrn Augen auf ihm ruhen und der Richter aller Menschen seinen sittlichen Wert abwägt und himmlische Mächte genau beobachten, welchen Charakter er hier entwickelt.

Der Grund, dass die Jugendlichen so schwere Irrtümer begehen, liegt darin, dass sie nicht aus der Erfahrung derer, die schon länger leben als sie, lernen. Schüler dürfen sich nicht erlauben, mit einem Scherz oder Lächeln die Warnungen und Belehrungen der Eltern und Lehrer zu übergehen. Sie sollten jede der ihnen erteilten Lehren beherzigen und gleichzeitig daran denken, dass sie noch tiefgründigerer Lehre, als sie irgendein Mensch geben kann, bedürfen. Wenn Christus durch den Glauben im Herzen wohnt, dann wird sein Geist eine Macht, welche die Seele läutern und beleben kann. Die Wahrheit im Herzen wird nicht verfehlen, einen bessernden Einfluss auf das Leben auszuüben.

Erinnert jene Schüler, die ihr Vaterhaus verlassen haben und sich nicht mehr unter dem unmittelbaren Einfluss ihrer Eltern befinden, daran, dass das Auge ihres himmlischen Vaters auf sie schaut. Er liebt die Jugend. Er kennt ihre Bedürfnisse, und er versteht ihre Anfechtungen. Er sieht in ihnen große Möglichkeiten und ist bereit, ihnen zu helfen, den höchsten Lebensstand zu erreichen, wenn sie sich ihrer Hilflosigkeit bewusst sind und um seinen Beistand flehen.

Ihr lieben Schüler, Tag und Nacht steigen Gebete eurer Eltern euretwegen zu Gott auf; Tag für Tag umgibt euch ihr liebendes Interesse. Hört auf ihre Bitten und Warnungen und seid entschlossen, mit allen Mitteln, die in eurer Macht stehen, euch von dem Bösen fernzuhalten, das euch umgibt. Ihr könnt noch nicht unterscheiden, wie hinterlistig der Feind arbeitet, um euren Geist und eure Gewohnheiten zu verderben und in euch ungesunde Grundsätze zu entwickeln.

Ihr mögt keine Gefahr darin sehen, den ersten Schritt zum Leichtsinn und zur Vergnügungssucht zu tun; ihr denkt, ihr könntet den eingeschlagenen Kurs wieder ändern, wenn ihr wollt, und ebenso leicht wieder das Gute tun, wie ihr euch dazu verstanden habt, in das Böse zu willigen. Das ist aber ein Irrtum. Durch die Wahl böser Kameraden sind schon viele Schritt für Schritt vom Pfad der Tugend abgekommen und in die Tiefen des Ungehorsams und der Liederlichkeit geraten, was sie früher für unmöglich gehalten hätten.

Der Schüler, der einer Versuchung nachgibt, schwächt seinen Einfluss zum Guten. Wer sich durch seinen schlechten Lebenswandel zum Helfer des Seelenfeindes gemacht hat, muss Gott Rechenschaft geben für den Anteil, den er daran hatte, dass Steine des Anstoßes in den Weg der andern gelegt wurden. Warum sollten sich unsre Schüler mit dem großen Abtrünnigen verbinden? Warum sollten sie seine Helfer zur Versuchung anderer werden? Sollten sie nicht vielmehr darüber nachdenken, wie sie ihren Mitschülern helfen und ihre Lehrer ermutigen könnten? Es ist ja ihr Vorrecht, ihren Lehrern die Lasten tragen zu helfen und den Schwierigkeiten entgegenzutreten, die der Satan so entmutigend mühevoll und untragbar gestaltet. Sie können mithelfen, eine Atmosphäre gegenseitiger Hilfe und Aufheiterung zu schaffen. Jeder Schüler darf sich über das Bewusstsein, an Jesu Seite zu stehen, freuen; er sollte Ordnung, Fleiß und Gehorsam schätzen und sich weigern, auch nur das Geringste seiner Fähigkeiten oder seines Einflusses dem großen Feind alles Guten und Erhabenen auszuliefern.

Der Schüler, der die Wahrheit gewissenhaft beachtet und das rechte Pflichtbewusstsein hat, vermag einen guten Einfluss für Christus auf seine Mitschüler auszuüben. Die jungen Menschen, die Christi Joch auf sich genommen haben, werden nicht ungebärdig sein; sie werden auch nicht nach ihrem eigenen Vergnügen und nach der Befriedigung ihrer Selbstsucht trachten. Weil sie im Geist eins sind mit dem Herrn, werden sie auch eins sein mit ihm in der Tat. Die älteren Schüler unsrer Anstalten sollten eingedenk sein, dass es in ihrer Macht steht, die Angewohnheiten und Handlungen ihrer jüngeren Kameraden zu formen. Von dieser Möglichkeit sollten sie den besten Gebrauch machen. Mögen sie dazu entschlossen sein, dass durch ihren Einfluss keiner ihrer Mitschüler in die Hände des Feindes getrieben wird.

Jesus wird allen ein Helfer sein, die ihr Vertrauen auf ihn setzen. Wer sich mit dem Heiland verbunden hat, wird glücklich sein. Die Gläubigen folgen willig auf dem Wege, den sie ihr Heiland führt. Um seinetwillen kreuzigen sie täglich „ihr Fleisch samt den Lüsten und Begierden". Galater 5,24. Sie haben ihre Hoffnung auf Christus gegründet, und kein Sturm der Welt vermag sie von ihrem Fundament zu reißen.

Zuverlässig und treu

Es liegt an euch, ihr jungen Männer und Frauen, zu entscheiden, ob ihr euch als zuverlässig und treu erweisen wollt, bereit und entschieden, unter allen Umständen für das Recht einzutreten. Wollt ihr tadellose Gewohnheiten entwickeln? Dann sucht den Umgang derer, die sittlich einwandfrei sind und nach allem, was gut ist, streben. Die kostbare Gnadenzeit wurde euch geschenkt, jeden Charakterfehler abzulegen; das solltet ihr nicht nur um des zukünftigen Lebens willen tun, sondern auch wegen eurer Brauchbarkeit hier auf Erden. Ein guter Charakter ist ein Schatz, der kostbarer ist als Gold und Silber. Er bleibt durch alle Schrecken und alle Fehlschläge hindurch wertbeständig und trägt an jenem Tage, an dem irdische Besitztümer weggeweht werden, reiche Zinsen. Rechtschaffenheit, Standhaftigkeit und Ausdauer sind Eigenschaften, die jeder ernstlich zu entfalten suchen sollte; sie verleihen ihrem Träger eine Macht, die unwiderstehlich ist — eine Macht, die ihn zu guten Taten befähigt, ihn festigt, dem Bösen zu widerstehen, und stark macht, Widerwärtigkeiten zu ertragen.

Die Liebe zur Wahrheit und der Drang, Gott zu verherrlichen, sind die stärksten Beweggründe zur Vervollkommnung des Verstandes. Mit solchem Antrieb zur Tat kann der Schüler kein müßiger Tändler werden. Er wird stets ernsthaft streben. Er wird wie unter den Augen Gottes lernen und wissen, dass der ganze Himmel an seiner Erziehung mitwirkt. Er wird edelgesinnt, großmütig, freundlich, höflich, Christus ähnlich und tüchtig. Herz und Geist werden mit dem Willen Gottes übereinstimmen.

Kapitel 140: Unser Einfluss

Das Leben Jesu strahlte einen unbegrenzten Einfluss aus, einen Einfluss, der ihn mit Gott und der ganzen menschlichen Familie verband. So hat der Herr durch Christus auch den Menschen mit einem Einfluss ausgestattet, der es ihm völlig unmöglich macht, nur sich selbst zu leben. Wir sind untrennbar mit unseren Mitmenschen verbunden, sind ein Teil der göttlichen Schöpfung und sind durch unsre wechselseitigen Beziehungen aufeinander angewiesen. Niemand kann in völliger Unabhängigkeit von seiner Umwelt leben; denn das Wohlergehen des einen beeinflusst den andern. Es ist Gottes Absicht, dass sich jeder für die Wohlfahrt der andern verantwortlich fühlen und versuchen soll, sich um ihr Glück zu bemühen.

Jede Seele ist von einer eigenen Atmosphäre umgeben, einer Atmosphäre, die mit der lebendigen Kraft des Glaubens, mit Mut und Hoffnung und dem Wohlgeruch der Liebe erfüllt sein kann. Sie kann aber auch beladen und durchkältet sein von dem Schatten der Unzufriedenheit und Selbstsucht oder vergiftet mit dem Todeshauch unsrer Lieblingssünden. Durch die Atmosphäre, die uns umgibt, wird jeder, der mit uns in Berührung kommt, bewusst oder unbewusst beeinflusst.

Unsre Verantwortung

Dies ist eine Verantwortung, der wir uns nicht entziehen können. Unsre Worte und Taten, unsre Kleidung, unser Verhalten, selbst unser Gesicht üben einen Einfluss aus. Den Eindruck, den wir zum Guten oder Schlechten machen, kann niemand ganz ermessen. Jeder Antrieb, der von uns ausgeht, ist eine Saat, die ihre Ernte reifen lässt. Sie ist ein Glied in der langen Kette menschlicher Ereignisse, deren Ausdehnung wir nicht kennen. Wenn wir durch unser Beispiel andern helfen, gute Grundsätze zu entwickeln, geben wir ihnen die Macht, Gutes zu tun. Sie werden diesen Einfluss auf andre übertragen und diese wieder auf andre. So können wir unbewusst durch unsern Einfluss Tausenden zum Segen werden.

Werft einen Kieselstein ins Wasser; er wird eine Welle, eine zweite und noch mehr bilden. Sie werden größer werden; der Umkreis weitet sich, bis das Ufer erreicht ist. So ist es auch mit unserm Einfluss. Mehr als wir wissen oder beachten, wird er andern zum Segen oder zum Fluch.

Der Charakter ist eine Macht. Das stille Zeugnis eines aufrichtigen, selbstlosen und gottesfürchtigen Lebens übt einen unwiderstehlichen Einfluss aus. Wenn wir in unserm eigenen Leben den Geist Christi offenbaren, verbinden wir uns mit ihm im Werk der Seelenrettung. Aber nur durch solche Bekundung des göttlichen Charakters können wir seine Mitarbeiter sein.

Je größer der Umkreis unsres Einflusses ist, desto mehr Gutes vermögen wir zu tun. Wenn alle, die sich zum Dienste Gottes bekennen, dem Beispiel des Heilandes folgen und die rechte Gesetzeserfüllung in ihrem täglichen Leben offenbaren, wenn jede Tat bezeugt, dass sie Gott über alles lieben und ihren Nächsten wie sich selbst, dann wird die Gemeinde Gottes Macht haben, die Welt zu bewegen.

Kapitel 141: Die Auswahl von Gefährten

Wir sollten uns die Gesellschaft wählen, die für unsre geistliche Entwicklung am günstigsten und nützlichsten ist; denn Satan wird uns jeden Schritt auf dem Wege zum Himmel so schwer wie möglich machen. Wir sehen uns oft in schwierigen Lagen, weil viele nicht in die Umgebung gestellt sind, die sie sich wünschen; wir sollten uns aber nicht freiwillig Einflüssen aussetzen, die einer christlichen Charakterbildung ungünstig sind. Wenn uns die Pflicht dazu veranlasst, sollten wir doppelt wachsam sein und beten, damit wir durch die Gnade unsres Heilandes unverdorben bleiben.

Lot erwählte Sodom als Wohnsitz, weil er mehr auf zeitliche Vorteile sah, die er erlangen würde, als auf den sittlichen Einfluss, der ihn und seine Familie umgeben würde. Was hatte er in bezug auf die Dinge dieser Welt gewonnen? Seine Besitztümer wurden vernichtet. Einige seiner Kinder kamen bei der Zerstörung jener gottlosen Stadt um. Sein Weib erstarrte auf der Flucht zur Salzsäule. Nur er selbst wurde „wie durchs Feuer" errettet. Selbst nach seiner Errettung hatten die bösen Folgen seiner selbstsüchtigen Wahl noch kein Ende. Die sittliche Verkommenheit dieses Ortes hatte den Charakter seiner Kinder so stark beeinflusst, dass sie nicht mehr zwischen Gut und Böse, zwischen Sünde und Gerechtigkeit zu unterscheiden vermochten.

Kapitel 142: Die goldene Regel

Versetze dich in der anderen Lage. Vergegenwärtige dir sein Fühlen, seine Schwierigkeiten, Enttäuschungen, Freuden und Leiden. Denke, du stecktest in seiner Haut, und dann tu ihm danach, wie du wünschtest, dass in gleicher Lage dir getan würde.

Dies ist ein rechtes Gesetz der Redlichkeit. Anders ausgedrückt lautet es: „Du sollst deinen Nächsten lieben wie dich selbst." Matthäus 19,19. Das haben schon die Propheten je und je als Hauptsache verkündigt. Es ist ein himmlisches Gesetz, das sich in allen entfalten wird, die seiner Weisung folgen.

Herzensbildung beruht auf dieser goldenen Regel, die Jesus in seinem Leben am getreuesten ausgelebt hat. Wie sanft und lieblich erscheint uns der Heiland in seiner täglichen Lebensführung! Welche Güte umgab ihn! Seine Kinder werden desselben Geistes sein. Wem Christus innewohnt, den umgibt ein Hauch Gottes. Seine reinen weißen Kleider duften nach dem Garten des Herrn. Sein Antlitz strahlt das Licht des Ewigen wider und leuchtet auf dem Wege derer, die straucheln und müde geworden sind.

Strebt jemand nach einer vollkommenen Persönlichkeit, dann wird er das Mitgefühl und Zartgefühl Christi nicht vermissen lassen. Der Einfluss der Gnade macht das Herz weich, veredelt und läutert das Fühlen und verleiht ein von oben stammendes Feingefühl.

Kapitel 143: Edelsinn

Der Herr Jesus verlangt von uns, dass wir die Rechte aller Menschen anerkennen und Achtung vor ihnen haben, ob es sich nun um Rechte als Glieder der menschlichen Gesellschaft überhaupt oder um solche als Christen handelt. Als Söhne und Töchter Gottes sollen wir einander mit Zuvorkommenheit und Rücksicht behandeln. Das wir einander mit Zuvorkommenheit und Rücksicht behandeln. Das Christentum wird Edelmenschen aus uns machen. Christus war selbst gegen seine Verfolger höflich. Seine rechten Nachfolger werden dieselbe Gesinnung bekunden. Das sehen wir am Verhalten Pauli vor den Herrschern, vor denen er sich zu verantworten hatte. Seine Rede vor Agrippa legt Zeugnis ab nicht nur von überzeugender Beredsamkeit, sondern auch von wahrer Höflichkeit. Die Heilsbotschaft begünstigt zwar nicht eine übertünchte Höflichkeit, wie sie von der Welt geübt wird, wohl aber jene, die dem Drange eines aufrichtigen, freundlichen Herzens entspringt.

Auch die sorgfältigste Unterweisung in den äußeren Umgangsformen ist nicht imstande, alle Reizbarkeit, lieblose Urteile und unziemliche Reden auszuschalten. Wahre Höflichkeit ist ausgeschlossen, solange das Ich noch die erste Stelle bei uns einnimmt. Liebe im Herzen ist ihre Vorbedingung. Die Handlungsweise des entschiedenen Christen wird bestimmt durch seine tiefe Zuneigung zu seinem Meister. Aus dieser Liebe zu ihm entspringt auch der Wunsch, sich für das Wohl seiner Brüder einzusetzen. Die Liebe ist es, die dem, der sie hegt, Anstand, Feingefühl und Gewandtheit im Benehmen mitteilt. Sie verfeinert die Züge und veredelt die Stimme, sie verbessert und vervollkommnet den ganzen Menschen.

Wahre Höflichkeit tut not

Es ist notwendig, dass sich Männer und Frauen, die den Willen Gottes kennen, zu erfolgreichen Arbeitern in seinem Werk ausbilden. Sie müssen Menschen von ausgesuchter Höflichkeit und gutem Verständnis sein, die nicht nur den täuschenden Schein und die glatte Schale des Weltmenschen haben, sondern durchdrungen sind von Feingefühl, von der echten Höflichkeit, die den Geruch des Himmels an sich hat, und die jeder Christ, der Teilhaber der göttlichen Natur sein will, besitzen muss. Der Mangel an echter Würde und christlicher Bildung in den Reihen der Sabbathalter spricht gegen uns als Volk und macht die Wahrheit, die wir bekennen, unschmackhaft. Die Erziehung des Geistes und der Sitten kann bis zur Vollkommenheit entwickelt werden. Wenn diejenigen, die sich zur Wahrheit bekennen, ihre Möglichkeiten und günstigen Gelegenheiten nicht ausnutzen, um zu einem vollkommenen Mannesalter und zu rechter Frauenwürde in Christus Jesus heranzuwachsen, dann werden sie weder der Wahrheit noch dem Heiland Ehre machen.

Wahl der Gefährten

Die mit Christus übereinstimmenden jungen Menschen werden sich nach Gefährten umsehen, die ihnen beim Gutestun behilflich sind; sie werden aber die Gesellschaft derer meiden, die sie in der Entwicklung rechtschaffener Grundsätze und edler Vorsätze nicht fördern. Überall trifft man junge Leute mit minderwertiger Gesinnung. Wenn jene, die sich vorbehaltlos auf Christi Seite gestellt haben, mit solchen Jugendlichen in Berührung kommen, werden sie fest an dem halten, was ihnen Vernunft und Gewissen als recht aufzeigen.

Kapitel 144: Ablehnung weltlicher Gesellschaft

Die Jugend sollte sich ihres Lebens Ziel und Werk ernstlich überlegen; die Grundlagen dazu sollte sie in einer Art und Weise legen, dass sie selbst frei bleibt vom Gift der Sittenfäulnis. Wenn sie sich um eine Stellung bemüht, in der sie Einfluss auf andre auszuüben vermag, dann muss sie Verlässlichkeit besitzen. Die Seerose streckt ihre Wurzel tief unter die Oberfläche des Sees in Schlamm und Morast, und durch den porösen Stängel saugt sie die Nahrung, die sie zu ihrem Wachstum braucht; so bringt sie jene fleckenlose Blüte hervor, die in ihrer Reinheit auf dem Spiegel des Sees ruht. Nichts nimmt sie auf, was ihre reine Schönheit beschmutzen und verderben könnte.

Mögen wir uns an der Seerose ein Beispiel nehmen und auch inmitten von Einflüssen, welche die Moral zerstören und die Seele zugrunde richten können, unverdorben bleiben und nur dort verweilen, wo keine schlechte Gesellschaft unsre Herzen vergiften kann. Jeder junge Mensch sollte sich nach Kameraden umsehen, mit denen er sichere Schritte auf dem Wege nach oben machen kann. Die Gesellschaft derer, die jeden bösen Einfluss in sich aufsaugen, die untätig und ohne ernsthaftes Verlangen sind, eine charakterliche Höhe zu erreichen, die nicht grundsatztreu und auf die kein Verlass ist: diese Gesellschaft sollten junge Leute meiden. Lasst die Jugend Gemeinschaft suchen mit denen, die Gott lieben und fürchten; denn solche edlen, festen Charaktere werden durch die Seerose dargestellt, die ihre reine Blüte auf dem Spiegel des Sees öffnet. Sie verschließen sich jedem Einfluss, der entwürdigt, und sammeln nur, was ihnen zur Entwicklung eines reinen, edlen Wesens eine Hilfe sein kann. Sie suchen sich nach dem Bilde Gottes zu formen.

Unsre Worte — eine Hilfsquelle

Christen reden zu wenig über die köstlichen Erfahrungen, die sie mit Gott gemacht haben. Das Werk des Herrn siecht dahin, und Gott wird entehrt durch die falsche Anwendung der Gabe des Redens. Eifersucht, großer Argwohn und Selbstsucht wurzeln im Herzen, und die Worte, die gesprochen werden, verraten die innere Verdorbenheit. Böses Denken und Sprechen haftet noch vielen an, die sich Christen nennen. Solche Menschen erwähnen selten die Güte, Gnade und Liebe Gottes, die sich darin kundtat, dass Gott seinen Sohn auf die Welt sandte. Für uns tat er das. Sollte unsre Liebe und Dankbarkeit sich nicht mitteilen wollen? Sollten wir nicht danach streben, dass unsre Worte zu einer Quelle der Hilfe und Ermutigung werden, so dass wir einander auf unsern christlichen Erfahrens Wegen beistehen? Wenn wir Christus aufrichtig lieben, werden unsre Worte ihn verherrlichen. Ungläubige werden oft überzeugt, wenn sie reine Worte des Lobes und der Dankbarkeit Gott gegenüber vernehmen.

Unser Beispiel

Beispiel, Benehmen und die Worte eines Christen sollten so beschaffen sein, dass sie im Bruder den Wunsch erwecken, zum Lebensquell zu kommen.

Kapitel 145: Erhabene Gesprächsthemen

Die in den Wissenschaften bestens ausgebildeten Mitarbeiter sind nicht immer auch die erfolgreichsten im Werke Gottes. Es gibt viele, die beiseite stehen und ihren Posten an diejenigen abtreten müssen, die weniger buchmäßiges Wissen, aber bessere praktische Kenntnisse in lebenswichtigen Dingen besitzen, während jene, die sich für gelehrt halten, oftmals mit dem Lernen Schluss machen, weil sie selbstzufrieden sind und meinen, sie bedürften keiner Unterweisung mehr, selbst nicht solche von Jesus, dem größten Lehrer, den die Welt je kannte.

Die an Weisheit aber zunahmen und ihr Wissen erweiterten und durch gründliches Schriftstudium ihre Denkfähigkeit verbesserten, so dass sie Gottes Willen kennenlernten, gelangten in hervorragende Stellungen, in denen sie Nützliches leisten; denn das Wort Gottes hatte Eingang gefunden in ihr Leben und Einfluss auf ihren Charakter gewonnen. Es wirkte in ihnen jenes besondere Werk, den Menschen zu durchdringen, „bis dass es scheidet Seele und Geist, auch Mark und Bein, und ist ein Richter der Gedanken und Sinne des Herzens“. Hebräer 4,12. Das Wort Gottes muss die geistige Nahrung bilden, die dem Christen Kraft und Stärke des Geistes und Verstandes gibt, um im Kampf für Wahrheit und Gerechtigkeit bestehen zu können.

Der Grund für den Tiefstand

Wie kommt es, dass Jugendliche und auch Ältere so leicht in Versuchung und Sünde geführt werden? — Das kommt daher, dass Gottes Wort nicht so erforscht und betrachtet wird, wie es geschehen sollte. Würde es besser geschätzt, dann könnte es mehr innere Rechtschaffenheit und genügend Geisteskraft mitteilen, um den Versuchungen Satans zur Sünde widerstehen zu können. Dem Leben und Wesen fehlt die feste und entschlossene Willenskraft, weil die heilige Unterweisung Gottes nicht zum Gegenstand täglichen Studiums und Nachdenkens gemacht wird. Es mangelt an ernsthaften Bemühungen, den Geist mit reinen, heiligen Gedanken zu beschäftigen und ihn von allem, was unrein und unwahr ist, abzuwenden. Da wird nicht das gute Teil erwählt, da sitzt man nicht zu Jesu Füßen, wie es Maria tat, um die heiligen Lehren des göttlichen Lehrers zu hören, im Herzen zu bewahren und im täglichen Leben in die Tat umzusetzen. Die Betrachtung heiliger Dinge erhebt und verfeinert das Empfinden und gestaltet christliche Männer und Frauen.

Gott nimmt niemand von uns an, der seine Kräfte durch wollüstige, irdische Gedanken, Worte und Taten verkleinert. Der Himmel ist ein reines und heiliges Gefilde, das keiner betreten darf, der nicht veredelt, vergeistlicht, gereinigt und geläutert wurde. Es wartet eine Aufgabe auf uns, die wir nur dann erfüllen können, wenn wir die Kraft dazu vom Heiland nahmen. Die Bibel muss uns zum Buch der Bücher werden; wir sollten sie liebhaben und ihr als der Stimme Gottes gehorchen. Wir müssen seine Forderungen und einschränkenden Hinweise „du sollst" und „du sollst nicht" erkennen und verstehen und uns die wahre Bedeutung des Wortes Gottes vergegenwärtigen.

Wir müssen himmlisch gesinnt sein

Wenn das Wort Gottes unser Ratgeber ist und wir in der Schrift nach dem Licht forschen, dann werden Engel vom Himmel kommen, den Geist beeindrucken und das Verständnis öffnen, so dass mit Recht gesagt werden kann: „Wenn dein Wort offenbar wird, so erfreut es und macht klug die Einfältigen." Psalm 119,130. Es ist nicht verwunderlich, dass unter der angeblich christlichen Jugend so wenig himmlische Gesinnung offenbar wird, wenn sie dem Worte Gottes so wenig Beachtung entgegenbringt. Die göttlichen Ratschläge werden nicht befolgt, die Ermahnungen nicht beachtet, Gnade und himmlische Weisheit werden nicht gesucht und alte Sünden nicht gemieden, um den Charakter vom Gifthauch des Verderbens zu reinigen. David bat den Herrn: „Unterweise mich den Weg deiner Befehle, so will ich reden von deinen Wundern." Psalm 119,27.

Wären die Gemüter der Jungen und Alten in der richtigen Verfassung, wenn sie beisammen sind, dann behandelten sie in ihren Gesprächen erhabene Gegenstände. Wenn der Geist rein ist und die Gedanken durch die Wahrheit Gottes veredelt sind, dann sind auch die Worte entsprechend — „goldene Äpfel auf silbernen Schalen". Sprüche 25,11.

Bei dem gegenwärtigen Unverstand, den Gepflogenheiten und dem niedrigen Stand, mit dem bekenntliche Christen zufrieden sind, ist die Unterhaltung meist leer und unnütz. Sie ist „von der Erde und irdisch" (1.Korinther 15,47) und ist weder wahr noch himmlisch; ja, sie erreicht kaum die Ebene der gebildeten Weltmenschen.

Mächtige Fortschritte in der Heiligung

Wenn wir über Christus und über das Reich Gottes nachsinnen, dann wird man das unsrer Unterhaltung anmerken. Die Rede ist mit Gnade durchwürzt, und der Sprecher beweist deutlich, dass er sich in der Schule des göttlichen Lehrers erziehen ließ. Der Psalmist bekennt: „Ich habe den Weg der Wahrheit erwählt; deine Rechte habe ich vor mich gestellt." Psalm 119,30. Er speicherte das Wort Gottes wie einen Schatz auf. Es fand Eingang in sein Verständnis, wurde hochgeschätzt und im täglichen Leben verwirklicht.

Tag um Tag und Stunde um Stunde muss ein lebendiger Fortschritt in der Selbstverleugnung und Heiligung im Innern festzustellen sein; dann werden auch die äußeren Taten bezeugen, dass der Heiland durch den Glauben im Herzen wohnt. Heiligung verschließt der Seele nicht den Weg zum Wissen; sie erweitert vielmehr das geistige Vermögen und nötigt dazu, nach der Wahrheit wie nach einem verborgenen Schatz zu suchen. Die Erkenntnis des göttlichen Willens wird das Werk der Heiligung unterstützen. Es gibt doch einen Himmel, und wie ernsthaft sollten wir danach streben, ihn zu erreichen!

Ich ermahne die Schüler unsrer Schulen und Anstalten, an Jesus Christus als an ihren Heiland zu glauben. Glaubt, dass er bereit ist, euch durch seine Gnade zu helfen, sobald ihr ihm aufrichtig naht. Ihr müsst den guten Kampf des Glaubens kämpfen. Ihr müsst um die Krone des Lebens ringen. Strebt danach; denn Satans Macht ist über euch. Wenn ihr euch ihm nicht mit Gewalt entreißt, wird er euch lähmen und vernichten. Der Feind ist euch zur Rechten und zur Linken, er ist vor euch und hinter euch; ihr müsst ihn unter eure Füße treten. Kämpft; denn es ist eine Krone zu gewinnen. Strengt euch an; denn wenn ihr nicht die Krone erlangt, verliert ihr alles — in diesem und im zukünftigen Leben. Gebt euch Mühe, aber tut es in der Kraft des auferstandenen Heilandes.

Kapitel 146: Sich ausleben

Wenn ihr, meine lieben jungen Freunde, euch nur für kurze Zeit austobt, werdet ihr eine Frucht ernten, die euch euer ganzes Leben verbittern wird; wenn ihr einmal unbesonnen seid — wenn ihr einmal in eine Versuchung willigt — mag euer ganzer Lebensweg eine verkehrte Richtung bekommen. Ihr seid nur einmal jung: nutzt diese Zeit gut aus. Wenn ihr euern Weg durchlaufen habt, könnt ihr nicht mehr zurückkommen, um eure Fehler wiedergutzumachen. Wer sich nicht mit Gott verbindet und sich in Versuchung begibt, wird gewisslich fallen.

Der Herr erprobt jeden Jugendlichen. Viele haben ihre Leichtfertigkeit und Unehrerbietigkeit zu entschuldigen versucht und auf das schlechte Beispiel verwiesen, das ihnen die erfahreneren Lehrer gegeben hatten. Das aber darf sie nicht hindern, rechtschaffen zu handeln. Am Jüngsten Tage werdet ihr keine solcher Entschuldigungen mehr vorbringen. Ihr werdet gerechterweise verurteilt werden, weil ihr um den rechten Weg wusstet, euch aber nicht entschlossen habt, ihn zu gehen.

Versuchung

Satan, der Erzbetrüger, verstellt sich als Engel des Lichtes und naht sich den jungen Menschen mit seinen glanzvollen Versuchungen; es gelingt ihm, sie Schritt für Schritt vom Wege der Pflicht abzubringen. Er wird uns beschrieben als ein Verkläger, Betrüger, Lügner, als Peiniger und Mörder. „wer Sünde tut, der ist vom Teufel.“ 1.Johannes 3,8. Jede Übertretung bringt über die Seele Verdammung und erregt das göttliche Missfallen. Die Gedanken des Herzens sind Gott bekannt. Werden unreine Gedanken genährt, so genügt es, auch wenn sie nicht durch Worte oder Taten zum Ausdruck kommen, um Sünden zu erzeugen, die die Seele verdammen. Ihre Reinheit ist befleckt, und der Versucher triumphiert.

„Ein jeglicher wird versucht, wenn er von seiner eigenen Lust gereizt und gelockt wird." Jakobus 1,14. Er wendet sich vom Weg der Tugend und des Guten, wenn er seinen eigenen Neigungen folgt. Besitzt die Jugend moralisches Rückgrat, dann wird die stärkste Versuchung von ihr abprallen. Es ist Satans Werk, wenn ihr versucht werdet, aber eure Tat, wenn ihr der Versuchung nachgebt.

Satan hat mit seinem ganzen Heer nicht die Macht, die in Versuchung geführte Seele zur Übertretung zu zwingen. Darum gibt es auch keine Entschuldigung für die Sünde.

Während ein Teil der jungen Menschen seine Kräfte in törichter Eitelkeit vergeudet, schulen andre ihren Geist, sammeln Wissen und bereiten sich, gut gerüstet und siegesbestrebt, auf den Lebenskampf vor. Sie können aber nur dann erfolgreich sein, wie hoch sie auch die Leiter ansetzen mögen, wenn sie Gott über alles lieben. Wenden sie sich mit ganzem Herzen zu Gott und achten sie auf keinen Lockruf derer, die sie, wenn auch kaum merklich, in ihrem Streben, recht zu handeln, schwächen, dann werden Gottvertrauen und Kraft sie erfüllen.

Eitles Vergnügen bietet keine wahre Freude

Alle, die Geselligkeit lieben, sind geneigt, diesem Hang nachzugeben, bis er zu einer sie beherrschenden Leidenschaft geworden ist. Eitler Putz, der Besuch von Vergnügungsstätten und das Lachen und Scherzen über Dinge, die ganz nichtig sind, bedeutet ihnen Lebensziel. Sie haben keinen Geschmack mehr am Lesen der Bibel und an der Betrachtung geistlicher Dinge. Sie fühlen sich nicht wohl, es sei denn, sie haben etwas Erregendes vor. Ihnen fehlt die innere Kraft zum Glücklichsein; sie sind darauf angewiesen, dass die Gesellschaft andrer junger Menschen, die genauso gedankenlos und leichtfertig sind wie sie, sie erheitert. Die Kraft, die für edle Ziele angewendet werden könnte, verbrauchen sie für nichtige Dinge.

Der junge Mensch, der noch Freude und Beglückung am Bibellesen und an Gebetsstunden findet, erfrischt sich beständig durch den belebenden Trunk aus der Quelle des Lebens. Er wird eine sittliche Höhe und eine Weite des Denkens erreichen, die andern unfassbar ist. Gemeinschaft mit Gott fördert gute Gedanken, edles Streben, klare Begriffe von der Wahrheit und hochherzige Pläne. Wer sich mit dem Herrn vereinigt, wird von ihm als Sohn oder Tochter anerkannt. Sie steigen immer höher und erlangen einen klaren Blick für das Göttliche und für die Ewigkeit, so dass der Herr sie zu Trägern des Lichtes und der Weisheit für die Welt machen kann.

Die in Christus bleiben, sind glücklich, froh und freudig in Gott. Freundlichkeit tönt aus ihrer Stimme, Ehrfurcht gegenüber geistlichen und ewigen Dingen kommt in ihren Taten zum Ausdruck, und froher Gesang ertönt von ihren Lippen; denn er strömt unmittelbar vom Thron Gottes herab. Das ist das Geheimnis der Gottseligkeit, das nicht leicht zu erklären ist, aber erfahren werden kann. Ein hartes, widerspenstiges Herz verschließt sich all den lieblichen Einflüssen der Gnade Gottes und der Freude im Heiligen Geist; aber die Wege der Weisheit sind Wege voller Annehmlichkeit, und ihre Pfade sind Frieden. Je enger wir uns mit dem Heiland verbunden haben, desto mehr werden unsre Worte und Taten die bezwingende, umbildende Macht seiner Gnade offenbaren.

Kapitel 147: Ungläubige Gäste

Es ist für Christen nicht ungefährlich, sich in einer Gesellschaft aufzuhalten, die keine Verbindung mit Gott hat und deren Lebenswandel ihm missfällt. Trotzdem bewegen sich noch viele bekenntliche Christen auf verbotenen Wegen. Viele laden Verwandte ein, die eitel, oberflächlich und gottlos sind; oft lassen das Beispiel und der Einfluss solcher ungläubigen Gäste starke und bleibende Eindrücke in dem Gemüt der Kinder des Hauses zurück. Ihr Einfluss ist mit dem schlechten Einfluss zu vergleichen, den die gottlosen Kanaaniter auf die Israeliten ausübten.

Viele sind der Meinung, ihren ungläubigen Verwandten und Freunden gegenüber einige Zugeständnisse machen zu müssen. Es ist gewiss nicht leicht, hier eine Grenze zu ziehen; daher erheischt ein Zugeständnis ein zweites und so fort, bis diejenigen, die sich einst zu den wahren Nachfolgern des Herrn zählten, ihr Leben und Wesen den Gewohnheiten der Welt angepasst haben. Die Verbindung mit Gott ist unterbrochen. Sie sind nur noch dem Namen nach Christen. Und wenn die Stunde der Prüfung kommt, dann hat ihre Hoffnung keine Grundlage mehr. Sie haben sich und ihre Kinder dem bösen Feind ausgeliefert. Sie haben Gott entehrt, und am Tage seines gerechten Gerichtes werden sie ernten, was sie gesät haben. Der Heiland wird ihnen sagen, was er dem alten Volk Israel zurief: „Ihr habt meiner Stimme nicht gehorcht. Warum habt ihr das getan?" Richter 2,2.

Abschnitt 15

BRAUTSTAND UND EHE

Die Familienbande sind die innigsten, zartesten und heiligsten auf Erden. Sie waren dem Menschen zum Segen bestimmt. Und sie sind auch ein Segen überall da, wo man die Ehe verständig, in der Furcht Gottes und unter der erforderlichen Rücksicht auf ihre Anforderungen eingeht.

Kapitel 148: Wahre Liebe

Liebe ist eine kostbare Gabe. Wir erhalten sie von Jesus. Reine, heilige Zuneigung ist nicht Sache des Gefühls, sondern ein Grundsatz. Wer sich von wahrer Liebe leiten lässt, ist weder unvernünftig noch blind. Vom Heiligen Geiste unterwiesen, liebt er Gott über alles und seinen Nächsten wie sich selbst.

Wer eine Ehe eingehen will, achte deshalb sorgfältig auf jede Regung und jeden Wesenszug des andern, mit dem er sich fürs Leben verbinden will. Er hüte sich vor jedem Schritt, der dem Anstand, der Aufrichtigkeit und Ehrlichkeit zuwiderläuft und nicht in der festen Absicht geschieht, Gott zu gefallen und ihn zu ehren. Die Ehe beeinflusst das ganze Leben und zugleich unser ewiges Schicksal. Kein ernster Christ wird sich hier mit Absichten tragen, die Gott nicht gutheißen kann.

Holt euch Rat

Wer gottesfürchtige Eltern hat, teile ihnen seine Hoffnungen und Absichten mit und hole sich Rat von ihnen. Wenn man beachtet, was das Leben sie gelehrt hat, wird man vor manchem Herzeleid bewahrt bleiben. Vor allem aber muss Christus unser Berater sein. Wir müssen sein Wort unter Gebet erforschen.

Ein junges Mädchen wird sich bei solchen Ratgebern nur den zum Lebensgefährten erwählen, der lauter und rechtschaffen, tatkräftig und mannhaft ist, dabei Gott liebt und fürchtet. Der junge Mann wird nur das Mädchen als Gehilfin heimführen, welche die ihr zufallenden Lasten des Lebens tragen, ihn durch ihren Umgang veredeln und bessern und durch ihre Liebe glücklich machen kann.

„Ein vernünftiges Weib kommt vom Herrn." Sprüche 19,14. „Ihres Mannes Herz darf sich auf sie verlassen. Sie tut ihm Liebes und kein Leides ihr Leben lang." Sprüche 31,11.12. „Sie tut ihren Mund auf mit Weisheit, und auf ihrer Zunge ist holdselige Lehre. Sie schaut, wie es in ihrem Hause zugeht, und isst ihr Brot nicht mit Faulheit. Ihre Söhne stehen auf und preisen sie selig; ihr Mann lobt sie: ‚Viele Töchter halten sich tugendsam; du aber übertriffst sie alle.'" Sprüche 31,26-29. Wer solche Ehefrau findet, „der findet etwas Gutes und kann guter Dinge sein im Herrn". Sprüche 18,22.

Rechte Gefährten

In der Auswahl von Freunden und Gefährten sollte die christliche Jugend sehr vorsichtig und sorgfältig sein. Hütet euch davor, dass ihr nicht unedles Metall für reines Gold haltet! Weltliche Verbindungen wirken sich leicht zu Hindernissen aus für den Dienst, den ihr Gott schuldet. Viele Seelen gehen durch unglückliche Verbindungen im Beruf oder in der Ehe zugrunde, weil diese niemals aufwärts führen und veredeln können. Gottes Volk sollte sich unter keinen Umständen auf einen so gefährlichen Boden wagen. Gott hat die Ehe zwischen Gläubigen und Ungläubigen verboten. Nur zu oft folgen unbekehrte Herzen ihren eigenen Neigungen und gehen Verbindungen ein, die Gott nicht gutheißt.

Kapitel 149: Unrechter Brautstand*

Mangel an Festigkeit und Selbstverleugnung in deinem Wesen verwehren dir eine Glaubenserfahrung, die nicht auf Sand gebaut ist. Festigkeit und Lauterkeit müssen gepflegt werden. Diese Eigenschaften gehören unbedingt zu einem erfolgreichen christlichen Leben. Zeichnet dich innere Rechtschaffenheit aus, wird dich nichts vom rechten Wege abbringen können. Nichts wird dich zur Verletzung deiner Pflichten bewegen können. Du wirst treu und aufrichtig Gott gegenüber sein. Weder Zuneigung noch Liebe noch das Verlangen nach Freundschaft werden dich veranlassen können, die Wahrheit oder irgendeine Pflicht dranzugeben. Du wirst Pflichten nicht um einer Neigung willen opfern.

Wenn du, mein Bruder, in Versuchung kommst, dein Leben mit einem jungen, unerfahrenen Mädchen, das in bezug auf die alltäglichen Pflichten nur ungenügend erzogen ist, zu verbinden, begehst du einen bedenklichen Missgriff; doch ist dieser ihr Nachteil gering verglichen mit ihrer Unwissenheit hinsichtlich ihrer Pflicht Gott gegenüber. Sie empfing Licht und religiöse Unterweisung; nur hat sie ihr Sündenelend ohne Christus nicht eingesehen.

**Aus einem Zeugniss an eine bestimte Person*

Einfluss auf die Glaubenserfahrung

Wenn du in deiner Verblendung die Gebetsversammlungen, in denen Gott sich zu seinem Volk herabneigt, meidest, um dich lieber der Gesellschaft einer Seele zu erfreuen, die keine Liebe zu Gott und für die das Glaubensleben nichts Anziehendes hat, wie kannst du da erwarten, dass der Herr zu solcher Verbindung seinen Segen gibt?

Sei nicht voreilig! Niemand sollte zu einer frühzeitigen Heirat ermutigt werden. Beachten junge Männer und junge Mädchen die Forderungen Gottes nicht, die das Glaubensleben bestimmen, dann besteht die Gefahr, dass sie auch in ihrer Ehe die Rechte ihres Gatten oder ihrer Frau missachten. Das häufige Zusammensein mit dem Mädchen deiner Wahl, und zwar unter Verzicht auf die Segnungen des Glaubenslebens und den Besuch der Gebetsstunde, ist gefährlich; du wirst einen Verlust erleiden, den du dir nicht gestatten dürftest.

Die Angewohnheit des langen Aufbleibens bis in die Nacht hinein ist eine Sitte, die dem Herrn nicht gefällt, auch wenn ihr beide Christen seid. Diese späten Stunden schädigen die Gesundheit; sie schwächen die Kraft des Geistes zur Erledigung der Pflichten des kommenden Tages und erwecken einen schlechten Eindruck. Mein Bruder, ich hoffe, du wirst genug Selbstachtung haben, um diese Art des Umgangs entschlossen aufzugeben. Wenn du einzig die Herrlichkeit Gottes im Auge hast, dann wirst du mit Vorsicht handeln. Dann wirst du nicht aus liebeskranker Sentimentalität so verblendet sein, dass du die hohen Ansprüche, die Gott an einen Christen stellt, nicht mehr zu erkennen vermagst.

Frühzeitiges Heiraten

Zu frühzeitigen Eheschließungen sollte nicht ermutigt werden. Eine Angelegenheit, die so wichtig ist wie eine Heirat und die so weitreichend in ihren Folgen sein kann, sollte nicht voreilig, ohne gut überlegte Vorbereitungen und vor der geistigen und körperlichen Reife der jungen Menschen durchgeführt werden.

Kapitel 150: Verlobung mit Ungläubigen

Liebe Schwester, ich habe von deiner beabsichtigten Heirat mit einem, der nicht deines Glaubens ist, erfahren, und ich fürchte, du hast diese wichtige Angelegenheit nicht sorgfältig genug überlegt. Bevor du einen solchen Schritt, der über dein ganzes späteres Leben entscheidet, unternimmst, bitte ich dich dringend, dein Vorhaben gründlich und unter Gebet zu überprüfen. Kann dieses neue Verhältnis dir zu einer Quelle wahrer Glückseligkeit werden? Wird es dir eine Hilfe im christlichen Leben sein? Wird es Gott gefallen? Wird dein Beispiel so sein, dass ihm andre folgen könnten?

Beweise der Liebe

Jedes Mädchen sollte sich, bevor sie ihre Hand zur Eheschließung gibt, fragen, ob der, mit dem sie ihr Schicksal verbinden will, auch würdig ist. Wie war sein bisheriges Leben? War es rein und lauter? Zeigt seine Liebe, die er dir bekennt, edle, aufwärts gerichtete Eigenschaften, oder ist sie nur ein leidenschaftliches Verlangen? Besitzt er einen Charakter, der Glück gewährleisten kann? Wird sie ihre innere Selbständigkeit behalten können, oder muss sie ihr Urteil und Gewissen ihrem Gatten unterstellen? Kann sie in dieser Verbindung Frieden und Freude finden? Als Christi Jüngerin gehört sie nicht sich selbst; sie wurde teuer erkauft. Haben die Ansprüche des Heilandes den Vorrang? Können Seele und Leib, Gedanken und Vorsätze rein und heilig erhalten bleiben? Diese Fragen sind für das Wohlergehen jeder Frau, die eine Ehe eingehen will, von lebenswichtiger Bedeutung.

Lebendiger Glaube im Heim ist sehr wichtig. Nur dieser kann die schmerzlichen Erfahrungen verhüten, die so oft Eheleben verbittern. Allein wo Christus herrscht, kann wahre, tiefe und selbstlose Liebe gedeihen. Da findet sich das Herz zum Herzen, und beider Leben eint sich in Harmonie. Die Engel Gottes werden in solchem Heim zu Gast sein, und ihre treue Wacht wird das Ehegemach weihen; erniedrigende Sinnlichkeit wird gebannt. Die Gedanken richten sich auf Gott, und des Herzens Andacht erhebt sich zu ihm.

Folgen des Ungehorsams

Das Herz sehnt sich nach menschlicher Liebe; aber diese Liebe ist nicht stark genug, nicht rein und kostbar genug, um Jesu Liebe zu ersetzen. Nur in ihrem Heiland kann die Frau Weisheit, Kraft und Gnade finden, um den Sorgen und Verantwortlichkeiten und dem Kummer des Lebens begegnen zu können. Darum sollte sie Christus zu ihrer Stärke und zu ihrem Führer machen. Ihm sollte sie sich zunächst weihen, ehe sie sich mit einem Menschen verbindet, und kein Verhältnis eingehen, das Christus ausschließt. Wer wahres Glück finden will, muss sich mit allem, was er besitzt und tun will, des himmlischen Segens vergewissern. Nur wegen ihres Ungehorsams gegen Gott sind so viele Herzen und Häuser mit Unglück erfüllt. Meine Schwester, sofern du nicht ein Heim wünschst, aus dem die Schatten nimmer weichen, verbinde dich nicht mit jemand, der ein Feind Gottes ist.

Als jemand, der seine Worte im Gericht zu verantworten hat, bitte ich dich ernstlich, den beabsichtigten Schritt noch einmal gut zu überlegen. Frage dich: „Wird ein ungläubiger Gatte meine Gedanken nicht von Christus ablenken? Er liebt das Vergnügen mehr als Gott; wird er mich nicht zu jenen Dingen verführen, die er liebt?" Der Weg zum ewigen Leben ist steil und rau. Belaste dich nicht zusätzlich und erschwere dir nicht selbst dein Fortkommen.

Ich warne dich, ehe es zu spät ist. Du hörst auf die schmeichelnden, betörenden Worte und glaubst, dass alles gut werden kann; aber du erkennst nicht die inneren Beweggründe, die solches Schöntun hervorrufen. Du siehst nicht die im Herzen verborgene Arglist. Du vermagst nicht hinter den Vorhang zu schauen und die Fallstricke zu erkennen, mit denen Satan deine Seele binden will. Er will dich zu einem Lebenswandel verführen, der ihn leicht in den Stand setzt, seine Pfeile der Versuchung gegen dich zu richten. Gib ihm dazu nicht die geringste Gelegenheit! Während Gott den Geist seiner Kinder bewegt und anrührt, wirkt Satan durch die Kinder des Unglaubens. Es gibt keine Übereinstimmung zwischen Christus und dem Teufel. Die beiden können nicht übereinkommen. Durch die Verbindung mit einem Ungläubigen begibst du dich auf Satans Boden. Du betrübst den Geist Gottes und verlierst seinen Schutz. Kannst du es dir leisten, eine so furchtbare Übermacht im Kampf um das ewige Leben gegen dich zu haben?

Aufgelöste Verlobung

Du wirst sagen: „Aber ich habe mein Wort gegeben und soll es jetzt brechen?" Ich antworte dir: Wenn du ein Versprechen abgegeben hast, das schriftwidrig ist, dann zieh es unter allen Umständen zurück und bereue in Demut vor Gott deine Torheit, die dich zu solch übereiltem Gelübde gedrängt hat. Es ist weit besser, solches Versprechen in der Furcht Gottes zurückzuziehen, als es zu halten und dadurch dem Schöpfer Unehre zu bereiten.

Denke daran, dass du einen Himmel zu gewinnen hast und den offenen Weg der Verdammnis meiden musst. Gott meint, was er sagt. Als er unsere ersten Eltern verbot, von dem Baum der Erkenntnis zu essen, öffnete ihr Ungehorsam dem Unheil das Tor für eine ganze Welt. Wenn wir uns gegen Gott wenden, dann wird er auch gegen uns sein. Der einzig sichere Weg besteht im Gehorsam seinen Gesetzen gegenüber um jeden Preis. Gottes Forderungen entsprechen seiner unendlichen Liebe und Weisheit.

Wer sich von wahrer Liebe leiten lässt, ist weder unvernünftig noch blind. Vom Heiligen Geiste unterwiesen, liebt er Gott über alles und seinen Nächsten wie sich selbst.

Reifes Urteil ist wichtig

Um des Allgemeinwohls und um der höchsten Interessen der Schüler willen sollten sie sich keinen Lebensgefährten erwählen, solange sich ihr Charakter nicht entwickelt hat, ihr Urteilsvermögen nicht reifer geworden ist und sie die elterliche Fürsorge und Führung entbehren müssen.

Diejenigen, welche die Jugend vor Versuchungen zu schützen und sie auf ein nützliches Leben vorzubereiten versuchen, tun ein gutes Werk. Wir freuen uns, dass an jeder Erziehungsstätte eine Erkenntnis über die Bedeutung geziemender Einschränkung und Zucht für die Jugend festzustellen ist. Mögen die Anstrengungen aller Erzieher erfolgreich sein!

Kapitel 151: Rat und Führung sind nötig

In diesen gefahrvollen und verführerischen Tagen sind die Jugendlichen vielen Prüfungen und Versuchungen ausgesetzt. Viele steuern einem gefährlichen Hafen zu. Sie haben einen guten Lotsen nötig, lehnen aber die so dringend erforderliche Hilfe voller Verachtung ab und fühlen sich stark genug, ihr Lebensschifflein selbst zu steuern; dabei unterschätzen sie die Gefahr, an ein verborgenes Riff zu stoßen und im Glauben und Lebensglück Schiffbruch zu erleiden. In bezug auf Verlobung und Ehe sind sie verblendet; ihre Hauptsorge besteht darin, ihren eigenen Weg zu gehen. In diesem so bedeutungsvollen Lebensabschnitt bedürfen sie eines unfehlbaren Ratgebers und sicheren Führers. Ihn finden sie im Worte Gottes. Wenn sie nicht eifrig in jenem Worte forschen, werden sie verhängnisvolle Fehler begehen, die ihr und ihrer Kameraden Glück für dieses und das zukünftige Leben zerstören können.

Viele sind heftig und eigensinnig veranlagt. Sie verschmähen den weisen Rat der Bibel. Sie haben sich nicht selbst bekämpft und keine herrlichen Siege über sich errungen; ihr unbeugsamer Hochmut hat sie mehr und mehr vom Weg der Pflicht und des Gehorsams abgedrängt. Schaut auf euer vergangenes Leben zurück, meine jungen Freunde, und betrachtet aufrichtig euren Lebenswandel im Licht des Wortes Gottes. Seid ihr gewissenhaft den Verpflichtungen nachgekommen, die euch die Bibel euren Eltern gegenüber auferlegt? Habt ihr die Mutter, die sich von eurer Kindheit an um euch gesorgt hat, mit Freundlichkeit und Liebe behandelt? Seid ihr auf ihre Wünsche eingegangen, oder habt ihr Sorge und Leid in ihr Herz gebracht und seid eigenen Wünschen und Plänen nachgegangen? Hat die Wahrheit, die ihr bekennt, euer Herz geheiligt und euren Willen besänftigt und bestimmt? Wenn nicht, dann habt ihr viel wiedergutzumachen.

Ein vollkommener Führer

Die Heilige Schrift gibt uns den vollkommenen Maßstab für einen Charakter. Dies heilige Buch, „von Gott eingegeben“, von heiligen Menschen geschrieben, ist ein unfehlbarer Führer durch alle Lebensumstände. Es zeigt klar und deutlich die Pflichten für jung und alt. Wer dieses Buch zu seinem Lebensführer macht, den werden seine Lehren emporziehen. Es erhebt den Geist, bessert den Charakter und gibt dem Herzen Frieden und Freude. Aber viele Jugendliche machen sich selbst zu ihrem Ratgeber und Führer und haben ihr Geschick in ihre eigene Hand genommen. Diese haben ein sorgfältiges Studium der biblischen Lehre besonders nötig. In der Heiligen Schrift finden sie ihre Pflicht den Eltern und Glaubensbrüdern gegenüber offenbart. Das fünfte Gebot lautet: „Du sollst deinen Vater und deine Mutter ehren, auf dass du lange lebest in dem Lande, das dir der Herr, dein Gott, gibt.“ 2.Mose 20,12. Und weiter lesen wir: „Ihr Kinder, seid gehorsam euren Eltern in dem Herrn; denn das ist billig.“ Epheser 6,1.

Eines der Zeichen der letzten Tage besteht darin, dass die Kinder ihren Eltern ungehorsam, dass sie undankbar und unheilig sind. Das Wort Gottes unterstreicht in Vorschriften und Ratschlägen die den Eltern schuldige Achtung. Es prägt dem Jugendlichen die heilige Pflicht der Liebe und Dankbarkeit denen gegenüber ein, die sie durch Kindheit und Jugend bis zum reiferen Alter geführt haben und die nun zum Teil in bezug auf Frieden und Freude von ihnen abhängig sind. Die Bibel lässt darüber keine Unklarheit bestehen; trotzdem werden ihre Anweisungen oft sehr missachtet.

Die Jugend hat noch viel zu lernen; die wichtigste Lehre aber ist Selbsterkenntnis. Die Jugendlichen sollten eine klare Vorstellung von ihren Pflichten den Eltern gegenüber haben und beständig in der Schule Christi lernen, sanftmütig und von Herzen demütig zu sein. Bringen sie ihren Eltern Liebe und Ehrerbietung entgegen, dann werden sie auch auf das Urteil erfahrener Menschen hören, mit denen sie in der Gemeinde zusammenkommen.

Schickliches Benehmen

Ein junger Mann, der ohne Wissen der Eltern die Freundschaft eines jungen Mädchens begehrt, handelt ihm und dessen Eltern gegenüber nicht als vorbildlicher Christ. Durch heimliche Zusammenkünfte mag er wohl Einfluss auf das Mädchen gewinnen; er beweist dadurch aber einen Mangel an Vornehmheit und Seelenadel, den jedes Gotteskind besitzen soll. Um ihr Ziel zu erreichen, verstellen sich beide, handeln nicht frei und offen und nach den Anweisungen der Schrift und werden unwahr denen gegenüber, die sie lieben und die sie treu bewachen wollen. Ehen, die so zustande kommen, entsprechen nicht dem Worte Gottes. Wer eine Tochter pflichtvergessen macht, ihre Gedanken über Gottes klare und ausdrückliche Befehle, den Eltern zu gehorchen und sie zu ehren, verwirrt, wird auch seine Pflichten in der Ehe nicht erfüllen.

Der Psalmist fragt: „Wie wird ein Jüngling seinen Weg unsträflich gehen?“ Und er antwortet: „Wenn er sich hält nach deinen Worten.“ Psalm 119,9. Der Jüngling, der die Heilige Schrift zu seinem Führer erwählt hat, hat einen Sinn für den einzig sicheren Weg der Pflicht. Jenes teure Buch wird ihn lehren, einen rechtschaffenen Charakter zu bewahren, wahrhaftig zu sein und in keinen Betrug zu willigen. Gott hatte auf die steinerne Tafel geschrieben: „Du sollst nicht stehlen.“ Dennoch werden so viele Zuneigungen erschlichen und ein solches Verhalten auch noch entschuldigt.

Ein betrügerisches Liebeswerben wird fortgesetzt und heimliche Verbindungen werden so lange aufrechterhalten, bis die Neigungen des unerfahrenen Teils, der nicht weiß, wohin die Dinge treiben werden, von den Eltern weg auf den abgelenkt werden, der durch den Weg, den er einschlägt, zeigt, dass er der Liebe unwürdig ist. Die Bibel verurteilt jede Art von Unredlichkeit und fordert Aufrichtigkeit unter allen Umständen. Wer sie zum Führer seiner Jugend, zum Licht auf seinem Wege erwählt, wird ihren Anweisungen in allen Dingen folgen. Er wird, um sein Ziel zu erreichen, nicht den kleinsten Buchstaben noch ein Tüttel vom Gesetz übertreten, auch wenn er dafür große Opfer bringen muss. Wenn er der Bibel glaubt, weiß er auch, dass der Segen des Herrn nicht auf ihm ruhen wird, sobald er den rechten Weg verlässt. Obwohl er vielleicht noch eine Zeitlang glücklich erscheint, werden die Früchte seines Tuns gewisslich reifen.

Der Fluch Gottes ruht auf vielen unpassenden, frühen Verbindungen, die heute eingegangen werden. Wenn die Bibel alle diese Fragen in einem ungewissen, unsicheren Licht ließe, dann würde das Verhalten vieler Jugendlicher in ihrem gegenseitigen Verhältnis entschuldbarer sein. Aber die Anweisungen der Bibel sind keine ungefähren Vorschriften, sie fordern vollkommene Reinheit in Gedanken, Worten und Taten. Wir sind Gott dankbar, dass sein Wort unsres Fußes Leuchte ist und niemand den Weg der Pflicht verfehlen muss. Der junge Mensch sollte es sich angelegen sein lassen, im Wort zu forschen und dessen Ratschläge zu beachten; denn stets werden dann böse Fehler gemacht, wenn man von den biblischen Vorschriften abweicht.

Gesundes Urteil ist nötig

Wenn es etwas gibt, das mit ruhigem Sinn und leidenschaftslosem Urteil betrachtet werden sollte, dann ist es die Eheschließung. Wenn je die Heilige Schrift als Ratgeber nötig ist, dann besonders vor dem Entschluss, sich fürs Leben zu binden. Aber es herrscht die Meinung vor, dass das Gefühl führend sein soll. In viel zu vielen Fällen führt liebeskranker Gefühlsüberschwang zum sicheren Untergang. Hier offenbart die Jugend weniger Verständnis als bei jeder anderen Angelegenheit. Hier weigert sie sich, vernünftig mit sich reden zu lassen. Die Heiratsfrage scheint eine bezaubernde Macht über sie auszuüben. Sie unterstellt sich hierin nicht ihrem Schöpfer. Ihre Sinne sind wie gefesselt; sie gehen im Verborgenen vor, als ob sie fürchteten, ihre Absichten könnten von andern durchkreuzt werden.

Die heimliche Art, in der Verlobungen und Heiraten durchgesetzt werden, ist die Ursache großen Elends, dessen volles Ausmaß nur Gott bekannt ist. An dieser Klippe haben Tausende Schiffbruch erlitten. Bekenntliche Christen, deren Leben rechtschaffen ist und die in bezug auf andere Dinge verständig scheinen, begehen in dieser Angelegenheit fürchterliche Missgriffe. Sie zeigen einen festen, entschlossenen Willen, den kein Vernunftsgrund zu beeinflussen vermag. Menschliche Gefühle und Regungen haben sie derart bezaubert, dass sie kein Verlangen mehr danach haben, in der Bibel zu forschen und ihr Verhältnis zu Gott zu vertiefen.

Satan weiß genau, wen er im Menschen vor sich hat, und er entfaltet seine höllische Schlauheit auf verschiedene Weise, um Seelen zu fangen und zu vernichten. Er bewacht jeden Schritt, der getan wird; er ist mit mannigfachen Einflüsterungen gegenwärtig. Oft wird diesen schneller und bereitwilliger Folge geleistet als dem Rat des Wortes Gottes. Dieses fein gewobene, gefährliche Netz wird geschickt ausgelegt, um die unachtsamen jungen Menschen zu fangen. Es erscheint oft unter dem Deckmantel des Lichtes; aber wer sich besiegen lässt, schafft sich viele Leiden. Als Folgeerscheinungen sehen wir überall menschliche Wracks.

Elterlicher Rat sollte eingeholt werden

Wann wird unsre Jugend endlich weise werden? Wie lange wird es so weitergehen? Werden Kinder nur noch ihren eigenen Wünschen und Neigungen folgen und den Rat und das Urteil der Eltern missachten? Einige scheinen sich überhaupt nicht mehr nach den Wünschen oder Neigungen der Eltern richten und noch weniger ihr reiferes Urteil beachten zu wollen. Selbstsucht hat ihre Herzenstür der kindlichen Zuneigung verschlossen. Das Gemüt der jungen Menschen muss hier angesprochen werden. Das fünfte Gebot ist das einzige, das Verheißung hat; es wird aber zu oberflächlich gehalten und wird auf Verlangen des Liebhabers missachtet. Die Liebe einer

Mutter geringschätzen, die Fürsorge eines Vaters mit einem unehrenhaften Lebenswandel vergelten, — das sind Sünden, die in den himmlischen Büchern gegen manchen Jugendlichen verzeichnet stehen.

Einer der größten Irrtümer besteht darin, dass man annimmt, die Neigungen der jungen, unerfahrenen Menschen dürften nicht gestört werden und es dürfte sich niemand in ihre Liebesbeziehungen einmischen. Wenn es etwas gibt, das von allen Seiten betrachtet werden muss, dann ist es dies. Die Hilfe andrer, die Erfahrung haben, und ein ruhiges, sorgfältiges Abwägen der Angelegenheit auf beiden Seiten ist unbedingt wichtig. Von vielen wird diese Sache allzu leichtfertig behandelt.

Nehmt Gottes und eurer gottesfürchtigen Eltern Rat in Anspruch, meine jungen Freunde! Betet deswegen! Prüft jedes Gefühl und beobachtet jede Charakteräußerung bei dem einen, mit dem ihr euer Lebensgeschick verbinden wollt. Der Schritt, den ihr zu tun beabsichtigt, ist einer der wichtigsten in eurem Leben; er sollte nicht voreilig unternommen werden. Wenn ihr liebt, dann liebt nicht blind.

Untersucht sorgfältig, ob euer Eheleben glücklich oder unharmonisch und elendig sein würde. Halte dir die Fragen vor Augen, mein Freund: Wird mich diese Verbindung himmelwärts führen? Wird sie meine Liebe zu Gott mehren? Wird sie meine Brauchbarkeit für dieses Leben vergrößern? Lassen diese Überlegungen kein Bedenken aufkommen, dann gehe in der Furcht Gottes voran.

Auch wenn du dich schon verlobt hast, ohne völlige Klarheit über den Charakter dessen gehabt zu haben, mit dem du dich zu vereinigen wünschst, dann glaube nicht, dass die Verlobung es unbedingt nötig macht, auch den Eheschwur abzulegen und dich fürs Leben mit jemanden zu verbinden, den du weder lieben noch achten kannst. Überlege immer sorgfältig, wenn du Bedingungen auf dich nimmst. Auf jeden Fall ist es besser, viel besser, die Verlobung wieder aufzuheben, als eine Ehe zu trennen, wie es oft geschieht.

Die Behandlung der Mutter ist ein Maßstab

Wahre Liebe ist eine Pflanze, die gute Pflege braucht. Jedes Mädchen, das sich eine friedvolle, glückliche Ehe wünscht und zukünftiges Leid und Sorgen vermeiden will, sollte sich vor der Aufnahme näherer Beziehungen fragen: Hat mein Liebhaber noch eine Mutter? Wie ist ihr Charakter? Kommt er seinen Sohnespflichten nach? Berücksichtigt er ihr Glück und ihre Wünsche? Wenn er seine Mutter nicht achtet und ehrt, wie wird er seine Frau mit Achtung und Liebe, mit Freundlichkeit und Aufmerksamkeit umgeben können? Wird er mich noch liebhaben, wenn die Flitterwochen vorüber sind? Wird er meine Fehler und Schwächen mit Geduld tragen? Oder wird er kritisch, überheblich und herrschsüchtig sein? Wahre Zuneigung wird über viele Fehler hinwegsehen; die Liebe deckt auch der Fehler Menge.

Gefühlswallungen sind unzuverlässig

Die Jugendlichen vertrauen zu sehr ihren Gefühlen. Sie sollten ihre Neigungen nicht so leicht verschenken, noch sich von dem gewinnenden Äußeren des Liebhabers gefangen nehmen lassen. Das Liebeswerben, wie es heute üblich ist, ist eine Art Täuschung und Heuchelei, mit der Satan, der Feind der Seelen, weit mehr zu tun hat als Gott. Wenn irgendwo, dann ist hier der gesunde Menschenverstand nötig, aber tatsächlich bringt man ihn wenig in Anwendung.

Wenn die Kinder mit ihren Eltern vertrauter lebten, wenn sie mehr Vertrauen zu ihnen hätten und mit ihren Freuden und Leiden zu ihnen kämen, dann könnte ihnen manches Herzeleid erspart bleiben. Und wissen sie einmal nicht aus und ein, dann sollten sie ihre Angelegenheit so, wie sie sie sehen, ihren Eltern vortragen und ihren Rat einholen. Wer ist geeigneter, auf die Gefahren hinzuweisen, als fromme Eltern? Wer versteht die besonderen Eigenarten der Kinder besser als sie?

Junge Christen werden die Liebe und Billigung ihrer gottesfürchtigen Eltern über alle irdischen Segnungen schätzen. Die Eltern können mit den Kindern mitfühlen, für sie und mit ihnen beten, damit der Herr sie schützen und leiten möge. Vor allem aber können sie die Kinder dem unfehlbaren Freund und Ratgeber zuführen, der durch das Gefühl für ihre Schwachheit gerührt wird. „Der versucht ist allenthalben gleichwie wir, doch ohne Sünde“ (Hebräer 4,15), weiß denen zu helfen, die versucht werden.

Geistliche Liebe

In eurer Lebensgemeinschaft muss der eine zum Glück des andern beitragen. Jeder sei dem andern ein Helfer zur Glückseligkeit. Das ist der Wille Gottes für euch. Doch wenn ihr euch auch miteinander verbindet, so verliere doch keiner durch den andern seine Persönlichkeit. Gott allein gehört ihr als sein Eigentum.

In einem Leben für den Herrn bringt die Seele ihm ihre besten und wertvollsten Neigungen. Weiht auch ihr eure größte Liebe ihm, der für euch gestorben ist? Wenn dem so ist, dann wird auch eure Liebe zueinander dem Willen Gottes gemäß sein.

Kapitel 152: Vorschnelle Heirat

Junge Männer und Mädchen heiraten oft mit unreifer Liebe, unausgebildetem Urteil, ohne edle, erhabene Gefühle und legen das feierliche Ehegelübde lediglich auf Grund ihrer unentwickelten, kindlichen Neigungen ab.

Die Gefahr frühzeitiger Bindungen

Bindungen, die bereits in der Kindheit geschlossen wurden, nehmen oft einen unglücklichen Ausgang oder führen zu entehrender Trennung. Frühehen, ohne Einwilligung der Eltern geschlossen, werden selten glücklich. Die jugendlichen Neigungen sollten unterdrückt werden, bis genügend Lebenserfahrung und Reife ihre Entfaltung zulassen. Wer sich nicht beherrschen kann, gerät in Gefahr, das Dasein als elende Last dahinzuschleppen. Ein junger Mensch von noch nicht zwanzig Jahren ist ein schlechter Beurteiler des andern, der ebenso jung ist, und mit dem er sich fürs Leben verbinden will. Wenn beider Urteil reifer geworden ist, dann sehen sie, dass sie fürs Leben gebunden sind, und stellen vielleicht fest, dass sie einander gar nicht glücklich machen können. Anstatt dann ihr Geschick so gut wie nur möglich zu gestalten, erheben sie gegenseitig Beschuldigungen; der Bruch vergrößert sich, bis Gleichgültigkeit und Nichtachtung dem andern gegenüber in ihrem Verhältnis vorherrschen. Nichts Heiliges schwingt in dem Wort Heim für sie. Die häusliche Atmosphäre ist durch lieblose Worte und bittere Vorwürfe vergiftet.

Kapitel 153: Kluge und törichte Heiraten

Voreilige Heiraten verursachen die meisten der Übel unsrer Zeit. Weder körperliche Gesundheit noch geistige Frische werden durch eine Ehe gefördert, die nur allzu voreilig geschlossen wurde. Darüber wird leider viel zu wenig nachgedacht. Viele Jugendliche handeln rein gefühlsmäßig. Ein Entschluss, von dem so viel Gutes oder Böses abhängt, kann zum lebenslänglichen Segen oder Fluch werden. Leider wird er viel zu oft voreilig gefasst und unter dem Einfluss einer Gefühlswallung durchgeführt. Viele beachten nicht den vernünftigen Rat, den ihnen ein erfahrener Christ gibt.

Die Welt ist heute voll von Elend, das eine Folge schlecht gewählter Ehepartner ist. In vielen Fällen dauert es nur einige Monate, bis die Ehegatten erkennen, dass ihre persönlichen Veranlagungen nicht zueinander passen. Das Ergebnis sind dann jene Misstöne, die in dem Hause vorherrschen, in welchem nur Liebe und himmlische Harmonie zu finden sein sollten.

Durch Streitigkeiten über geringfügige Dinge wird ein hässlicher Geist gezüchtet. Offene Feindschaft und lodernder Hass bringen unaussprechliches Elend in das Heim und treiben diejenigen auseinander, die durch das Band der Liebe miteinander verbunden sein sollten. So haben Tausende durch törichte Heiraten Leib und Seele geopfert und sind den Weg des Verderbens gegangen.

Ungleich verbunden

Es ist sehr gefahrvoll, eine weltliche Verbindung einzugehen. Satan weiß gut, dass der Hochzeitstag vieler junger Menschen gleichzeitig das Ende ihrer Glaubenserfahrung und geistlichen Brauchbarkeit ist. Eine Zeitlang bemühen sie sich noch um ein christliches Leben; aber ihr ganzes Streben verpufft an einem ständigen Gegenstrom. Einst sahen sie ein Vorrecht darin, von der christlichen Freude und Hoffnung zu sprechen, bald aber lieben sie es nicht mehr, sich darüber zu unterhalten. Sie wissen ja, dass der andre, mit dem sie ihr eigenes Geschick verbunden haben, kein Interesse an geistlichen Dingen hat. So webt der böse Feind hinterlistig ein Netz voller Zweifel, und der Glaube an die köstliche Wahrheit erstirbt in ihrem Herzen.

Es ist Satans gut berechnetes Bemühen, die Jugend in Sünde zu verstricken; denn dann ist er ihrer ganz sicher. Der Seelenfeind ist voller Hass gegen jede Bestrebung, die Jugend auf dem rechten Weg zu erhalten. Er hasst alles, was ein treues Abbild von Gott und Christus ist; so richtet er seine Bemühungen besonders gegen diejenigen, die darauf aus sind, Himmelslicht zu empfangen; denn er weiß, dass alles, was sie tun, um mit Gott in Verbindung zu kommen, ihnen auch Kraft zum Widerstand gegen seine Versuchungen gibt. Als ein Engel des Lichtes naht er sich mit listigen Täuschungen der Jugend; und nur zu oft gewinnt er Einfluss über sie und bringt sie Schritt für Schritt vom Wege der Pflicht ab.

Passende Verbindung

Junge Leute können durch ihren Umgang miteinander ihrer Umgebung zum Segen oder zum Fluch werden. Sie können sich erbauen, stärken, einander zum Segen werden und sich gegenseitig in ihrem Betragen und in ihrer Veranlagung und Erkenntnis fördern. Wenn sie es sich aber erlauben, unbekümmert und ungläubig dahinzuleben, können sie nur einen schlechten Einfluss aufeinander ausüben.

Übereilte Heiraten

Satan ist ständig damit beschäftigt, die unerfahrene Jugend zu einer übereilten Heirat zu veranlassen. Je weniger wir aber auf solche Heiraten, wie sie heutzutage oft geschlossen werden, stolz sind, desto besser. Wenn das heilige Wesen und die Anforderungen der Ehe verstanden werden, dann wird sie auch heute noch vom Himmel gebilligt werden. Das Ergebnis wird das Glück beider Teile sein, und Gott wird verherrlicht werden. Wahrer Glaube veredelt den Geist, verfeinert den Geschmack, heiligt den Verstand und erhebt den Gläubigen zum Teilhaber himmlischer Reinheit und göttlichen Einflusses. Er bringt ihn den Engeln näher und trennt ihn mehr und mehr vom Geist und Einfluss der Welt.

Unter dem Einfluss Satans in die Ehe

Satan beeinflusst ohne Unterlass diejenigen, die gar nicht zueinander passen, ihre Interessen miteinander zu verbinden. Bei diesem Werk verspürt er große Freude; denn er kann nun noch mehr Elend und Hoffnungslosigkeit unter den Menschen anrichten, als es ihm durch irgendwelche andere Bemühungen möglich wäre.

Kapitel 154: Freien und sich freien lassen

Gott schuf die Menschen, setzte sie in die Welt und bestimmte ihnen, zu essen, zu trinken, zu arbeiten, zu heiraten und sich heiraten zu lassen; man ist aber nur sicher, wenn man alles das in der Furcht des Herrn tut. Wir sollten in dieser Welt mit dem Blick auf die Ewigkeit leben. Das große Unrecht in bezug auf die Heiraten in den Tagen Noahs bestand darin, dass sich die Söhne Gottes mit den Töchtern der Menschen verbanden. Die Anhänger des Herrn schlossen sich mit denen zusammen, die ein verdorbenes Herz besaßen; sie heirateten, wen sie wollten. So gibt es auch heute viele, die keine tiefe Glaubenserfahrung haben und dasselbe tun, was die Menschen in den Tagen Noahs taten. Sie machen sich nichts daraus, ohne Gebet und ohne sorgfältige Prüfung zu heiraten. Viele legen das heilige Ehegelübde so gedankenlos ab, als handle es sich um ein geschäftliches Unternehmen. Der Beweggrund ihrer Heirat ist nicht wahre Liebe.

Unheilige Verblendung

Der Heiratsgedanke scheint eine bezaubernde Macht auf die Gemüter der Jugendlichen auszuüben. Zwei Menschen lernen sich kennen; sie sind ineinander vernarrt, und ihre Aufmerksamkeit ist völlig in Anspruch genommen. Die Vernunft ist ausgeschaltet, das Urteilsvermögen ist lahmgelegt. Jeden Rat und jede Zucht lehnen sie ab und bestehen darauf, ihren eigenen Weg zu gehen, ohne Rücksicht auf die Folgen.

Wie eine epidemische Krankheit oder Seuche, die ihren verderblichen Lauf nimmt, erscheint die Verblendung, die von ihnen Besitz ergriffen hat; nichts und niemand scheint sie aufhalten zu können. Vielleicht sind in ihrer Umgebung solche, die erkennen, dass die Durchführung dieser Heiratsabsicht nur lebenslängliches Unglück zur Folge haben wird. Aber ihre Ratschläge und Ermahnungen werden nicht angenommen. Möglicherweise verkümmert durch solche Verbindung die Brauchbarkeit des einen, den Gott in seinem Dienst hätte segnen können; aber Vernunftsgründe und Überredungsversuche bleiben erfolglos.

Alles, was von erfahrenen Männern und Frauen vorgebracht werden kann, erweist sich als unwirksam. Es gelingt ihnen nicht, die Entscheidung, zu der sie ihr Verlangen geführt hat, aufzuhalten oder zu verändern. Sie verlieren ihr Interesse an der Gebetsstunde und an allem, was den Glauben betrifft. Sie sind beide so verblendet, dass sie ihre Lebenspflichten vernachlässigen, als wenn dies nur unbedeutende Dinge wären. Nacht für Nacht sitzen sie beisammen und erzählen einander. Sind es ernsthafte und feierliche Themen? — O nein! Eher seichte und unwichtige Dinge.

Übertretung der Gesundheits- und Sittengesetze

Satans Engel umgeben jene, die einen großen Teil der Nacht mit Flirt und Unterhaltungen ausfüllen. Wären ihre Augen geöffnet, dann könnten sie sehen, dass ein Engel ihre Worte und Taten aufzeichnet. Gesundheits- und Sittengesetze werden übertreten. Es wäre besser, diese jungen Leute würden die während der Verlobungszeit vergeudeten Stunden ihrem Eheleben zugutekommen lassen. Es ist aber allgemein so geworden, dass die während der Verlobung erwiesene Hinneigung mit der Heirat ihr Ende findet.

Diese Nachtstunden der Ausschweifung in unserm verderbten Zeitalter führen meistens beide Partner in gleiche Verderbnis. Satan triumphiert, und Gott wird entehrt, wenn sich die Menschen selbst verunehren. Der gute, ehrenhafte Name wird im Wahn dieser Verliebtheit geopfert. Die Hochzeit solcher Menschen kann nicht mit der Zustimmung Gottes gefeiert werden. Sie haben den Bund fürs Leben geschlossen, weil ihre Leidenschaft sie dazu getrieben hat; ist aber der Reiz der Neuheit verrauscht, dann erkennen sie, was sie getan haben. Ein halbes Jahr nach Ablegung des Ehegelübdes werden ihre Gefühle zueinander bereits eine Änderung erfahren haben. Jeder hat während des ehelichen Beisammenseins den Charakter des andern besser kennengelernt. Jeder sieht in den anderen Unvollkommenheiten, die ihm früher nicht aufgefallen sind. Das Versprechen am Altar bindet sie nicht mehr aneinander. Auch unter dem bekenntlichen Volke Gottes gibt es als Folge übereilter Heiraten Scheidungen, Trennungen und große Verwirrung in der Gemeinde.

Verschmähte Ratschläge

Diese Art von Heiraten gehören zu den besonderen Anschlägen Satans. Er hat fast immer mit seinen Plänen Erfolg. Ich habe das peinlichste Gefühl der Hilflosigkeit, wenn Liebesleute zu mir kommen und mich in dieser Angelegenheit um Rat fragen. Ich möchte zu ihnen die Worte sprechen, die Gott haben will. Aber meistens ziehen sie alles in Frage und beweisen die Weisheit ihrer eigenen Absichten. Und schließlich handeln sie entsprechend.

Sie scheinen keine Kraft zu haben, ihr Verlangen und ihre Neigungen zu überwinden, und heiraten „auf gut Glück". Sie überlegen nicht sorgfältig und legen die Angelegenheit nicht unter Gebet in die Hand Gottes, damit sein Geist sie führe und leite. Vor ihren Augen steht nicht die Furcht Gottes. Sie meinen, alles richtig zu sehen und Weisheit von Gott oder Rat von Menschen nicht nötig zu haben.

Erst wenn es zu spät ist, erkennen sie ihren Irrtum und wissen, dass sie ihr Lebensglück und ihrer Seele Seligkeit gefährdet haben. Sie hielten sich für klüger als alle andern. Hätten sie guten Rat nicht ausgeschlagen, wären ihnen Jahre der Angst und Sorge erspart geblieben. Aber jeder Ratschlag ist umsonst bei denen, die nur ihren eigenen Weg gehen wollen. Die Leidenschaft solcher Menschen durchbricht alle Schranken der Vernunft und eines gesunden Urteils.

Kennzeichen wahrer Liebe

Die Liebe ist göttlichen Ursprungs. Sie ist nicht unvernünftig und auch nicht blind. Sie ist rein und heilig. Aber die Leidenschaft des natürlichen Herzens ist etwas ganz anderes. Während wahre Liebe ihre Pläne mit dem Herrn macht und in voller Harmonie mit dem Geist Gottes handelt, ist die Leidenschaft eigensinnig, hastig, unvernünftig, trotzig und schrankenlos und vergöttert den auserwählten Menschen. Wer wahre Liebe in sich trägt, offenbart die Gnade Gottes. Bescheidenheit, Einfachheit, Aufrichtigkeit, sittliche Kraft und Glauben werden jeden Schritt zu einem Ehebündnis auszeichnen. Wer so Selbstzucht übt, wird nicht völlig im andern aufgehen und sein Interesse an den Gebetsstunden und gottesdienstlichen Versammlungen nicht verlieren.

Verlangen nach göttlicher Führung

Wer die Gewohnheit hat, zweimal täglich zu beten, ehe er an eine Heirat denkt, sollte es viermal täglich tun, wenn solch ein Schritt erwogen wird. Eine Heirat ist etwas, das euer Leben stärkstens beeinflussen wird — in dieser und in der kommenden Welt. Ein aufrichtiger Christ wird Pläne in dieser Richtung nicht weiterverfolgen, ohne die Gewissheit zu haben, dass Gott sein Vorhaben billigt. Er möchte nicht selbst bestimmen, sondern Gott entscheiden lassen. Wir sind nicht hier, um uns zu gefallen, wie auch Christus nicht seine Ehre suchte. Ich möchte nicht so verstanden werden, als ob ich meinte, es sollte einer jemanden heiraten, den er nicht liebt. Das wäre Sünde. Doch der Phantasie und leicht erregten Natur darf nicht gestattet werden, Schaden anzurichten. Gott fordert das ganze Herz und die höchste Zuneigung.

Die Mehrzahl der heutigen Eheschließungen und die Art, wie Ehen geführt werden, machen sie zu einem Zeichen der letzten Tage. Männer und Frauen sind so hartnäckig, so eigensinnig, dass sie Gott nicht gelten lassen. Der Glaube wird verworfen, als hätte er in dieser feierlichen und wichtigen Angelegenheit nicht mitzuwirken. Wenn diejenigen, die da bekennen, an die Wahrheit zu glauben, nicht durch sie geheiligt und ihr Denken und Wesen nicht veredelt werden, sind sie vor Gott in keiner so günstigen Lage wie der Sünder, der niemals über Gottes Forderungen aufgeklärt wurde.

Kapitel 155: Verantwortlichkeiten in der Ehe

Viele beginnen eine Ehe ohne eigenen Besitz und ohne je eine Erbschaft angetreten zu haben. Sie hatten weder die körperliche Kraft noch geistige Energie, um zu Besitz zu gelangen. Gerade solche haben sich schnell zu einer Heirat entschlossen und mit der Ehe Verantwortlichkeiten übernommen, für die ihnen meist der rechte Begriff fehlt. Ihnen geht das vornehme, erhabene Gefühl ab; ebenso wenig besitzen sie eine klare Vorstellung von den Pflichten eines Gatten und Vaters und von den Kosten, die der Unterhalt einer Familie erfordert. Sie bringen auch bei dem Wachstum ihrer Familie nicht mehr Geschick auf, als sie bisher in ihren geschäftlichen Unternehmungen bewiesen haben.

Die Ehe wurde von Gott zum Segen der Menschheit eingesetzt; aber ganz allgemein ist sie so missbraucht worden, dass sie zu einem Fluch geworden ist. Die meisten Männer und Frauen haben ein Eheverhältnis aufgenommen und sich lediglich von der Frage leiten lassen, ob sie einander liebhaben. Sie sollten aber bedenken, dass die Ehe ihnen eine weit größere Verantwortung auferlegt. Sie sollten sich darum sorgen, ob ihre Nachkommenschaft leiblich gesund und geistig und sittlich stark sein kann. Wie wenige aber lassen sich von solchen Gesichtspunkten leiten und beschäftigen sich mit solchen Erwägungen, von denen sie sich nicht freimachen dürfen: dass die menschliche Gesellschaft Forderungen stellt und es nicht unwesentlich ist, ob die kommende Familie einen Einfluss zum Guten oder zum Bösen ausüben wird.

Kapitel 156: Gutes Urteilsvermögen und Selbstzucht in der Ehe

Die da bekennen, Christen zu sein, sollten nicht eher ein Eheverhältnis aufnehmen, bis sie diese Angelegenheit sorgfältig und unter Gebet von einem erhabenen Gesichtspunkt aus geprüft haben und erkennen können, ob der Herr durch ihre Ehe verherrlicht wird. Sie sollten jedes Dafür und Dagegen gründlich untersuchen. Geheiligte Grundsätze sollten die Grundlage zu jedem Handeln sein.

Weitsichtig

Vor der Vergrößerung der Familie sollte bedacht werden, ob Gott dadurch verherrlicht oder entehrt wird, wenn Kinder zur Welt gebracht werden. Vom ersten Ehejahr an und durch alle weiteren sollte das Verlangen herrschen, den Herrn zu verherrlichen. Die Eheleute sollten ruhig überlegen, welche Vorkehrungen für die Kinder getroffen werden müssen. Niemand hat das Recht, Kinder zur Welt zu bringen, die den andern zur Last fallen. Verfügen sie über Einnahmen, so dass ihre Kinder für andre keine Last werden? Haben sie nicht die nötigen Mittel, dann begehen sie ein Verbrechen, Kinder zu zeugen, die aus Mangel an notwendiger Pflege, Nahrung und Kleidung leiden müssen.

Die Herrschaft der Leidenschaft

In dieser schnelllebigen, verdorbenen Zeit werden diese Dinge nicht genug gewürdigt. Sinnliche Leidenschaft beherrscht die Menschen und wird nicht der Vernunft unterstellt, obwohl sie Schwäche, Elend und Tod in ihrem Gefolge hat. Frauen werden zu einem mühseligen, peinvollen Leben verurteilt, wegen der unbeherrschten Leidenschaft von Männern, die den Namen Gatte führen — die man aber besser Scheusal nennen könnte. Mütter schleppen sich durch bitteres Elend, fast ständig mit Kindern in ihren Armen und immer auf der Suche nach Brot für die kleinen Mäuler und nach Kleidung für ihre Leiber. Solcher Jammer füllt die Welt.

Es gibt wenig wahre, echte und ergebene, reine Liebe. Diese kostbare Eigenschaft ist sehr selten. Leidenschaft nennt man fälschlich Liebe. Viele feine und zarte Empfindungen einer Frau wurden schmählich missbraucht, weil das Eheverhältnis ihrem Mann erlaubte, ihr gegenüber brutal zu sein. Was er Liebe nannte, war so niedrig, dass sie ihr zum Ekel wurde.

Keiner der Ehegatten sollte aufhören, eine Persönlichkeit zu sein. Jeder für sich ist Gott Rechenschaft schuldig. So muss ihn auch jeder selber danach fragen, was recht und was unrecht ist.

Selbstzucht ist nötig

Sehr viele Familien führen ein unglückliches Leben, weil der Ehemann und Vater das Tierische in seiner Natur über Geist und Sitte herrschen lässt. Die Folge ist meist ein Gefühl von Stumpfheit und Niedergeschlagenheit; der Grund hierfür wird selten als Folge der eigenen, schlechten Handlungsweise erkannt. Wir haben vor Gott die feierliche Verpflichtung, den Geist rein und den Leib gesund zu erhalten, damit wir der Menschheit zum Nutzen sein und dem Herrn vollkommen dienen können.

Kapitel 157: Das Beispiel Isaaks

Niemand, der den Herrn fürchtet, kann sich ohne Gefahr mit jemand verbinden, der den Herrn nicht fürchtet. „Mögen auch zwei miteinander wandeln, sie seien denn eins untereinander?" Amos 3,3. Glück und Gedeihen einer Familie beruhen auf dem Eins Sein der Ehegatten; doch zwischen dem Gläubigen und dem Ungläubigen besteht ein großer Unterschied im Geschmack, in den Neigungen und in den Absichten. Sie dienen verschiedenen Herren; zwischen ihnen kann es keine Übereinstimmung geben. Wie rein und ordentlich auch immer die Grundsätze des einen sein mögen: der Einfluss eines ungläubigen Gefährten wird stets dazu beitragen, von Gott zu trennen.

Wer als Unbekehrter ein Eheverhältnis aufgenommen hat, steht nach seiner Bekehrung unter strengerer Verpflichtung, dem Gatten treu zu sein, wie weit beide auch in bezug auf ihren Glauben voneinander getrennt sein mögen; trotzdem müssen die Forderungen Gottes jedem irdischen Verhältnis übergeordnet werden, wenn sich auch Prüfungen und Verfolgungen daraus ergeben. In Liebe und Sanftmut kann diese Treue einen

Einfluss ausüben, der den Ungläubigen gewinnt. Die Heirat eines Christen mit einem Gottlosen ist jedoch in der Heiligen Schrift verboten. Der Herr fordert: „Ziehet nicht am fremden Joch mit den Ungläubigen." 2.Korinther 6,14.

Isaak wurde von Gott als Erbe der Verheißungen, durch die die Welt gesegnet werden sollte, hoch geehrt. Obwohl er vierzig Jahre alt war, unterwarf er sich seines Vaters Rat und bat einen erprobten, gottesfürchtigen Knecht, ein Weib für ihn zu wählen. Das Ergebnis dieser Heirat, wie es in der Heiligen Schrift dargestellt wird, ist ein zärtliches und schönes Bild häuslicher Glückseligkeit: „Da führte sie Isaak in die Hütte seiner Mutter Sara und nahm die Rebekka, und sie ward sein Weib, und er gewann sie lieb. Also ward Isaak getröstet über seine Mutter." 1.Mose 24,67.

Welch ein Unterschied zwischen der Handlungsweise Isaaks und der unsren heutigen Jugend — auch unter bekenntlichen Christen! Nur zu oft meint die Jugend, dass die Hingabe ihrer Neigungen eine Angelegenheit ihrer selbst sei — eine Angelegenheit, die weder Gott noch ihre Eltern zu bestimmen hätten. Lange bevor sie mündig geworden sind, halten sich diese jungen Menschen für reif und fähig genug, ohne Hilfe ihrer Eltern ihre Wahl treffen zu können. Wenige Jahre ihres Ehelebens sind gewöhnlich schon ausreichend, ihnen ihren Irrtum vor Augen zu führen; oft ist es zu spät, um unheilvolle Folgen zu verhüten. Aus dem gleichen Mangel an Weisheit und Selbstbeherrschung, der zur übereilten Wahl des Gefährten geführt hat, verschlimmern sie das Übel, bis die Ehe ihnen zu einem unerträglichen Joch wird. So haben viele ihr Lebensglück zerbrochen, und ihre Hoffnung auf das ewige Leben ist zerstört.

Wenn es irgendetwas gibt, das sorgfältigster Betrachtung wert ist, für das der Rat älterer und erfahrener Menschen gesucht werden sollte, ist es die Frage einer Heirat. Wenn die Bibel immer als Ratgeber nötig ist und immer im Gebet um göttliche Führung gefleht werden sollte — am notwendigsten ist es, wenn sich zwei Menschen für das Leben miteinander verbinden wollen.

Eltern sollten nie ihre große Verantwortung für das zukünftige Glück ihrer Kinder aus den Augen verlieren. Isaaks Achtung vor dem Urteil seines Vaters war das Ergebnis einer Erziehung, die ihn gelehrt hatte, ein Leben des Gehorsams zu lieben. Während Abraham von seinen Kindern Achtung vor der elterlichen Autorität forderte, bezeugte sein tägliches Leben, dass jene Autorität nicht der Selbstsucht oder Willkür entsprang, sondern Liebe war, die nur das Glück und die Wohlfahrt seiner Kinder im Auge hatte.

Dieser Pflicht der Lenkung jugendlicher Neigungen sollten sich Väter und Mütter stets bewusst sein. Sie sollten auch die Wahl geeigneter Kameraden für ihre Kinder beaufsichtigen. Sie sollten durch die Gnade Gottes die Pflicht fühlen, durch ihr eigenes Beispiel und ihre Belehrung den Charakter der Kinder von den ersten Lebensjahren an zu einem reinen und edlen auszubilden und zum Guten und Wahren zu führen. Gleich und gleich gesellt sich gern; es schätzt einander. Pflanzt die Liebe zur Wahrheit, Reinheit und Anmut schon früh in die Seele; dann wird der junge Mensch die Gesellschaft derer suchen, die diese Eigenschaften besitzen.

Wahre Liebe ist ein hoher und heiliger Grundsatz, weit entfernt von jener Liebe, die durch Leidenschaft geweckt wird und schnell vergeht, wenn sie erprobt wird. Es ist die Treue zur Pflicht im elterlichen Heim, welche die jungen Menschen auf einen eigenen Hausstand vorbereitet. Lasst sie hier praktisch Selbstverleugnung üben und Güte, Höflichkeit und ein christliches Leben offenbaren. Solche Liebe wird im Herzen genährt. Wer aus solchem Hause hervorgeht, um selbst das Haupt einer Familie zu werden, der weiß das Glück der Frau zu fördern, die er sich als Lebensgefährtin erwählte. Heirat muss, anstatt das Ende der Liebe, ihr Anfang sein.

Erfahrung in der Ehe

Trotz aller Sorgfalt und Weisheit bei der Wahl wird das junge Paar nicht gleich nach der Heirat völlig eins sein. Die eigentliche Vermählung der beiden Eheleute erfolgt erst im Laufe der Jahre.

Sobald die Schwierigkeiten und Lasten des Lebens an das neuvermählte Paar herantreten, schwindet der holde Zauber, mit dem die Einbildung so oft die Ehe überkleidet. Jetzt erst lernen die Ehegatten einander so kennen, wie es vorher nicht möglich war. Das ist die schwerste Prüfung, die ihnen widerfährt. Ihr ganzes zukünftiges Lebensglück hängt davon ab, wie sie sich jetzt gegenseitig verhalten. Oft nehmen sie unvermutete Schwächen und Mängel aneinander wahr; doch wenn man sich von Herzen liebt, wird man auch Vorzüge erkennen, die einem bis dahin entgangen waren. Jedenfalls sollte jeder nach Vorzügen und nicht nach Mängeln im anderen suchen. Oft sind wir selber oder die Verhältnisse um uns die Ursache dessen, was einer im anderen offenbar werden sieht. So halten viele es für Schwäche, ihre Liebe zu zeigen, und üben deshalb Zurückhaltung, was den anderen abstößt. Unter ihrem Verhalten leidet dann die gegenseitige Zuneigung. Unterdrückt man die Triebe der Geselligkeit und Zärtlichkeit, so schwinden sie und lassen die Herzen öde und kalt. Davor sollten wir uns hüten. Liebe kann nicht bestehen, wenn man sie nicht zu erkennen gibt. Bei Mangel an Liebe und Freundlichkeit gegen den Ehegatten muss dessen Herz verkümmern.

Die Tragkraft der Liebe

Mögen auch Schwierigkeiten, Misshelligkeiten und Enttäuschungen entstehen, so gebe dennoch keiner der Ehegatten dem Gedanken Raum, dass seine Heirat ein Versehen oder ein Fehler gewesen sei. Man trachte desto entschiedener danach, einander so viel wie möglich zu sein. Auch unterlasse man es nicht, einander wie zu Anfang Aufmerksamkeiten zu erweisen. In jeder Weise unterstütze einer den anderen im Lebenskampf. Das vornehmste Bestreben sei, den Gefährten glücklicher zu machen. Gegenseitige Liebe und Nachsicht beherrsche das Eheverhältnis. Dann wird die Heirat nicht das Ende, sondern gewissermaßen erst den Anfang der Liebe bedeuten. Innige, wahre Freundschaft und herzliche gegenseitige Liebe gewähren schon hier einen Vorgeschmack der Freuden des Himmels. {RJ97 358.3}

Notizen

Notizen

Notizen

Notizen

Notizen

Notizen